国家出版基金项目
NATIONAL PUBLICATION FOUNDATION

总 主 编 ◎ 田　玄

本卷主编 ◎ 张　倔

湘江战役史料文丛　第四卷

GUANGXI NORMAL UNIVERSITY PRESS

广西师范大学出版社

· 桂 林 ·

本卷编辑说明

一、关于本卷史料的编排顺序。依照发展过程分为若干阶段，每个阶段拟定一个标题作为一个部分。每一部分史料主要按战斗序列编排，并把重要人物的资料排在前面。

二、关于本卷辑录史料的时间起止。湘江战役作为中国工农红军第一方面军长征中的重要组成部分，为厘清事件缘由及其深远影响，本卷所辑史料做适当的上溯（1934 年 7 月红六军团西征）及下延（1935 年 1 月遵义会议召开）。

三、关于本卷史料的处理。本卷辑录的史料尽量保持资料原貌，在内容上不做改动。个别与主要事件明显无关部分，酌予删节，在标题上注明"（节录）"，在文内用"……"标出。对于史实错误，如时间、人名、地名或史料之间相互矛盾等问题，一般采取页下加注释的方式予以说明。各篇史料的标题原则上不改动，但个别史料为突出事件主题由编者另拟标题的，均在篇末注明。各篇史料均标明来源或出处，置于该篇史料末尾。

四、关于具体编辑规范。本卷使用国家统一颁布的简化字排印。由于来源多样，原有编辑规范不统一，现全部按照一般通行标准重新修订，具体如下：

1. 关于数字用法。记数词：一律用汉字。时间数字：表示公历时间的，包括年、月、日、时，均用阿拉伯数字；表示农历的，月份和日期用汉字，年份和钟点用阿拉伯数字；表示民国纪年的，除用汉字表述外，以"（ ）"标注公元纪年。部队番号：统一用汉字。"廿""卅"等字不做改动。

2. 关于混用字词。字如"底（的、地、得）""他（她、它）""那（哪）""象（像）""分（份）""待（呆）"等，词如计画（计划）""争斗（斗争）""发见（现）""连络（联络）""枪枝（枪支）"等，均按照当时用字，不做修改。

3. 关于标点符号。本卷标点符号一律按照现行标准规范使用。对于原资料无标点的，由编者加上。

4. 关于文字错衍漏等，审慎校勘。错别字改正用〔 〕标出；漏字填补用［ ］标出；辨认不清的字用□号代替；衍文或多余符号用〈 〉标出。

本卷目录

工农红军将士回忆录

中央红军长征前的准备

长征前的转移准备 ……………………………………………………………… 3
长征前的一次和谈 ……………………………………………………………… 7
出发前的准备 ………………………………………………………………… 14
出发之前 ……………………………………………………………………… 17

红六军团西征转战广西

突围前的湘赣苏区 …………………………………………………………… 21
红六军团的长征 ……………………………………………………………… 25
忆红二、六军团黔东会师前后 ………………………………………………… 31
红六军团西征纪实 …………………………………………………………… 40
红六军团的西征 ……………………………………………………………… 44
回忆红六军团西征 …………………………………………………………… 49
佯取广西，回马湘江 ………………………………………………………… 53
忆红六军团三次抢渡湘江 …………………………………………………… 58

中央红军从江西转战广西遂行湘江战役

回忆长征 ……………………………………………………………………… 65
回顾长征（节录） …………………………………………………………… 67
长征的艰险历程（节录） …………………………………………………… 69

长征中的红军干部团 ································· 71

长征全靠一片心 ································· 74

血染湘江 ································· 77

血染潇湘（节录） ································· 82

在朱总司令、周总政委指挥下过湘江 ················· 85

湘江战役中的闽西儿女 ································· 87

向西突围、挺进贵州 ································· 88

告别苏区强渡湘江 ································· 90

湘江之战二三事 ································· 94

强渡湘江，突破敌人第四道封锁线 ················· 97

突破四道封锁线 ································· 105

渡湘江后的全州战斗 ································· 110

抢渡湘江 ································· 112

红二师激战脚山铺 ································· 115

觉山恶战 ································· 117

从界首伏击到脚山铺阻击 ······················· 126

全州阻击战 ································· 134

撕破敌人第四道封锁线 ························· 136

最后的一道封锁线 ································· 139

血色的湘江 ································· 141

渡湘江恶战全州（节录） ······················· 145

湘江血战：突破敌人第四道封锁 ··············· 149

艰难的历程（节录） ··························· 154

湘江血战亲历记 ································· 158

突破封锁线　向贵州挺进 ······················· 164

接防界首阻击战 ································· 168

光华铺下苦争夺 ································· 172

万里征途　强渡湘江 ··························· 176

"哪怕打到一兵一卒，也要守住！" ··············· 180

我经历了长征中最激烈的湘江战役 ··············· 183

把敌人挡在湘水面前（节录） ··················· 185

阻击在湘江之滨……………………………………………………… 190

惨烈的新圩阻击战………………………………………………… 193

湘江战役亲历记…………………………………………………… 196

红十六团过湘江…………………………………………………… 197

长征途中掩护中央机关抢渡湘江………………………………… 200

过湘江时安置伤员的故事………………………………………… 206

风雨长征　血战湘江……………………………………………… 209

突破重围　血染湘江……………………………………………… 212

我们最后过湘江…………………………………………………… 222

血战湘江护电台…………………………………………………… 224

险渡湘江…………………………………………………………… 239

长征中走在最后头的一个师……………………………………… 247

突围西进（节录）………………………………………………… 249

历经艰险任后卫…………………………………………………… 254

紧急渡湘江………………………………………………………… 258

我们是最后面的队伍……………………………………………… 260

难忘的湘江………………………………………………………… 261

长征时期的行军漫记……………………………………………… 264

诱敌就歼…………………………………………………………… 276

湘江守桥…………………………………………………………… 279

红三十四师浴血奋战湘江之侧（节录）………………………… 284

难忘红三十四师…………………………………………………… 290

辎重过湘江………………………………………………………… 293

过了湘江就是胜利………………………………………………… 296

长征路上　血染湘江……………………………………………… 298

中央红军长征过广西……………………………………………… 300

长征中的广西记忆………………………………………………… 303

踏上长征路（节录）……………………………………………… 310

中央教导师长征过广西…………………………………………… 316

跟随毛主席长征过广西…………………………………………… 322

跟着朱总司令长征过广西………………………………………… 327

老山界…………………………………………………………………… 328

红色干部团长征过越城岭山区………………………………………… 332

放火者…………………………………………………………………… 334

严惩放火者……………………………………………………………… 338

广西瑶民——山瑶……………………………………………………… 340

苗人的神话……………………………………………………………… 343

再也不能去寻找部队了………………………………………………… 345

我就在这里住了下来…………………………………………………… 347

找不到部队了…………………………………………………………… 349

失散星火落桂北………………………………………………………… 351

幸存者…………………………………………………………………… 353

失散在广西的异乡人…………………………………………………… 355

青山绵绵情意长………………………………………………………… 356

从湘江战役到遵义会议

从长征开始到遵义会议………………………………………………… 365

关于通道转兵的一些情况……………………………………………… 370

打开遵义………………………………………………………………… 372

遵义会议前后…………………………………………………………… 378

参加遵义会议…………………………………………………………… 382

从福建事变到遵义会议（节录）……………………………………… 385

历史性的遵义会议（节录）…………………………………………… 389

长征中两种不同的军事指导…………………………………………… 396

关于红军长征和遵义会议情况的报告（节录）……………………… 399

教条主义使革命受到严重损失………………………………………… 406

党的历史教训（节录）………………………………………………… 408

长征是宣言书、是宣传队、是播种机………………………………… 411

中央红军长征前的
准备

长征前的转移准备

⊙李维汉 [1]

第五次反"围剿"斗争，由于博古等人推行以王明为代表的"左"倾冒险主义，使中央革命根据地的军民虽经一年的艰苦斗争，终于 1934 年 10 月失败而被迫长征。"左"倾错误的领导者在第五次反"围剿"斗争中，在军事路线上，反对积极防御，实行消极防御。反"围剿"开始时，搞冒险主义，"御敌于国门之外"；遇到挫折后，搞保守主义，分兵把守，打阵地战；在被迫做战略转移时，又搞逃跑主义的大搬家。这是王明"左"倾错误在中央根据地的最大恶果。

当中央红军在广昌保卫战失利后，各路敌军开始向中央苏区的中心区全面进攻，形势已对我十分不利。红军在内线破敌的可能性已经不存在的时候，1934 年 7、8 月间，博古把我找去，指着地图对我说：现在中央红军要转移了，到湘西洪江建立新的根据地。你到江西省委、粤赣省委去传达这个精神，让省委做好转移的准备，提出带走和留下的干部名单，报中央组织局。他还说：因为要去建立新苏区，需要选择一批优秀的地方干部带走，也让省委提出名单。听了博古的话，我才知道中央红军要转移了。根据博古的嘱咐，我分别到江西省委、粤赣省委去传达。那时，江西省委书记是李富春，粤赣省委书记是刘晓。传达后我又回到瑞金。

长征的所有准备工作，不管中央的、地方的、军事的、非军事的都是秘密进行的，只有少数领导人知道，我只知道其中的个别环节，群众一般是不知道的。当时我虽然是中央组织局主任，但对红军转移的具体计划根本不了解。第五次

---

[1] 作者在长征前任中央组织局主任。长征初期任军委第二纵队（红章纵队）司令员兼政治委员，1934 年 12 月任红军总政治部地方工作部部长。

反"围剿"的军事情况，他们也没有告诉过我。据我所知，长征前中央政治局对这个关系革命成败的重大战略问题没有提出讨论。中央红军为什么要退出中央苏区？当前任务是什么？要到何处去？始终没有在干部和广大指战员中进行解释。这些问题虽属军事秘密，应当保密，但必要的宣传动员是应该的。

我回到瑞金后，开始进行长征的编队工作。

按照中央指示，将中央机关编成两个纵队。第一纵队，又名"红星纵队"，是首脑机关，也是总指挥部。博古、洛甫、周恩来、毛泽东、朱德、王稼祥、李德，还有其他负责同志，都编在这个纵队，邓颖超、康克清以及电台、干部团也编在这个纵队。干部团的前身是红军大学，学员都是从部队调来的连排级干部，他们都经历过多次的战斗。干部团人数虽不多，但战斗力强，实际上是首脑机关的警卫部队，在长征中起过很大的作用。长征开始时，毛泽东身体不好，一直坐担架上。王稼祥在苏区负伤，不能行走，也只好坐担架。在长征路上，他们两人经常在一块讨论问题，交换意见。那时毛泽东不管事，管事的是博古、洛甫、恩来。第二纵队，又名"红章纵队"，由党中央机关、政府机关、后勤部队、卫生部门、总工会、青年团、担架队等组成，约有一万多人。中央任命我为第二纵队司令员兼政委，邓发为副司令员兼副政委，张宗逊为参谋长。纵队的编组工作，邓发花的力量大，我花的力量小。遵义会议后，红三军团的一位团长牺牲了，张宗逊被调往红三军团任团长①，第二纵队参谋长由邵式平接任。李富春是总政治部代主任，也在第二纵队。第二纵队司令部有四个女同志随军行动，她们是蔡畅、陈惠清（邓发夫人）、刘群先（博古夫人）、阿金（金维映）。司令部下面还有几个单位：一、干部团或干部连（也叫工作队），有一百多人，李坚真是指导员。这个干部团不是打仗的，是做地方工作和安排伤病员的。二、干部休养队，也有一百多人，徐老（特立）、谢老（觉哉）等都在休养队。他们不担任工作，只要身体好，能随军走就行。三、警卫营（营长姚喆）。四、教导师（师长张建武②）担任后卫，约五千人，是1934年红5月扩红时参加红军的新兵，才成立十五天就出发了。它虽是后卫，但没有打过仗，因为第二纵队是由别人保卫的。配属第二纵队领导的还有一百多名地方干部，他们对政权建设有经验，准备去新区建立政权。中央党校的一部分学员，也编

---

① 张宗逊去往红三军团，是在通过第一道封锁线后，不是在遵义会议后。另，通过第一道封锁线时红三军团第四师师长洪超牺牲，张宗逊接任。因此，张宗逊接任的是师长之职。
② 张建武，应为"张经武"。

在第二纵队。此外，还有运输队，挑夫很多，任务很重。党中央机关的文件、资料之类的东西不多，但中央政府机关的东西很多。如中央银行携带很多银元，财政部有大量苏维埃钞票，还有银元，都要挑着走。一边走，一边抄土豪的家，得了现洋，也挑着走。因为部队发的是苏维埃钞票，不能拿苏维埃钞票买老百姓的东西。印票子的石印机也抬着走。军委后勤部把制造军火的机器也带上了，要七八个人才抬得动。每个部几乎都要抬着机器走。卫生部带的坛坛罐罐也很多。真是大搬家，这个运输队成员多数是从劳改队放出来的，体力差，又是走夜路，有的挑到半路就不行了，只好另换人。

长征前，干部的去留问题，不是由组织局决定的。属于省委管的干部，由省委决定报中央；党中央机关、政府、部队、共青团、总工会等，由各单位的党团负责人和行政领导决定报中央。决定走的人再由组织局编队。中央政府党团书记是洛甫，总工会委员长是刘少奇，党团书记是陈云，这些单位的留人名单，是分别由他们决定的。部队留人由总政治部决定，如邓小平随军长征就是总政治部决定的。我负责管的是苏区中央局的人。中央局有组织局、秘书处、宣传部。组织局还管妇女工作。中央局的秘书长是王首道，当时机要工作是邓颖超管的，李坚真也搞机要工作，他们三人都是随军长征的。

中央政治局常委决定留下一个领导机关，坚持斗争，叫中央分局。成员有项英、陈毅、瞿秋白等同志，由项英负责。关于留人问题，我没有参加意见，也未过问，是由中央政治局常委讨论决定的。但我负有直接责任的有四人，他们是毛泽覃、周以栗、陈正人、贺昌。

毛泽覃在组织局工作，我问过博古，是否让他走。博古不同意，我就没有带他走。以后毛泽覃在保卫苏区的战斗中牺牲了。对毛泽覃同志的不幸牺牲，我长期感到内疚。谢唯俊也在组织局工作，我把他带走了。

周以栗曾任红一方面军总政治部主任，是李立三领导中央工作时派去的。他是主张打长沙，攻大城市的，后来毛泽东把他说服了，放弃了攻打长沙和大城市的计划。我在湖南时就认识他，而且很熟悉。1933年我到中央苏区时，他已在养病，没有工作。长征时，博古决定把他留下，我也同意了。

陈正人，原是江西省苏维埃政府主席，原来我不认识他，与他没有什么工作关系。我到苏区时他在养病，长征时，也被博古留下了。

贺昌，我对他很熟悉。立三路线时，他是北方局书记，六届四中全会时被撤职。长征前他负了伤，曾到我那里要求随军走。我问过博古，博古不同意。

后来他牺牲了。

上述四个同志当时都在养病，没有工作，归组织局管。他们可以留下，也可以带走，病人可以坐担架长征嘛。他们如果不应该留而被留，我是负有一定责任的。虽然博古不同意他们走，但我是组织局［局］长，还有一定发言权，我可以争一下，但我没有争。

古柏，当时是江西省委决定把他留下的。我与古柏没有打过交道，但我曾在江西反对过邓（小平）、毛（泽覃）、谢（唯俊）、古（柏），我也是有责任的。古柏留在苏区，后来也牺牲了。

何叔衡留下，是博古他们决定的，我没有参与其事。

除了苏区中央局机关归我管以外，我还分管中央党校，从这儿调来的干部归我负责，我把他们都带走了。长征时中央宣传部部长是潘汉年，我把这个部的正、副部长都带走了。

（选自李维汉著：《回忆与研究》上，中共党史出版社 2013 年版。本文标题为选入时本书编者所加）

长征前的一次和谈

⊙何长工[①]

在蒋介石第五次"围剿"中央苏区的红军中，南路总司令为陈济棠，系粤军地方实力派，与蒋介石争权夺利，同床异梦，历来矛盾很深，曾经三次通电反蒋。在这次"围剿"中虽把他绑在战车上，给予总司令的桂冠，但陈与蒋出于自身的利益，都打自己的小九九，因此在这次"围剿"中，［陈］也并不想在粤北，更不愿意在江西替蒋卖命，消耗实力。陈深知蒋介石其人，奸险狡诈，反复无常，对他忽打忽拉，居心叵测。蒋介石要他从南路进攻红军乃是"借刀杀人""一石两鸟"；想使他与红军两败俱伤，坐收渔人之利。在这种情况下，如何处理好与蒋介石及红军的三角关系，事关他能否独霸广东地盘，永踞"南天王"宝座。因此，陈济棠"进剿"红军行动缓慢，一直觊觎韶关，未完成碉堡封锁线，目的是防堵蒋介石中央军入粤，力图偏安广东地盘。所以他在兵力部署上是在粤东的兵力大于入赣兵力，为十七个团与十个团之比。与其说是服从蒋介石的命令，倒不如说"主要是为他们自身的利害着想，目的是防堵红军入粤桂地区"[②]。迨至十九路军闽变失败后，蒋介石遂即派其嫡系李玉堂等部，陈兵闽西南地区，威慑广东。与此同时，蒋介石还在庐山给陈济棠派出的代表杨德昭巨额助金，促使进军；又为配合西路何键向河西、湘鄂赣的进攻，蒋介石一再向陈济棠发出催战令。在威逼和利诱下，陈知道进攻红军没有好结果，而按兵不动又怕蒋介石翻脸，于是只好对蒋介石耍起了阳奉阴违的两面手法。他一面派部队向我筠门岭进犯，一面又同我们拉关系，做试探性的和谈。

---

① 作者在长征前任红军粤赣军区司令员兼政治委员。在长征初期任中央军委教导师政治委员、军委第二纵队第二梯队队长兼政治委员，遵义会议后任军委纵队第二梯队队长兼政治委员。
② 宋希濂：《第5次"围剿"中的朋口战役》（载全国政协《文史资料选辑》第45期）。

1934 年 4 月，敌人攻占了中央苏区的北方门户广昌，向我腹地推进。这时，在南方战线，陈济棠派李扬敬的第三军为骨干组成南路军，有两个纵队，投入六个师、一个航空大队、一个重炮团的兵力，向我寻乌、安远、重石、清溪、筠门岭等地区进攻。在这一带，我们粤赣军区红二十二师是作战的主力部队，对于敌人的进攻，在澄江、岔口、盘古隘连续进行了英勇而顽强的抵抗，给敌以很大的杀伤。这一胜利得到《红星报》的赞扬。就连陈济棠也为之惊叹，说"红军的勇敢善战、射击技术精良、构筑防御工事的巧妙"是没有想到的。但因敌众我寡，六个师与一个师之比，又加上统战的关系，筠门岭终被粤军占领。但陈济棠看到，赣南粤北红军的存在是隔断蒋介石中央军从江西进攻广东最好的力量。他既深惧奸狡的蒋介石入粤，又怕红军乘虚反击。同时，陈也看到蒋介石在兵力部署上北重南轻的另一个企图，就是把红军赶入粤境陈的地盘。所以，他在占领筠门岭之后，就采取了"外打内通""明打暗和"的策略：一面虚张声势，谎报"向会昌城进攻，摆出打的架势。所谓支票尽管开，付钱就要考虑了"[1]；另一方面暗地里给我们送来一批弹药，同时又秘密地派他的高级参谋杨幻敏[2]赴筠门岭向红军做试探性的谈判。蒋介石虽然怒斥陈济棠"借寇自重"，但他因疲于"围剿"红军，也莫奈陈何。

说起和粤军陈济棠的统一战线，这事由来已久。早在我们这次去寻乌和他们的代表谈判之前，我们党和红军的领导人就同陈方有过接触。陈济棠曾派人找过我们红军的一位高级将领在广州的亲戚，要他向周恩来传话。那时他主要是想同我们通商做买卖，在筠门岭我们失守后，为互不侵犯，为和谈做出积极响应，创造条件。于 1934 年 5 月 26 日，我们红军中革军委就与陈济棠谈判让出红军西进转移的道路等问题，给一、三、五、八、九各军团发出了通知电。在当时，我们并不十分清楚在第五次反"围剿"中，军委加紧同陈搞统战工作的真正意图，在我们去同陈的代表谈判，尤其在长征开始后，才明白了让出西进道路的奥妙，是为我们党及红军找出路。

第五次反"围剿"中，毛泽东同志因受"左"倾冒险主义者排挤，离开了党和红军的领导岗位。但他从大局出发，以中央政治局委员、苏维埃中央执行委员会主席和中革军委委员的身份，时刻关心着战局。对于南线的和缓形势，

---

[1] 曾其清：《陈济棠进攻筠门岭红军的经过》（载全国政协《文史资料选辑》第 45 期）。
[2] 杨幻敏，应为"杨幼敏"。下同。

毛泽东同志早就给以关注。1934年春，正值反"围剿"战事紧张之际，他多次从瑞金来到会昌，对粤赣情况进行调查研究。他在了解情况的基础上，曾对当时的粤赣省委书记刘晓和我做过指示。他说，我们要抓住这一有利时机，利用敌人的内部争斗，发展壮大自己的力量。他又说，和平局面是巧妙地打出来的。我们不能像教条主义者那样，只知道"御敌人于国门之外"的死打硬拼，也要利用反动派间的矛盾，加强统一战线工作。一面要依靠群众，发动群众，组织游击队，开展游击战争；一面可加派化装小分队，潜入陈管区，宣传抗日救国、枪口一致对外、中国人不打中国人的道理，促使陈军反蒋抗日。毛泽东同志还明确指出：根据前线情况，可以把筠门岭一带部队抽下来进行整训，缓和前线的局势，并可积蓄我军力量，以备不虞。毛泽东同志的这些指示，对消除赤白对立，促进陈济棠和我们谈判，起到了良好的作用。

遵照毛泽东同志的指示，会昌地区形势发生了很大变化，主要是在军事上主动地、有计划地打了一些小仗，既不吃掉陈济棠的主力，也使陈济棠认识到红军并非好惹。就在毛泽东同志从会昌回瑞金后不久，他要在这里打出一个和谈局面的预言就实现了。

1934年，大概是秋天，陈济棠派来了姓李的代表，此人是黄埔学生，来到我们中央苏区，要求和我们谈判。因我是南线红军的负责人之一，并提议由我担任我方军事全权代表。之前军委主席朱德即致信陈济棠，首先申述民族主义和建立抗日反蒋统一战线的必要性。信中说："华北大好山河，已沦亡于日本，在南半壁亦岌岌可危。中国人民凡有血气者，莫不以抗日救国为当务之急。""陈①等深知为达此目的，应与国内诸武装部队做作战之联合，二年前苏维埃政府即宣告②，任何部队，如能停止进攻苏区，给民众以民主权利及武装民众者，红军均愿与之订立反日作战协定。"对协定具体提出了如下几条，这就是：

一、双方停止作战行动，而以赣州沿干河至信（丰）而龙南、安远、寻乌、武平为分界线。上列诸城市及其附近十里之处统归贵方管辖，线外贵军，尚祈令其移师反蒋。

二、立即恢复双方贸易之自由。

---

① 陈，应为"德"。

② 宣告，指1933年1月17日发布的《中华苏维埃临时中央政府、工农红军革命军事委员会宣言》。

三、贵军目前及将来所辖境内，实现出版、言论、结社之自由，释放反日及一切革命政治犯。

四、真正切实实际〔行〕武装民众，即刻开始反蒋贼卖国及法西斯阴谋之政治运动，并切实做反日反蒋各项准备工作。

五、请作〔代〕购军火，并经（筠）门岭迅速运输。

"如蒙同意，尚希一面着手实行，一面派负责代表来瑞金共同协商作战计划。日内德当派员至筠门岭黄师长处就近商谈……"

1934年9、10月间，忽接周恩来同志的通知，要我急去瑞金有要事相商。于是我迎着朝霞，策马扬鞭，急驰在绵水河畔的崎岖道路上。抵目的地后，周恩来同志亲切地握着我的手说："南天王"陈济棠电约我们，要举行秘密军事谈判，这很好，我们可以利用陈、蒋之间的矛盾。朱德同志已给他复信。根据目前党的统战策略思想及政策，我们准备与陈谈判。我们商定，派你和潘汉年（公开职务为中共中央宣传部部长）为代表，到陈管区寻乌附近和陈派来的代表——第一集团军总部少将参谋杨幻敏及两个师长，一个是独立第七师师长黄质文，另一个是独立一师师长黄任寰，举行密谈。周恩来同志亲切而又郑重地对我说：长工同志，这是中央给你的重任，望你勇敢沉着，见机而作。他还向我交代了联络密语等项事宜。在场的军委副参谋长叶剑英同志，兴致勃勃地嘱咐道：此去白区谈判，任务重大，谈成了，是很有益处的，要尽力而为；谈不成，也不要紧，关键是沉着灵活。于是，我们带着朱德同志署名的一封介绍信上路了。信的内容是这样的：

黄师长大鉴：

兹应贵总司令电约，特派潘健行①、何长工两君为代表前来寻乌与贵方代表幻敏、宗盛②两先生协商一切，予接洽照拂为感！专此，顺致

戎祺

朱德手启

10月5日

---

① 潘健行即潘汉年。

② 宗盛即韩宗盛，为粤军独一师第二旅参谋长。

我们奔驰在去寻乌的路上。前事不忘，后事之师，我边走边琢磨着福建事件的教训。来到筠门岭赤白交界处的羊角水附近，天色已晚，前来迎接我们的是陈济棠独一师二旅［旅］长严应鱼（严碧生的心腹），特务连连长严直率全连和严旅长的四名轿夫等，并派旅参谋长韩宗盛负责接待和保密工作。严连长同我一见面就悄悄地讲："何先生，我听到了你们的宣传，看到了你们的宣传，是啊，我们与贵军都是炎黄子孙，真不愿意看到中国人打中国人！"为掩人耳目，他们还为我们专门准备了两顶花轿，每遇岗哨盘问，连长就高声说，"这是司令请来的贵客"，把他们喝令回去，故一路畅通无阻。经过轿夫的跋涉，轿子抬到罗塘镇一处寂静的山村，在一幢崭新的两层小洋楼门前停下。这里是独一师二旅所在地。我们被安排在楼上，对方谈判代表住在楼下。翌日，在楼上一间不大的会议室里，密谈开始了。经过连来带去三天三夜的谈判，终于达成了以下五项协议：

一、就地停战，取消敌对局面；

二、互通情报，用有线电通报；

三、解除封锁；

四、互相通商，必要时红军可在陈的防区设后方，建立医院；

五、必要时可以互相借道，我们有行动事先告诉陈，陈部撤离四十华里。我军人员进入陈的防区用陈部护照。

为保密起见，协议只写在双方代表的记事本上，并未形成正式文件。这是继 1933 年 11 月我们同蔡廷锴十九路军谈判达成停战同盟协定之后，又一个停战协议的签订，是中国共产党统一战线政策的又一胜利。

在我们谈判期间，接到了周恩来同志事先和我商定的密语电报："长工，你喂的鸽子飞了。"得此消息后，对方代表很敏感，问我们："是否你们要远走高飞了？"我平静而婉转地回答道："不是，这是说谈判成功了，和平鸽上天了。"但我心里明白，由于王明"左"倾冒险主义的瞎指挥，使第五次反"围剿"终于遭到失败。红军已经决定实行战略转移。跟对方说明了情况，话别之后，即离寻乌，返回会昌。当时中央军委机关已从瑞金的白石山转移到于都去了，周恩来同志特地派人等候我们，并留下了一封信。信上简略地说："长工同志，我在于都等你们。"我们立即动身前往于都，见面后便向周恩来同志汇报谈判情况。他得知谈判成功，达成了五项协议，异常高兴，并且说，这对于我们红军、中央机关的突围转移，将起重大作用。

1934 年 10 月 12 日^①，军委主席朱德、副主席周恩来下达了中央关于中国工农红军第一方面军长征行动的命令。由于掌握大权的李德等人的瞎指挥，采取了"甬道式"的大搬家，使部队相当臃肿。在我们从于都以南向外转移突围时，蒋介石一面命令部队追击，一面命令广东、湖南军队在赣粤、湘粤边布下三道封锁线，以便把我们消灭在这些地方。本来这样累赘、笨重的部队，要想突围谈何容易。然而由于在此之前红军与南路总司令陈济棠已有了默契，使蒋介石的如意算盘化为泡影。据事后了解，我们和陈济棠的代表停战谈判所达成的几项协议，他还是信守的。当我们向赣粤边转移之际，陈把他们同我们协议基本内容转达到同红军接触部队少将以上的军官，并严令各部"敌不向我袭击不准出击，敌不向我射击不准开枪"。又为掩盖蒋介石的耳目，广筑工事，要口设防，拿出一副与我决一雌雄的架式。20 日我们在安远、信丰一线发起突围战役，在这一线是余汉谋的第一军，当突围大部队红军至这里后，他们边打边撤，退居赣州、南雄等城镇据点。我们从王母渡、新田间全部渡过信丰江，沿大庾岭边缘进入粤北，突破了蒋介石责令由粤军组成的第一道封锁线。蒋介石得知这个情报后，大为惆然，这时便像热锅上的蚂蚁急忙跑回南昌，原以为红军经过湘南再进北上，不会以"不利之路"的粤北作为转移的突破口。红军这一英勇果断的行动完全打乱了他的阵脚，当他察觉到我们的企图时，即令陈济棠、何键火速出兵，在粤湘边之汝城、仁化至乐昌组成第二道封锁线。陈济棠接到电令后，着将北区绥靖主任、韶关作战地区司令李汉魂率独三师、独立警卫旅赶至仁化、乐昌、汝城附近设防。在设防中李对其下属军官说明已同共产党达成不互犯协议，让出红军西进道路。在这一过程中，有些趋向进步的军官坚决信守，如警卫旅少将副旅长黄国梁就是其中的一个，他早年入云南讲武堂，曾与叶剑英同居一室。追随孙中山先生参加北伐，后被蒋介石革职，流落南洋，被陈济棠起用。在这次防共、"剿共"行动中，他做了有利于我的布置，并且他在调动部队时把一些最反动的军官留在后方，以备不虞。11 月初，长征的队伍分两路从南雄经江西的聂都、王润进入仁化县的长江^②地域。布防在这里的警卫旅第一团，发现我们大队人马徒涉绵江的时候，他们请示旅部，批准该团出击，当时旅作

①1934 年 10 月 9 日，总政治部发出《关于准备长途行军与战斗的政治指令》；10 月 10 日，朱德、周恩来、项英联合下达《关于第一野战纵队组成及集中计划的命令》；10 月 12 日，朱德发出《关于野战军全部行动日程推迟一天执行的通知》。
②长江，指仁化县长江乡。

战值班室负责人、少校旅政训室主任黄若天，即以黄国梁旅长交代为由，告诉他们：上司严令，敌不向我袭击不准出击。当旅部发现刚从广州开来粤北的第三团何汉武营违反旅部命令布防在给红军让出的通道与红军交火时，责令何部撤出战斗，并严辞正告："违抗军令，军法从事！"事后，在仁化召开的警卫旅营以上军事会议上，黄国梁还严斥何汉武违抗命令，扬言要枪毙他云云。正因为他们遵守了协议，所以我们得以顺利地转向城口。城口是敌人第二道封锁线上的重镇，但师长李汉魂只派一个连防守。我们占领城口稍事休整后，急向粤湘交界地势险要的军事要冲九峰山进发，从这里我们安全通过第三道封锁线。

事实表明，我们能够如此顺利、迅速地通过陈管区，是我们与陈济棠的统战工作分不开，所达成的五项协议起了作用的，使蒋介石的［第］一、［第］二、［第］三三道封锁线落了空，使他如梦初醒，眼巴巴地看到陈济棠把红军放过，为之大为恼火，给陈发了措词严厉的一份电报，怒斥陈"拥兵自重，按兵不动，任由共匪西窜，贻我国民革命军以千秋万世之污点"。并急令"集中兵力二十七个团，位于蓝山、嘉禾、临武之间堵截，以赎落衍"，否则"本委员长执法以绳"。陈济棠慑于蒋介石的余威，考虑到自己的地位，乃令叶肇、李汉魂和李振球师分头沿乐昌、坪石尾追红军入湘，以做出反共的"积极"表示，显示"恭顺"。

这就是红军在长征之前，巧用军阀陈、蒋之间的矛盾，和陈搞统战、订协议，以及在长征初期所起作用的主要情况。这是在第五次反"围剿"中，毛泽东、朱德、周恩来和叶剑英等同志革命斗争策略的灿烂一页。

（选自何长工著：《何长工回忆录》，解放军出版社 1987 年版。本文标题为选入时本书编者所加）

出发前的准备

⊙李坚真[1]

　　1934年秋，根据地的形势越来越紧张。在第五次反"围剿"战争中，虽然苏区军民全力以赴，英勇奋战，但由于以王明为代表的"左"倾冒险主义在根据地造成的恶果，加之李德在军事指挥上的错误，使反"围剿"战争连连失利，根据地日益缩小。这时，要在根据地内粉碎敌人的"围剿"已无可能。中央领导人决定放弃根据地，转移到湘西与二、六军团会合。这是关系到中国革命成败的重大战略转移，这在当时是军事秘密，是不能泄露的，我们在中央局机关工作的干部也不知道。但也不是毫无思想准备，记得在出发前的两个月，约在8月中下旬的某一天，中央直属机关在西江的一个小庙里召开了一个干部会，中央局、中央政府各部门负责人参加，那天到会的人很多，小庙里挤得满满的。在直属机关工作的女同志邓颖超、刘群仙[2]、金维映和我都参加了。中央领导人博古、张闻天、罗迈也都与会。会议由林伯渠主持。他说："敌人对我们采取步步为营的干水塘政策，水干了就捉鱼……所以现在我们要转移，到湘西去。大家要做好群众工作，帮助群众把粮食和一些贵重东西藏好。组织赤卫队加强巡逻放哨，先不要对群众说我们要走。"林伯渠说着说着眼泪就流出来了。博古接着讲了话，他说："我们先突围出去，过两个月再反攻，我们还要回来的……"当时我对前线斗争的形势不太了解，还真以为很快就会回来的，就悄悄对坐在我旁边的刘群仙和金维映说："过两个月就回来了，怕什么。"刘群仙拉拉我的衣襟，偷偷说："我们可能回不来了。"我是在这次会议上知道部队要转移的。

---

① 作者在长征时任军委第二纵队政治部民运科科长兼工作队队长。
② 刘群仙，应为"刘群先"。下同。

会后，我接受了两项任务：一项是博古跟我说的，要我负责动员妇女群众为红军赶做二十万双草鞋和十万条米袋子，保证红军出发时每人能穿一双鞋、带一双鞋和一条米袋子装干粮。

　　根据博古的指示，我们把在中央党校学习的几位妇女干部，邓六金、吴富莲、蔡纫湘、李桂英等人，调到妇女部帮助工作，连同妇女部原有的几位干部，分头下去和各级妇女干部一起，发动妇女群众做鞋。当时群众只知道红军打仗需要草鞋和米袋，不知道红军要转移，到 9 月底，这个任务顺利完成。

　　另一项任务是罗迈交给我的，他对我说："组织上决定要挑选一批身体好，会做群众工作的妇女干部，随部队转移，到湘西去开展妇女工作，你们妇女部先提出个名单给我，然后通知她们到卫生队去检查身体，身体合格的，就可随部队走了，总数不要超过三十人。"我根据罗迈的指示，提了一个女干部名单：邓六金、吴富莲、吴仲廉、钱希君[①]、贺怡、李桂英、彭儒、阚思颖[②]、钟月林、刘彩香、王泉媛、危秀英、谢飞、蔡纫湘、谢小梅、危拱之，还有一位是兴国人，想不起她的名姓，她是左中农的爱人。我把这个名单交给罗迈，由组织部通知她们到卫生部去检查身体，以上同志经体格检查都合格。中央领导同志的夫人和在中央直属机关担任领导职务的女同志参加长征，是由中央和组织部决定的，不用检查身体，他们是：邓颖超、蔡畅、贺子珍、刘群仙、萧月华、金维映、廖似光、陈慧清、刘英和我。我和刘英当时都没有结婚。在军队工作的女同志，由总政决定，她们是：康克清、李建华、邱一涵、周月华、杨厚珍、李伯钊。曾玉当时身体不好，但她坚持要随部队去，组织上也就同意她走。经组织批准随部队转移的是三十四人，后来因贺怡的丈夫毛泽覃、彭儒的丈夫陈正人被留下了，他们两人也就留下了，在南方参加了三年艰苦的游击战争。所以参加红一方面军长征的女同志总共是三十二人，除现在各种党史资料中提到的三十位外，还有两位，一位就是前面提到的那位兴国人，她随部队到了湘南后，因红军突破敌人的堡垒，伤员很多，组织上派她护送伤员到江西游击区了，以后没有音讯，可能牺牲了。另一位是蔡纫湘，她原是彭杨红军学校的组织科［科］长，长征前又在中央妇女部帮助工作，长征时先后和我一起在民运工作队，到遵义后又和我一起到干部休养连，红军到了毛儿盖后她和吴富莲、王泉媛一起被编

---

① 钱希君，应为"钱希均"。
② 阚思颖，后改名"甘棠"。

到左路军。以后西路军在甘肃被围困，吴富莲牺牲了，蔡畅湘逃了出来，回到了上海。当她得知中央到达延安后，又千方百计到延安找组织，不幸在敌机轰炸延安时牺牲，她是一位很好的同志，我们应当纪念她。[①]

还有些在中央直属机关担任领导职务的女同志，因工作需要或身体关系，没有参加长征留在苏区坚持游击战争，有的已为革命光荣牺牲了。如范乐春同志，是中华苏维埃共和国执行委员，在中央政府任优待红军局的局长，是闽西根据地有名的女干部，对革命事业赤胆忠心。撤离前夕，她正生了孩子，还在月子里，在决定去留时，组织上一方面考虑到闽西根据地的斗争的需要，另[一]方面也考虑到她带着孩子的实际困难，决定把她留在根据地坚持斗争。她是林伯渠的夫人，他们夫妻俩有着深厚的感情，但是为了革命事业的需要，为了人民的解放，她只好留下了。临别时，林老对范乐春安慰说："我们都是党的儿女，革命的需要高于一切，我们都不要难过了。"说完，林老抱着初生的儿子，深情地说："孩子，不是爸爸不爱你，不是爸爸不带你走，这是艰苦的斗争啊！是白匪的罪恶啊！不然，爸爸怎么能离开你们呢？"范乐春同志是位非常坚强的女性，她带着孩子，在极端艰难激烈的斗争环境里，和邓子恢、张鼎丞等同志一起，领导了闽西根据地的斗争。她先后担任永定县委书记，闽西南军政委员会委员兼妇女部长，闽西南潮梅特委常委兼妇女部长。1941年5月，因劳累过度，长期抱病工作，不幸病逝。

唐义贞同志是卫生材料厂的厂长，是陆定一的夫人，长征时她正怀孕在身，组织上决定她留在苏区坚持斗争。1935年6月，在一次战斗中被俘，受尽敌人的严刑拷打，她坚贞不屈，始终不说出组织的下落，不交出党的机密文件，残暴的敌人竟用刺刀刺入她的胸膛，剖开她的腹部，挖出她的心脏。唐义贞殉难时年仅二十五岁。

还有周月林、黄长娇、陈壁英等同志都留在苏区坚持游击战争。

（选自李坚真著：《李坚真回忆录》，中共党史出版社1991年版）

[①] 据陆定一、贺怡回忆，蔡畅湘没有参加长征，留在根据地坚持斗争。故据现有资料，中央红军参加长征的女干部已知姓名的有三十人，另有女战士若干。

出发之前

⊙董必武[1]

当我们感觉到主力红军有转移地区作战可能的时候[2]，我就想：是被派随军移动好呢，还是被留在根据地里工作好呢？

有一天，何叔衡同志和我闲谈，那时我们同在一个机关工作。他问："假使红军主力移动，你愿意留在这里，还是愿意从军去呢？"

我的答复是："如有可能，我愿意从军去。"

"红军跑起路来飞快，你跑得吗？"

"一天跑六十里毫无问题，八十里也勉强，跑一百里怕有点困难。这是我进根据地来时所经验过了的。"

"我跑路要比你强一点。我准备了两双很结实的草鞋[3]。你有点什么准备没有呢？"

"你跑路当然比我强。我只准备了一双新草鞋，脚上着的一双还有半新。"

我们这样谈话过后，没有好久，我就被调到总卫生部工作，随着红军主力出发去了。叔衡同志仍然留在中央根据地。我们到了贵州，有人说：看见报纸上载有他已遇害的消息。这一年近六十的共产党员，不怕任何困难、任何牺牲，准备为共产主义的事业奋斗到底，准备随时在党的号召之下无条件地去工作，

---

① 作者在长征初期任红军野战医院中央工作团主任。

② 作者原注：1934 年 9 月 29 日，张闻天同志在《红色中华》报第 239 期上发表了一篇关于红军战略的社论，说红军在必要时应当转移地区作战。

③ 作者原注：江西西部的所谓草鞋，不是用草编成的，完全没有草的痕迹：布底、针线辑得很密，鞋前面有三个或五个布条做耳子，后跟也是布做的，样式如草鞋有耳，实际上全不用一根草，但名字仍叫作草鞋。

这从上面我们的谈话及以后的经过，就可以看得出来。

在中央根据地，因叔衡、特立、觉哉、伯渠和我五个人年龄稍大，诸同志都呼我们为"五老"。出发时我与特立、觉哉、伯渠等，都随着红军移动，经历了千山万水，苦雨凄风，飞机轰炸过无数次，敌人抄袭过无数次，苗山彝岭的绝粮，草地雪山的露营，没有障碍住我们，我们都完全地随着大队红军到达了目的地。只有叔衡同志留在根据地，落到反革命的手中而牺牲。这是怎样的令人悲愤的事啊！叔衡同志的肉体被敌人毁灭了，他的精神不死。现在有几十万几百万的人，踏着他的血迹前进而纪念着他。他个人死了，他在千万人的心坎上活着。那些杀害他的人，已被永远钉在耻辱柱上。

我在出发前，虽想过随军去或留后方的问题，可是红军主力向什么地方移转呢？经过些什么地方呢？路有多远呢？这类的问题，没有想过，也没有听见别人谈过。当时为什么不想这些问题？这因为红军是要北上抗日的，当时在北面和东面，敌人重重叠叠地筑满了"乌龟壳"，大部队通过较困难，西边的"乌龟壳"要稀落些，主力转移自然是由西向北前进，这是毫无疑问的。至于转移到什么地方，经过什么路线，走多少时候等问题，系军事上的秘密，不应猜测，而且有些问题要临时才能决定。如行军走哪条路，什么时候到达什么地方，有时定下了，还没有照着做，或做了一部分，忽因情况变了又有更改，这是在行军中经常遇到的，只要大的方向知道了，其余的也就可以不问。

我们向陕、甘前进，还是到川西后才决定的。假使在出发前，就知道要走二万五千里的程途，要经过十三个月的时间，要通过无人迹无粮食的地区，如此等类，当时不知将作何感想，是不是同样地坚决想随军出发呢？这都不能悬揣。但在长途中遇到一切天然的人为的困难，不曾令我丝毫沮丧过，同着大家一齐克服过了。到瓦窑堡后，东征时还是跃跃欲试。这样看起来，即〔使〕在出发前知道路很远，时间很久，险阻艰难很多的话，也未必能变更我随军的意念吧！

（选自董必武著：《董必武选集》，人民出版社 1985 年版）

红六军团西征
转战广西

突围前的湘赣苏区

　　1931年底和1933年底在江西的瑞金分别召开了中华苏维埃全国第一、第二次代表大会。我作为湘赣的代表，两次会议都参加了。第一次是袁德生的团长，我是代表团的支部书记；第二次是谭余保的团长，我还是支部书记。两次会议上，中央和毛主席除认真听取我们的汇报，还经常找我们个别谈心，对湘赣的工作做出具体指示。

　　第一次全苏代表会结束后，毛主席接见我，帮我们分析了湘赣的革命形势，特别对1930年赣西特委错杀王佐、袁文才的事做了具体分析，要我们继续做好善后工作，并明确指示，革命要波浪式发展，不能急于求成，在肃反问题上不要搞扩大化。

　　第二次全苏代表大会召开时，正是第五次反"围剿"最紧张的时候，根据中央指示，湘赣红军进行了分兵。十七师北上破坏南浔铁路，湘赣苏区只留下一个十八师，加上红四分校的学员，战斗力比较单薄，结果永新苏区丢了一大半，省里机关所在地永［新］城被敌占领，红军的活动范围就局限在黄岗、花溪、象形、石桥到牛田这么一个狭长地带内，军事上处于非常被动的局面。红十七师作为湘赣红军的主力调往湘鄂赣苏区，当时中央的意图是：第一，北上破坏南浔铁路，威胁南昌、九江，牵制敌人的力量，打乱敌人的"围剿"部署，减轻中央苏区的压力；第二，根据第二次全苏大会前中央关于成立红六军团的决定，将十六师接来湘赣，这样既靠近中央苏区，又有个可靠的根据地，有利红军部队发挥作用；第三，配合"福建事变"。但那时湘鄂赣苏区所有的县城

---

[1] 作者曾任中共湘赣省委委员，省军区代理司令员。自1934年7月起任红六军团政治委员。

都〔被〕敌占领了，整个苏区支离破碎，相互之间没有联系。红十七师经过艰苦奋战渡过袁水到湘鄂赣后，处境非常困难，敌人前堵后追，很难和十六师配合行动，结果除牺牲了许多有经验的指挥员外，部队减员几千，造成了很大损失。

中央当时对湘赣的问题非常关心，特别对湘赣红军如何配合中央红军粉碎敌人的第五次"围剿"，做许多决定。但由于王明"左"倾冒险主义的错误领导，未能很好采纳毛主席的正确方针，有些决定是不大符合当时湘赣的实际的，比如十七师北上行动，尽管在某种程度上起了牵制敌人减轻中央红军压力的作用，但要历史地看这个问题，因为十七师北上，湘赣丢掉了那么多地方，给自己造成的损失是惨痛的。

毛主席虽然当时被王明排挤出中央和军队的领导，但对湘赣的反"围剿"战争是非常关心的。在第二次全苏大会期间，根据十七师给中央的电报，中央军委曾专门讨论湘赣问题。中央军事顾问李德要我汇报湘赣的情况，并规定只能谈三个小时。我费了很大的劲写了个汇报稿，结果只谈了一个半小时，就不让讲了，并匆匆做了决定，要湘赣红军坚决执行中央"堡垒对堡垒""短促突击"等单纯防御的军事路线。我觉得这样不大对头，便把汇报稿送到毛主席那里。临回湘赣前，毛主席找我谈话。一进办公室，毛主席就问：听说你不愿回湘赣？我说：服从中央命令。接着，毛主席问了我们湘赣的工作情况和军委对湘赣的指示精神。他说：你们部队很纯洁，很有战斗力。并列举了〔第〕一、二、三、四次反"围剿"的许多战例。过了一会，毛主席对我说：打堡垒战？你们有好多人？好多枪？堡垒对堡垒你摆得满吗？你的司令部摆到哪个堡垒上？……停了一下，毛主席又说：不能那样打嘛！我认为还是那"十六字诀"好。集中力量打歼灭战，抓住敌人的薄弱环节，打敌人的头、尾或腰。一口吞不下去的东西，就不要一口吞下。同时要发动广大人民群众进行广泛的游击战争，在运动中消灭敌人的有生力量，保存并壮大自己的力量。这样的仗，你们会打呀！如果分散起来守敌人，敌人就可能对我们各个击破。最后毛主席指示我们：十八师应积极行动，要千方百计保存永新，使十七师回来后有个落脚的地方，好休息好补充。以后中央军委总参谋长刘伯承把我叫去汇报了情况，刘总说：毛主席说的话很好，你回去不要做"牛罗"①！

回到湘赣后，在省委会上我做了传达和汇报。当时因为水平低，有些东西

---

① "牛罗"，意思是不要和敌人硬顶。

正确与否，无法分清。我把中央军委的精神和毛主席的讲话精神都做了传达。这就引起了省委内部很大的争论。陈洪时主张十七、十八师分散行动，坚决执行军委的指示；任弼时同志在［第］一、二、三次反"围剿"中和毛主席在一起工作过，对毛主席的军事思想认识比较深，他同意按毛主席的精神办，在省委会上，对陈洪时进行了批评。因为大多数同志支持任弼时同志的意见，省委做出了决议，打运动战不打堡垒战。这时本来是滕代远任军区司令员，因为未到职，省委要我代军区司令员召集十七、十八师干部会议，传达了省委会议精神。

在省委制订的新的作战方针下的第一个战役是沙市战斗。这一仗打得非常漂亮。整整吃掉了敌人一个旅，活捉了旅长侯鹏飞和团长徐本桢，缴获不少战利品。沙市战斗就是运用毛主席游击战争的思想，打的一场伏击战。沙市战斗的胜利，给深入根据地的敌人以沉重打击，挫败了敌人企图消灭红六军团于禾水和袁水之间的狂妄计划，暂时地缓和了湘赣革命根据地紧张局势，配合中央红军，起了牵制敌人的作用。因为沙市战斗的伟大胜利，给根据地人民以很大鼓舞，在军用物资和兵员上十七、十八师得到很大补充，战斗力得到很大恢复。

沙市战斗后，迫使敌人不得不把进攻中央苏区装备精良的五十三师调往湘赣作战，所以形势仍很紧张，在我们当时的主观愿望上想再打几个胜仗，在敌人的推进中离开工事，多消灭一些敌人的主力，但又不愿丢失永新这块根据地，所以提出了誓死保卫永新平坝子的口号。这样搞来搞去，从运动战转变到打阵地战。以后的松山、金华山战斗，就是单纯防御军事路线的结果。短促突击的仗是不好打的。如果依靠这种打法即使取得了胜利也只是局部战术上的胜利。这样打的结果是我们不动，敌人也不动。我们不离开阵地，敌人不离开工事，实际上还是碉堡对碉堡。所以松山及金华山两仗尽管给敌人以很大杀伤，但自己付出的代价也是非常之大的，而且最后阵地没有守住，根据地照样丢失了，省委机关和红军部队不得不转移到牛田一带。

1934年7月，根据中央的电令，红六军团决定突围离开湘赣苏区，这次行动是我亲自安排和部署的。完全是搬家式的，开头油印机、造币石等什么都带上，可是搬了二天就搬不动了。为了轻装，一路行军一路丢。为了保守秘密，这次行动的目的起初没有告诉部队的指战员。但是在部队行动前，省委对地方工作做了研究和部署，按中央指示留下陈洪时任湘赣省委书记。省委讨论时，任弼时、张子意、吴德峰、谭余保、萧克和我，包括刘士杰都不同意。因为这时陈洪时的个人主义发展很严重，对革命流露出悲观失望的情绪，而且在工作上一点干劲都没有。当时我提议要把张子意留下任省委书记，张子意同志又要求把我留下任军区司令员，讨论中提出的不同意见当时向中央报告了。但后来中央还是决定把陈洪时留下来了。

红六军团突围西征是中央及中央军委领导下的一次有深远革命和历史意义的伟大战略行动，它打破了敌人对湘赣革命根据地的"围剿"，牵制了比我们多十几二十倍的敌人，从全局上打乱了国民党反动派第五次"围剿"的部署，为中央红军离开中央苏区进行二万五千里长征，起了先遣队的作用。

部队突围时，敌人前堵后追，情势非常险恶。好在突围后我们用的是毛主席的十六字诀，声东击西，避实打虚，很快掌握了主动权。8月上旬到桂东寨前圩后召开了誓师大会，正式宣布了六军团番号和建制。在敌人如此残酷的进攻下，突围为什么能成功，除了党的统一领导外，就是不管在任何艰难困苦的环境下要保持旺盛的士气和革命必胜的信心。在战略上藐视敌人，在战术上重视敌人。罗炳辉有一句名言叫作：东方不亮西方亮，黑了南方有北方。我就不相信那么大一个中国，你蒋介石一个人能吞下？我们离开了一个湘赣，为什么不能在全国建设二个、三个甚至更多的湘赣！

［选自中国工农红军第二方面军战史编辑委员会：《中国工农红军第二方面军战史资料选编（三）》，解放军出版社 1996 年版］

红六军团的长征

⊙萧　克[1]

1933年10月[2]，蒋介石不顾日本帝国主义的疯狂侵略，调动了一百万军队，两百架飞机，对我各革命根据地发动了空前规模的第五次"围剿"。其中以五十万兵力，分四路进攻我中央苏区。我们湘赣根据地在这次反"围剿"中，是中央根据地的侧翼，是辅助作战方向。11月，位于东路的驻福建的国民党第十九路军，在陈铭枢、李济深、蒋光鼐、蔡廷锴等人的策动下，建立了福建人民政府，公开提出抗日反蒋的口号，宣布与蒋介石决裂，并与红军秘密签订了反蒋抗日协定。这就打乱了蒋介石从四面"围剿"中央红军的作战部署，迫使蒋介石由北线抽出七至十个师的兵力开往福建，企图压垮十九路军后，转而再进攻我中央苏区。

1934年1月，正当蒋介石主力围攻延平、古田十九路军的时候，中央军委电示湘赣省委及十七师，要十七师速向宜春分宜地段渡过袁水，北出会合正在湘鄂赣坚持游击战争的红十六师，向南浔路永修一带行动。南浔路，位于蒋介石北路军侧后，是由南昌至九江的交通大动脉。十六、十七师北上破坏南浔路，目的在于钳制蒋介石进攻十九路军，以及配合中央红军向北发展（中央红军也是要配合十九路军，但由于"左"倾路线政策上的错误，实际上没有积极有力的行动），以减轻敌人对中央苏区的压力，利于中央红军的反"围剿"。

……

十七师北上以后，敌人乘机进攻我湘赣苏区，根据地的中心——永新城

---

① 作者在西征时任红六军团军团长。
② 蒋介石发动第五次"围剿"开始于1933年9月底。

被敌占领了。我十七师回师湘赣苏区，同留在那里的十八师会合（实际上只有五十二及五十三两个团）。这时，敌人调集重兵，妄图乘我十七师长途行军的疲劳和严重减员，进行大举围攻。我们在任弼时同志的统一领导下，在地方武装和苏区人民配合下，两个师协同作战，连续打了两个胜仗。一次是 4 月上旬，在永新附近的沙市，打了个漂亮的伏击战，消灭了敌第十五师王东原部一个旅，活捉了旅长侯鹏飞、团长徐本桢及旅参谋长赵楚卿，这是河西（赣江以西）战场上［第］五次反"围剿"以来最大的一次胜利。另一次是 4 月中旬，在安福、莲花间之利田，打垮了敌六十二师的王啧瑛的一个旅。这样，湘赣苏区的局势就开始稳定下来了。但是，由于王明"左"倾机会主义单纯防御路线错误的干扰，搞短促突击，以堡垒对堡垒，5、6 两个月部队消耗很多，加之敌人对苏区层层包围，严密封锁，又占领苏区中心的永新城、钱市街等地，分割苏区，我军的机动范围更狭小了。6 月底 7 月初，主力不得不退出苏区的中心地区，撤到永新南面的遂、万、泰三县之交，也就是井冈山的东南面——牛田碧江洲一带。

这时，中央红军第五次反"围剿"屡战不利，被优势之敌压迫到闽赣边境。打破第五次〈反〉"围剿"的希望断绝了。在这严重情况下，党中央、中央军委开始做退出中央根据地的准备，同时于 1934 年 7 月 23 日，给湘赣省委来电指示："中央书记处及军委决定六军团离开现在的湘赣苏区，转移到湖南中部去发展广大游击战争及创立新的苏区。"电报还明确地讲了撤出湘赣的理由：在粉碎敌人［第］五次"围剿"中，敌人正在加紧对湘赣苏区封锁与包围，特别是加强其西边的封锁，企图阻止我们的力量向西发展。"在这种情况下，六军团继续留在现地区，将有被敌人层层封锁和紧缩包围之危险，而且粮食及物质的供给将成为尖锐的困难，红军及苏区之扩大受到很大的限制，这就使保全红军有生力量及捍卫苏区的基本任务都发生困难。"来电还阐述了军委这一决定的目的，指出：红六军团在湘中的积极行动，将迫使湘敌不得不进行战场上和战略上的重新部署，破坏其逐渐紧缩中央苏区的计划，以补助中央苏区之作战；这一行动，还能最大限度地保存红六军团的有生力量，并在创建新的苏区的斗争中，"确立与二军团（1931 年 3 月，原红二军团已改为红三军。电报中的二军团是习惯称法）的可靠的联系，以造成江西、四川两苏区联结的前提"。电报并对红六军团向湖南发展的路线、地域和行动做了具体规定："六军团由黄坳、上下七地域的敌人工事守备的薄弱部或其以南，转移到现独立四团行动的桂东地域。在转移中要迅速脱离敌人，以便到桂东的游击地域，高度的迅速的发展游击战争和推广游击区域"，"六军团在桂东不应久停，第二步应转移到新田、祁阳、零陵地域去发展游击战争和创立苏区的根据地"，"以后则向新化、溆浦两县间的山地发展，并由该地域向北与红二军团取联系"。电报还就这次行动的组织领导做出了安排："弼时同志及部分的党政干部应准备随军行动，弼时即为中央代表，并与萧克、王震三人组织六军团的军政委员会，弼时为主席。"在这个电报中，中央军委对中央红军的意图没有说明，后来我们从行动中体会到，中央红军也要向西撤，中央电令我们转移，是要我们起先遣队的作用。

接到中央军委电报以后，我们积极进行了转移的准备工作。在任弼时同志亲自主持下，召开了全体政工会议。他亲自做了"争取新的决战胜利，消灭湖南敌人，创造新的根据地"的重要报告，分析了目前形势，传达了任务，指出了有利条件和困难条件。军政委员会对这次转移部署做了慎〔缜〕密的研究，决定了突围方向和钳制方向，对留下的地方武装做了坚持根据地的妥善安排。西征部队积极打草鞋，做干粮，并实施了行军、侦察、警戒的教育。地方行政机关也进行精兵简政，充实部队。

经过充分准备，我军于8月7日下午3时，全军九千多人，在独立四团的引导下，由遂川的横石出发，踏上了西进的征途。经日夜兼程行军，通过藻林、左安、高坪等地，连续突破敌人四道封锁线，于11日中午到达了湖南桂东县的寨前圩。12日，在寨前圩召开了连以上干部的誓师大会，庆祝突围胜利。根据中央军委指示，由任弼时正式宣布成立红六军团领导机关，萧克为军团长兼十七师师长，王震为军团政委兼十七师政委，李达为军团参谋长，张了意为军团政治部主任，龙云为十八师师长，甘泗淇为十八师政委，谭家述为十八师参谋长，方礼明①为政治部主任。

这次向西行动，中央军委指示我们一切都要带走。由于我们主要领导人不大了解西征意图，也没有接受红十七师北上的经验，结果，把省保卫局的犯人，医院，兵工厂，石印机，甚至连个老虎钳子都带了。有个电台发动机很重，也带上走，你走十里路，它就掉队一二里，后续部队也跟着掉队。这种搬家式的行动，使部队的机动能力被这些家当缠住了，行军不灵便，打仗顾虑多，客观上降低了领导者寻找机会打仗的雄心。特别是到了贵州，山高路窄，崎岖曲折，

---

① 方礼明，应为"方理明"。

很难走。我们从湘桂黔边进入贵州，带的东西就扔得差不多了。就把情况报告了中央，可是中央不吸取经验教训。不久，中央红军从中央苏区向西转移，他们搬的比我们还厉害，打仗是打被动的掩护战，因而吃亏也就更大。这种搬家式的转移，是〔第〕五次反"围剿"后期军事保守主义的继续，完全违反了大踏步前进、大踏步后退运动战原则的。历史是一面镜子，回顾这段往事更加发人深思。当〈着〉中央红军沿着我六军团的行进路线前进时，国民党报纸说我们是"前头乌龟扒〔爬〕开路，后头乌龟跟着来"。此语虽近乎笑话，但对我们自己来说，如果前头的"乌龟"走错了路，后头的"乌龟"就应警惕了，即所谓"前车之覆，后车之鉴"。如果后头来的不知所"鉴"，就必然造成更大的损失。中央红军搬家搬到贵州吃尽苦头，使我军遭至后车重覆之祸。在严峻事实检验下，"左"倾军事路线即宣告了破产。军事上如此，政治上也是如此。一个革命者如果不接受前人的教训，不接受自己的教训，只能沿着前车之覆而再覆。我党近六十年①的历史中，无数类似事件是大可汲取的。

红六军团胜利突围的消息，震撼了湘桂两省军阀。湖南军阀何键一面急调刘建绪派两个师兵力追击我们，一面令一个旅四个保安团防堵拦击我们。广西军阀也令第七军两个师向北部边境调动。由于敌情发生了变化，我们改变了在湘南地区停留的计划。8月12日晚，从寨前圩出发，越过了郴宜公路，绕桂阳，于20日占领了新田县城，休息了一天。23日，到达了湘江右岸的蔡家埠一带，准备抢渡湘江，向新化、溆浦地区前进。敌刘建绪发现我军抢渡湘江意图后，急忙调重兵堵防湘江，督令敌军尾击我军。与此同时，桂军第七军廖磊部分两路向道县、零陵运动，堵我西进。这时，湘江西岸有利地形已被敌人占领，布防严密，渡江已不可能。在这种严重情况下，我们决定放弃由零陵地区强渡湘江的计划，东行到阳明山地区，打算暂时立足，酌情建立根据地。但到达阳明山方知那里的地形、民情等，不利于建立和发展根据地，我们就放弃了这个计划，进入白果市，从四倍于我的敌军包围中摆脱了出来。绕过敌十五师的侧翼部队，立即急转南下，日夜兼程，到达嘉禾县城附近。敌军继续追来，我军当即折而向西，迅速进至江华、道县之间，渡过了湘江上游支流的潇水，顺利地进行了湘桂交界之永安关的战斗，破坏了尾追我军之湘桂军三个师的截堵计划，进入了广西的全县、灌阳东北地区的文市。敌人又集结兵力妄图阻我军在此西渡

---

① 本文发表于1980年。

湘江。我军一举击溃敌八个多团，于9月4日上午在全县以南的界首，顺利地渡过了湘江，进占了西延县城。

9月8日，我们在西延车田接到中央军委的一个训令，要我们在城步、绥宁、武岗山地区打击敌人，最少保持到9月20日，然后沿湘桂边境行动，与红三军联系，在凤凰、乾城、永绥地域建立巩固的根据地。训令的主要意图是要红六军团钳制敌人，直接与即将长征的红一方面军配合行动。当日我们由车田出发西进，准备取城步、绥宁、武岗地区，但未成功，后来准备在绥宁以西打击西进的湘敌，不料在小水遭敌五十五旅的突然袭击。这时，湘、桂、黔三省敌军也先后集结在靖绥以北地区，防我北进。我们又迅速改变了计划，夺路南下，占领通道县城。渡渠水，西入贵州。我军这样迂回转移，忽东忽西，运用灵活战术，使敌人难于琢磨。反动军阀何键曾无可奈何地说，红军"时而声东击西，行踪飘忽，作圈子策略"，"我十五、〔十〕六师跟踪追逐数千里"，"军队疲于奔命"，他还破口大骂其部下无能。

我们进入贵州，那里群众没有受过我党和大革命的多少影响，对我们不大了解，有时碰到很多笑话。由于国民党反动派一再宣传什么"共匪、共匪"，有些年轻人不知道"共"是什么，"匪"是什么，他们看到我们纪律好，就不怕我们，但也叫我们"共匪"。我们问他们："我们怎么样？"他们说："你们好，你们共匪好！"我们就跟他们讲一通大道理，他们才明白过来。贵州除了群众不了解我们和山路难走外，地形也不熟。那时我们只有中学生用的地图。我们打到黄平，在法国教堂里找到一张近一平方米大的法文贵州地图，但看不懂。好在那里有个法国牧师能讲点中国话，不能写，发音也不准，但还能够听得懂，我们就指着地图，他讲我写，迅速译成中文。有了这张地图，才稍微详细地看清楚贵州的山川城乡的大略，行动才开始方便了一些。

从湘西到贵州，作战也非常困难。这时候笨重行李虽然丢得差不多了，但强敌跟踪尾追，我们走到通道以西四十里之新厂，杀了个回马枪，把何键的补充第一纵队何平部两个团全部击溃，缴获甚多。从此，敌人就不敢轻易尾追我们了。我们继续向西，通过锦屏、黎平，进入了苗、侗两族聚居的清水江流域。在准备渡江北进时，苗、侗两族人民，积极为我们寻找渡口，收集船只，绑结木伐〔筏〕，架设浮桥。在人民群众的协助下，顺利地渡过了清水河，又突破湘、桂、黔三省敌军共十八个团的包围，强渡大沙河，攻占地主武装盘据的黄平县城，继续向石阡前进。

但是，我们在甘溪与桂敌遭遇战斗失利，我军被截为三段，陷入了湘、桂、黔三省敌军二十四个团的包围之中，形势对我非常不利。为了摆脱这种严重被动局面，十七师的四十九、五十一两团之一部，由四十九团特派员谭善和、五十一团樊营长负责组织部队，在军团参谋长李达同志率领下继续前进，首先在黔东根据地之沿河地区，与红三军的一部会合了。而十七师的五十团与四十九团之一部和十八师、军直则转战于石阡、镇远、余庆、施秉一带，遇到了严重的困难。这一地区，山势险峻，人烟稀少，物资奇缺。部队常常是在悬崖峭壁上攀行，马匹、行李不得不丢掉。一些部队有时一天一顿稀饭，饿着肚子走路打仗。指战员们没有鞋子穿，赤着脚在深山密林中行军，历尽艰辛。当时，中央代表任弼时得了很重的疟疾，在医药奇缺的情况下，他凭着坚强的革命意志，手拄木棍，领导着全军行动。当我军从朱家坝向南转移时，我后卫五十二团又遭敌截击包围，全团同志浴血奋战了三昼夜，终因敌众我寡，弹尽粮绝，受到了惨重损失。师长龙云同志被捕，被军阀何键杀害。经过十多天的艰苦奋战，在一天的〈半〉下午，进至石阡至镇远敌之封锁线上，击溃了敌之巡逻警戒部队后，占领了东去的路口，并向南面之镇远及北面之石阡派出了强有力的警戒。而主力由当地老猎户引导，鱼贯向东，深夜从一条人迹罕至的谷涧水沟（贵州称为夹沟）通过。这时，南面的湖南补充第二纵队陈铁侠[①]部、北面的桂系军队都发现了我军主力。将近黄昏，敌人从南面进攻我们。我军团教导队特务连利用夜暗坚决抵抗，直至午夜，部队全部通过，天亮出了夹沟，我们才松了口气。这是一个极端紧张而又关系到六军团大局的〈一个〉战斗行动，直到现在，一经忆起，心胆为之震惊，精神为之振奋。从此，六军团战胜了贵州和广西、湖南军队的围追堵截，终于在 1934 年 10 月 24 日在黔东印江县之木黄和贺龙、关向应、夏曦同志领导的红三军胜利会师了。

这次行动历时八十多天，跨越敌境五千多里，历尽千辛万苦，冲破了敌人的围追堵截，我们探明了沿途敌人兵力的虚实，查明了道路、民情，实施了大规模的战略转移，沿途播下了革命火种，实际上起到了为中央红军长征进行侦察、探路的先遣队的作用。

（节选自萧克：《红二、六军团会师前后——献给任弼时、贺龙、关向应同志》，载《近代史研究》1980 年第 1 期。本文标题为选入时本书编者所加）

---

① 陈铁侠，应为"成铁侠"。

忆红二、六军团黔东会师前后

⊙李 达①

　　1934年盛夏时节，中共中央机关和中央红军主力，准备实行战略转移。中央革命军事委员会于7月23日命令红六军团担任前导，退出湘赣边根据地，向湖南中部转移，与红二军团（当时改称红三军）取得联系。红六军团当时共有九千七百余人，由中央代表、湘赣省委书记任弼时和萧克、王震同志组成军政委员会，负责领导。8月7日，我们从江西遂川的横石出发，踏上了艰辛的西征之路。12日，我们在寨前圩召开连以上干部誓师大会，庆祝突围的胜利，并由任弼时宣布中央革命军事委员会指示：正式成立红六军团领导机关，萧克任军团长兼第十七师师长，王震任军团政委兼第十七师政委，李达任军团参谋长，张子意任政治部主任；龙云任第十八师师长，甘泗淇任师政委。但是，军委向我们下达任务时，并没有明确红六军团是作为总部的前导，为红军主力探索转移路线的，只是让我们到湖南去找贺龙同志领导的红二军团，并将每日行军路线和宿营地用电台报告总部。我作为参谋长，忠实地执行了这一指示，每晚均向总部报告。红二军团的具体位置我们并不知道，只是估计可能在湘西凤凰和川贵交界处活动，就大致朝着这个方向前进。然而，我们每经过一地，此地过些日子必遭国民党飞机的轰炸，而且非常准确。我很奇怪，为什么不炸我们，偏偏要炸我们路过的地方呢？有一天，我偶然看到一份湖南报纸，才解开了这个谜。那张报纸的头版上用特大号字印着一个醒目的标题："前面乌龟爬开路，后头乌龟跟着来"，再看内容，这才知道，总部的机关正是按照红六军团的行动路线走的，敌人又破译了我们的电报，侦察到了总部的行动规律，所以就定

---

① 作者随红六军团西征期间任军团参谋长，与红二军团会合后调任红二军团参谋长。

期地沿着我们的宿营地点进行轰炸。这说明敌人是多么的狡猾，稍一不慎，就可能带来不应有的损失，同时，我们也才知道，红六军团在受命寻找红二军团并与之会师的同时，实际上还担任了中央红军实行战略转移向西突围的先遣队。

一

直到 9 月 26 日，朱德同志给"任、萧、王"发来"火急"电，我们才有了比较明确的行动目标。电报说："我二军团的部队已占领思南、印江、清江并向石阡方向前进。"并确定我们的路线："由现地域或经清江、青溪、思县，到达省溪、铜仁、江口地域，然后设法与二军团首长取得联络。"依据这一指示，任弼时、萧克、王震同志率领部队，与追堵我军的湘军、桂军巧妙周旋，且战且走，途经湖南、广西，进入贵州。

10 月 3 日，军委电示任、萧、王："桂敌现向南开动。""二军团部队已占印江，六军团应照军委 1 日 13 时来电令，迅［速］向江口前进。"4 日，军委又电："黔敌柏辉章师现分驻松桃、铜仁附近，另一部正向我贺部追击，其兵力正形分散。我六军团应乘此时机，迅速依军委电令，向铜仁以西、乌江以东之江口前进，并相机攻击堵敌部队。"为执行军委上述指示，军团首长命我带领由第四十九团、第五十一团和机枪连组成的先头部队，担任前导任务。我们 6 日进至石阡地区，7 日继续行军至甘溪，与桂军廖磊所部第十九师遭遇。原来，桂敌并未"南下"，而是一直在追踪，当发现我们之后，突然抄后路，切断了我们与主力的联系。由于当时我们以为桂敌已经南撤，只顾向江口急进，和红二军团会合，所以没有和桂军作战的思想准备。加之，我们对这一带的情况不熟悉，事先也没有得到情报，待发现桂敌的前卫部队时，已经深入湘、桂、黔三省敌军二十四个团的重兵包围之中。在这种紧急情况下，我指挥先头部队与敌军奋力苦战，坚持到黄昏之后，我带着机枪连冲出敌围，其余部队也相继冲了出来。我清理了人数，只剩下第四十九团、五十一团的两个团部和机枪连，总共四百人左右。许多同志在突围中失散了。我们从一个叫作大地方的镇子，钻进了山沟。所幸这一带林深草密，地形复杂，便于隐蔽。我们同敌人周旋了两昼夜，终于摆脱了他们的追击。我们与军团首长失掉了联系，下一步应该怎样行动呢？我和第四十九团政委晏福生、第五十一团团长苏杰等同志研究了一下：如果我们折回去寻找主力部队（主力也不会停留在原地的），则很可能在途中重陷敌围，亦有被歼危险。我们先头部队的任务是寻找红二军团，而据当地老乡介绍，我们所在的地方距江口、印江只有三五日行程。如果我们能很快找到红二军团，请求贺龙同志派部队接应红六军团主力，比我们这四百人的作用要大得多。于是，我们在无法与军团首长取得联系的情况下，决定先寻找贺龙同志。我们把剩下的这部分人临时编成了一个先遣支队，直奔北方。10 日到江口时，没有发现红二军团的踪迹。于是，11 日经德旺，12 日沿梵净山西麓继续寻找。在甘龙口附近，我们听老乡说，这一带常有部队活动，既不像国民党的军队，也不像土匪。对于梵净山，我是早闻其名的。它位于江口县北、印江县东，海拔近两千五百米，山势奇伟，至今还保留着原始森林，人迹罕至，是历史上土匪出没较多的地方。为不致弄错，我又找了些老乡，仔细地询问了一下。从他们提供的零星情况来看，在梵净山西北一带，很可能有红军活动。

　　10 月 15 日，我们又进一步打听到，在沿河县一个叫枫香溪的镇子附近确有红军部队。大家听到这个消息，兴奋极了，忘记了连日的辛劳，恨不能立刻见到他们。我重新整理了部队，就直奔枫香溪。经过来安营，又走了大约半天的路程，就看见一座小山头，上面有部队在活动，都是老百姓的打扮。同时，他们也发现了我们。由于我们红六军团穿的是制式军装，事先又未联系，他们误以为是黔军又来搜山，就做出了戒备行动。为避免发生误会，我命令部队停止前进，原地休息。我观察对面山上这些老乡打扮的部队实施戒备动作时，很像是经过正规训练的，所以断定他们就是红二军团的部队。于是，我就派人向他们喊话："我们是红六军团，从根据地出发，来找你们会师的。不要误会——""你们是红二军团吗？我们是来找贺龙总指挥的——"喊了一阵，对面山上派人来跟我们接头。我取出随身携带的纸笔，垫着文件包，匆匆写就一封信：

贺总指挥：

　　我们是红六军团，奉军委命令，从湘赣边根据地出发，前来寻找红二军团会合的。我是红六军团参谋长李达，率先遣支队走在前面，希望同您会面。

　　我将信折好，交给来人。他们走后，我坐在一块石头上，焦急地等待着回音。对于贺龙同志，我虽久仰其名，但从未见过面。他是否知道中央派红六军团来会合，我也拿不准。如果接不上头，或者虽然接上了头，但不能马上派援兵，我这个参谋长怎么对得住正率部队浴血苦战的任、萧、王首长呢？我正想着，忽见山上下来几个人，朝我疾步走来。最前边的一位，身材魁梧，头戴礼帽，脚踏草鞋，和其他人一样，穿着深灰色的衣服。他走到我跟前，笑着伸过手来，我迎了上去。他紧紧地握着我的手说："误会了，误会了。我是贺龙。听说你们六军团要来，我们十分欢迎。你们辛苦啦！"他拽着身旁一位瘦削而精干的中年人，说："这是我们的政委关向应同志。"关政委也热情地同我握手，并亲切地说："李达同志你们辛苦了！弼时同志来了吗？"我说："弼时、萧克、王震同志还在后边同敌人作战。"贺龙、关向应同志听罢，立时紧锁双眉。贺龙对我说："李参谋长，你先把队伍带上山休息。""我还是先向您汇报部队被围的情况吧。"于是，我边上山，边向贺、关首长汇报了红六军团寻找他们的经过，特别将我们在甘溪遭到敌军袭击的情况，详细地讲了一遍。贺龙说："你们遇到的是桂军，看来还有湘军和黔军，能突围出来，很不容易。黔军也天天在找我们。刚才你们到山下，哨兵还以为是他们来了。我观察了一下才知道是你们红六军团。我们这几天就是出来接你们的，现在真的碰到一块儿了。"我说："贺总，我是找您搬救兵去接应主力的。"贺龙爽快地说："好！我们研究一下，做些准备。"他用力一挥右臂，对部队说："明天就出发，接应六军团！"

这是我第一次见到贺龙同志。他那平易近人、豁然大度，在危难之时毫不迟疑地援救兄弟部队的豪爽气概，给我的印象极为深刻，至今还萦绕在眼前。

二

第二天一早，贺、关率领部队，兼程南下，接应红六军团。我们这支先遣队仍然担任前导。途中，我们了解到红六军团主力已经摆脱敌人，朝梵净山方向去了。我们又折回来，大约转了一两天的样子，在梵净山西南发现一支部队，经用军号联系，原来是郭鹏、彭栋材同志率领的第五十团。我给他们介绍了贺、关首长，他们喜出望外，情不自禁地淌下了热泪。第五十团的同志们争着同贺、关首长握手。许多同志拥抱在一起，不知说什么好……郭鹏、彭栋材同志说，他们团同主力失去联络后，既无地图，也不知道红二军团的位置，转了好几天，偶然从一个破纸堆里翻出半张旧报纸，上面登着贺龙所部在"沿河、印江一带骚扰，向西南方向蠢动"的简短消息，这才有了具体目标，一路找来，果然同你们相遇。我们稍事休息，便一同沿梵净山西麓向北继续寻找红六军团主力。大概又转了一两天，终于 10 月 24 日在木黄找到了他们。两个军团的同志虽然以前多不相识，见了面却像久别重逢的亲人一般，握手，拥抱，许多人激动得流下了热泪。小鬼们手拉着手，又蹦又跳，高兴极了。

我陪着贺、关和任、萧、王首长亲切交谈。贺龙特别兴奋地说："我早就听说你们六军团要来，因为电台坏了，同中央断了联系，不知道你们的具体位置。这下可找到你们了。看见你们安全脱险，我也就放心了。你们来自井冈山，来自毛泽东身边，可要好好给我们介绍经验哪！"接着他和关政委关切地询问了红六军团脱险经过。王震政委见了我，百感交集，紧紧地握着我的手，激动地说："李达呀，我们还以为找不到你了呢！谁知道你真把贺龙同志给找来了。你这个参谋长还不错嘛！"任、萧、王首长经过十几个昼夜的辗转奔波，疲劳过度，特别是任弼时和萧克同志已经走不动路了。贺总派了两副担架，抬着他们行军。

在行军途中，王政委跟我说，10 月 7 日在甘溪时，被敌人截成了三段。他们一边阻击敌人，一边在高山临时开路，行军一昼夜，到达包溪。我十八师和敌军打了半天。他们走到路腊，又遇到敌人，我尖兵缴了敌人六支驳壳枪，主力仍在高山与敌人对峙。这时，已经减员六七百人。到了 12 日，为了避免被敌人追击，行动方便，他们将主力分为两个纵队，烧掉了不必要的行李。经过施秉附近时，又被桂敌追了二十余里。10 月 15 日，他们向板桥前进，准备渡石阡河。但敌李觉部已先到板桥堵击。他们避开敌人，又折返甘溪，第五十二团在龙塘被敌截断，又退至白沙方向。17 日晨，他们到达甘溪。午后，强行通过了敌军在石阡、镇远设置的封锁线。这样，经十余天转战，终于摆脱了敌军，在印江县的木黄同我们相遇。弼时同志身患痢疾[①]，还手拄木棍，坚持和同志们一起行军。听了这些，我非常感动。

回想起甘溪遭遇战，确是一场惊心动魄的殊死搏斗。红六军团被桂、湘、黔三省联军重兵包围分割，仍能各自为战，杀出一条血路，同红二军团胜利会师，这是与任、萧、王首长平日对部队的培养、训练，和临战时的机智指挥分不开的。后来，我曾读到两份敌军总结为何未能追上红六军团主力的材料。其中一份是湘军旅长胡达的谈话。他认为所以未能追上和消灭红军，是因为这个部队确有

---

① 一说任弼时当时患的是疟疾。

一些"长处"，"如服从命令，拥护首领，完成任务，动作迅速"，"比如遇到国军，该部因避战之故，马上前卫变作侧卫或后卫，其最大目标，突然不见了"，"该部对于其主义，信仰极深，故拥护首领，甘心效死疆场"。另一份则是白崇禧对桂系十五军的训话。他说红六军团的长处，"第一是纪律严格，进退动作一致，奔驰数省，队伍完整；第二是组织严密，党的命令，可直达士兵下层；第三是行军力强，该部没有落伍心"。至于桂军为何没有追上红六军团，他认为是由于桂军存在四条"短处"："第一行军弱，有些官兵不能走路……这次追赶萧克，暴露了这种弱点；第二是有少数的官兵胆小，借故落伍，不肯上前；第三是后方勤务不好，行动不敏捷；第四是通讯不灵"。红军的长处，当然不止于此。但从敌人公认的这几点中可以看出，我们的部队在西征中表现出来的顽强奋战的战斗作风和精神风貌。当然，我们的胜利也付出了相当的代价，损失是很大的。先烈们的鲜血，换来了宝贵的经验，鞭策我们幸存者更加谨慎、周密，更加机智、勇敢地同敌人去战斗。

10月25日，二、六军团在向南腰界转移途中，任弼时、夏曦、贺龙等首长开了一个简短的会议，初步商定了两个军团集中行动的方案，于当天电呈军委说：

"六军团现只有五十二团八百余人未到，其余已集中编成三[个]团，总数约三千；二军团为七、九两师，总数约三千二百，精良充足，但子弹缺乏。

"任与夏、贺会议，二军团以下七、九两师编成三个团，独立师编一个团，共四个团；六军团暂编三[个]团。两个军的行动由二军团统一。六军团政治部及保卫局编入二军团。任、萧随二军团，夏、王、李随十七师。

"以目前敌情及二、六军团力量，两个军团应集中行动。我们决定加强苏区党和武装的领导，开展游击战争，巩固发展原有苏区，主力向松桃、秀山间伸出乾、松、凤地区活动，建立新的根据地。"

贺总和关政委对六军团非常关心，多次指示二军团的同志，要尽一切可能照顾好六军团，保障好六军团。二军团的指战员，按照贺、关首长的指示，在相当困难的情况下，给我们筹粮、送肉、送盐，组织人上山选割细软的茅草，给我们当铺草；给我们营以上干部配备了乘马，还拨给我们七八挺轻机枪。这些无私的援助，感人至深。

10月26日，二、六军团在南腰界召开了隆重的会师大会，标志着两个军团胜利地结合在一起。

三

红二、六军团的胜利会师，在红军发展史上具有重要意义。

首先说二军团，由于夏曦同志盲目地执行王明的错误路线，在部队中搞肃反扩大化，屈杀了一大批好党员、好干部，甚至连党、团组织都解散了；在军事上，亦曾犯过盲动主义和逃跑主义的错误，使部队和根据地受到了很大损失。二军团的电台坏了以后，同中央失去了联络，所以，中央对二军团的情况也并不完全了解。夏曦当时的职务是湘鄂西中央分局书记，又一直不承认他的政治错误，以贺龙、关向应的身份，是不能左右夏曦的。六军团出发前，任弼时同志即已受命于中央，以中央代表的名义，前往解决二军团的问题。

再说六军团，经过近三个月的远征，中途几遭敌军重兵的追、堵、截、围，部队严重减员，疲惫不堪，只剩下三千人左右，其中还有三百多伤病员。会师前，为了轻装，连行李都烧掉了。因此，我们亟须休整、补充。

正如贺龙同志所说："我们二、六军团两个军团会师以前都是多灾多难的，肃反都扩大化，干部损失最大。所以，两军都希望会师。六军团需要休息，二军团希望会师解决路线问题、党的领导问题。""如果没有（黔东）这块根据地，六军团没有目标可找，也收不到部队，结果是不可想象的。那时六军团被敌人切成了三段，会师后连做饭吃的家具都没有了，马也丢光了，很狼狈。"

但是，由于军委负责同志不了解上述情况，于10月26日急电"任萧王"：

"一，二、六军团合并一个单位及一起行动，是绝对错误的。二军团仍应独立的依中央及军委的指示活动、发展，并接受中央及军委直接指挥。

"二、六军团应速依军委电令，向规定地域行动，勿再延迟。六军团所携的两个电台，如能修好，并配好材料，望留一个及译电人员给二军团。"

二、六军团首长，包括夏曦在内，接此电令后，都认为二、六两军团在目前情况下是不能分开行动的，因此不同意分开。为让中央及军委了解详细情况，他们先于27日汇报了夏曦在二军团（即红三军）所犯的严重错误："夏曦同志领导中央分局，离开湘鄂西苏区时，是执行了退却逃跑的机会主义路线。……在肃反中〔把〕十分之九的连以上军事、政治干部，当反革命拘捕了。……最近到白区配合迎接六军团时，敌进入苏区。夏曦领导独立师脱离苏区逃命，以致这块苏区缩小到现南北只有六七十里，东西只有三十里，人口三万余人；二十个区缩小到十二个区；地方武装扩大的三千多新战士，缩小了一半……"

由于夏曦同志"始终没有承认他政治路线的错误，因此我们认为他不能继续领导，建议中央撤销他中央分局书记及分军委会主席"，"并提议贺龙为分军委会的主席，萧、任副之"。第二天，"夏贺关任萧王"又电呈军委，详细申述了两个军团需要统一行动的理由："在敌我及地方情况条件下，我们建议二、六军团暂时集中行动，以便消灭一二个支队，开展新的更有利于两军团将来分开行动的局面。目前分开，敌必取各个击破之策。以一个军团力量对敌一个支队无必胜把握。集中是可以打敌任何一个支队的。且两军在军事政治上十分迫切要求互相帮助。"记得这样反复了几次，军委才同意二、六军团共同行动，调夏曦担任六军团政治部主任。此后，他的表现还是不错的。

关于二军团的政治路线问题，由于贺龙、关向应和广大指战员的抵制和斗争，夏曦的一些错误做法已开始得到纠正，并于6月中旬恢复了党团组织。只是党团员敢于站出来登记的还不多。弼时同志到二军团了解情况后，对夏曦的问题进行了批判总结，促进了二军团的政治生活迅速走上正确的轨道。

两个军团会合后，中央决定由贺龙、任弼时同志统一指挥二、六军团。贺龙对六军团是非常尊重的。他曾带着二军团的部分干部到六军团来学习，诚恳地对萧克和王震同志说，你们军团来自中央根据地，文化水平、政治水平和军事素质普遍比较高。二军团的干部，大部分在肃反中被错杀了。新提起来的干部，特别是营团级干部，素质差，经验少。希望六军团能支援二军团一批干部。萧克、王震同志欣然同意，立即选调了一批同志到二军团工作。如甘泗淇、方理明、张平化、袁任远、余秋里、朱辉照、冼恒汉等同志就是这时调到二军团的。萧、王首长对二军团的能征善战也十分钦佩，要求贺龙、关向应调了一批军事干部到六军团工作。贺龙同志还请弼时同志给二军团介绍毛泽东同志的光辉思想，介绍中央红军反"围剿"和土地革命的经验。贺总听说我懂得一点儿军事训练和参谋业务，也曾经让我给二军团的干部讲课和做示范动作，还叮嘱我帮助二军团司令部搞好业务建设。不久，又调我担任二军团参谋长。这样一来，二、六军团就融合在一起了。大家互相敬重，互相学习，互相帮助，亲如兄弟一般，无形中增加了几倍的力量。贺龙同志说："二、六军团会师团结得很好，可以说是一个会师的模范。"

为策应长征，我二、六军团从黔东出发，向湘西敌人发动了攻势，在运动中歼敌数千，相继占领了永顺、大庸、桑植，控制了龙山、保靖、桃源、慈利、常德等地，于11月建立了湘鄂川黔革命根据地。任弼时任中共湘鄂川黔边省委书记，贺龙任湘鄂川黔革命委员会主席和军区司令员。在他们的正确领导下，又于1935年取得反"围剿"的胜利，有力地策应了党中央和红一方面军的长征。11月19日，两军团主力由桑植出发，又走上了伟大长征的新阶段。

（选自《李达军事文选》，解放军出版社1993年版）

红六军团西征纪实

⊙袁任远 [1]

6月，我调到省委任秘书长。这时，敌军主力已深入我根据地中心，形势不利，我军撤到永新县的东南牛田、碧江洲一带整训，准备长征。

1934 年 7 月 23 日，中央电湘赣省委，命令六军团离开所在的湘赣根据地，转移到湖南中部去发展游击战争，创立新的根据地。对六军团的西征，中央也做了具体的部署：第一步，到湖南的桂东地区；第二步，到达湖南的新田、祁阳、零陵地区；第三步，横渡湘江，向新化、溆浦广大地区发展，并向北与贺龙同志领导的红三军取得联系。对六军团西征的组织领导，中央决定：任弼时为中央代表，并与萧克、王震三个组成六军团的军政委员会，任弼时为主席。任弼时作风民主，联系群众，虚怀若谷，不耻下问。我在他领导下工作两年多时间，我虽不是省委或军分会的成员，有时我也参加一些比较重要的会议，有些事情他也向我垂询。所以，对中央的指示精神，我也知道一些。这次中央电令六军团西征，意图是什么，中央并未说明，但从以后的行动中，我们知道这是作为中央红军长征的先遣队率先西征。

军政委员会对这次行动做了周密慎重的研究和充分的准备。首先精简机关，充实基层，军区一级机关与六军团直属部队合并，抽调一部分干部到基层，把各级领导班子配备齐全。其次，清理医院的伤病员，动员能够随军行动的伤病员，跟随部队转移，不能行动的，也做了安置。此外，还动员回家的战士归队。经过补充和整顿，六军团的队伍大大充实了，全军团达到九千七百多人。我们还从地方上抽调二百五十名干部，组成随军工作团，在政治机关领导下，负责

---

[1] 作者曾任中共湘赣省委秘书长。红六军团西征后，调任红六军团政治部副主任。六、二军团会师后，又调任红二军团第六师政治委员。

行军宣传，以及沿途打土豪、分财物，并在新区建立革命政权和扩大红军等工作。这次西征，什么都舍不得丢，如供给部的修械所，银行印刷所的机器设备，还有其他坛坛罐罐之类，都全部带走，实际上等于大搬家，使部队行动十分不便。六军团西征后，湘赣省委由陈洪时任书记，谭余保任省苏维埃主席。后来，陈洪时叛变，由谭余保任省委书记。

1934年8月7日，六军团率十七师、十八师各三个团从遂川的横石出发。突破敌人几道封锁线后，8月11日到达湖南桂东的寨前圩，次日召开了誓师大会，庆祝突围胜利。在会上，任弼时根据中央军委的指示，正式宣布了六军团干部的任命，萧克为军团长，王震为政委，李达为参谋长，张子意为政治部主任。十七师师长、政委，由萧克、王震兼任。十八师师长为龙云，政委甘泗淇，参谋长谭家述。

六军团突围的消息震撼湘桂两省的军阀，湖南军阀何键急调刘建绪两个师追击，广西军阀调廖磊一个军向北部边界增兵。我军在桂东不能立足，乘敌人围堵部署尚未完成之机，穿过汝城、资兴地区敌人的防堵线，到达郴州。这时，我已调到六军团政治部任副主任。承后，我们从郴州过郴宜公路，绕过桂阳，占领新田，8月23日到达零陵地区的蔡家埠一带，准备在冷水滩过湘江。任弼时把我找去了解湘中的情况，我估计可能要在那里建立根据地。但敌军九个团已先期到达湘江左岸防堵，并强令船只全部停靠左岸，使我们无法渡江。加之后边又有追兵，相距只有半天的路程。在这种情况下，我军遂放弃渡江计划，折向东南的阳明山。但这里山区狭小，地瘠人稀，连部队的粮食供给都很困难，不能做较长的休息。任弼时知道我原是红七军的干部，向我了解红七军转战到湘赣时，是从哪里渡过湘江的。我把详细情况一一做了介绍。于是，我军遂南进到新田、嘉禾，再转向西到宁远、道县，并在永安关打了一仗，遂进入广西，于9月4日在全县以南的界首渡过湘江，经资源进入湖南。在资源时，敌人用飞机向我们扫射、轰炸，敌人欺负我们没有高射炮，飞机飞得很低，不断向我们俯冲。除投炸弹外，还用机关枪扫射，战士很气愤，就用步枪打，结果打落一架敌机，大家非常高兴。接着我军攻下城步县，经绥宁到达通道，休息了两天。但湘中已有敌人重兵防守，我们去湘中已不可能，又不能北渡沅江到凤凰等县找红三军，如果就地与敌人周旋，势必陷入湘、桂、黔三省敌人包围之中。为了改变这一形势，转向西进，并在通道西北四十里之新厂，调转头来杀了个"回马枪"，将穷追的何平纵队全部击溃，并消灭其半，打了我军出发以来的一个大胜仗。

我军西进到贵州的锦屏，敌人又紧紧追来，把我们逼到清水江边。我们沿清水江走了两天。这一带是苗族、侗族聚居的地方。任弼时及军团的领导非常重视少数民族的工作。强调要严格遵守红军的纪律，尊重少数民族的风俗习惯，要多做宣传工作，对山寨的寨主或土司头人，要大力进行争取工作等。由于我们模范地执行了党的民族政策，取得了苗族、侗族同胞的信任和支持，特别是我们过清水江时，他们帮我们收集船只，绑扎木筏，架设浮桥，对我们帮助很大。过清水江后，我们攻下黄平，住了几天，筹集了一笔经费，然后向黔东北前进，继续找红三军。10月7日，我军到达甘溪时，突然遭到桂军的袭击，战斗失利，部队损失很大，六军团主力被截为三段。十七师的四十九、五十一两团之部，由李达、晏福生、苏杰率领冲出包围，于10月15日到达黔东，与红三军会合，而由龙云率领的十八师的一个团，却全部受到损失。

甘溪战斗失利后，六军团转战于石阡、余庆、施秉之间，终于突破敌人的重重围堵，进入黔东与红三军会合。李达同志率领的部队与红三军会合后，贺龙、关向应听取李达的汇报，得知六军团处境困难，立即率红三军与六军团先期到达这里的部队兼程南下，接应六军团北上。

10月24日，红三军与六军团主力在印江县的木黄胜利会师。过了两天，红三军和六军团在四川西阳的南腰界举行了会师大会。会上，任弼时宣读了党中央发来的贺电。根据中央军委的决定，红三军恢复二军团的番号，贺龙为军团长，中央代表任弼时任政委，关向应任副政委。由贺龙、任弼时、关向应统一领导和指挥二、六军团。这两个军团来自不同的根据地，在习惯、作风等方面难免有些差异。但以任弼时为首的两军团领导坚持党性原则，本着团结的精神，发扬民主，遇事商量，互相学习，互相帮助，以致两军广大指战员，能亲如兄弟，胜似一家，团结一致，共同为党的事业英勇奋斗。

二、六军团会师后，我第一次见到了贺龙。对于贺龙的革命功绩，我早就听说过，心里非常敬佩。这次见面时，他握着我的手，笑着问我："你就是慈利的袁明濂吗，怎么到六军团来了？"我简单地说明了事情的经过。他说，现在好了，我们在一起工作了。

任弼时为了加强二军团的政治工作，从六军团抽调一批政治干部到二军团，如甘泗淇调二军团任政治部主任，方理明调四师任政委，张平化任政治部主任，我调六师任政委。还调了一批团级干部。朱辉照调十二团任政委，冼恒汉调十六团任政委。二军团也抽调一批军事干部到六军团工作。在武器装备上两军团也做了调整。我调到六师后，与副政委廖汉生密切合作，陆续建立了师政治部、团政治处，挑选了一批优秀干部担任营教导员和连指导员，建立了政治工作制度。我们还对肃反中的冤假案进行了平反，恢复了一些党团员的党籍、团籍，并发展了一批党、团员，在此基础上，恢复和建立了基层单位的党团组织。

　　［选自中国工农红军第二方面军战史编辑委员会：《中国工农红军第二方面军战史资料选编（三）》，解放军出版社 1996 年版。本文标题为选入时本书编者所加］

红六军团的西征

⊙甘泗淇[①]

敌人的 [第] 五次 "围剿"

1933 年秋，敌人开始了对湘赣苏区的 [第] 五次 "围剿"，此次 "围剿" 在军事上，集结了更大的兵力。安福是李明的五十二师（后又增加王士杰的五十九师及李抱冰部）；莲花是陶广部；茶陵是李觉 [部]，宁岗、酃县是王东原部；吉安是公秉潘部（后又增加鲍岗、李云杰等部）；此外还有地方武装 "守望队" "保安团" "产〔铲〕共义勇队" 等等。

在战术上，采取堡垒主义，在苏区四周围，用筑碉堡办法，步步前进，一天前进几里，甚至一礼拜前进几里。进到一个地方就筑碉堡。筑起碉堡就停止休息，在〔再〕用小部队在前面侦察，如果没有我们部队继续前进；倘若遭到我们的袭击，就缩到碉堡里去，用火力与我们拼消耗。苏区四周，围成碉堡群，没重武器，很难把它攻下。你不进攻，他就步步逼进来。他基本的企图是采取战略上的包围，紧缩苏区，分割苏区，围困苏区，最后各个碉堡线靠拢在中心区歼灭我们，这个政策是很毒辣的。这些碉堡可以计算在：东西由吉安、永阳方面继续向西前进；北面由安福经过舟湖、金田，最后到了松山；西面由茶陵、莲花向永新推进。宁岗方面首先占领宁岗，再进到永新城；茶陵的五佛岭、七级岭也全是筑的工事；敌人修筑的碉堡与工事是一步一步的，从四面包围上来，以永新为中心，企图收到 "一网打尽" 的效果。

在经济方面，采用封锁政策，这时候的物质供给，是比较困难的。这个苏区的粮食，本来是丰富的，但由于敌人把很多平原地占据了，粮食的来源就受

---

① 作者在西征时任红六军团第十八师政治委员。

到限制，这个苏区本来有棉花布匹，因为敌人进攻，很多产棉地区被破坏了，工业也受到损失。我们的东西不能输出，白区的东西不能输入，最困难的是没盐吃，常常一个礼拜吃不到盐。一块白洋只能买三两四两，只有熬硝盐，但味苦，吃了肚子不好受。

敌人在政治上的阴谋、欺骗，也加紧着沦陷的地方，强迫老百姓自首，建立国民党政权，促使破坏分子破坏红军，逮捕红军家属，迫使红军家属勾引红军偷跑。这时候敌人的进攻也很残酷，飞机轰炸给战士们以精神上的威胁，散发传单标语给战士们精神上以刺激。

……

六军团的出现

在反对敌人［第］五次"围剿"时，中央决定把湘赣的十七师、湘鄂赣的十六师，还有湘鄂赣的十八军，合编为六军团，事实上是两个区域的部队。1933年8、9月时，十八军的部队就过来了，后来编为十八师的五十二团。十七师北上时，曾与十六师会合，该师后来仍留在湘鄂赣。

湘赣红军突围时，为了保守军事秘密，没有正式公布新的组织，直到突围成功后，"八一"纪念时，才于桂东的沙坪圩①宣布了红六军团的成立，以萧克同志为军团长兼十七师师长，王震为军团政委兼十七师政委，张子意同志为军团政治部主任，李达同志为军团参谋长，龙云同志为十八师师长，我是十八师政委，谭家述同志是十八师参谋长。

又组织了六军团最高指挥机关——军政委员会，任弼时同志为军政委员会主席，萧克、王震、张子意等同志为委员。

这时六军团有两个师——十七师、十八师，共六个团（四十九、五十、五十一、五十二、五十三、五十四等团），除五十四团是两个营，其余都是三个营，出发时，包括所有机关人员，共七千八百人②。

---

① 红六军团是在桂东县寨前圩宣告成立，不是在沙坪圩。
② 红六军团西征时的人数应为九千七百余人。

搬家式的西征

敌人［第］五次"围剿"的最后一个时期，我们已处在很困难的地步，苏区更加缩小和被分割，物质的缺乏，部队回旋的艰难，敌人的疯狂进攻，迫使我们不得不准备突围，中央也来命令，叫我们做北上抗日先遣队，到湘西与二军团会合。我们于1934年7月底开始行动，部队于仓促中出发，准备工作很差，在保守军事秘密的口号下，大多数负责干部，都不知是干什么（萧克同志说他也不知道）。因此，在部队里，不但未进行说明解释工作，而搬家式的味道就很浓厚，省保卫局的犯人，医院兵工厂，许多缝衣机等笨重东西，能带的要带，不能带的也要强带，这样在行动中，就很难有作战的决心。总想搬到一定的地方，把东西安置好了再来打仗；同时也不能打仗，担架多得很，各部门的非战斗人员也多得很，队伍拖有二十里路长，转移困难，最容易遭受堵击和侧击，只好不分昼夜地走，或者找近路走。结果，掉队落伍的人多得很，比战斗的伤亡还要大，主动权让给敌人，往往因找近路走，反被逼兜圈子跑远路了。再加上到新的地区，对于地形、敌情、民情风俗，都不大了解，又没有详细军用地图，只有一般的分省图，一路上"东碰西撞"，吃亏不小。

"烧乌龟壳呀" "烧鸡笼呀" 的声中行军

8月5日①从泰和永阳横石出发，在秋老虎的炎热天气中，每天都行军百里，以精速机动的姿态，深入湘南。敌人没料想到我们的突围，沿途的碉堡是非常空虚的，被我们攻克和烧毁的不可计数。当烧毁碉堡时，指战员们都高喊："烧乌龟壳呀！" "烧鸡笼呀！" 老百姓也都眉飞色舞地大声喊着："烧得好呀！" 因为这些碉堡都是国民党军队强迫老百姓修的，老百姓非常痛恨。

转战于湘桂黔各地

经过五六天的行军，攻占了新田县城，只休息一天，又继续前进至永州，为了抢渡湘水，我们前头部队，曾于一天一夜走了二百四十里，但因河宽水深，

---

① 红六军团西征出发的日期应为1934年8月7日。

敌人又在那边堵击，没办法，只得折回。因敌人王东原部的尾追，我们被迫爬上湘南最有名的阳明山。到了山顶，只有一个庵子，部队只好露营，用洋铁桶子、洗脸盆子煮了一些开水和稀饭，略解饥渴，下了阳明山到了白果市，吃了一顿饭，休息六七小时敌人又来了，后来又经过几天的日夜急行军，经宁远转回新田，再绕嘉禾，才算把企图包围消灭我们的敌人丢在后面。在嘉禾休息了一下，留下了部分的干部和人员（伤病员），留下了部分枪支，帮助他们建立一区委和一个小小的游击队，又继续前进，抢渡潇水。十八师任前卫，都是泗水过去的，顺利地渡过潇水，进到湘桂交界的永安关，在永安关打了一仗，进入广西，经全州、流阳①进到湘西南，占领通道县城，渡渠水到达新厂，在疲劳振奋中，击溃了何键的湖南补充纵队，从容地向锦屏、黎平、剑河、抑斋②、台江之间行进，胜利地通过清水河，经过邛水、施秉等地，占领黄平县城。在这一段行军中，都是上高山，绕小道，给养困难，还有湘黔公路、邛水、清水河的封锁，但每天跑的路依然是在八十里以上。

甘溪的遭遇战

又走瓮安到河坝场，渡余庆河，向石阡前进，至石阡之甘溪与桂军堵击的两个师发生遭遇战。我们仓促交战，粮食、弹药都感困难，尤其是部队疲劳，掉队落伍人员甚多，种种条件都是与〔于〕我们不利，但被迫应战，也不能不战。在紧张情况下伤病员处理也不周到，有的被反动分子杀掉，牺牲之大，是西征以来的头一次。

这时四十九团、五十一团之各部由政委晏福生、苏杰两同志和军团参谋长李达同志率领，冲出了包围，首先到达黔东松桃与二军团会合。

敌人用二十四个团的兵力紧紧地跟着我们。

贵州是山多人少。甘溪战斗，苗民跑得精光，给养无法供应，敌人计划乘这个机会把我们消灭，我们只有朝着高山峻岭无敌人的方向走去，从悬崖陡壁上攀登通过，有描写不出的惊险，所有的牲口及行李都丢掉了，饿肚子不是奇怪事，经常一整天吃一餐稀饭，大多数人员打赤脚跑路。经过了半个月的辗转战斗，终于冲出敌人的包围了。龙云同志率领十八师五十二团的全部，也在这

---

① 流阳，应为"灌阳"。
② 抑斋，疑为"柳霁"。柳霁，旧地名，故城处于剑河与台江之间。

次战斗中为革命流［尽］了最后的一滴血。

第二次冲出包围的部队，于 1934 年 10 月 24 日到达贵州松桃之石云场^①与二军团会合。

西征的简单总结

（一）1934 年 7 月离开了湘赣苏区，开始是很顺利地进入了湘东，后来驰骋于湘桂黔各地，渡过藩渠、邛水〈等〉、清水、余庆等河，爬过了湘南最大的阳明山，经过数十战，给何键的湖南补充纵队以严重打击，攻占了数个县城，在柳州^②、嘉禾等地，都播下了革命种子——地方党和游击队，替中央红军，开辟了北上抗日的道路，这是六军团在红军史上不可磨灭的功绩。

（二）但是也有许多缺点，开始从湘赣出发，是搬家式的行动，许多不必要的东西，都带着走舍不得留下（特别是供给机关的缝衣机子，医院等大机关），正因为这些笨重东西、有保守旧家产的思想，在军事领导上，总想走近路，在很短时间到达目的地，把家安好后，再与敌人打仗，失掉了歼敌的机会，也容易遭受敌人的袭击。

（三）对于途中的困难估计不够，所以到湘东新田后，即欲渡过湘水，直达湘西，但事实不可能，逼得爬上阳明山，又重返新田，再走嘉禾，这样使部队疲劳过度，减员现象严重。

（四）侦察、情报工作也差，到石阡时，敌人向甘溪前进，我们也向甘溪前进，都在甘溪宿营，我们以"疲劳之师"，被迫应战，结果吃了大亏，遭受了大的损失。

（五）出发时有六个团（十七个营）的兵力，经过几个月的长征和战斗，与二军团会合时，只剩三个团，按人员数字来讲，减少了一半。

［节选自甘泗淇：《红六军团发展史》，载中国工农红军第二方面军战史编辑委员会：《中国工农红军第二方面军战史资料选编（三）》，解放军出版社 1996 年版。本文标题为选入时本书编者所加］

---

① 石云场，应为"石梁场"。另，1934 年 10 月 24 日红六军团主力与红二军团会师的地点为贵州省印江县木黄镇。
② 红六军团西征未曾经过柳州。此处"柳州"有误，不知具体所指。

回忆红六军团西征

⊙张平化 [①]

    中国工农红军第六军团，在以任弼时同志为主席，萧克、王震同志为委员的军政委员会的领导和指挥下，从1934年8月初到10月底，冲破敌人的围追堵截和种种艰难险阻，实现了跨越赣、湘、桂、黔、川五省的战略转移，取得了具有伟大历史意义的胜利。这一战略转移的战斗历程可以划分为四个战役阶段：第一阶段是从江西永新到广西全州；第二阶段是从广西全州到贵州黎平；第三阶段是从贵州黎平到贵州甘溪、施秉一线；第四阶段是从甘溪战斗到木黄会师。

    1934年7月红六军团准备长征的时候，首先考虑由江西转战到湖南的路线。当时有人建议：部队从永新县的牛田出发，夜行军进入井冈山，首先占领井冈山的重要哨口以封锁消息，然后迅速进入湖南抢渡潇水和湘江，这样就可以出敌不意地到达湘黔边境。问题是，自从农民武装首领袁文才和王佐被杀之后，井冈山的群众对红军产生了很大的隔阂和疑虑，红军能不能守得住井冈山哨口，而又不走漏消息，当时没有把握。

    为了弄清这个问题，有人建议先派一个小部队前去试探一下。于是湘赣军区（即红六军团前身）领导便选派独立四团去执行这个任务。当时独立四团的团长是张通，政委是刘亚球，他们对井冈山一带都不熟悉，因此又有人建议派我去当向导。为了执行任务方便，组织上决定让我临时担任独立四团政治处主任的职务。独立四团接受命令之后，立即做好准备，并按预定时间在一天晚上秘密地通过井冈山，第二天拂晓到达了黄洋界哨口。部队隐蔽在树荫下，团长

---

① 作者在西征时曾任红六军团独立第四团政治处主任，后任军团政治部宣传部部长。

和政委戴着伪装去察看地形，我和政治处的干部利用战士们吃干粮的时候做了简短的鼓动工作。从山上往下看，敌人部队移动的情景一目了然。敌人显然已经得到情报，正在有部署地向我运动。团长张通、政委刘亚球和我在一起商量。他们俩认为，黄洋界工事已经荒废，附近找不到一个群众，加上敌众我寡，粮草不足，哨口是守不住的。我也同意他们的看法。于是张通和刘亚球便下令回撤。我们撤到小井后山的密林中，沿着一条隐蔽的小路，绕到湖南酃县上十都的东西坑，通过酃县县委的交通员送信，向湘赣军区如实报告了情况。军区首长认为独立四团的试探任务已经完成，便命令该团返回原驻地。我也离开了独立四团返回军区政治部工作。

经过独立团的这次试探，红六军团放弃了通过井冈山转入湖南的行动计划。1934年8月初，红六军团根据中央军委命令，从江西永新县出发，经遂川县境内的大汾圩和湖南省境内的桂东、汝城，在宜章县的白石渡（现名红石渡）横跨粤汉铁路，然后经临武、嘉禾和宁远，在道县徒涉潇水，进入广西全州。当时敌人估计我军有奔袭桂林的可能，因而调兵遣将，忙于加强桂林的防务。我军索性虚张声势，扬言要打桂林，弄得敌人寝食不安，一日数惊。我军则借机在全州休息了几天，后又乘敌人惊梦未醒的时候，突然转经湖南的城步和通道，进入贵州的黎平。

黎平是一个战略上机动性很大的军事要地。从黎平转战东南可以回击湘西、湘南和桂北。湘军何键和桂军白崇禧就是最怕我军"杀回马枪"，所以声嘶力竭地叫喊要"加紧尾追和侧击"。何键的亲信李觉、桂军的军长廖磊这两股顽敌，始终没有放松对我军的侦察和戒备。从黎平转战北则可以进击都匀、贵阳和安顺。这一着是对黔军王家烈的致命威胁。所以敌人对此惶恐不安。据当时敌人的秘密文件透露，我红六军团刚到贵州边境时，贵州省主席王家烈就由筑（即贵阳）乘汽车到马场坪督师，而且早在9月18日，王家烈就调了他的第一团江荣华、第五团李维亚、第六团刘鹤鸣、第七团毕骏、第十三团袁锦文、特务团张立功，分布于黎平、永从、天柱、锦屏、三穗、镇平一带。"湘黔边剿匪司令何知重又奉王家烈令驻防安顺，何知重派其参谋长王伯勋督率所部星夜赶筑清江河（即清水江）沿岸碉堡，并督饬民团协调防守"。

当时与湘、桂两敌比较，黔敌是薄弱的方面。我军为了争取红二、红六军团早日会师，以甘溪、施秉、余庆一线为前进阵地，逐步向石阡、印江方向波浪式推进。在运动中，部队形成了左、中、右三路。左路沿乌江南岸前进，佯欲渡江而实不渡江，使江北之敌不敢轻举南渡；右路是深入以梵净山为主峰的大山区和丘陵地带开展游击活动，侦察前进。红六军团主力在中路，与敌人展开正面的争夺。与此同时，贺龙、关向应等同志领导的红三军（即原红二军团）在敌人的外线对我六军团积极进行策应和配合。

红六军团是在中央红军之前，担负着北上抗日开路先锋的任务；敌人很清楚，红六军团一旦与红三军会合，便如虎添翼。因此，蒋介石尽一切可能调动各方面的军队对付红六军团。他们前面堵截，后面追击，两边夹攻，空中轰炸。为了避实就虚，红六军团不得不绕开大路走小路，甚至走完全没有路的高山密林。有时采取白天隐蔽、黑夜行军的办法逐步前进；有时为了跨过一个断层深沟，部队拂晓从断层这面的宿营地出发，经过整整一天的下坡和上坡，到达新的宿营地时，还可以同昨夜宿营地的老乡互相呼应。红二、红六军团之间的距离越接近，敌人的包围和堵截就越疯狂。所以，红六军团进到贵州石阡地区的时候，也是战斗最激烈、处境最困难的时候。但也就是在这个时候，红二和红六军团的会合已经胜利在望。

石阡县城及其近郊是敌我双方争夺的焦点，敌人预测我六军团要同二军团会合，就一定要攻占石阡县城。因此，敌人就以石阡城为据点，向两翼展开两面大网，企图待我军攻城时自投罗网，聚歼我军于石阡县城郊狭小的包围圈内。以任弼时同志为首的红六军团军政委员会和军团司令部，没有中敌人的诡计。我军指挥员及时掌握了大量可靠的侦察材料，对敌我态势进行了客观的综合分析。然后出敌不意地将部队绕开石阡县城，针对敌人包围圈的薄弱环节，集中优势兵力打开一个缺口；并乘机扩大战果，变敌军的堵击阵地为我军的前进阵地。敌人兵败如山倒，我军乘胜追击，势如破竹。此时，由军团参谋长李达同志以及郭鹏同志率领的六军团先遣队也已和红三军取得联系。1934年10月24日，红军二、六两个军团终于在印江县木黄地区胜利会师。10月30日[①]，会师部队在酉阳县南腰界召开庆祝大会，欢呼这一历史性的伟大胜利。

红军二、六两个军团的胜利会师，具有重大的战略意义。

其一，两个军团的会合，形成了中国工农红军的三大主力之一第二方面军。这支主力红军，不久即同红四方面军会合；又在以毛泽东同志为首的党中央领导和指挥下，并肩北上，实现了红军一、二、四三个方面军的大会师。

---

① 会师部队在酉阳县南腰界召开庆祝大会的日期是在10月26日。

其二，两个军团会合后，根据中央指示实行统一领导和指挥，并乘胜在湘西对敌人发起强大攻势，攻占桃源、澧县、津市，威震常德、岳阳，有力地配合和掩护了中央红军的战略转移。

其三，湘、鄂、川、黔边界地区地域辽阔，人口众多，气候温和，物产丰富，战略地位十分重要。这里已有游击根据地的初步基础。红二、六军团会合后，在这里创建和发展了一个巩固而又广大的革命根据地，点燃了这一地区的革命烈火，同时也支援了其他地区人民的革命斗争。

红六军团的胜利西征和红二、六军团的胜利会师，凝聚着老一辈无产阶级革命家和无数革命先烈的智慧和鲜血，对后来中国革命的发展具有深远的影响。

［选自中国工农红军第二方面军战史编辑委员会：《中国工农红军第二方面军战史资料选编（三）》，解放军出版社 1996 年版。本书编者收入本文时对标题略有改动］

佯取广西，回马湘江

⊙谭天哲①

我军突出重围的行动，震惊了敌湘、桂两省军（当时对各省军阀部队称之为"省军"）。敌西路军司令何键急令刘建绪为敌第四路军前敌总指挥，火速前往衡阳指挥督战，令敌十五师、十六师跟踪追击我军，同时还调了一批保安团（也称为地方军）和以旅为建制的正规军插入郴县、桂东一带堵防。并调遣粤军廖磊②一个军增兵粤北省界堵防，企图在其配合下围歼我军于郴县、汝城和桂东之间地区。这时我军已侦察到敌人的这一部署和围攻企图。于8月12日由寨前圩地区出发，连续急行军经过汝城县的田庄和资兴县，于8月15日抵达泉水、东江一带。16日进至郴县夺路前进，摆脱尾追、堵截的敌人包围，继续向前挺进。17日越过粤汉铁路通过耒阳进入桂阳县境。20日，我军袭击并占领了新田县。部队在新田稍作休整补充后，于23日兵分两路进抵零陵县东北境内，佯攻零陵县城（现为永州市），使敌造成错觉急忙调兵增援零陵并重新部署。我军虚晃一枪后，转而立即轻装前进，经一百四十里急行军，于午夜进入了零陵之北的蔡家埠以东的湘江东岸地域，准备抢渡湘江。不料湘敌已调集了九个多团兵力，抢先于我到达湘江沿岸布防，在西岸加紧修筑工事、设置障碍，在湘江浅水区里设置铁丝网和敷设竹签，进行防守。

此时，粤敌第七军军长廖磊率部也进驻桂阳县。沿江船只都已被敌人控制在西岸，上游又连降暴雨江水陡涨，不能涉渡过江。在这种敌人重兵前堵后追、湘江阻隔的极为不利情况下，红六军团首长任、萧、王等经研究，决定放弃由零陵蔡家埠抢渡湘江的计划。当天立即迅速向东南方向的阳明山地区转移，攀

---

① 作者在红六军团西征时任红六军团司令部机要科科长。

② 廖磊为桂军第七军军长，非粤军。

登了纵横七八十里的阳明山。原来打算准备依托阳明山建立临时根据地，发展游击战争，然而发现阳明山土地贫瘠、人烟稀少，且区域狭小，不利于大部队过久停留。同时敌十五师、十六师、独立三十二旅、十九师的五十五旅已分别从阳明山的南北两侧和西侧三面环形向我包围过来。于是我军又立即放弃了在阳明山暂时立足的打算。改为采取与敌人兜圈子的办法，甩开敌人，然后再侍〔侯〕机抢渡湘江。8月26日，我军从阳明山的祖爷庵下山抢在四倍于我军的敌军重兵合围之前，直取祁阳县的白果市。当天下午发现敌人向白果市前进，我军又立即出发，穿过新田县城东侧进入嘉禾县境。而后，我军决定取道进入广西，从上游渡过湘江。

8月29日，红六军团从嘉禾县附近的文家桥掉头西进。我们机要科破译敌军之间来往电报，在掌握敌部署情况上报后，军团首长决定避开阻击我军之强敌，以三天连续急行军，从江华、道县两敌之间穿过。我军又兵分两路：少数部队经过田家、梅岗、兴桥，于9月1日从州背渡过沱水，然后取道向杨〔柳〕塘方向前进；大部队经过回马桥①、后江桥走茶园渡口抢渡过沱水，进驻杨柳塘一带。翌日夜雷雨交加，我们顶着大风、冒着滂沱大雨急速行进，我军左、右两部按预定方案冒雨在杨柳塘会合集中。会合后，军团首长毅然决定，趁黑夜下大雨的恶劣天气继续前进，甩掉敌人王东原、张亮基②的追兵。全军点燃了火把，像一条火龙在雨夜中通过山道急行军，直插永安关、蒋家岭一带（湘、桂两省交界处）。我军于9月2日抵达蒋家岭后，即展开同桂系敌军防守部队的两个营和当地民团的激战，我军如同下山虎一般迅速突破了敌军两翼阵地，将敌全部击溃。此时，遇到驻防在道县和寿佛圩的桂敌一个团又两个营赶来增援。我军为避免与敌人激战拖延时间招至〔致〕追兵重围，于当天下午主动撤出战斗，向北侧的沙田方向转移。我们从敌台电文中得知，敌刘建绪在紧急调派部队进入了黄沙〔河〕地区后，又发电报请求道县以北的桂敌十九师继续追击我军，同时要求桂军第二十四师在兴安与全州县以南地区之间，设防堵截我军西渡湘江。我军趁桂系敌军急忙将二十四师调往桂林加强城防之机，主动避开与黄沙河地区的敌主力部队作战，出其不意地在全县以南的界首地区抢渡湘江。我红六军团于9月2日当夜南下，从湘桂交界的清水关进入广西，绕道到

①回马桥，应为"四马桥"。
②张亮基，应为"章亮基"。下同。

达灌阳县的甘塘坪，然后兵分两路，一路向西夺取文市，抢占灌江上的浮桥，这时封锁浮桥的守敌是一个民团小队，当闻听红军来到，恐慌得不战自溃，我军占领文市后控制了灌江浮桥。另一路连夜奔袭永安关，切断尾追之敌。据守永安关之敌人见我军从其背后杀了过来，猝不及防慌忙弃关纷纷夺路逃命。我军乘胜追击至蒋家岭。蒋家岭守敌第十九师，原以为我军已被他们"击退"，根本不可能入桂，因而不做防备正在休息。岂料我军从敌军后背杀了个回马枪，在那些弃关后惊恐万状溃逃回来的敌兵"红军杀来了！快逃命啊"的喊叫声中，敌营像炸了锅一样顿时乱作一团。守敌被溃败的逃兵冲散了阵形，指挥完全失灵。我军"冲啊""杀啊"呼喊声震撼了敌军的军心，敌人惊恐万状，不知道红军来了多少。前面还忙着准备攻打红军，后面却遭到袭击溃不成军。至此，我军破坏了敌军湘、桂三个师的堵截计划，冲破了湘、桂边界的最后一道防线，进入了广西灌阳县境内的桂岩、文市地域。

9月3日，我红六军团主力顺利渡过流经文市的灌江。这时，军团首长估计被我军甩在后面的敌人必会尾追。为了顺利渡过湘江，必须给尾追之敌以沉重的打击，否则我军就不能顺利前进。于是决定留下后卫红五十三团和五十团的一个营在文市街一线，占领磨头山有利地形，准备打击追敌。果不出所料，蒋家岭守军桂敌两个团沿路向我尾追而来。当敌人进犯到文市时，突然遭我红五十三团等部队英勇阻击。敌军多次向磨头山发起猛攻，均被我军打垮，击毙、击伤众多敌人。在激战中我五十团团长刘成楷不幸牺牲，该部就在营长指挥下，且战、且走，在夺得时间后放弃了磨头山阵地。此时，敌张亮基的十六师亦赶到投入战斗，敌人还派来三架飞机轰炸。我军渡过灌江后，占领了河西阵地，烧毁浮桥。占领磨头山的敌人用机枪和大炮掩护涉水渡江，我军发扬英勇顽强的战斗精神，待敌涉水到江中央时，集中火力猛然射击，敌人纷纷倒毙江中，死伤三百余人。敌军一看，灌江水已被血水染红，江面上浮尸累累。这分明是条死亡线，谁也不肯再下水过江攻击。众敌军畏缩不前，不得已只好停止进攻。我军因而阻止了敌人八个团的追兵。追敌在连遭两次打击后惊魂未定，不得不谨慎从事，小心尾随我军。这样，我军获得宝贵的间歇时间，保障了我军在界首从容地胜利渡过湘江。过湘江后部队继续前进，中午饭休息时正好在一片西瓜地边。西瓜又大又圆已成熟，我军急行军真是又热、又渴、又饿。战士们看着西瓜指指点点评头论足，与各自家乡的西瓜相比较，这可吓坏看瓜老农，他生怕我们战士们吃光了他的西瓜。这时，萧克师长走进地边的看瓜棚子和老农聊起了天。一是想了解附近情况，因为由于没有地图可苦了指战员们，一有机会他们就与所在地的活地图了解地形和敌军情况；二是接触乡亲们宣传红军的政策和红军的纪律。老瓜农听了萧师长的话后才知道红军是劳苦大众的子弟兵，对人民是秋毫无犯的军队。老瓜农看到红军纪律严明深受感动，跑到瓜地里挑选了几个熟瓜，来到路边切开瓜送给过路红军战士们解渴，可红军战士们都谢绝了老瓜农的好意，大踏步向西挺进。老瓜农双手捧着西瓜望着眼前急速通过的红军直含泪祈福："菩萨保佑红军！"

我红六军团遵照中央和中央军委电示向湘桂黔边转移与贺龙领导的红三军会师的指示精神，于9月5日进入全州县西延地区，歼灭小股守敌，休整了两天。广西敌军惧怕我在西延、龙胜、三江一带建立根据地。为此，敌第七军军长廖磊制定追击堵截我军的计划，命令敌二十四师两个团和独立营进驻龙胜；令敌第七军一部进驻三江；廖磊亲率十九师及一个团尾追。当敌行进至三千界下的五福关时，与我军后卫五十一团激战了一整天，双方损失很大，五十一团团长张鸿基牺牲。

9月7日，我军从西延出发沿石溪、石溪头向五排山区进发，准备向西翻越蔡石界。在向车田乡方向前进时，敌广西航校派了两架飞机飞来对我军实施投弹扫射，敌机甩下的是手榴弹。敌机欺我没有高射炮飞得很低，连飞行员面孔都看得清。敌机向我行进部队扫射攻击，使我人员遭受伤亡。当敌机转了圈准备对我军再次进行低空俯冲攻击时，我军已有准备，占好有利地形的战士们立即用步枪、机枪对空射击，形成密集的交叉火力网，打中了一架敌机的油箱。敌机中弹后冒起了烟，不一会就拖着滚滚长烟一个倒栽葱坠落在石溪村山沟的稻田中，正副驾驶员都摔死了。另一架敌机慌忙拉高飞走。战士们一拥而上，把坠落敌机上的武器、电器仪表可卸的、可拆的、可用的（包括飞机铝皮）拿来装备自己或整作日用品用，然后将敌机烧毁。我们都无比兴奋，大家精神振奋一个劲欢呼高喊："打下一架敌机！"在那个年代，第一次能用轻武器打下骄横霸道的敌机，那种兴奋劲和稀奇至今让我激动不已。后来根据史料记录，这是红军在长征中打下的第一架国民党飞机，还是桂系空军的一架侦察战斗机。

9月8日，我军翻过一千七百多米高的蔡石界。到达西延以西的车田时，接到中央军委的电令告知敌分三路纵队企图迫使我军于资沅①两源〔江〕河套

---

① 资沅，指湖南省中部的资水和西部的沅江。

之间与之决战以图消灭我军,形势不利于我军在新化、溆浦①之间建立根据地。电令指示我六军团最少要于9月20日前尽一切努力保持在城步、绥宁、武冈山区这一带行动,力求消灭敌人一个旅以下的单个部队,并发展苏区和游击运动。以后则转至湘西的山地地域,与红三军在川、贵、湘边行动的部队取得联络。为避免渡大河的障碍与不利的战斗,应沿湘、贵边的绥宁、通道到贵州之锦屏、天柱、玉屏、铜仁,转向湘西之凤凰地区前进,协同红二军团②于湘西及湘西北地域发展苏区根据地及游击运动;并于凤凰、松桃、乾城(吉首)、永绥(花垣)地区建立巩固的根据地,其后方背靠贵州,以吸引更多的湘敌陷入湘西北方向。

我红六军团首长接到中央电示后,立即照此电示部署执行。

我军通过车田乡之后,翻越过紫金山进入湖南的城步境内。我军日夜兼程急速行军,中途还拿下了绥宁、靖县。9月18日,我军在新厂附近伏击了尾追之敌湘军补充第二纵队的两个团,歼敌一部、击溃一部。而后,我红六军团进入到黔境的黎平、锦屏地区。我军在后有追兵的情况下,沿清水江苗、侗族居住区西行。由于我军良好地执行了党的民族政策,尊重民族风俗习惯,获得苗、侗族头人和民族同胞的信任,并给予我军有力的支持和帮助,使我军顺利渡过清水江西进,从而又突破敌军十八个团的包围,于同年9月下旬行进到施秉、余庆、瓮安等县一带。10月1日强渡大沙河,攻占了黄平,并在此地获得短暂的休息并得到物资上和筹款的补充。

(选自谭天哲著:《革命人生——谭天哲将军回忆录》,广州出版社2007年版)

---

① 溆浦,应为"溆浦"。
② 即红三军。

忆红六军团三次抢渡湘江

⊙尹特辉[①]

1934 年 8 月 7 日下午，红六军团由遂川的横石和新江口一带出发，踏上了西进的征途。我们军团侦察连和先头部队一个排，全部化装成国民党军，为先头部队开道，下午 3 点〔时〕许出发，大摇大摆在大路上挺进，大约在晚上 10 时许，就走到封锁线上有近千人的两个保安团防守的上藻林，顺利地收缴了敌人哨兵的枪支，使部队一举消灭了这两个保安团。接着又突破敌人数道封锁线，经藻林、左安等地，于 11 日中午进入湖南桂东县的寨前圩。

我军团主力战略转移，极大地震动了湘桂粤三省的军阀。湖南军阀何键为阻止我军进入湖南中部，急调刘建绪为第四路军前线总指挥，令十五师、十六师跟踪追击我军，并着十九师和保安十四、十九两个团，在郴县、桂东构筑了第一道防线，又在汝城一带构筑屏护阵地，企图在北上粤军配合下，围歼我军于郴、汝、桂之间。广西军阀着第七军军长廖磊率两个师向北调动，加强防务，妄图阻止我军进入广西境内。当时前有重兵堵截，后有数倍于我的敌人紧紧追击，处境十分危险，一定要在最短的时间内，以最快的速度，跳出这个包围圈。军团领导决定抢渡湘江，到敌人统治薄弱的地区，深入发动群众，开展游击战争，创建新的革命根据地，以实际行动支援中央红军的战略转移。

第一次抢渡湘江

红六军团遵照中革军委的训令，要在新田、祁阳、零陵地域发展游击战争

---

① 作者在西征时任红六军团侦察排排长。

和创建根据地，以后则向新化、溆浦两县间山地发展，并由该地域向北与贺龙领导的红三军取得联系。从我军实地侦察及地下党送来可靠情报，敌人在零陵地区没有重兵，只有少数的地方保安团队。军团领导立即命令所属部队向该地域开进，于12日晚从寨前圩出发，避开大道走山路，跋山涉水，昼伏夜行，连续强行军，经汝城的田庄埠，过资兴县的滁江，达郴县的狮子岭。在郴州游击大队的接应下，在地下党的配合下，顺利地越过郴（县）宜（章）公路，绕桂阳，于20日清晨，没动干戈，就占领了新田县城，收缴了守城保安队的枪支，并打开粮仓，向城郊贫民发放粮食。部队在新田休息了两天，于23日急行军，24日抵零陵以北蔡家埠以东的湘江右岸地域，准备抢渡湘江，以便按原计划向新化、溆浦地区前进。可是敌刘建绪发觉我军西渡湘江的意图，急调九个团的兵力，先我到达湘江沿岸展开；又调十个保安团，在祁阳的口水头到老埠头一线展开；敌十九师集结在祁阳做机动；追击我军的十五师已到达阳明山西侧；敌十六师正在常宁车运急进；由长沙车运宝庆的独立三十二旅，正向零陵和东安开进；桂军第七军也向零陵和道县调动，先头团已达零陵的湘江边。所有船只全被敌人弄到对岸，江中汽艇穿梭般巡逻，敌机在上空扫射。我们面对江宽水深流急的湘江，连只小木船也没有，加上对岸已有重兵控制渡口，就是有大批木船竹筏，实施强渡，也难以成功，且数倍于我的追兵已相距不足百里。在敌军重兵前堵后追的情况下，我们放弃在零陵地区抢渡湘江的计划，迅速东进到阳明山地区，寻找有利时机消灭追击之敌，并在这个地区开展游击战争，建立以阳明山为中心的革命根据地。

第二次抢渡湘江

我们避开当面强敌，又要甩掉跟踪追击的敌人，利用夜幕急行军，可天公不作美，刮起了大风，又下起蒙蒙的小雨，天越来越黑，风越来越急，雨越下越大，在山涧〔间〕泥泞小道上行走，一滑一跌，十分艰难。我们红军指战员在体力上忍受着难以想象的痛苦，互相帮扶着前进。下大雨，在客观上掩护了我们红军的去向，又迟滞了敌人的追击。数天强行军，经祁阳，过新田，到达阳明山地域。可是，这里是丘陵地带，杂草丛生，树木甚少；有些山系石灰岩性质的，寸草不生，人烟稀少，我们近万人的给养，也很难解决，不适宜建立根据地。同时，敌十五师、十六师、十九师和独立二十二旅，已抵阳明山南北两侧和西侧，准备向我合围，于是我军放弃在这个地区暂时立足的计划，向白果市开进。先头部队很顺利地占领了白果市，消灭了一个乡公所的保安队，得到了部分粮食。这时发现各路敌人纷纷向我追击，我们又利用夜幕，绕过敌十五师的侧翼，急转南下，兼程前进，抵达嘉禾县附近。敌发觉我军南下，又纷纷跟踪而来，我军则由嘉禾附近，折转西进，渡过了湘江上游支流的潇水，直奔湘桂边境的永安关，一举消灭了一个保安团，9月1日进入广西灌阳以北之文市。我们准备在黄沙河地区西渡湘江，因为，该地域敌人仅有民团防守，地下党力量较强，可以配合我们搞到船只。湘桂两省敌人发觉我军企图后，又紧急调兵尾追布防。湘敌刘建绪急忙将独立二十二旅和几个保安团拨给第一总队指挥，在黄沙河一线展开，敌十六师、十九师尾随我军，妄图在黄沙河地区聚歼我军。湘军刘建绪还要求桂军调两个师，在全州一线防堵我军。3日，中革军委及时通报了敌情，令红六军团在全州、兴安间渡河进至西延地域。这样第二次抢渡湘江的计划又落空了。

胜利渡过湘江

我军放弃在黄沙［河］抢渡湘江的计划，军团率两个师六个团深入到广西内地活动，一方面积极打击地方武装势力，一方面开粮仓救济贫民，有条件的地方号召参军，并成立小型游击队。同时，佯称要打到桂林去，创建新苏区。军阀们都是各自为政的，不惜一切代价，要保住自己的地盘。广西军阀害怕我红军主力向桂林推进，将全州堵截我们的两个师，调驻桂林，以加强其省会的防务。我获此重要情报后，就出敌不意，向全州以南之界首地区急速推进。我们侦察连，在王赤军连长率领下，全部化装成国民党的中央军，在地下党的带路和帮助下，不费一枪一弹全部收缴一个保安团的枪支弹药，并弄到二十多条木船，交给我先头部队。在地下党直接参与下，从俘虏中找到几个出身好作恶少的小队长为我军带路，利用这批船，先行渡过湘江，很顺利地缴了保安团及民团的枪，又得到数十条船，除派出少数警戒部队外，大部队就近发动群众，送门板、木板、木头、竹竿，在湘江上架设了一座浮桥。可是敌十五师、十六师，共有八个团兵力，紧紧尾追我们，不让在界首过江，如不割掉这个尾巴，是无法渡过湘江的。

当时，我红六军团连续行军打仗，指战员都十分疲劳，弹药甚少，敌人兵力多我一倍，弹药充足，装备精良，全歼该敌是不可能的，但组织周密，指挥得当，发挥我军勇猛顽强、不怕疲劳、连续作战的特点，是可以击溃该敌的。我们利用敌人骄横轻敌的心理，在山丘地形上设品字形口袋阵，我主力四十九团、五十一团、五十二团、五十三团，分别埋伏在敌途经的两侧山丘上。9月3日下午夕阳西下时，敌人沿着山涧〔间〕小道运动，先头部队以战斗姿态前进，后续部队有的扛着枪，有的斜背着枪，还有的连枪炮衣也没卸下，向我预设阵地前进。在萧克军团长亲自指挥下，适时发出向敌冲击的讯号，首先各种轻重火器向敌群猛烈扫射，接着成排成群的手榴弹，劈头盖顶地扔向敌群，各级指挥员身先士卒扑向敌群，嚣张的敌人被两侧袭来的"闷雷"打得晕头转向，指挥失灵，步枪来不及上弹，机枪和小炮没有卸衣，极少数敌人企图持枪顽抗，绝大多数敌人成群向后溃逃，有的连枪弹也丢弃在阵地上，有的跪下举枪投降，有的吓得躺在地上不敢动弹。我军一鼓作气，追击数十里，打得敌人溃不成军，鬼哭狼嚎。缴获了不少枪支弹药，改善了自己的装备，对不愿加入我军的战俘当场释放。红军一举击溃了敌军八个团的追击，为红军主力渡江赢得了充裕的时间。9月4日近万人的红军，跨着矫健的步伐浩浩荡荡渡过了湘江。

在西岸，任弼时同志见到了我们，首先说："你们侦察连辛苦了！你们为主力部队渡江创造了物质条件，赢得了充裕的时间，要为你们庆功！"又说："请大家帮个忙，弄几份地方地图和国民党的报纸。"接着传来了一个振奋人心的消息，部队用步机枪击落一架低空盘旋扫射的敌机。过江后，我们休息了一天。同时接到中革军委电报，命令红六军团在湘江开展游击战争，创建新的革命根据地，并与贺龙领导的红三军取得联系。

至此，我红六军团西征历时四十余天，行程三千余里，突破了敌人数道封锁线，调动和牵制了大量敌人，有力地支援了中央苏区的反"围剿"斗争，并为中央红军长征进行了侦察和探路。（1986年5月于济南）

（选自中国人民解放军历史资料丛书编审委员会：《红军长征·回忆史料》，解放军出版社1990年版）

中央红军从江西转战广西遂行湘江战役

回忆长征

⊙彭德怀①

　　1934年10月，红军突出敌重围，11月到达宜章、郴州间。我建议以三军团迅速向湘潭、宁乡、益阳挺进，威胁长沙，在灵活机动中抓住战机消灭敌军小股，迫使蒋军改变部署，阻击、牵制敌人；同时我中央率领其他兵团，进占溆浦、辰溪、沅陵一带，迅速发动群众创造战场，创造根据地，粉碎敌军进攻。否则，将被迫经过湘桂边之西延山脉，同桂军作战，其后果是不利的。但中央既未回信，也未采纳。最奇怪的是退出中央苏区这样一件大事情，都没有讨论过（我是从1932年3月中央局江口会议后，就没有参加过任何会议，当时，我不是中央委员和中央局委员，但听说其他中央委员也是如此）。结果红军深入湘桂边两省交界之大山（西延山脉）中，走了七天。桂军利用人熟、地熟条件，采用游击战，给三军团以极大困难。我军经过艰苦斗争，才进入贵州省境黎平。一军团走在最右，在湖南境内的情况较好些。中央纵队走在一、三军团中间，听说也很困难。一、三军团像两个轿夫，抬起中央纵队这顶轿子，总算是在12月抬到了贵州之遵义城，结束统治了四年之久的王明路线。

　　在中国革命运动中的几次"左"倾路线中，王明路线时间是最长的一次。它以国际主义为幌子，穿着马列主义外衣，使人更不容易看出其真面目。我对王明路线，是在一个又一个的事实面前，碰得头破血流后才认识的。直到看到王明路线对福建事变的态度，我才开始把它和毛泽东同志的领导做了比较的认识。在第一、二、三次反"围剿"时，特别是第三次反"围剿"，蒋介石以五十万大军，分为三路长驱直入，我红军仅三万人多一点，丝毫不乱，一一将

---

① 作者在长征时任红三军团军团长。

其粉碎，那是不容易的事。在反对第五次"围剿"时，客观形势和主观力量，比以前任何一次要好得多，可是得出了一个相反的结果。

我对立三路线的认识比较早些，原因有许多，对我最直接的因素是打武昌。当时如果执行打武昌这一指示，三军团有被全部消灭的危险，这是一个生与死的威胁。所以，立三路线的冒险性，是从这样一个具体行动上认识的。这种认识是肤浅的，不深刻的。

从遵义会议后成立以毛主席为首的党中央，到1943年党内学习两条路线，我才进一步认识到党内马列主义和反马列主义两条路线的长期斗争。

（选自彭德怀著：《彭德怀自述》，人民出版社1981年版。本文标题为选入时本书编者所加）

回顾长征(节录)

⊙刘伯承 [①]

开始长征,由于"左"倾路线在军事行动中的逃跑主义错误,继续使红军受到重大损失。当时中央红军第五军团,自离开中央根据地起,长期成为掩护全军的后卫,保护着骡马、辎重,沿粤桂湘边境向西转移。全军八万多人马在山中羊肠小道行进,拥挤不堪,常常是一夜只翻一个山坳,非常疲劳。而敌人走的是大道,速度很快,我们怎么也摆脱不掉追敌。

我军经过苦战,突破敌人三道封锁线后,蒋介石急调四十万大军,分成三路,前堵后追,企图消灭我军于湘江之侧。

面临敌人重兵,"左"倾路线的领导更是一筹莫展,只是命令部队硬攻硬打,企图夺路突围,把希望寄托在与二、六军团会合上。在广西全县以南湘江东岸激战达一星期,竟使用大军做甬道式的两侧掩护,虽然突破了敌人第四道封锁线,渡过湘江,却付出了惨重的代价,人员折损过半。

广大干部眼看反第五次"围剿"以来,迭次失利,现在又几乎濒于绝境,与反第四次"围剿"以前的情况对比之下,逐渐觉悟到这是排斥了以毛泽东同志为代表的正确路线、贯彻执行了错误的路线所致,部队中明显地滋长了怀疑不满和积极要求改变领导的情绪。这种情绪,随着我军的失利,日益显著,湘江战役,达到了顶点。

这时,二、六军团为了策应中央红军,在川黔湘边界展开了强大攻势。蒋介石为了阻挡我军会师,调重兵堵截、追击。如果我们不放弃原来的企图,就必须与五六倍的敌人决战。但部队的战斗力又空前减弱,要是仍旧采用正面直

[①] 作者在长征初期任红五军团参谋长,1934年底渡过湘江后任中央革命军事委员会总参谋长。

顶的笨战法，和优势的敌人打硬仗，显然就有覆没的危险。

正是在这危急关头，毛主席挽救了红军。他力主放弃会合二、六军团的企图，改向敌人力量薄弱的贵州前进，争取主动，打几个胜仗，使部队得以稍事休整。他的主张得到大部分同志的赞同。于是，部队在 12 月占领湖南西南边境之通道城后，立即向贵州前进，一举攻克了黎平。当时如果不是毛主席坚决主张改变方针，所剩三万多红军的前途只有毁灭。

中央政治局在黎平召开了会议，决定向敌人力量薄弱的贵州前进。部队在黎平整编后，立即出发，1935 年 1 月强渡乌江，打下了遵义城。这时期，行军作战虽然同样紧张，但由于毛主席的英明主张，作战一直顺利，部队情绪也逐渐振奋。

在遵义休整了十二天，党中央就在这时候召开了扩大的中央政治局会议。

（选自刘伯承著：《刘伯承回忆录》第 1 卷，上海文艺出版社 1981 年版）

长征的艰险历程（节录）

⊙叶剑英[1]

中央苏区的反"围剿"战争，前三次在毛主席的指挥下都打赢了。蒋介石在第二次"围剿"失败以后，开始研究我们的作战方法。从第三次"围剿"开始，每一次都采用了与前次不同的方式。在第五次"围剿"中，蒋介石采用堡垒战法，层层筑堡垒，节节推进，步步为营。

中央苏区变得越来越小了。就像用盆子养鱼，鱼很大，盆子很小，养不活了。最后决定转移，进行长征。长征是没有办法了，才采取的行动。

毛主席讲过，第五次反"围剿"开始就不应该这样打，也不需要打那么长时间。应该深入到敌人心脏里去，调动敌人，争取主动。但是，毛主席的建议没有被接受。

长征开始时，中央和军委机关、直属部队编成两个纵队，第一纵队的司令是我，第二纵队的司令是罗迈。

我们行军很艰苦，突破几道封锁线后，部队减员很大。我在一路上都看到有许多战友牺牲，心情十分沉重。有一天，爬到一座高山上，休息的时候，我想起毛主席、朱老总苦心创造的中央根据地丢给了敌人，苏区群众在受苦受难，我们转移的队伍前路漫漫，便哼了几句诗：越过千山与万水，问君西游何时还？……

我们进入广西境界以后，在一座山上，敌人的飞机发现了我们，飞过来扔炸弹。有一颗炸弹正巧在我不远的地方爆炸，把我震倒了。等我爬起来，才发现右大腿上部被一块弹片击中，流出的血把裤子染红了。手上拎的大衣也 ［被］

---

① 作者在长征初期任第一野战纵队（即军委纵队）司令员兼政治委员。黎平会议后，第一、第二野战纵队合并为军委纵队后，任军委纵队副司令员兼第一局局长。

炸了几十个小洞。警卫员范希贤马上跑过来扶起我。总卫生部的贺诚闻讯起来，给我包扎止血，扶［我］上担架。由于当时技术条件的限制，弹片留在肉里一直没有取出来。后来我就坐担架行军。

到了遵义以后，遵义会议我没有参加。当时，我的伤还没有全好，我在军委管作战。

（选自《叶剑英军事文选》，解放军出版社 1997 年版）

长征中的红军干部团

⊙宋任穷[1]

　　1934年，我从五军团调到瑞金红军大学高级指挥科学习。这个科是训练军队高级干部的，学员不多，不过一二十人。现在记得的有程子华、张宗逊、郭天民、杜中美、袁良辉等同志。长征开始前夕，成立红军干部团，我被调到该团工作。

　　1934年10月，我一方面军从中央革命根据地出发长征。出发前夕，为了适应当时的形势，中央军委决定，将中央革命根据地的四所红军干部学校合并组成红军干部团。这四所学校是：红军大学（又名赫西斯大学，以在广州起义时牺牲的苏联赫西斯烈士的名字命名）；红军第一步兵学校（又名彭杨步兵学校，为纪念彭湃、杨殷二烈士而命名）；红军第二步兵学校（又名公略步兵学校，为纪念黄公略烈士而命名）；特科学校。中央军委任命原红军第一步兵学校校长陈赓同志为红军干部团团长，我为政治委员。参谋长是钟伟剑同志，遵义会议以后为毕士梯同志，又名杨林，朝鲜人。干部团下设四个营和一个上级干部队（简称"上干队"）。

　　按照原来四所学校的性质，彭杨、公略两所步兵学校编成三个步兵营，一营、二营培养连排长干部；三营培养连政治指导员；四营是特科学校编成的特科营，培养炮兵、工程兵、机枪干部；红军大学编成上级干部队，培养营团军政干部。四个营的干部是：一营营长李荣，政治委员丁秋生；二营营长黄彦斌，政治委员苏启胜；三营营长林芳英，政治委员罗贵波；四营营长韦国清，政治委员黄金山。上干队〔队〕长萧劲光，政治委员余泽鸿。四个营和上干队都设有军事

---

① 作者在长征时任中央军委红军干部团政治委员。

教员、政治教员和文化教员若干人。全团共一千多人。

干部团随中央和中央军委机关行动，归叶剑英同志直接指挥。我们这个团的学员都是从部队选调上来的、有战斗经验的班排长以上干部和政治工作人员。我们的主要任务是：警卫党中央和中央军委机关，保卫中央领导同志的安全，并负责储备、培训和为部队输送干部，必要时也参加一些战斗。因此，我们一边行军打仗，一边尽量利用行军宿营或部队修整的间隙，对干部进行训练。如进行过遭遇战、伏击战，强渡江河，穿插迂回，袭击等军事科目的训练。由于连续行军疲劳和战斗频繁、紧张，这种训练时断时续。可以说，干部团既是一支战斗队，又是一所培训红军党政干部的学校，长征途中陆续为部队输送了一批干部。遵义会议以后，部队进行了整编，中央把一些老同志送到干部团，由我们保护和照顾。如董必武、徐特立两位老同志，还有成仿吾、冯雪峰、李一氓等同志都到了干部团。毛泽东同志对陈赓同志和我讲：对董老、徐老你们一定要保护好，出了问题唯你们是问。

董老和徐老年纪比我们大得多，长征途中和大家一样同甘共苦，他们很少骑马，经常把马让给伤病员骑。徐老还常常照顾他的警卫员。大家对这几位老同志都十分尊敬、关心和爱戴。每次行军、宿营，我们都要认真检查，看看董、徐二老和其他几位同志到了没有，问问他们的身体状况如何等。

长征开始时，中央后勤队伍非常庞大，携带了大批行李、辎重，包括修械所、印刷所、X光机医疗器械，还有不能用的大炮等，"坛坛罐罐"很多，活像大搬家。这些都由干部团等部队负责警卫、掩护。蒋介石得知红军转移，即调集粤、湘、桂、黔各省地方军和一部分中央军对我进行围追堵截，在湘粤边界、湘南、湘江附近连设四道封锁线，企图全歼我军。在数十万敌人穷追不舍下，这种大搬家式的行军，不仅使干部团，而且几乎使所有战斗部队都变成了拥护队。部队庞大、累赘，行军速度缓慢，一天走不了多少路。为了隐蔽，经常夜行军，走山路。山间小道蜿蜒崎岖，部队拥挤不堪，我们沿途处处被动挨打。疲惫、饥饿以及接连不断地与敌人战斗周旋，对我军是严峻的考验。就在这种极其困难的情况下，广大红军英勇奋战，边走边打，从福建、江西出发，经广东、湖南，突破了敌人四道封锁线，于1934年12月初渡过湘江，到达广西境内[①]。过湘江时，我军同敌人打了一个大仗，八军团被切断了，没有渡过湘江，伤亡很大，几乎

---

① 此处回忆有误。中央红军大约从11月25日起就进入广西境内，并在广西境内渡过湘江。

全部损失了。在王明错误路线影响下，我军离开江西中央革命根据地才短短三个月，已折损过半。

这时，毛泽东同志极力主张断然放弃长征出发时的原定计划，即一方面军到湘西与贺龙、任弼时、萧克同志率领的二、六军团会合。因为蒋介石已经觉察到我们的意图，调集了十几万大军等候在湘西。毛泽东同志主张改向敌人力量薄弱的贵州方向前进。12月中旬，中央政治局在贵州黎平召开会议，肯定了毛泽东同志的正确主张，决定向川黔边境挺进。这样，可把十几万敌人甩在湘西，红军才能摆脱险境。这时，我军紧缩编制，丢掉了不必要的辎重，对主力部队进行了充实。这样做，我军有了转机，接连攻占了贵州东部的许多县城，于1934年底抵达乌江南岸。

（节选自《二万五千里长征》，载宋任穷著：《宋任穷回忆录》，解放军出版社1994年版。本文标题为选入时本书编者所加）

长征全靠一片心

⊙郭化若[①]

第五次反"围剿"持续一年，接连失败，便只有长征一条路了。

1934年10月长征开始。红军大学和其他几所学校组成了干部团，团长是陈赓，政委宋任穷。当时，为了坚持苏区的斗争，留下一部分同志是完全必要的，但是尽管革命处于危险的境地，有人还在搞宗派，在红军离开瑞金时，乘机甩掉反对王明"左"倾冒险主义的人。瞿秋白、刘伯坚、毛泽覃等都被甩在苏区，结果被敌人杀害。红校的某些人开始也想留我在苏区，新从日本归来的红大训练部长钟伟剑同志说了话，要我工作，拟定长征名单时，我才"榜上有名"。

10月18日，我随干部团离开瑞金县九堡村，踏上了长征的漫漫征途。干部团编有一、二、三营和特科营、上干队。我编在团部，因为陈赓同志要我做参谋工作，每到一地号房子、找向导，写宿营报告，都是我的事。陈赓说："你是一个方面军的代参谋长，被分配来做团参谋，委屈你了。"但我知道，这还是陈赓同志对我的信任，对我的器重。我这样一个被开除党籍的人，当时是没人管的。干部团的不少人自身难保，谁敢多接近我呢。出发前发放服装就把我拉〈落〉了。我问陈赓同志能领衣服吗？陈赓同志说当然应该领，他亲自去帮我跑了一趟，但发放完了，没有了。我连一双布鞋都没有，请人做了一双麻草鞋，我的脚后跟又正患溃疡，走第一天，脚后跟就磨破了，以后化脓，流血水，每迈一步都疼得钻心。可是有什么办法呢？头上有敌机轰炸，地上有国民党的追兵，只能跟上队伍，拼命往前走，停顿是没有出路的。我忍受多大的痛苦也不必诉说，当时大家都在困难中，整个中国革命处于困难中，我咬紧牙关跛行

[①] 作者在长征时任中央军委红军干部团司令部作战科科长。

八千里，到达了遵义，休整了几天才治愈。有人说"长征全靠两条腿"，我的腿也靠不了，只能是"长征全靠一片心"。倘使当年便战死或者掉了队，那真是"一生真伪有谁知？"后来我到延安时向毛泽东同志诉说了这段情况，毛主席在一次干部会上还提到过，末后按语："悲惨呀！"

由于博古、李德的瞎指挥，实行逃跑主义，长征一开始很乱很被动。有人说，长征有准备没有？我说，有，又没有。说有，是指秘密准备大搬家，连石印板也要搬走；说没有，是说在路上没有打仗的准备。到湘南可战而不能战，只是退却逃跑。行军中不很好组织前后左右掩护。战略转移的方向是毫无道理的，要到湘鄂西和二军团会师，那里地区比中央苏区较小而不是较大，群众工作基础比中央苏区较弱而不是较强，兵力也很少（约六七千人），在中央苏区不能粉碎敌之第五次"围剿"，到那边，难道敌人就不来"围剿"吗？

大搬家突破敌人四道封锁线，特别过湘江时准备不足，组织不好，指挥不当，损失过半，中央红军由八万减到三万人。蒋介石判明红一方面军将向湘鄂西与红二军团会合，布置了数十万人的大包围圈。如果红军照原计划北上，确实有全军覆灭的危险。直到将被消灭的大祸临头时，坚持错误主张的中央领导同志才在黎平会议上被迫接受了毛泽东同志的建议，放弃了原来北上的计划，决定向敌力量薄弱的川黔边前进。黎平会议可说是遵义会议的预备会。

长征初期，执行王明"左"倾冒险主义的党中央，对我这样的人是不信任的，像我、萧劲光、宋时轮等的行动开头都受人监视。我记得〔那〕一天下午快到黎平时，部队在行进中受阻，敌人在一个小山头上用轻机枪扫射。陈赓派一个参谋带一个营去把敌人轰走，未成功。他站在一个高坡上同宋任穷说："要派一个最可靠的人去。"他的眼光一直望着我，但我未露声色。陈赓又说："哪个去？"大家都没有回答，我就问："我去行不行？"他马上回答："那当然可以。"我便带着那个营再去，那个参谋也去了，他走在前面，敌人枪响后，我叫他卧倒，他仍前进，结果一发子弹将他的左腿穿了一个窟窿，只好叫人背他下去。我指挥大家利用地形地物隐蔽自己，并指定一个分队向敌侧后迂回，前后夹攻，没有怎么打枪，大家呐喊一阵，到黄昏时，敌人就退回去了。我们也不去追，撤回来继续赶路。这一仗之后，据说再没派人监视我了。其实开始时对陈赓也是不信任的，因他曾被捕，后经宋庆龄等营救出狱，跑回了苏区，但博古等对这段历史有怀疑，派人去查询，过了遵义，问题查清了，他才受到信任，此事陈赓同志专门告诉过我。我当时说，你的问题这样快就搞清了，我的问题不知要等到何年何月呢。不过毛泽东同志一直是信任我的。长征开始他也是随干部团行动的，走在部队的后面。湘江之战后，毛泽东同志的工作忙起来，往往晚上工作到深夜，然后同战士睡在一起。他怕早上醒不来，要干部团特科营每天叫他起床，这任务实际后来就落在我身上。我发现他有个习惯，早上起来后洗刷完了不吃早饭就上路，等走了几里路之后才掏出饭来吃，当然饭早凉了。当时已进入寒冬，这样常吃凉饭怎么行呢？我就找叶子龙商量，他说这是主席的生活习惯，我有什么办法呢。于是我每天早上到附近村庄找老乡要上一水壶热米汤，交子龙同志塞在背包夹层中捂着，主席吃早饭时就可以喝上热米汤了。这样做大约有个把月时间，一直到遵义。

1935 年 1 月，红军进入贵州，强渡乌江，占领遵义。中共中央召开了政治局扩大会议，通过了《中共中央关于反对敌人五次"围剿"的总结决议》，批判了博古和李德在军事指挥上犯的一系列严重错误，肯定了毛泽东等关于红军作战的基本原则，推举毛泽东为政治局常委，取消博古、李德的最高军事指挥权。干部团是在遵义城的天主教堂听的传达，大家都很兴奋，认为中国革命有救了。我自然更高兴，不但是中国革命结束了错误路线的统治，我的错案也有大白的希望。当然更重要的是遵义会议挽救了革命、挽救了党，无论怎样估计这次会议的意义都不会过分。"雄关漫道真如铁，而今迈步从头越。"——这个"关"是娄山关，也是中国革命的难关，是惊险难越的，但终于越过了。会议是有准备的，准备的重点是说服和争取当时在中央领导中最有实际领导权的同志，而这种政治思想工作，是在由瑞金到遵义八千里路上八十天左右行军和休息中进行的，可见其难度和政治领导艺术的高超。犯错误的同志承认了错误，由反对毛泽东同志转到拥护毛泽东同志。这是一百八十度的转变，应该说是难能可贵的。遵义会议上有人建议由毛泽东同志担任总书记，但毛泽东同志坚决推辞。当时中央书记未改选，军委主席、总政委、总政治部主任也都未动，这是有利于团结的。

（节选自《长征路上》，载郭化若著：《郭化若回忆录》，军事科学出版社 1995 年版。本文标题为选入时本书编者所加）

血染湘江

⊙王智涛①

李德不顾实际情况，听不进正确意见，一意孤行，顽固地执行所谓经中央制定、共产国际批准的战略方针。11月25日，中革军委决定，中央红军分四路纵队，从兴安、全州之间强渡湘江。红军丧失了在湘南歼敌的战机，处境更加被动。

军委25日离开江华，令一军团为西进前卫。1934年11月27日，红一军团第二、第四师各一部顺利地渡过湘江，突破了敌人第四道封锁线，并先机抢占了渡口界首，控制了界首至脚山铺之间的地域。此时的形势对我军是有利的，倘若全军行进速度能像主力部队一样，那么胜利渡过湘江应该不成问题。但是，后续部队因道路狭窄、辎重过多，行进速度太慢，未能及时赶到渡口。特别是被"坛坛罐罐"和老弱病残拖累的中央纵队直到两天后的11月29日，才接近渡口。由于其行军队伍绵延了几十公里，还不时有人落伍掉队。当前卫接近渡口时，其后卫收容队还远距湘江五十多公里。此时，国民党何键亲率五路"围剿大军"追堵过来，相继进至全州、咸水、零陵、黄沙河等地域，对我初步形成了合围。红一军团在林彪、聂荣臻的指挥下，立即扼守住界首北侧咽喉脚山铺，切断了南北走向的湘桂公路，为后续部队控制了通向越城岭的通道。倘若中央纵队此时能赶到并迅速渡江，也有可能顺利突破敌人这道封锁线。遗憾的是一军团并未等到他们焦急盼望的中央纵队，却先迎来了群起围攻的敌军。敌"围剿军"第一路由全州向脚山铺地区的我第二师发起进攻，桂敌主力由龙虎关、恭城一带向兴安、灌阳以北进击。两

---

① 作者在长征时任中央纵队军委警备科科长、红军干部团主任教员。

路敌军在飞机、大炮掩护下，向湘江两岸我军发起全面进攻，企图夺回渡河点，围歼我军于湘江两岸。

红一军团由于长征路上的一路减员和留驻部分兵力于湘江东岸，掩护中央红军大部队，现有兵力只有五千五百余人，而正面的湘军就有四万之众，加上其他各路，敌军总兵力超过了六万人，是红一军团的十倍以上。我红军将士顽强抗击、英勇战斗、流血牺牲，仗打得十分艰苦。时任红一军团四团政委杨成武在新中国成立后发表的回忆录《血战湘江》中，有翔实记述："激战中，友邻部队指战员全部伤亡，阵地失守以后，敌人从三面冲上来，耿飚自己挥起马刀带头去同敌人格斗，眼看着身边战士一一倒下，我也负了重伤，全团伤亡了三分之一以上，战斗力损耗很大，每坚持一分钟，都要付出血的代价。"军团长林彪和政委聂荣臻心急如焚，一面调兵遣将奋战强敌，一面频频向军委发电，催促中央纵队和后续部队火速赶到湘江渡口，同时电请派兵增援。李德和博古此时已束手无策，既无法加快行军速度，又无法派兵增援，只能以毫无意义的空话和政治口号电复林、聂："军团首长及〔其〕政治部，应连夜派遣政工人员〈，〉深〔分〕入〔到〕各连队去进行战斗鼓动，要动员全体指战员认识今日作战的意义。我们不为胜利者，即为失〔战〕败者，胜负关〔系〕全局。人人要奋起作战的最高勇气，不顾一切牺牲，克服疲惫现象，以坚决的突击执行进攻与消灭敌人的任务，保证军委一号〔一时半作战〕命令〈的〉全部实现。强占〔打退〕敌人占领的地方，消灭敌人进攻的部队，开辟西进的道路。"收到军委的命令，军团首长立即向下传达。一纸空喊口号的公文，令正在拼死厮杀、浴血奋战的红军将士极其愤怒。

李德、博古带中央纵队终于赶到湘江渡口后，29日军委令红一军团在界首北侧抵御湘军，红三军团在界首南侧抗击桂军，掩护大部队过江。红三军团和红一军团的境遇一样，同样遭到敌人凶狠猛烈的攻击，他们顽强地抗击敌人在飞机大炮掩护下的无数次轮番进攻。红三军团部署了两个团在界首以南的光华铺、枫山铺阻击桂军。激战中，十团团长沈述清和刚接任团长的杜仲美[1]相继壮烈牺牲。政委杨勇率全团英勇战斗两天两夜，以伤亡四百余人的沉重代价，完成了控制界首和掩护中央纵队和后续部队渡江的任务。红三军团第五师为了保障中央红军右翼的安全，第十四、十五两团在新圩、杨柳井构筑野战工事，

---

①杜仲美，应为"杜中美"。

阻击桂军第十五军第四十三、四十四师和第七军第二十四师共三个师的轮番进攻。他们坚决执行军委"不惜一切代价,全力坚持三天四夜"的命令,以与阵地共存亡的精神死打硬拼。在这次阻击战中,全师伤亡两千余人,师参谋长胡凌[1],第十四团团长黄冕昌、副团长、团参谋长及政治部主任等同志都光荣牺牲了。十四团政委和十五团团长、政委也负了重伤。直到午后得知中央纵队已经渡过湘江,第五师才奉命撤出战斗,向西转移。阻击任务交给了第六师。第六师接受任务后,命令第十八团担任掩护红八军团渡江的任务。这是掩护大部队过江后的最后的后卫部队,其处境更为险恶,桂军以三个师攻击我一个团。在敌众我寡的形势下,我十八团浴血奋战,经过几昼夜的顽强抵抗,直至白刃格斗、刺刀见红,终于完成了任务,掩护红八军团大部渡过了湘江。而第十八团和第三十四师却被敌八个师包围在湘江以东。我军指战员拼死奋战,虽重创了敌军,并在陈家背一线几次冲杀突围,终因寡不敌众,在与数十倍于我的敌人战至弹尽粮绝后,大部分壮烈牺牲。

国民党"追剿军"总司令何键奉蒋介石电令,指示属下各部对正在渡江的中央纵队和后续部队"半渡而击"。抓住红军处于渡江过程之中行动迟缓的有利时机,全力攻击,务求全歼。聚集在界首渡口,正在陆续渡江的中央"红星""红章"两个纵队和前后左右护卫他们的红军部队,面临着更为险恶的形势。湘军、桂军从南北两侧一起猛扑上来,国民党飞机数十架次不停地轮番轰炸,直接配合地面湘、桂两军的攻击。铺设的浮桥和正在渡江的船只相继被炸毁,红军将士伤亡惨重。敌机过后,江面上满是漂浮着的破碎木板,带血的红军衣帽,被炸坏了的驮架、挑担、文件箱和书报等杂物,正在江中挣扎求生的伤员以及落入江水的骡马,最令人目不忍睹的是漂浮于江面的烈士遗体和残臂断腿。江水被染成了红色,空气中充满了血腥味。

敌机空袭时,我组织指挥军委防空队对空射击。指战员不怕牺牲、英勇战斗,击伤了两架敌机。最终,还是因兵力太少,火力不足,未能有效阻止敌机狂轰滥炸。作为军委当时唯一的防空指挥员,我感到万分痛心。

就在李德、博古毫无章法地指挥中央纵队渡江时,红一军团报告:部队已经退到了军团指挥部的位置,再也没有退路了。询问中央纵队到底还需要多少时间才能全部渡江?若拖延太久,他们就可能全军覆没。红三军团报告:所部

---

[1] 胡凌,应为"胡浚"。

在光华铺等地阻击中伤亡太大，桂军日夜轮番进攻，已经快顶不住了。请求批准他们立即撤出阵地，迅速渡江。红五、红八、红九军团报告：部队已被敌人紧紧咬住，正在努力向湘江渡口靠拢，有的部队已陷入敌人重重包围，再不突围就出不来了。电报一个接一个地送到李德和博古手里，他们对眼前红军渡江受阻和前后左右部队的艰难困境，真是一点办法都没有了。此刻，周恩来勇敢地站出来，挑起了指挥全军的担子。他命令叶剑英和罗迈将散乱的"红星""红章"纵队立即整队，按建制和序列，一个跟一个，过一个算一个，迅速渡江。他命令刘伯承为总指挥，叶剑英、罗迈为副总指挥，全权指挥全军渡江。并强调，现在是非常时期，全军各机关、各部队必须无条件服从命令，若有违抗，立即执行战场纪律。他电令红一、三军团再坚持一天，并将中央纵队直属部队迅速派往前线，增援一、三军团。他电令红五、八、九军团立即突围，火速向湘江渡口前进，立即尾随中央纵队渡江。周恩来部署完毕后，先令一个排护送李德、博古、张闻天、毛泽东、王稼祥、朱德等过江，然后才和刘伯承一起，指挥散乱的大队人马逐渐有序地渡江。

12月1日，中央纵队总算全部渡过湘江，到达西岸。后续部队也相继渡江。过江后稍事休整，总参立即进行清点，并向三人团报告：所有部队都遭受了前所未有的损失。红一、红三军团主要是作战伤亡，也有少量部队被敌围歼在东岸。主要由苏区"扩红"参军的新兵组建的红八军团，过江后仅剩一千余人。红九军团也损失惨重，仅存三千余人。最为悲壮的是红五军团，他们是全军的后卫，过江后已所剩无几。特别是红三十四师，拼死冲到湘江东岸后，就被数十倍于己的敌军团团围住，从师长到战士，几乎无一幸存。师长陈树湘牺牲得尤为壮烈，他腹部中弹，昏迷后被俘，在敌人押送途中，自己用手伸进肚子，绞断肠子，流尽了最后一滴血。在中央苏区时，我曾随李德到三十四师检查工作和讲授战术课，与陈树湘相识，后来，他来瑞金公干，总要到我这里坐坐，聊聊天，我们的关系很融洽。他的牺牲使我很难过，我深切地缅怀这位英雄战友。

渡过湘江后，中央红军已从长征开始时的八万六千余人锐减为三万人。周恩来沉重地将总参报告递给了李德和博古，他们两人看完了报告，沮丧无语。周恩来又把报告递给了朱德，朱老总悲愤地说，不到两个月，就损失了五六万人啊！这支部队是我们从井冈山带出来，一步一步发展起来的，多么不容易啊！一下子就被国民党搞掉了五六万，这是对中国革命的犯罪！在一旁休息的张闻天和毛泽东听到朱德悲怆的话语，连忙过来看报告。张闻天对李德和博古说：

"你们是谁的意见都听不进去，自以为是、一意孤行，现在是不是应当讨论和总结一下了？"毛泽东说，我看仅仅讨论和总结还不够，应该追究责任。朱德、毛泽东和张闻天的话道出了中央红军广大指战员的心声。

兵败湘江的战略原因，历史已经做出了结论。从经历全过程，参与战役指挥的参谋角度，分析战役指挥上的问题，我认为：一是李德拒绝毛泽东"南下"意见，坚持西渡湘江，循萧克率红六军团之老路，硬往蒋介石已部署好的包围圈里钻。二是李德"搬家式"的转移、"甬道式"的行军使中央纵队延误渡江时机。三是敌人利用空中、兵力、火力之绝对优势，实现了三面合围，半渡而击。四是李德、博古临战指挥慌了手脚，乱了方寸，在生死危机的关键时刻，竟然放弃指挥。

正因为战役指挥的致命错误，所以无论我军将士何等英勇顽强，也未能摆脱损兵大半之厄运。血染湘江，是我一生经历的最惨烈、最被动、最无奈的战役。

（选自王智涛著：《从共产国际归来的军事教官——王智涛回忆录》，军事科学出版社 2015 年版）

血染潇湘（节录）

⊙张平凯[①]

敌妄图消灭我军于潇水东岸的计划彻底失败。我军浩浩荡荡渡过了潇水，集结在道县至永明西郊一线。

我军西进，敌极为惊恐。同时也暴露了红军行动目标。

蒋介石调动四十万部队，分五路向我"围剿"，并于三百里的湘江沿线布防。

第一路何键部刘建绪率四个师与第二路薛岳率一个纵队扼守全县。同时，急调广西李宗仁、白崇禧部队集中在兴安、灌阳以北，对我形成了钳形阵势。

第三路总指挥周浑元率一个纵队兼程从道县方向奔来，尾追红军。

第四路总指挥李云杰和第五路总指挥李［韫］珩率部分人马从嘉禾、临武、蓝山向宁远、江华、永明尾追。

敌人来势凶猛，大有吞掉红军之势。我军冒着风雨，在弯曲狭窄的山路上前进，拥挤不堪，行走不便。"左"倾冒险主义的领导者，把红军的转移，当作一种搬家式的行动，甚至认为是惊惶失措的逃跑，而不把转移的战略方针，放在争取必要和有利的时机歼灭敌人的原则上。因此，部队的机关十分庞大，军委纵队达一万多人，每个军团都成立了后勤部。这些机关，人员众多，机构臃肿，多的达一千多副担子，携带大批辎重，有的甚至把十几个人才能抬得动的笨重的印刷机器，连野战医院的 X 光机和中央出版《战报》用的纸张，都统统搬走。敌人前堵后追，我军行动极为不便，走走停停。再加多日来行军作战的疲劳，致使有些人在向湘江前进中，推一推，动一动，甚至睡觉行军，不少战士掉队或病倒，造成严重减员。另外，在连续作战中，损伤也大，以至处于

---

① 作者在长征时任中央军委红军干部团政治教员。

危险境地，就这样，我一、三军团在正面，红八、九军团在两侧，红五军团为后卫，艰难地掩护着中央纵队前进。

红一军团第一师在道县阻击敌人周浑元部，激战三天三夜后，于28日星夜出发，以一天半时间，赶到全县附近觉山一带，同二师一起，抗击敌军刘建绪所辖四个师和薛岳五个师。敌人在七八架飞机的配合下向我正面猛扑。我红军战士打退了敌人的多次冲锋，阻敌于下田坡附近。敌见正面攻击不上来，便利用茂密的树林做掩护，转向我侧翼和后方。我军一、二两团只能轮番掩护，且战且退，最后，利用徭子江隘口才堵住了敌人，保障了中央纵队的左翼安全。

彭军团长指挥四师①十四、十五两个团，保卫中央纵队的右翼，于灌阳的新圩附近同敌夏威部两个师血战。敌先用排炮向我军阵地猛轰，接着步兵轮番猛攻，并以小部队迂回袭击。战斗激烈地进行了三天三夜，情况一天比一天严重，形势一天比一天险恶。这时的彭军团长和指战员们，多么希望中央纵队早一点过江，以减少指战员的伤亡啊！在中央纵队没有渡过湘江之前，就是战到最后一个人，也要堵住敌人。我勇敢顽强的红军战士，与数十倍之敌浴血苦战，终于完成了堵击任务。两个团的指战员大部壮烈牺牲！

在后卫担任掩护任务的红五军团三十四师，完成任务后正要过江，却被敌人重重包围，一直打到弹尽粮绝，只突［围］出二百来人，其余全部壮烈牺牲！师长陈树湘负了重伤，英勇殉难。而突［围］出来的二百来人，在道县、宁远、江华、蓝山之间，经十来天与敌苦战，也大都壮烈牺牲。至此，我三十四师全师覆没！

陈树湘同志是我的老战友。1933年夏天，我在闽西二十六师的时候，他任师长，我任政委。他给我留下了极为深刻的印象。他好学上进，作战勇敢，指挥有方，是一位从不畏惧困难、富有朝气的青年将领。他和他的部下，用鲜血铺开了长征的道路。人民和他的战友永远怀念他！

彭军团长率三军团在一军团配合下，占领了湘江上游的几个渡口，控制了阵地。发动沿江一带渔民和我工兵快速作业，很短的时间就准备好了木排、竹筏，架设了简便浮桥，为中央纵队过江创造了条件。

1月29日②，我军从几个渡口渡江。有的坐着木排、竹筏过渡。有许多战

---

① 四师，应为"五师"。

② 1月29日，应为"11月29日"。此处所指的应为中央红军先头部队过江时间。中央纵队渡过湘江是在12月1日。

士手拉着手涉水抢渡，大拽小，高领矮，强扶弱，青搀老，表现了红军战士团结友爱的革命精神。

我军以血的代价渡过了湘江，八万人折损过半。

（选自张平凯著：《忆彭大将军》，辽宁人民出版社 1984 年版）

在朱总司令、周总政委指挥下过湘江

⊙赖光勋[①]

1934 年 9 月下旬，彭雪枫局长[②]口头指示我说："总部要去前方。你科把带的地图整理入箱，看看需要多少挑夫？"我根据局长的指示，连续干了几天，除了下发的以外，装了三十余箱，每担重约五六十斤，需要二十个（含机动）挑夫。10 月 10 日晚饭后，总部离开了江西瑞金城西，向于都城东南渡过大河西进。

途中，周总政委指示我科的任务：一、管好地图；二、调查行军道路的情况，制成路线图；三、测绘必要的地形图，寻找向导。他还告诫说：调查时不能暴露我军行进方向，譬如，了解地形时除了向西行路线外，还要向南行、北行的路线。遵照指示，我们夜间随部队行军，白天无论有无敌机轰炸都要出动，弄清楚前面的小路、大路，村与村之间的里程，村庄大小、山的高低、河流的深宽长度，等等，然后制成路线图。完成任务后，便在山沟、树林中休息，每天仅有三四个小时休息时间。

11 月 15 日，我军占领了白石渡、良田、宜章，突破了敌人第三道封锁线，这时我们才知道红军主力已撤出了中央根据地。我军行动的方向已被蒋介石发觉，即令湖南、广西之敌和蒋嫡系部队向广西灌阳、兴安、全州方向前进，企图利用湘江拦阻消灭我军。部队为了抢先占领有利地形，抗击包围迂回之敌，争取时间迅速通过敌人封锁线，采取昼夜不停的急行军。在这样紧急的情况下，我科人员几乎没有休息，即便部队休息了，我们还要去搞调查制图。

11 月 27 日，我先头部队红二师、红四师在全州与兴安之间突破了敌人第四道封锁线，渡过湘江，并控制了界首至脚山铺之间的渡河点。我军委各梯队

---

① 作者在长征时任红军总司令部第一局地图科科长兼测绘队队长。
② 彭雪枫时任红军总司令部第一局局长。

利用敌空隙到达湘江边，在朱总司令、周总政委亲自指挥下，各直属单位利用浮桥渡过湘江，继续向千家寺、越城岭（高峰称为"老山界"）前进。

（节选自赖光勋：《我为长征当"向导"》，原载《福建党史月刊》2006 年第 9 期）

湘江战役中的闽西儿女

⊙卢仁灿[①]

　　1934 年秋进行长征、实行战略转移的红军有中央红军（也称红一方面军）、红二十五军、红二方面军、红四方面军，这四支红军有各自的出发地及长征历程。说"二万五千里长征"，讲的是中央红军也即红一方面军长征的路程。中央红军（红一方面军）长征的起点一般以撤离中央苏区、渡过江西省的于都河计算，但撤离中央苏区进行长征的中央红军（红一方面军）各部，有各自集结的出发地，有的是在中央苏区主要组成部分的闽西长汀、宁化出发的，因此，有关中央红军（红一方面军）长征的记叙，都是说经过了闽、赣、粤、湘、桂、黔、滇、川、康、甘、陕共十一个省份。

　　参加长征的中央红军各部和中央军委直属纵队都有我们闽西儿女。其中红三十四师是从闽西组建的，绝大部分是闽西子弟。红三十四师在血战湘江时，为了突破湘江、让红军兄弟部队冲出重围、保卫党中央，大部分战士英勇牺牲或被冲散了。

　　（节选自李来鉴：《忆卢仁灿老将军二三事》，原载《闽西日报》2007 年 4 月 28 日。本文标题为选入时本书编者所加）

---

① 卢仁灿同志在长征时任中革军委总直属队政治处技术书记。本文系闽西日报社原主任记者李来鉴对卢仁灿的采访。

向西突围、挺进贵州

⊙陈漫远[1]

1934 年 10 月，中央革命根据地第五次反"围剿"斗争失败之后，中央红军被迫仓促离开中央根据地，从江西的瑞金、于都和福建的长汀等地，分五路出发。中央直属机关和分队编为两个纵队，党中央与临时中央政府（全称是中华苏维埃共和国临时中央政府）为第一纵队，中央军委与总司令部为第二纵队，[2]一、八军团在左，三、九军团在右，五军团在后担任掩护，开始向西突围。当时，由于王明等人实行战略退却中的逃跑主义，事先密〔秘〕而不宣，对这样重大的战略行动，没有必要的动员和准备，干部、战士都不知道部队要向哪里去。在转移中大家像搬家似的，带着坛坛罐罐大批辎重，走走停停，疲劳不堪。敌人则在江西、湖南、广东、广西等地设置了一道又一道严密的封锁线，堵截红军前进，还派遣国民党中央军和湖南、广东、广西的军阀部队层层尾追。红军走到哪里，国民党军队围堵到哪里，幸赖红军英勇顽强，一次又一次地突破敌人的封锁线：10 月 20 日[3]在江西安远、信丰间突破了敌人的第一道封锁线；11 月 2 日[4]在湖南的桂东、汝城间突破了敌人的第二道封锁线；11 月 15 日在湖南的郴县、宜章间突破了敌人的第三道封锁线，到达湘江东岸。此时，蒋介石害怕我中央红军和在湘西地区活动的红二、红六军团（红二方面军前身）会合，乃集结了四十万兵力，利用湘江天然障碍，筑成了第四道封锁线，企图在湘江东岸即湘江与潇水之间消灭红军。在此情况下，红军本应避敌锋芒，绕道选择

---

① 作者在长征时任中革军委第二野战纵队第一梯队政治部主任。

② 此处有误。党中央与临时中央政府应为第二纵队，中央军委与总司令部为第一纵队。

③ 一般认为，中央红军全部突破第一道封锁线的时间为 10 月 25 日。

④ 一般认为，中央红军全部突破第二道封锁线的时间为 11 月 8 日。

有利时机，但执行王明错误的领导者只顾夺路突围，命令部队强攻硬打，一军团前冲，三、八、九军团在两侧打甬道式的掩护战，拼命地顶住敌人，掩护中央纵队通过，五军团做后卫，边打边走。红军在广西全县之南、湘江东岸，英勇顽强地同敌人浴血奋战七昼夜，渡过了湘江，于11月29日①突破了敌人第四道封锁线，但付出了惨重的代价，各军团都大量减员。八军团②的三十四师由于担负掩护任务没有能过江，被敌人重重包围，奋战了几天，终于大部壮烈牺牲。担任后卫的五军团，损失更为严重。此时的中央红军总数由原来出发时的八万多人，减员至三万多了。这一血的代价，使广大红军干部、战士越来越认清了王明错误的严重危害。在危急关头，毛泽东同志提出了进军贵州，尽快摆脱敌人的建议。听从这一建议，部队从湖南的通道县城出发，取道广西苗、瑶族散居的深山老林。尽管这里山高林密，沟深坡陡，有的地方几乎成垂直上下，没有什么道路可走，红军以顽强的毅力，一边爬一边找路，终于胜利地翻过高山密林，进入贵州境内。12月中旬，攻克贵州的黎平，部队得到了休整的机会。中央政治局在这里开会，进一步肯定了毛泽东同志向贵州进军的决策，议定下一步进军遵义，创建川黔边革命根据地。同时，部队进行了整编：第五、八军团合编为第五军团，第九军团缩编为三个团，中央两个纵队合为一个纵队，下辖三个梯队，各部队后勤机构也相应缩减，充实到战斗部队，还精简所带物资，以提高部队的战斗力和机动灵活性。整编之后，部队精干了，后勤也轻便了，遂向遵义前进。

1935年元旦，到达天险乌江的南岸。红军第一军团的第二师担任先头部队，于2日、3日连续组织了两次强渡，均未成功，第三次组织了强大火力，掩护我十七名指战员，加上先期偷渡过江的五名同志突然开火，强渡成功，夺下乌江渡口，后续部队乘势渡江，打败了贵州军阀王家烈的三个团，冲破了敌军吹嘘的设防"重叠坚固，可保无虞"的乌江防线，并乘胜直捣遵义城下，6日③，胜利地占领了贵州的第二大城市遵义，同时攻占桐梓县城。

红军由于执行了入贵作战、避实就虚的正确方针，进展一直很顺利，部队情绪也逐渐高涨起来。

（节选自《长征》，载陈漫远主编：《从南昌起义到渡江战役——中国革命战争主要历程概述》，广西人民出版社1985年版）

---

① 此处时间有误。中央红军突破第四道封锁线渡过湘江，应在12月初，并非11月29日。
② 八军团，应为"五军团"。
③ 6日，应为"7日"。

告别苏区强渡湘江

⊙戴镜元[1]

　　1934 年 10 月，中央红军从江西瑞金、福建长汀等地出发，开始了举世闻名的二万五千里长征。

　　长征开始前，红军并没有经过充分准备，而是仓促转移，我们的"家"要搬到哪里去呢？原来的计划是与湘西的红二、六军团会合，把家搬到湘西去。

　　中革军委某局的同志根据工作的需要，分为两部分：一部分随中革军委上前方出苏区（长征），另一部分留在中央苏区继续坚持斗争。当时，中革军委的代号叫"红星纵队"[2]，我们局参加长征的同志被编为该纵队的第四分队。

　　当时，我们局跟随中革军委机关直属队，和毛主席、周副主席、朱总司令一道行军。围绕着为中革军委首长做好服务工作，我们采取了歇与不歇两梯队工作制，就是将人员分成两个梯队，前面一个梯队行军，后面一个梯队就工作；后面一个梯队行军，前面一个梯队就工作。两个梯队交替工作，交替行军，保证二十四个小时工作不停顿。有时工作紧张，特别是在一些重大战役期间，我们分成三四个梯队工作、行军。可以说，长征走了二万五千里，我们局的同志工作了二万五千里。

　　出发之前，虽然在广大指战员和工作人员中都没有进行深入的思想政治动员，只是说要上前线，打到白区去，但是我们每一个人都意识到，这不是一次短距离、短时间的行动。留在中央苏区的同志和参加远征的同志，都想在分别

---

①作者在长征初期任中革军委第二野战纵队第四分队党支部书记、参谋。
②长征初期，中革军委将红军总司令部、总政治部、总供给部、总卫生部、政治保卫局和军委直属院校、教导师及其他直属单位，编为第一、第二野战纵队。第一纵队代号为"红星"，第二纵队代号为"红章"。

之前为对方做点什么，留下一点纪念的东西。当时食盐奇缺，中革军委为了照顾上前方的同志，给每人分发五钱食盐。我们毫不犹豫地把这五钱盐拿出来，全都留给了后方的同志。我们又从自己种的菜地里搞了一些蔬菜，好好地吃了一顿有盐的菜。饭后，留在后方的同志们主动给我们第二梯队的同志代班，好让我们在出发之前多睡几个小时。

10月10日上午6时，第四分队的第一梯队先行从瑞金城附近的梅坑出发，下午5时，我和第二梯队出发。当时我是第四分队的党支部书记，第四分队队长（局长）是曾希圣，副队长（副局长）是钱壮飞。留在后方的同志们送我们，送了一程又一程。兄弟般的同志，如今要分手了，真是依依不舍。我们走后，他们的工作将更加艰苦。但是，我们深深知道，今后不管我们离开得多么远，不管走到哪里，不管我们是在前线还是后方，我们对革命的赤诚之心，是永远紧紧地连在一起的。

在我军进入湖南到达湘江以东地区的行军作战中，几乎是天天白天打仗，夜间走路。由于后勤部队和后方机关十分庞大臃肿，加之山路崎岖，翻山越岭，一夜之间还翻不过一个山头，走不到十华里路，走路不像走路，休息不像休息，走走停停，停停走走，甚至边走边站，边站边睡，整个部队得不到必要的休息。当时红军在"左"倾机会主义者的错误指挥下，既疲劳又被动。

在这种情况下，博古、李德还是不顾实际情况，指挥红军强渡湘江。

强渡湘江，掩护中央机关和后勤部队安全地突破敌人几十万兵力严密布置的封锁线，这确实是红军长征中一次极端困难的战斗任务。

"左"倾机会主义者在强敌面前还采取了拼命主义的战术，命令部队硬打硬碰：正面硬攻，两侧硬顶，后卫硬堵，不惜任何代价掩护"红星纵队"渡过湘江。一军团在正面，三、八、九军团在两侧，五军团一直担任后卫掩护整个野战军前进。一军团第一师在道县顶住周浑元部以后，即赶到全州附近的脚山铺、朱兰铺①、白沙铺一带，同第二师一起抗击刘建绪的四个师（陶广、王东原、章亮基、陈光中等师）和薛岳纵队五个师的强攻。

敌人全部出击，另有七八架飞机在我军阵地轮番轰炸。敌人在飞机掩护下，向我正面猛扑，我军和敌人反复冲锋了十多次，整整激战了两昼夜。红军指战

---

① 朱兰铺，亦写作"珠兰铺"。

员们以高度的阶级觉悟和伟大的英雄气魄，硬是把敌人打到脚山徭子江①附近，紧紧扼守住徭子江的隘口，掩护中央军委纵队从容渡过湘江。

我们第四分队于 11 月 26 日由高明桥出发，连续五天昼夜急行军，同时也连续五昼夜不间断地紧张工作。我们于当天渡过了下潇水，经永安关到达世岩，27 日到达文市，过灌江（上潇水），28 日到达关山，29 日到达界首，即在界首渡过湘江，30 日到达了湘江西面的备塘②。

我们第四分队是一直跟随毛主席、周副主席、朱总司令行动的。主席他们每到宿营地，顾不上休息就立即投进紧张繁忙的工作中。主席经常在夜间、在豆大的灯光下紧张地工作，一直到天亮。

毛主席、周副主席、朱总司令的工作这样繁忙，还无微不至地关怀和爱护我们。记得在连续五昼夜急行军、抢渡湘江时，大约下午 2 点多钟，我们第四分队到了一个小村子。村子在山脚下，只有四五户人家，我们在这个村子里仅停留两小时。我们一进村子就架线工作，炊事员就马上烧水、做饭。正在这个时候，毛主席派来的管理员，手里提着二三只肥大的母鸡，跑得满头大汗，远远看到我们就高声喊起来："主席给你们送鸡来了！主席给你们送鸡来了！"大家一听到这个喊声，心里顿时沸腾起来，连忙向着管理员簇拥过去。有的高兴得拉着管理员转了个大圈子，差点把管理员摔个大跟头。有一位患急性疟疾在担架上躺了好几天没吃什么东西的同志，也猛地从担架上跳了下来，看到主席送来的几只肥鸡，顿时眼眶里充满了感激的热泪。

我们第四分队在湖南境内边走路边工作期间，每当前面部队打了大土豪，留下几斤猪肉或几只鸡送给主席时，主席总是要分送给我们的。主席像慈母一样地关怀着我们的工作、生活和学习，使我们感到无比的温暖和幸福，在我们的心灵深处，充满着无限的感激和青春的活力。

由于敌人对我们围追堵截，我们任何时候都有可能遇到敌人，甚至大批敌机的狂轰滥炸，我们随时可能流血牺牲。在我们强渡湘江那几天，敌机非常猖狂，飞得很低，有时候低到从树梢上擦过去。敌机来了，我们就迅速地离开道路隐蔽起来。我们分队除了白天工作，黑夜走路以外，还分成几个梯队不分昼夜地工作。有时正工作着，敌机扔下炸弹，把房子炸塌了，尘土把人、文件和

---

① 徭子江，应为"鹞子江"。下同。
② 备塘，疑为"鲁塘"。

机器都埋上了，我们立即爬起来，把机器上的尘土擦干净，再找个隐蔽的地方，又继续工作。我们前后梯队在敌机的轰炸下，交替前进，使整个工作在二十四小时内持续地进行着，保证了党中央、中革军委随时掌握不断变化的情况，并同各个方面保持经常不断的联系。

渡江的那一天，我们沿着湘桂公路前进，右边是滚滚的湘江，左边是倾斜的山坡。这时敌机又来了，我们置之不理，只是人人头上都戴着用树叶编成的"防空帽"，往路边一蹲，什么飞机"拉屎"也吓不了我们。敌机的肚子泻得真厉害，拉个没完，平坦的公路顷刻变成了百孔千疮。有几次敌机的炸弹掉下来，"轰"的一声，泥土就把我蒙头盖上。在那一瞬间，我什么知觉都没有了。过了片刻，我从土堆里爬出来，拍拍身上的泥土，又继续前进。

连续几天几夜的急行军和紧张的工作，我们连续几天几夜不能睡觉，虽然很疲劳，但心情都很愉快。我们一心一意要把工作做好，要用我们的实际行动来配合各个军团胜利突破敌人的最后一道封锁线，要用我们最好的工作成绩来报答毛主席对我们无微不至的关怀。我们有时候实在困倦极了，脑子里迷迷糊糊的，就赶紧用冷水浇浇头，使脑子清醒一下；有时候实在想睡了，就用纸条往鼻孔里捅一捅，打个喷嚏，精神又振奋起来；有时候手里握着笔，不知不觉地打起瞌睡来，当然这只是分秒钟内的一个盹，睁眼一看，纸上渗了一片墨水，在强烈的自疚自责的心情下，睡神就不翼而飞了。

我英勇无敌的工农红军，经过了连续几天几夜的艰苦奋战，终于在1934年11月底[1]胜利地渡过了湘江，突破了敌人最后一道封锁线。红五军团的三十四师，绝大多数是闽西子弟兵，担任总掩护的任务，走在队伍的最后面。他们掩护大部队过完湘江后，被敌人重重包围。全师打到弹尽粮绝，大部分壮烈牺牲。

过了江的同志们决心要实现革命烈士的遗志，向着新的目标疾进。这时，大家一边走路，一边高唱着胜利的战歌："红军打仗真英勇，工农群众拥护真真多，突破了敌人四道封锁线，粉碎了国民党的乌龟壳，我们真快乐！我们真快乐！"

（节选自戴镜元：《突破湘江封锁线》，原载《福建党史月刊》2006年"纪念红军长征胜利七十周年专刊"。本文标题为原文中的一个小标题）

---

[1] 中央红军主力渡过湘江，通过国民党军第四道封锁线是在1934年12月1日。

湘江之战二三事

⊙裴周玉 [1]

血战渡口

1934 年 10 月，中央红军在江西、福建中央苏区突围后，接连粉碎敌人在江西赣州与信丰，广东南雄，湖南汝城、郴州与宜章的第一、二、三道封锁线，胜利进入湖南宜章以西之兰山 [2] 与道县地区。

此时，国民党立即将原在围攻中央苏区的十几万大军，紧急调入湖南堵追我红军，并利用湘江天险作屏障，设置第四道封锁线，企图阻止我红军西进。同时，南边的广西军、北边的湖南军各约十余万人，也向我红军南北夹攻而来。我红军处在四面 [被] 包围的严峻形势之下。

为了粉碎敌人的阴谋，中央军委决定打破敌人的第四道封锁线，并夺取湘江渡口，保证部队渡江继续西进。经过紧急动员，夺取湘江渡口的西进先遣纵队迅速组织起来了。接着，先遣队便以日行一百六十多里的急行军，先机抢占了湘江渡口十几公里范围的地段，同时歼灭了湘江渡口守敌。

这时，南边的广西军和北边的湖南军已逼进我军，并发起了进攻。我红军一、三军团组成左右纵队，分别同南北两路敌人展开顽强战斗，击退了敌人多次进攻，并杀伤了大量的敌人。敌人倚仗兵力之优势，进攻不止。经过三天连续激战，我军防守阵地终为广西军突破，敌人炸毁了我军架设的浮桥，截住了我五军团的一个整师。这个师的将士在四面包围的情况下，英勇无畏，视

---

① 作者在长征时任中央教导师特派员。
② 兰山，应为"蓝山"。

死如归，最后因弹尽粮绝，大部分同志壮烈牺牲。

这湘江渡口之战，是长征途中最为激烈、最为残酷、伤亡最为惨重的一次战斗。

灌阳阻击

中央教导师是在长征途中担负保卫党中央机关的部队。它辖有三个团，组建于1934年8月。

9月，刚组建一个月的教导师便随着党中央机关长征了。部队进入广西后，一天，接到了刘伯承总参谋长的命令，要教导师派出一个团，接替红三军团在灌阳的防守任务。师首长接受任务后决定由教导团第三团担任这一任务，并派我（时任教导师特派员）同团政委陈其仁奉部担负阻击广西敌军北进的任务。我接受任务后，同陈其仁政委（解放后任军委炮兵政治委员）研究了战斗部署，并向部队下达了出发的命令。出发时，天下着大雨，道路泥泞，部队冒雨前进。经过数小时的强行军，我们按照指定时间到达灌阳红三军团的防守阵地。

我们刚接防完阵地，敌人就向我们驻守的阵地发起了进攻。全团将士立即投入战斗，经过一阵猛烈射击，敌人的第一次冲锋被打退了。一个小时后，敌人发起了第二次冲锋。这次敌人来势更猛，足有一千多人，在一个挥舞着战刀的敌军官的指挥下，敌军蜂拥地冲到了我方阵地，我军战士与敌人展开了肉搏。正在这时，那位指挥冲锋的敌军官被一颗子弹击中，冲入我方阵地的敌军见状顿时大乱，很快就被我们歼灭。之后，敌人又连续发起了多次进攻，前几次均被我们一次次地击退，直到最后一次冲锋敌人才把我团阵地突破，并占领了我方部分阵地，就在这危急时刻，我五军团及时赶来支援，再次把敌人压了下去，夺回了丢失的阵地，此后一直坚守到阻击任务的胜利完成。

灌阳阻击战，是中央教导师的第一次战斗，它胜利地完成了刘伯承总参谋长下达的阻击广西军北向进攻的任务，为掩护红军主力和中央党政机关渡江西进做出了贡献。为此，教导师在战斗结束后，受到了刘伯承总参谋长的表扬。

指挥过江

在夺取湘江渡口和组织红军主力、中央党政机关胜利渡过湘江的过程中，活跃着一位在湘江边上出色指挥指战员过江的战斗指挥员彭德怀。

彭德怀指挥夺取湘江渡口和组织红军主力、中央党政机关过江的指挥所设在一个接近湘江河岸的古庙里，在那里，他可以清楚地看到部队行进的情况。在我军将士迅速渡江的日日夜夜里，彭德怀夜以继日地指挥大家过江，他时而走进指挥所，用电话询问、了解各部队行进情况，下达各种行动指令；时而走出指挥所，站在河堤上或浮桥边组织战士们过江。他的嗓子喊哑了，就用手势指挥。当时，我们部队经过时，都亲眼目睹了彭德怀为加速部队过江而火烧火燎的样子。

这段历史过去六十多个年头了，但是，彭德怀将军当年指挥过江时的那种尽职尽责场面与忘我革命精神，我回忆起来，仍历历在目，永生难忘。

（选自《闽北纵横》1999 年第 3 期）

强渡湘江，突破敌人第四道封锁线

⊙聂荣臻 [①]

越过九峰山时，行军非常艰苦。我们冒雨行进在九峰山崎岖的羊肠小道上，这里没有村庄，看不到一户人家；部队没有饭吃，饥饿、寒冷和疲劳考验着每一个红军战士。但当我们得知，三军团、中央和军委纵队及其他兄弟部队已经通过了第三道封锁线，走到前面去了，于是大家互相鼓励，不顾一切地往前赶。我的脚就在过九峰山时磨破了，但仍坚持随队行动。

部队进到湖南、广西边境，还没有渡过潇水，蒋介石的嫡系薛岳、周浑元的几个师就尾追上来了。湖南军阀何键的部队和广西军阀李宗仁、白崇禧的部队，也乘机从两边夹击过来。这时蒋介石已任命何键为"进剿军"总司令，11月14日何键下令以十五个师分五路追击和堵击我们。第一路刘建绪四个师由郴县直插黄沙河、全州，第二路薛岳四个师由茶陵、衡阳插零陵，这两路主要是堵击我军去湘西。第三路周浑元四个师、第四路李云杰两个师向我追击，第五路李韫珩一个师在我军南部跟进，配合粤桂军围堵我军。广西军阀五个师已经先期占领了全州、灌阳、兴安等地。军委一方面向我们通报了上述严重的敌情，一方面仍要我们加速西进。

在我们前面，横着两条大江，一条是潇水，一条是湘江，都是由南往北流入洞庭湖的大水系。

过了第三道封锁线，一军团仍然先走左翼，二师占领临武，一师三团袭占蓝山，歼敌一个营。以后我们又变为右翼，向天堂圩、道县方向前进。

敌人的第一着恶毒计划是先合击我于天堂圩与道县之间的潇水之滨。

[①] 作者在长征时任红一军团政治委员。

在当时的形势之下，从右翼部队来说，若想掩护中央纵队渡过潇水，必须先敌抢占道县。

道县旧名道州，紧临潇水西岸，是这一带第一大县城，也是这一带第一大渡口。

11月20日，一军团二师受领了长途奔袭占领道县，并阻止零陵之敌向道县前进的任务。

二师师长陈光和政委刘亚楼决定，将抢占道县的任务交给四团、五团。四团攻正面，五团迂回。四团团长耿飚，政委杨成武，他们率领部队，以日行一百多里的速度，长途奔袭；于11月22日拂晓，四、五团同时攻入道县，消灭了守敌，并向零陵方向派出了警戒部队。六团在道县以南的葫芦岩、莲花塘、九井渡架起浮桥，掩护中央和军委纵队等后续部队渡过了潇水。这样，使敌人第一个计划不能得逞，并为我进一步渡湘江造成有利态势。

紧接着，敌人的第二步计划是消灭我于湘江之滨。这是敌人第四道封锁线最严密的部分。

敌人麇集二十个师，为了紧缩包围圈，湖南军阀何键将他的指挥部从长沙迁至衡阳，将其所属的刘建绪的四个师调至桂北全州。第二路薛岳的四个师进驻黄沙河。广西白崇禧也将指挥所移到桂林，将他的五个师和民团配置在全州、界首、灌阳等地，重点在保境"灭共"。而蒋介石的嫡系周浑元的四个师和李云杰的两个师，则从我们红军的背后，像拉网似的压过来。

我们面前是一道又宽又深的湘江，湘江对岸还有一条与它平行的桂黄公路，敌人在湘江与桂黄公路之间连绵不断的丘陵间，修了一百四十多座碉堡。

本来，当11月16日我五团攻占临武，敌人弃守蓝山，我军继续向江华、永明（今江永）方向开进时，白崇禧一度命他的部队退守龙虎关和恭城，用意是既防止红军也防止蒋介石军队进广西。这时白崇禧部已经撤走，湘敌刘建绪部还没有赶到全州，灌江、湘江一线空虚得很，如果我们能抓住这一有利时机，没有那么多坛坛罐罐的拖累，是完全可以先敌到达湘江，抢先渡过湘江的。但我们丧失了这个宝贵的时机，直到11月25日军委才发布命令，我军兵分两路渡江，这时的湘江就很难渡了。

中革军委将渡河点选在界首和凤凰嘴之间。命令一军团从右翼，三军团从左翼，以及八、九军团等，从两翼掩护中央和军委纵队渡湘江。

当一军团率领二师从道县出发，经文市向湘江前进时，一师尚滞留在后面配合五军团对付周浑元。因为周浑元一直紧追在后边不放，其先头部队已抵达道县，一师在五军团未到达之前，必须保住潇水西岸。同时，如果不给紧追之敌一个歼灭性的打击，我们也不能放心前进。

二师派四团作前卫。四团受领的任务是：提早出发，先去抢占全军左翼的界首，待夺取以后，移交给随后赶到的三军团六师，然后向右翼归还在全州方向的二师建制。这个任务四团按期完成了。与此同时，三师另两个团也于27日由石塘抵达大坪，涉水渡过湘江。并派遣五团相机先敌占领全州。但当天全州已被湖南军阀刘建绪的部队先期占领，五团这一任务未能实现。

夺取全州未成，一军团只能将第一道阻击线选在全州西南、湘江西岸，距全州十六公里的鲁板桥、脚山铺一线的小山岭上。出全州，有一条公路，就是桂黄公路，正穿过脚山铺。这一线山岭走向与桂黄公路相交，正好成十字形。脚山铺，在这个十字中心，是个二十来户人家的小村庄。在公路的两侧，夹峙着两列两公里多长的小山岭，各有数个小山头。以东边的黄帝岭和西边的怀中抱子岭最高，标高有三百多米；其余二百多米，山岭上长满小松树。山岭前面有一个开阔地。这个地区是一个比较好的阻击阵地。

军团召集干部看了地形，决定先将二师重点部署在桂黄公路两侧，加紧构筑工事，待一师赶到，再将一师部署在公路两侧。

白崇禧看到我军直奔湘江，就又把他的五个师开回灌阳和兴安两点。从11月27日起，三军团在左翼灌阳、新圩和桂军打了几天几夜。由于一、三军团同时在两翼强占要点，我军已控制了界首至屏山渡之间六十里地的湘江两岸，在此区域，甚至有四处浅滩可以涉渡。中央和军委纵队也于27日到达灌阳北的文市、桂岩一带。如果当时仍决心抢渡，由桂岩到最近的湘江渡点，只有一百六十多里地，采取轻装急行军，一天即可到达，仍有可能以损失较小的代价渡过湘江。但是"左"倾冒险主义领导却没有利用这一大好时机。他们仍然让人们抬着从中央根据地带来的坛坛罐罐，按常规行军，每天只走四五十里，足足走了四天，才到达湘江边。前线战士为了掩护任务付出了惨重的代价。

11月29日，刘建绪得悉我中央和军委纵队要渡湘江，而白崇禧又将全州以南至界首段部署的正规桂军都撤掉了，只剩下民团；刘识破了白崇禧的目的是想要让红军入湘，他就急了。即以其四个师的兵力，从全州倾巢出动，向我二师脚山铺阵地进攻。攻到第二天拂晓，即11月30日凌晨，我一师师长李聚奎、代政委赖传珠才率部队刚刚赶到，部队非常疲劳，队伍一停下，有些战士站在那里就睡着了。但军情紧急，立即紧急动员，仓促调整部署，进入阵地。

30日，全军团展开阻击。一师是二、三团阻击，一团作预备队。二师是四、五团阻击，六团作预备队。敌人前锋为十六、十九两个师的兵力，拂晓时的第一次冲锋，很快被我军打垮，在尖峰岭和美女梳头岭丢下了几十具尸体。敌人不甘心失败，又组织第二次冲锋。后来随着冲锋次数的增多，投入的兵力越来越多，在十多架飞机的掩护下，攻击也越来越猛。阵地上硝烟弥漫。我们利用有利地形杀伤敌人，阵地前敌人的尸体越积越多。战至下午，敌人以优势兵力，猛烈的炮火，突破了一师米花山防线，威胁我美女梳头岭等阵地。最后，一师只剩下一个怀中抱子岭。入夜，敌人又利用夜幕迂回进攻。我一师为了避免被包围，退往西南方向水头、夏壁田一带。

敌人占领米花山和美女梳头岭以后，对我二师前沿阵地尖峰岭威胁也很大。敌人从三面向我尖峰岭进攻，五团在上面只派有两个连，尖峰岭失守。五团政委易荡平负重伤。这时，敌人端着刺刀上来了。荡平同志要求他的警卫员打他一枪，警卫员泪如泉涌，手直打颤，岂能忍心对自己的首长和同志下手。荡平同志夺过警卫员的枪，实现了他决不当俘虏的誓言。五团阵地失守，二师主力只得退守黄帝岭。敌人紧跟着向黄帝岭进攻，于是在黄帝岭展开了一场惊天动地的拼杀战，黄帝岭终于守住了。入夜，在一师撤出之后，二师孤军突出，为了避免被敌包围，也主动撤退至珠兰铺、白沙，与一师占领的夏壁田、水头，构成第二道阻击线。第一天战斗，四团政委杨成武也负重伤。

第一天战斗过去了，夜间也无法入眠。我们最担心的是中央和军委纵队等后续部队的安全。这几天，中革军委要求我们全天都和他们保持无线电联系，来往的电报，几乎都是十万火急，个别的是万万火急。11月30日晚上，我们军团领导人冷静地分析了当时的形势，在脚山铺附近给军委发了一份电报。

朱主席：

我军向城步前进，则必须经大埠头，此去大埠头，经白沙铺或经咸水圩。由脚山到白沙铺只二十里，沿途为宽广起伏之树林，敌能展开大的兵力，颇易接近我们，我火力难发扬，正面又太宽，如敌人明日以优势猛进，我军在目前训练装备状况下，难有占领固守的绝对把握。军委须将湘水以东各军，星夜兼程过河。一、二师明天继续抗敌。

12月1日1时半，朱德主席给全军下达了紧急的作战命令。其中，命令"一军团全部在原地域，有消灭全州之敌由朱塘铺沿公路向西南前进部队的任务。无论如何要将［由］汽车路向西之前进诸道路保持在我们手中"。紧接着，在3时30分又以中央局、军委、总政的联合名义，下达了一定要保证执行军委上述命令的指令给一、三军团。

一日战斗，关系我野战军全部西进，胜利可开辟今后的发展前途，迟〔退〕则我野战军将被层层切断。我一、三军团首长及其政治部，应连夜派遣政工员分入到各连队去进行战斗鼓动，要动员全体指战员认识今日作战的意义。我们不为胜利者，即为战败者，胜负关全局。人人要奋起作战的最高勇气，不顾一切牺牲，克服疲惫现象，以坚决的突击。执行进攻与消灭敌人的任务，保证军委一号一时半作战命令全部实现。打退敌人占领的地方，消灭敌人进攻［的］部队，开辟西进的道路，保证我野战军全部突过封锁线，应是今日作战的基本口号。望高举着胜利的旗帜向着火线上去！

中央局
军委
总政

11月30日晚上，到12月1日清晨，无论是红色指挥员、政工人员、参谋人员以及各类战勤人员和连队的党团积极分子，都是一个最紧张的通宵达旦的不眠之夜啊！为了党中央的安全，为了红军的生存，都是熬红了眼在为第二天作战斗准备。生死存亡在此一战啊！

12月1日，是战斗最激烈的一天。凌晨，敌人在敌机狂轰滥炸之下，更加嚣张地向我进犯。而总参谋部命令我们在本日12时前，要保证决不让敌人突破白沙河，使总部和全野战军能顺利地渡过湘江封锁线。敌众我寡，但在"一切为了苏维埃新中国"的口号下，我们的士气惊天地而泣鬼神。于是在二十多里地的战场上，炮声隆隆，杀声震天。在茂密的松林间，展开了生死存亡的拼杀战。

开始，敌人猛攻三团阵地，三团连续打了几次反冲锋。敌转而猛攻我一、二师的接合部，终于被敌突进四五里地，并迂回到三团背后，包围了三团两个营。一个营当天奋勇地突出了重围，和一、二团会合。一个营突错了方向，反而突入敌群，被分割成许多小股，在班、排长和党的支委小组长带领下，两天以后多数人归回了自己的部队。敌人从我接合部突破以后，二师也有被包围的危险。因为二师部署靠外，他们当机立断，命令守白沙的团队将敌人坚决顶住，这个团打得非常顽强，他们硬是凭着刺刀，将来势汹汹的敌人顶住了，其他两个团才撤出向西边大山靠拢。

接近正午时分，得知中央和军委纵队已经渡过湘江并已越过桂黄公路，我们才放了心，令一师和二师交替掩护，边打边撤。一师经木皮口、鹬子江口，二师经庙山、梅子岭、大湾，分别从两个山隘口退入通资源的越城岭山区。

这一天，一军团军团部也遭受极大危险。敌人的迂回部队打到了我们军团部指挥所门口，这是多年没有的事。当时指挥所在一个山坡上，我们正在研究下一步行动计划，敌人已经端着刺刀上来了。我起初没有发觉，警卫员邱文熙同志很机警，他先看到了，回来告诉我。我说，恐怕是我们的部队上来了，你没有看错吧？他说没有看错。我到前面一看，果然是敌人。左权同志还在那里吃饭，我说，敌人上来了，赶紧走。于是我一面组织部队赶紧撤收电台，向一个山隘口转移，命一部分同志准备就地抗击敌人，一面命令警卫排长刘辉山同志赶紧去山坡下通知刘亚楼他那个政治部，让他们向预定方向紧急转移。刘辉山往下走的时候，敌人正向我们方向射击，一抬脚，一颗子弹奇怪地把他的脚板心打穿了。由于我们这次及时地采取了适当措施，摆脱了敌人，避免了损失。（进北京以后，刘辉山曾当过中央警卫师师长。）在我们撤退的时候，敌人的飞机活动很疯狂，撒下很多传单，说什么如果不投降就要葬身湘江。国民党政工人员编写的这些狂妄浅薄的宣传品，连他们自己的士兵都称之为卖狗皮膏药，更吓唬不倒英雄的红军，没有人去理它！可是敌人的飞机几乎是擦着树梢投弹、扫射，很多人被吸去了注意力，不注意往前走了。我说，快走！敌人的飞机下不来，要注意的是地面的敌人。快走！

在我们一军团与敌人血战的同时，三军团在兴安、灌阳一带，与广西敌人进行了激战。五军团则在文市附近与周浑元等追敌进行激战。他们也都打得顽强而艰苦，损失很大。

这次过湘江，我们不仅要掩护中央机关，而且要掩护几个新成立的部队。那时候，教条宗派集团不注意主力兵团的充实建设，却成立了一些缺乏基础的新部队。我们主力兵团又缺乏兵员补充，是打掉一个少一个，而新成立的部队战斗力不强，我们既要完成主要任务，有时还要掩护他们。

准备撤往西边大山时，有一个山隘口叫梅子冲，通过这里，就可以到油榨坪，是我们预定的撤退路线。大家都往这个口子挤，这个口子很窄，部队多了势必谁也过不去，所以一定要安排开。我命令聂鹤亭带一支部队在通向油榨坪方向右边的一条路上抗击敌人，从右翼掩护大部队撤退。布置好后，我急忙向梅子冲赶，当我到达这个口子的时候，罗炳辉和蔡树藩带着九军团过来了。我对他们说，你们部队比较少，可以走左侧的另外一个口子，不过稍微绕点路，但也不远。这个隘口今天一定让我们军团通过，我们也好掩护你们。我亲自在这个口子上调排各个部队的行进道路。一、九军团通过以后，我在口子上等后面渡江的兄弟部队，见到八军团的一位负责同志，他一见我就说："糟糕，我们的部队都被敌人打散切断了！"我说："此刻，过来多少是多少，先安置宿营。"因为这时已经天黑了。第二天，我们才知道彭绍辉、肖华带的那个少共国际师还没有过来。于是又派了一个部队，重渡湘江，把少共国际师接了过来。虽然如此，由于敌人来得快，我们行动太慢，所以仍然有一部分部队没能渡过湘江，像五军团的三十四师和三军团的一个团，还有八军团被打散的部队，都被敌人切断了，损失很大，其中有些同志后来转到湘南打游击去了。

突破第四道封锁线这一仗，是离开中央根据地打得最激烈也是受损失最大的一仗。这时，红军由江西出发时的八万六千多人，经过一路上的各种减员，过了湘江，已不足四万人。博古同志感到责任重大，可是又一筹莫展，痛心疾首，在行军路上，他拿着一支手枪朝自己瞎比划。我说，你冷静一点，别开玩笑，防止走火。这不是瞎闹着玩的！越在困难的时候，作为领导人越要冷静，要敢于负责。

我们在油榨坪没有敢休息，因为敌人在后面紧追。过了油榨坪，摆脱了敌人，到了一个大树林里，我们才得到休息。几天几夜的紧张激烈的战斗，这时候才感到又饥又饿，疲劳极了。我把身上带的干粮拿出来吃，也分了一些给林彪吃，觉得真是香极了。艰苦的岁月就是这样，紧张的战斗会使你忘记饥饿和疲劳，一旦休息，能睡上一小觉，或吃上一点干粮，就会觉得是一种极大的享受。

这次过湘江，进一步暴露了教条宗派集团在政治上和军事指挥上的逃跑主义错误，促进人们从根本上考虑党的路线问题，领导问题。

渡过湘江以后，一军团减员不少。以一师第三团为例，从中央根据地出发时，是两千七八百人，过江后，只有一千四五百人了。当然这个减员数字不光是渡湘江受的损失，包括前几次过封锁线的伤亡和非战斗减员都在内。

　　可是我们终究没有被敌人消灭在湘桂边境与湘江之畔，我们又整队前进了。

　　（节选自《长征》，载聂荣臻著：《聂荣臻元帅回忆录》，解放军出版社 2005 年版）

突破四道封锁线

⊙童小鹏[①]

在中央红军突围的前进道路中，蒋介石指挥广东的陈济棠、湖南的何键和广西的白崇禧等先后布置了四道封锁线，妄图阻止以至消灭红军。但在英勇红军的冲击下，全被突破，蒋介石的梦想全部破灭！

1934年10月21日，中央红军的先头部队红一军团第二师在江西信丰、安远间的版石圩打响了第一仗，击溃广东守敌，第一师又占了新田，渡过信丰河，进入广东境内。因前有协议，未经大的战斗，就全部顺利通过第一道封锁线。

敌人第二道封锁线设在湖南桂东、汝城至广东城口一带山上。筑有很多碉堡，碉堡之间有壕沟相通，火力相连。这一线的守军，保安队居多，战斗力不强。他们没料到红军来得这样快。11月2日晚，红一军团二师六团在团长朱水秋、政委王集成率领下，以奇袭方式夺取了城口，消灭了守敌，生俘一百多人，突破了敌人第二道封锁线。3日，军团部和直属机关到达城口，休息了一天，掩护中央纵队前进。

城口是一个比较大的镇子，有一条街道。我们军团保卫局一到，就做调查工作，打了土豪，没收了一批鸭子，大部分送给司令部、政治部等单位，自己留了部分中午会了餐。因为反攻以来半个多月每天走夜路很疲劳，我贪吃又多吃了几块，就消化不了，到下午胀肚子，经医生看了，吃了些苏打以助消化，到晚上才好。这是一个教训。

敌人第三道封锁线设在湖南郴州、宜章之间。这是粤汉铁路经过的地方，

---

① 作者在长征时任红一军团政治保卫局秘书。

当时铁路还未修通，只局部通车，有许多工人正在赶修。公路是畅通的，所以湖南、广东的敌人都利用公路加紧调兵设防，沿途修了很多碉堡。

为了迅速突破第三道封锁线，11月8日，野战军司令部发布在良田、宜章间突破敌人封锁线的命令：军委决定三军团于良田、宜章间突破封锁线，其先头师约于10日可到宜章地域。一军团监视九峰、乐昌之敌，并迅速于宜章、砰石①之间突破封锁线，军委第一、第二纵队及五、八军团在三军团后跟进，九军团则于一军团后跟进。命令一军团派一支部队控制粤汉铁路东北十多公里的高地九峰山，防止粤敌从乐昌出来袭击我军，以掩护中央纵队从九峰山以北安全通过。但一军团军团长林彪以粤敌还未到乐昌为由，不执行命令，经过政治委员聂荣臻的批评，并证实敌人已到乐昌后，林彪才执行命令，派部队奔赴九峰山，控制了有利阵地，保障了中央纵队安全通过封锁线。10日，三军团攻占了良田，11日，又攻占了宜章城。中央红军大部队于13日至15日从宜章、砰石间通过了敌人的第三道封锁线。红一军团是从砰石、白石渡等地通过封锁线的。在此以前，部队都是在连绵大山的密林中行军，又常下雨，走得很艰苦。一到砰石，是开阔的平地了，大家都很高兴。军团直属队在砰石休息了一天，把沾满污泥的衣服洗干净了。突破了第三道封锁线，大家的精神更舒畅更兴奋了。当地的修路工人因痛恨资本家和包工头的剥削、压迫，经过宣传队的宣传，有许多加入了红军，使红军增加了一批工人战士。

蒋介石得知红军突破第三道封锁线又继续向西前进时，怕红一方面军要到湘鄂西同红二、六军团会合，便于11月中旬召集何键、薛岳等在湖南衡阳开军事会议，确定何键为"追剿"总司令，所有入湘的第六路总指挥薛岳所部及周浑元所部（都是从江西追来的）统归其指挥，下令对红军要"务须歼灭于湘、漓两水以东地区"。同时，蒋介石命令广西军阀李宗仁、白崇禧急调大军北上全州，封锁湘江，以防红军西渡。李、白怕红军进入广西，也就积极执行蒋介石命令，协同何键设置第四道封锁线。这时，湘敌十五个师、粤敌六个师、桂敌五个师，共二十六个师，加上北路蒋介石嫡系薛岳指挥的周浑元、吴奇伟两个纵队四个军十万人，一共四十万人，分五路截堵、追击、包围红军，企图把红军消灭在湘江以东地区。蒋介石认为，他的阴谋能实现，他给他的前线部队写信打气说，"共匪""流徙千里，四面受制，下山猛虎，不难就擒"，命令

---

① 砰石，应为"坪石"。下同。

他们穷追，"毋容再度生根"，等等。

当时，彭德怀曾向党中央建议：以红三军团迅速向湘潭、宁乡、益阳挺进，威胁长沙，在灵活机动中各个消灭敌人，迫使蒋介石改变部署，伺机阻敌，牵制敌人；同时，中央率领其他兵团，进占溆浦、辰溪、沅陵一带，迅速发动群众创造战场、根据地，粉碎敌人进攻。否则，将被迫经过湘桂边之西延山脉，同桂军作战，其后果是不利的。但博古、李德等既不采纳彭德怀的建议，也不答复，仍一意孤行，冒着几十万敌人的堵截、"追剿"和飞机的轰炸，去抢渡潇水和湘江，以致遭到重大的损失。

11月18日，军委命令红军兵分两路，一军团先出道县，三军团出江华。渡过潇水后，继续向西进，抢占湘江渡口，粉碎敌人第四道封锁线，掩护全军渡过湘江。

20日，红一军团二师受领了长途奔袭占领道县并阻止零陵之敌向道县前进的任务。二师师长陈光和政委刘亚楼决定，将抢占道县的任务交给四团和五团。他们以日行百多里的速度长途奔袭，于22日拂晓同时攻入道县，消灭了守敌，并向零陵方向派出了警戒部队。同时，六团在道县以南葫芦岩等几个渡口架起了浮桥，掩护中央军委后续部队渡过了潇水，为进一步渡过湘江创造了有利条件。

红一军团司令部及直属部队也于22日到达道县。道县原名道州，是这一带比较大的县城。军团司令部及直属部队在此休息一天，补充干粮、草鞋，做继续战斗的政治思想工作。同时，又做群众工作，打土豪，除没收的粮食供部队食用外，还将没收的家具、衣物分发给贫苦群众，甚受群众的欢迎。

何键得到道县失守的消息后，即从长沙派了几架飞机轮番轰炸、扫射，而且飞得很低。红一军团司令部即命令特务连和驻城部队在城墙上架起重机枪对敌机开火，结果打中一架，掉到城外野地上起火烧毁了！其他飞机立即高飞逃走。红军和群众都高兴得跳起来，赶到城外看正在冒烟的飞机残骸。

蒋介石得悉红军渡过潇水后，即令湖南何键、广西白崇禧，共调集了二十个师，加紧对红军紧缩包围圈，妄图把红军围歼在湘江边。

为了粉碎蒋介石的阴谋，11月25日，野战军司令部发布红军于全州、兴安间抢渡湘江的命令。规定野战军分四个纵队前进：（一）一军团主力为第一纵队，沿道州、文市向全州以南前进。（二）一军团一个师、军委第一纵队及五军团（缺一个师）为第二纵队，经雷口关向文市以南前进。（三）三军团、军委二纵队及五军团一个师为第三纵队，经小坪向灌阳前进，相机占领该城。

（四）八、九军团为第四纵队，经永明、三峰山向灌阳、兴安前进。各部队即按命令以高昂的战斗精神，不分昼夜急速前进。

11月27日，红一军团先头部队二师在广西全州、兴安间渡过了湘江，占领了界首〈汉〉附近渡口，开始突破敌人第四道封锁线。28日，野战军司令部命令全军："自28日起至12月1日止，全部渡过湘江。"因为军委纵队带着"坛坛罐罐"走得很慢，29日才开始到湘江边。湘、桂敌人就加紧向红军夹击。

白崇禧为阻止红军进入广西腹地，集中五个师到灌阳、兴安。从27日起，红三军团同桂军进行了几天几夜的战斗，夺得了湘江渡口，并掩护军委二纵队和五军团渡过湘江。

11月29日，全州之敌刘建绪以其四个师的兵力，从全州倾巢出动，向湘江西岸红一军团二师脚山铺阵地猛烈进攻，受到我军英勇阻击。30日，增加兵力，在十多架飞机掩护下猛烈进攻。红三军团全军团都展开阻击，战斗非常激烈。我五团政委易荡平负重伤后英勇牺牲，四团政委杨成武也负重伤。敌人虽遭到很大损伤，但仍不断进攻。当晚，不仅战斗部队紧张动员，准备明天进行更大的战斗，我们直属机关也做了动员，准备明天参加战斗。保卫局保卫队战士更是摩拳擦掌，擦亮枪支，争取明天在战场上为掩护全军安全渡江立功。

12月1日1时半，军委主席朱德给全军下达了紧急作战命令，其中〈有〉命令"一军团全部在原地域［，有］消灭全州之敌由朱塘铺沿公路向西南前进部队的任务。无论如何〈，〉要将［由］汽车路向西之前进诸道路〈，〉保持在我们手中"。紧接着，中央局、军委、总政又联合下达了一定要保证执行军委上述命令的指令给一、三军团："一日战斗，关系我野战军全部西进。胜利可开辟今后的发展前途，迟〔退〕则我野战军将［敌］被层层切断。……"

一、三军团首长坚决执行军委命令，立即动员全团指战员投入了最激烈的战斗，各自打退了敌人多次猛烈进攻，保证了军委纵队于1日全部安全渡过湘江。为减轻负担，该纵队只得将无炮弹的山炮和一些机器忍痛投入湘江。

12月1日下午，红军主力和军委纵队已全部渡过湘江，但担任后卫掩护的五军团第三十四师（多数是闽西战士）和三军团的第十八团被敌隔断于湘江东岸，在同敌军的战斗中大部英勇牺牲。

湘江战役又一次粉碎了蒋介石围歼红军的阴谋。但由于军委纵队行动迟缓，给敌人以集中兵力夹击红军的时间，所以战斗特别激烈。这是长征以来战斗空前激烈、损失最惨重的一次战役。八万六千多人的中央红军，除了路上有一些减员外，经过这次战斗，只剩下三万多人。这又一次证明博古、李德等"左"倾军事冒险主义的错误。

红军胜利通过湘江突破敌人第四道封锁线后，为了避开前面堵截和后面追击的敌人，就向西经过两个狭隘山口，进入湘桂边通往资源的越城岭大山，这是少数民族的聚居区。经过抢渡湘江几天几夜死伤惨重的战斗，部队已很疲劳，又进入大山区，日夜行军，供养困难。蒋介石的堵截、追击部队仍加紧进逼，红军处境仍很危险。所以部队中怨声载道，都认为红军历史上没有打过这样的败仗，于是纷纷对中央、军委的领导路线提出质疑。中央领导人之间的争论也越来越激烈和公开化。自从反第五次"围剿"以来，在中央领导集团中就存在着以毛泽东为代表的正确路线和以博古为代表的错误路线的斗争，由于长途行军作战，更由于博古、李德的独断专行，听不得不同意见，又不愿意召开军委和政治局会议讨论，所以争论无法得到解决。

蒋介石为阻止中央红军到湘西去和红二、六军团会合，直接抽调十六个师布置在湘西洪江、黔阳一带，并急令广西桂系部队从南向北进逼，令贵州王家烈部队在锦屏、黎平一带布防，妄图把红军围歼在湘西北上的路上。

在这样的紧急关头，中央红军是冒被敌人消灭的危险继续向北，还是放弃同二、六军团会合转向敌人较弱的贵州去发展，已是刻不容缓必须解决的问题。

（节选自《二万五千里长征》，载童小鹏著：《少小离家老大回——童小鹏回忆录》，福建人民出版社 2000 年版）

渡湘江后的全州战斗

⊙刘　忠[1]

　　为突破敌人第四道封锁线，全军抢渡湘江。我奉左参谋长的命令，率五团的侦察排和军团便衣队，插到全州北，钳制敌主力。插入敌纵深，与敌单独作战，被敌包围，五天后才突出重围归建。1934年10月20日[2]，在五团的先头出发。到达湘江边的界首村，横渡过湘江，直到全州城附近侦察。21日上午，派参谋化装进全州探实，城内只有民团，而没有国民党的正规部队。这时，二师李棠萼参谋长率五团已进到界首村停下未渡湘江。我向他面告：全州城无国民党正规军，建议五团速渡湘江，进占全州城。李棠萼犹豫不决，说须电报军团批准才过湘江，占全州。我再次建议机不可失，进全州城后电报军团首长，他不同意，于是立即电告军团。军团首长21日下午2时回电，令立即"渡过湘江，进占全州"。我率的侦察部队已过湘江，李棠萼参谋长命我进全州城，他率五团渡湘江跟进。我率侦察队迅速前进，下午4时到全州城郊，结果失去时机了，国民党中央军前卫已进全州城，并在城外占领了阵地，布置了警戒。在这种情况下，为使全军渡湘江，突破敌人第四道封锁线，我必须控制有利的地形和插入敌纵深钳制敌人。我立即率侦察部队绕道插到全州北以钳制敌人，五团占领阵地，监视全州正面之敌。当时，情况十分紧急，国民党中央军大部队已陆续向全州推进，广西国民党军队从桂林北进，直向全州夹击我军。天上有大批的飞机轰炸、扫射。经过一天紧张战斗，到晚上全军基本过了湘江，但后面担任掩护的部队就无法再渡，在湘江以东战斗，最后一部被敌打散，一部被敌歼灭。

---

①作者在长征时任红一军团司令部侦察科科长。
②10月20日，似为农历日期。查1934年农历，本文所涉"10月20日"至"27日"，为公历11月26日至12月3日，此间正为湘江战役及略后日期。

我一方面军①掩护中央机关、中央军委机关渡过湘江，突破敌人第四道封锁线。然后迅速西进，通过湖南苗族自治区的油炸坪②，向贵州前进。国民党军队，紧随我军尾追，把西山的几个重要隘口都堵住了。我率军团便衣队和五团侦察排，21日晚上，隐蔽向全州以西的才湾前进，再向全州北插。当晚进至庙头。22日，在庙头及其周围地区活动一天钳制敌人，23日返回全州以西的资源附近受敌人包围了一天，派出便衣化装夺占了梧桐要隘口子。24日晚通过隘口后，连夜向西急走脱离了敌人，25日，追上了我军后卫部队，直到27日才回到军团司令部。左权参谋长一见我非常高兴说："刘忠同志回来了，真不简单，我们以为被敌人吃掉了。"我向左参谋长汇报被敌包围和突围的情况。左参谋长说："若占领全州城，通过敌封锁线可能会顺利些，但因蒋介石的大兵已到全州地区，广西军从桂林北进，加以我军的长途行军作战，疲倦不堪。这是主要原因，不能归罪李棠萼同志个人。现全军主力基本上通过了敌人四道封锁线，特别是中央和军委指挥机关都很安全，这是最大的胜利。我军长征的第一阶段，证明王明路线彻底破产。"

（节选自《红一军团侦察科》，载刘忠著：《从闽西到京西》，厦门大学出版社1989年版）

---

① 此处的一方面军应指红一军团。
② 油炸坪，应为"油榨坪"。油榨坪在资源县，属广西地界。

抢渡湘江

⊙陈　茂[①]

　　离开宜章县城那天，正下大雨，我们大多数人没有雨具，被雨打得像落汤鸡一样。路上泥泞，溜溜滑滑，不便夜行军。当晚，我们便在梅田铁栏门、特水一带宿营。第二天，雨过天晴，空气特别新鲜。大清早，我们便开始行军，跋山涉水，向临武县前进。

　　快到临武时，师长陈光要我进城去买鞋袜。我带了两个通讯员来到县城，只见商店的门都关得紧紧的，原来老百姓听信了国民党的反动宣传，说红军来了，到处杀人放火，共产共妻，无恶不作，所以见了我们就跑。我们在城里转了一大圈，没人理会。在城外找到几个正在逃跑的小商人，我们耐心地向他们做工作，反复说明红军决不拿群众一针一线，买卖公平合理，只打地主、土豪、劣绅，爱护老百姓，保护工商业。这几个小商人对我们的话将信将疑，壮起胆子，领着我们再进城去，打开自己的铺门，和我们做了几宗生意，卖给了我们好几百双鞋袜，价钱相当。他们赚了些钱，都高兴地说："国民党的宣传，真是骗人、害人，你们红军好得很哩。"

　　离开临武，我们顶着呼呼北风，向道县方向急速行进。这时，上有敌人飞机轰炸、扫射，后有湖南军阀的部队追击，我们冒着严寒，徒步涉过潇水，向湘江上游前进。那时真气人，敌人的飞机，看到我们没有空防武装，飞得低低的，在我们头上来回盘旋、吼叫，在宜章刚参军的新战士被吓得哇哇叫。有一天，在道县地区，听说我们有个排，打落了敌人一架飞机，还俘虏了两个飞行员，大家高兴得跳起来，有的战士骂道："狗日的，看你还敢这么耀武扬威不！"

---

　　① 作者在长征时任红一军团红二师管理科科长。

以后，敌机真不敢低飞盘旋了，只在高空盲目丢炸弹，胡乱用机枪扫射。这时，新战士胆子也大了，挺身走路，有时看见敌机来了，还纷纷举枪，准备射击。

11月下旬，我们到达湘江边，国民党匪军妄图凭借湘江天险，把我军围歼在湘江东岸。当时敌我力量十分悬殊：我军不仅在数量上人少，武器装备差，而且由于一个多月来连续日夜行军，人困马乏，战斗力大大减弱；而敌军除了广西、湖南两省军阀的人马外，蒋介石还从江西调来大批中央军，共有三四十万兵力，武器装备精良，又是以逸待劳，有湘江天险可恃，因此，反动气焰十分嚣张。

抢渡湘江这一仗，打得又狠又恶，敌人飞机狂轰滥炸，湘江西岸敌军炮火猛烈，后边追兵又紧紧咬住不放。我军广大指战员在"保卫党中央"的口号鼓舞下，英勇奋战。我们红一军团在前边猛冲猛打，多次抢占渡口，抢修浮桥，红五军团在后边死命阻止追敌，红三军团奋力抵抗敌军的侧面攻击。经过一个星期的浴血奋斗，红军伤亡惨重，仍无法渡过湘江。最后，我军边打边向广西的兴安方向移动，到11月29日才在界首涉水渡过湘江。

由于"左"倾领导者的错误指挥，这一仗打得很被动，伤亡很大。我带领的红二师司令部特务连，死伤了好几十位战友，真令人痛心。这次，我军以巨大的代价突破了敌人的第四道封锁线，保卫了党中央的安全，粉碎了蒋介石妄图在湘江东岸围歼我军的阴谋，同时，充分暴露了"左"倾领导者的领导错误。当时，我们中下层的指战员，特别是老红军战士的怨气更大了，疑虑重重。有的同志发牢骚说："老根据地丢掉了，新根据地没有建立，整天行军，还不如打回江西老苏区去！"

渡过湘江后，我们朝西北方向前进，一方面要与广西军阀作战，另一方面受到地主武装袭击。最毒辣的是，敌人不仅到处宣传"红军杀人放火"，而且还暗中派遣破坏分子，混入我们的队伍，在我们的宿营地放火烧屋，然后诬蔑是红军烧的；弄得老百姓怀疑红军，憎恨红军，躲避红军。敌人的这一毒计，给我们造成很大的困难，我们找不到粮食，经常挨饿，找不到宿营的地方，只好躺在严寒的山林里。有一晚，我们在一片竹林里宿营，战士们睡得迷迷糊糊，突然听到"噼啪、噼啪"的爆炸声，一个战士惊醒了，大喝一声："敌人来了！"大家从梦中惊醒，立即拿起武器准备战斗，定神一听，原来是被冻得炸裂的竹子的响声，弄得大家哭笑不得。以后，我们在一个失火的村子里抓到了两个放火的人，交给当地群众公审，才使群众明白真相，啊，原来放火的是国民党特务，是他们嫁祸红军！群众识破敌人的奸计，亲眼看到红军纪律严明，才敢与我们接近，给我们带路、送情报、抬伤员。我们在全县一带打了一些地主恶霸，既筹了军饷，解决了红军的给养困难，又为民除了害，把地主财物分发给当地贫苦农民，取得了群众的信任与拥护。

（选自中共湖南省委党史资料征集研究委员会研究处编：《峥嵘岁月》第7集·红军长征在湖南专号，湖南人民出版社1987年版）

红二师激战脚山铺

⊙黄炜华 ①

经过艰苦的转战，突破敌人三道封锁线，中央红军到了灌阳、绍水、界首一带。蒋介石调集了国民党陆军、空军共三十余万人，构筑许多碉堡，以广西和湖南军两面夹击，以中央军和广东军尾追，企图一举全歼红军于湘江。为保障中央纵队和军委纵队及后续部队安全过江，中央红军在湘江两岸与敌人展开了空前激烈的浴血奋战。

我们红二师奉命在奔袭道州和抢渡潇水之后，原拟占全州执行阻击敌人的任务，由于敌人先占全州，战场就摆在脚山铺、绍水一带。这里距全州十多公里，桂黄公路从此通过。11 月 29 日，湘军刘建绪部得悉红军先头部队已渡过湘江，其余部队也要渡江，唯恐红军进入湖南，以其四个师的兵力，从全州倾巢出动，向我红二师阵地扑来。空中飞机掩护，地面大炮开路，满山遍野，黑压压的一片，整营整团地冲杀过来。我们二师三个团阻击敌人四个师十六个团，烟尘滚滚，杀声震天。红三军团在桂林之界首以南担任阻击任务，亦与广西军在激战之中。

那时红军子弹缺乏，只能把尖头子弹集中给机枪使用，把圆头子弹给步枪使用，这样还得省着打，主要靠手榴弹和刺刀与敌人搏斗厮杀。听从指挥，掌握时机，一声令下，狠打排枪，效力最大。等待成群的敌人上来，一阵排枪，又把成群的敌人打倒在地，打得敌人气急败坏，整营整团地向我们阵地发起集团冲锋。我们也向敌人进行集团反冲锋，白刃肉搏，无数的战友壮烈牺牲。防守尖峰岭的红五团政委易荡平，身负重伤，行动困难，为了不当俘虏，不给部队增加负担，要求警卫员开枪打死自己，警卫员不忍，他夺过警卫员的枪，自

---

① 作者在长征时任红一军团第二师师部统计参谋。

己饮弹身亡。为了保住黄帝岭阵地，红四团政委杨成武也负了重伤。

12月1日凌晨3点多钟，军团首长要求我们不惜一切代价，无论如何也要顶住敌人，守住阵地，以保障中央纵队和军委纵队渡过湘江。聂荣臻政委把电文记录交给师政委刘亚楼，上面写着："一日战斗，关系〔我〕野战军全部〔西进〕。〔……〕胜负关系全局，人人要奋起防守〔作战的最高勇气〕……"因此，这一天的战斗打得特别激烈。敌人的飞机反复对我们阵地进行狂轰滥炸，敌人的大部队轮番向我们阵地攻击，一批批被打下去，又一批批涌上来。面对超出我军数倍的敌人进攻，红军将士端着血淋淋的刺刀，喊着"一切为了苏维埃新中国"的口号，不屈不挠，前仆后继，英勇战斗，拼力厮杀，在十里长的阵地上打得敌人首尾难顾，鬼哭神惊。我们终于完成了掩护中央纵队和军委纵队渡过湘江的任务。

湘江一战，是中央红军以少胜多、以弱胜强的一战，也是离开根据地损失最大的一战。后来知道，从江西出发时红军约八万六千人，湘江一战之后，减少到三万人。我们红二师也由七千人减到四千人。

（节选自黄炜华：《长征事迹永载史册》，原载《福建党史月刊》2006年"纪念红军长征胜利七十周年专刊"。本文标题为选入时本书编者所加）

觉山恶战

⊙耿 飚[1]

中央军委把渡湘江地点选在界首和凤凰嘴之间。命令一军团从右翼，三军团从左翼，八、九军团等殿后，前后左右共同掩护中央纵队渡江。

我们一军团本来的部署是，由一师做左前锋，二师为右前锋，同时抢占界首（左翼）和全州（右翼）。但是，当我们从道县出发，经文市向湘江前进时，一师尚滞留在潇水西岸，与五军团一道对付周浑元的尾追部队。因此，一师的部队就只有二团随一军团本部前进，一团和三团，继续留下防守。

这样，一军团军团长林彪便临时调整部署，把本来由两个师完成的任务，全部交给了二师。林彪交代任务时说，兵贵神速，不能等，由你们四团先把左翼的界首阵地抢下来，然后再向右翼全州方向归还二师建制。他又与三军团军团长彭德怀同志重新协调了两个军团的行动。决定：我们团占领界首后，将阵地移交给三军团六师[2]，而一军团一师在完成潇水阻击后，向全州归还一军团建制。

由于我团身兼一"左"一"右"的前卫任务，受领任务后，我们便提早出发，去抢界首。部队基本上是直线行进，径取界首，有大路就走大路，没有大路就走小路，连小路也找不到的时候，我们就爬山。当时敌人在沿线尚未布防，零星民团与我们构不成实质性战斗，因此，我们对部队的要求只有一个字："快"。因为只有快，先敌到达并占领界首，才能造成以逸待劳的主动态势。

当我们马不停蹄来到界首东面的湘江边上，涉水过江，进入界首地区，奔上湘桂公路时，与敌人派出的尖兵仅有十里之隔。

---

① 作者在长征时任第一军团第二师第四团团长。
② 三军团六师，应为"三军团四师"。下文所提及的"六师"均应为"四师"。

大概敌人发现了我们这支突然"冒出来"的部队,远远地用号声与我们联络。我立即下令隐蔽。全团人员"唰"一下就进入公路旁的丛林、路沟里,刚才那支"长龙"一下子就不见了。

我与杨成武、李英华伏在一丛茶籽树后面,正研究伏击方案。远远听到三军团六师与我们联络的号声,显然他们在寻找我们的位置。我说:"且不用回答,等战斗一打响,他们就找到了。"因为我们如果回答他们,则会暴露目标。

从正面沿公路开来的是敌桂系夏威部。显然,他们从尖兵的报告和号声中,已经料到前面有了我军的部队。但是,夏威是广西军阀主力,仗着武器精良,目中无人,只是摆开了一个战斗队形,仍然沿公路向界首运动,妄图一鼓作气,抢占界首。很快,其前卫团就进入我们的火力范围。

"打!"我下令。

敌人被突然的射击打乱了〔阵〕营,一部分兵力伏在死尸旁盲目还击,更多的是向后退却。敌人大队本来是以急行军开进的,被前卫的溃逃兵力一压,搞得一发不可收拾,公路及沿线的水田里,挤满了一团乱军。我便下令吹冲锋号,一是趁敌人立足未稳,打他个措手不及,二是告知三军团六师,我们的位置在这里。

一个冲锋,敌全线溃败,丢下几百具尸体四散逃逸。这场战斗我们仅有一个排长负了点轻伤。当战士们互相评比着战利品的时候,气氛十分轻松,团部的通信员们还专门从敌人军官的提箱里缴获了几盒"白金龙"香烟交给我。由于连续行军作战,我一直只能抽点土烟过"瘾",这下,算开了荤。

正当我们占领了界首后打扫战场、与六师交接阵地的时候,陈光师长派骑兵通信员飞马赶到了。他滚鞍下马,气喘吁吁地送来一封十万火急的命令。

我们就站在公路上看命令,还没看到一半,杨成武同志就惊讶地说:"问题严重了。"

命令说,五团占领全州的任务未能实现,该城已被湘敌刘建绪部抢走,我们一军团改在距全州十六公里的鲁班桥①、脚山铺一线布防,扼住湘桂公路的咽喉,阻击全州之敌。命令是军团下达的,师长在命令上附了一句:"星夜赶到。陈。11月28日。"

我们连晚饭都来不及吃,顺湘江旁的公路向北奔跑。沿途,不断见到我军

---

① 鲁班桥,应为"鲁板桥"。下同。

护卫部队正在占领各个要点。从界首到屏山渡的六十华里地段，已被我军控制。在这段距离上，甚至有几处浅水区，完全可以涉渡，如果中央纵队采用轻装行军，一天即可到达并比较平安地渡江。但是，这个时机被错过了。

这就使阻击部队不得不以血的代价，换取渡江的时间。从 11 月 27 日起，左翼的三军团已经与桂军交火。白崇禧把他的部队共五个师先后开回灌阳、兴安、新圩一线，并叫喊要"把共军消灭于湘江之东"。在右翼，刘建绪的四个师已经进至全州，薛岳的四个师也调至黄沙河。在我们的背后，蒋介石嫡系周浑元部和李云杰部共六个师，则从红军背后拉网似的兜过来，造成了围追堵截的态势。

白崇禧得知红军无意入桂，只是要渡江西去，便于 11 月 21 日将他的正规军重新调至广西境内，只留下一些民团。看样子，他只是想"保境"，对于红军入湘，则采取观望姿态。但红军入湘，对刘建绪不利，于是，该敌就以四个师的兵力，从全州倾巢而出，向我脚山铺阵地猛攻。

我们赶到觉山时，天刚蒙蒙亮。陈光师长正焦急地等待在公路上，远远地向我们挥手示意，不等我们到达面前，就跑步引导着，带我们进入公路两侧的阵地。我便命令三营向左，由李英华同志指挥；二营向右，由杨成武同志率领；一营跟我在一起，摆在公路转弯处迎面的山城上，布置成一个凹形的防御阵地。

战士们十分疲劳，有的刚做完工事，趴在掩体上就睡着了。我与杨成武、李英华同志吃了点炒米，便到阵地周围察看地形。

觉山是脚山铺附近一些小山的统称。这些小山包孤零零地互不相连，我们守的这个地方叫作"怀中抱子岭"，还有"美女梳头岭""尖锋岭""黄帝岭""米花山"等。红五团在我们到达之前，已经在尖锋岭与敌人激战半天，将企图抢占脚山铺的敌人击退。

我们刚刚布置好阵地，敌人便开始攻击了。清脆的防空枪声打破了冬晨清冷的寂静。十多架敌机每三架一组，黑鸦鸦地低空向我军阵地飞来，穿梭似的发起扫射轰炸，重磅炸弹爆炸的气浪，震得我们耳鼓轰响，站都站不稳。翻卷的烟尘使人窒息，树木上弹痕累累，残枝断叶乱飞乱舞，树干被炸中后，立即纷纷扬扬落下一地劈柴。飞机倾泻完炸弹，对面山上敌人的大炮又开始轰击。一排一排的炮弹把觉山阵地又重新覆盖了一遍。炸断的树木枝叶一层层地落在我们的掩体上把人都埋住了。

炮击一过，我们便从树枝堆里钻出来，修复工事，准备迎敌。

李英华同志爬过来，向我报告了一下伤亡情况。接着，杨成武同志带领二营跃入战位，并挨个嘱咐战士们：靠近了打。

敌人靠近了，黑鸦鸦的一大片，像蚂蚁搬家似的，向山坡上爬来，还砰砰叭叭地盲目射击着。他们看见我们没有反应，便以为全被飞机大炮打死了，督战指挥官先直起腰来，接着，士兵也停止了射击，肆无忌惮地向山上攀登。

敌人完全进入射程，我扣动扳机，撂倒一个敌兵，大喊一声："打！"

各种武器吐出了愤怒的火舌，敌人丢下一大片死尸，滚下山去。稍做调整后，敌人补充了更大的兵力向山上冲锋。这样三个回合之后，我们乘胜发起反冲锋，把敌人赶得远远的，又从他们的死尸上拣回弹药。

刘建绪孤注一掷，重新组织空袭和炮击。恶毒的敌人使用了燃烧弹，凝固汽油溅得满山都是，被炸碎的树木燃烧起来，我们只能在火海里激战。到晚上，敌人尸休越积越多。又一次羊群式冲锋开始后，我估计敌人这一天的发作该差不多了，便下令把敌人放近。一阵手榴弹猛炸之后，左右两翼发起反冲击，把残敌彻底赶出我们的防区。

这次出击的效果很理想。敌人因天色已黑，无法重新组织进攻，就退守全州。出击部队从树丛里、水沟里，抓了不少俘虏。这都是进攻中溜出战线的敌人士兵，准备躲过战斗后，趁黑夜逃跑的。

在审问这些散兵游勇后，我们得出一个看法：敌人在我正面投入的兵力，不是原先通报的三个团，而是起码五个团，并且，俘虏供认，敌人的后续部队正沿湘桂公路源源开来，除刘建绪部外，薛岳部也进入可以向我发起攻击的地域。

我们把这一情况，立即向师部和军团做了紧急报告。

这夜，邻近几个山头不时爆发出枪声和爆炸声。我们知道，这是敌我的试探性接触。这些战斗很快就停止了。这说明双方形成对峙，预示着明天将有更大的战斗。半夜时分，我的疟疾又发作一次，一阵猛烈的高烧和寒战过后，双腿虚弱得一点力气也没有了，连蹲也不能蹲，只好坐在指挥所的地上。

师里连续发下好几个通报，告诉我们，当面之敌的确切兵力是九个团。而后来我们知道，那次我们阻击的实际上是整整十五个团。

天刚拂晓，敌人那边人喊马嘶，又开始了行动。我与杨成武同志对部队进行了再动员，准备迎击敌人的进攻。这时，红一师急行军赶来，在我们左侧进入阵地。看上去，部队十分疲劳，有些同志一站住就睡着了。军团长林彪和聂荣臻政委带着一部电台，指挥他们占领米花山、怀中抱子岭一线。他们的后卫还没完全进入阵地，敌人的炮击就开始了。

30日的战斗，更是空前激烈。敌人新增加的山炮、飞机，对我军阵地的狂轰滥炸更加密集。原先修好的工事，被炸得支离破碎。我们团的基本指挥所已经找不到合适位置，只能根据炮弹或炸弹落下的声音，做跳跃式移动，从这个弹坑跳到那个弹坑。但是总的来说，地形对我们有利，只要敌人炮击一停，战士们便从灰土里、树枝里跳出来，向敌人猛烈射击。许多伤员就这样流尽了最后一滴血。

激战中，一营营长罗有保曾跳到我身边，大声地问道："还要顶多长时间？"

我正用一支步枪射击着，回答他："不知道，反正得顶住。"

他愣了一下，又回到了指挥位置上。后来他告诉我，他根本没听见我的话，因为耳朵被震聋了，但却明白：要顶住。

下午，左翼的米花山阵地上，枪声突然减弱下来，山头上出现一片黑鸦鸦的敌兵。一师的米花山阵地失守了。军团指挥所转移到我们的阵地右侧。敌人利用米花山做跳板，向美女梳头岭以东各山头发炮，并频频发起集团进攻。不久，一师主动向怀中抱子岭收拢，放弃了美女梳头岭，我们二师的阵地右翼，一下子成了火线。

敌人的后续部队源源开来，我们右翼五团阵地的几个小山头，相继停止了枪声——战士们全部阵亡。敌人集中了绝对优势的兵力，向我师的主阵地压过来。这时，守卫尖锋岭的五团，已经放弃了第一、第二道工事，退到山顶上最后一道工事里拼死阻击。敌人便调整了一下部署，重点攻击五团阵地尖锋岭。尖锋岭只有两个连队，由五团政委易荡平率领阻击。激战中，易荡平同志身负重伤，眼看敌人已扑上来，大叫抓活的，他便命令警卫员给自己补一枪，警卫员泪如泉涌，不忍下手。他夺过枪，实现了誓死不当俘虏的誓言。

尖锋岭失守，我们处于三面包围之中，敌人直接从我侧翼的公路上，以宽大正面展开突击。我团一营与敌人厮杀成一团，本来正在阵地中间的团指挥所，成了前沿。七八个敌兵利用一道土坎做掩体，直接窜到了指挥所前面，我组织团部人员猛甩手榴弹，打退一批又钻出一批。警卫员杨力一边用身体护住我，一边向敌人射击，连声叫我快走。我大喊一声："拿马刀来！"率领他们扑过去格斗。收拾完这股敌人（约一个排）后，我的全身完全成了〈染透〉血浆，血腥味使我不停地干呕。

就在一营阵地危急的时候，正在二营指挥战斗的杨成武同志见情况不妙，急率通信排从公路右侧向这边增援。当时敌我兵力相交，因此他陷入层层重围。一颗流弹击中他的右膝盖，血流如注。敌兵一见，立即从四处围过来，疯狂地喊"抓活的"。赶来救援的战士也负了伤，杨成武同志只好就地用短枪还击。

幸好，这时五团的部分人员已经被压进了我们的战斗分界线里。五团五连指导员陈坊仁，一见杨成武负伤，他顾不得自己正在敌人火网下突围，便组织火力拼死封锁包围杨成武的敌人。我团二营副营长黄古文同志见状，也立即组织营救。他连续派出三名战士，都中弹倒下。最后，他愤怒得眼都红了，亲自滚进火网，向杨政委靠拢，把他营救到五连的同志身后。

救出杨成武同志后，刚才围上来的敌人一下子成了我们集中歼灭的目标。几挺机枪从两面一阵猛扫，肃清了这股敌人。

杨成武同志负伤后，我们团连副担架都没有，因为伤员太多。幸好团部书记匡汉谋在路上截住一副五团的担架，才把他从火线上撤下来。

当李英华同志向我报告杨成武同志负伤的消息时，我心急如焚，一方面是担心政委的伤势，一方面是为我团大战之中折将而忧虑。我们两人自从藤田改编，并肩指挥战斗以来，总是配合默契，得心应手，一次次的恶仗、险仗，都被我们闯了过来。现在正是决定红军命运的关头时候，我们前卫团却突然失去了政委，这对下一步战斗是多大的损失啊。但是，现在急也无用，得赶快把政委送到后方。于是，我把骡子和马夫以及衣服等都送给他去后方休养。

这时，陈光师长也冲到我们阵地上，指示我们且战且退，向黄帝岭收拢。师长说，退守是为了更好地拖住敌人，已经命令全师最后的预备队投入战斗。我问：中央纵队渡江现在怎么样了？他说，才渡过一半。

看来，这场血战还得继续下去。

我与李英华同志把部队分成三批，交替掩护着向后收拢。这时，全团伤亡三分之一，战斗力损耗很大，每坚持一分钟，都得付出血的代价。

军团指挥部也混在阵地之中了。因为前一分钟还是后方，过一会儿就成了前沿。林彪、聂荣臻、左权等指挥员，带着一部电台，干脆就把军委命令直接下达到靠他们近的团、营、连。他们守在译电员身边，往往我们一封来电还没全部翻译出来，他们就已经下达第二道命令了。这些电报无不冠以"十万火急""万万火急"，无一不要求我们"全力阻击""保证时间"。

在我们退守黄帝岭时，一师也只留有一个怀中抱子岭了。我们两师中间，完全被敌人隔断。敌人占领几个山头后，更加猖獗，以重赏组织了敢死队，与我们展开一场惊天动地的大拼杀。

实话说，当时的战斗情况，已经无法回忆出确切的层次。因为敌人太多，几乎是十倍二十倍于我。我们四团和五团退下来的部队以及六团上来的预备队，完全失去了建制。反正大家只有一个心思：见敌人就打！我们团指挥所已经没有具体位置了，跟在我身边的只有警卫员杨力、通信部主任潘峰两人。我们基本上是围着山头转，见几个战士或一挺机枪，便下令："往这边打！""往右突！"战士们也仅仅从我背的一个图袋上，辨认出我是指挥员。大家都是衣服褴褛、蓬头垢面，眉毛头发都被烟熏火燎过，只有两个白眼球还算干净。

在半山腰的一堆乱石后，我们遇到一挺重机枪，副射手浑身是血，看样子伤得不轻，只能躺着辅助射击。正射手看到我们，边对敌开火边喊："你们快一点，往东边去！"我一愣，往东边去干什么？他说是团长的命令，仔细一看，原来他是五团的，杀红眼了，连人都认不出来了。

我对他说，东边已经由我们团顶住了，你们就在这里坚持，我去叫援兵。他这才认出我来。我们走后不久，那地方落下一排炮弹，从此，我再也没见到这位好同志。

黄帝岭终于守住了。晚上，师部令我们突围。此时一师已经撤出，我们成了孤军。师长通知我们团殿后。等我们团最后撤出黄帝岭时，我留下的一个掩护排被打散了，几天后才陆续归队。

我们撤到珠兰铺、白沙一线，构成第二道阻击阵地。林彪与聂荣臻给军委发了一封电报，直接发给朱德同志。电报恳求"军委须将湘水以东各军，星夜兼程过河"。半夜，朱德同志下达紧急命令，要求我们"无论如何要将汽车路向西之前进诸道路，保持在我们手中"。凌晨3点，又以中央局、军委、总政的名义，给一、三军团下达了保证执行命令的指令：

一日战斗，关系我野战军全部西进，胜利则可开辟今后的发展前途，迟〔退〕则我野战军将被层层截断。我一、三军团首长及其政治部，应连夜派遣政工人员分入到各连队去进行战斗鼓动，要动员全体指战员认识今日作战的意义。我们不为胜利者，即为战败者，胜负关系全局。人人要奋起作战的全部〔最高〕勇气，不顾一切牺牲，克服疲惫现象，以坚决的打〔突〕击执行进攻与消灭敌人的任务，保证军委一号一时半作战命令全部实现，打退敌人占领的地方，消灭敌人进攻［的］部队，开辟西进的道路，保证我野战军全部突过封锁线，应是今日作战的基本口号。望高举着胜利的旗帜向着火线上去！

这封电报措辞严厉又满怀着期望。从接到电报到清晨，所有一线部队都在按照要求准备战斗。

12月1日早晨是个清冷的早晨，银霜遍地，寒风料峭。我的疟疾刚刚发作过去，正披着一床毯子在各连阵地上检查工事，敌人的进攻就开始了。先是敌机轰炸，继而集团进攻。开始，敌人猛攻一师三团阵地，没有得手；便转而攻一、二师结合部。这里是我们团与一师的边界，有一条弯曲的干涸河沟，不易发扬火力，终于被敌人攻进四五里地。正当我与李英华参谋长在组织突击队，准备向入侵之敌反击时，军团保卫局［局］长罗瑞卿同志到阵地上来了。

因为结合部被敌突破，我们赖以依托的白沙河防线就有随时被攻进的危险。为了贯彻凌晨3时中央局、军委、总政的电报指令，军团保卫局的红色政工人员，已经组成了"执行小组"，做临阵"督战"之用。当我看到罗瑞卿局长提着大张机头的驳壳枪，带领执行小组向我们走来时，心里不由一悚：糟！

那时"左"倾路线还占统治地位，谁在作战时弯一下腰，也要被认为是"动摇"而受到审查，轻则撤职，重则杀头，这是照搬外国"经验"的恶果。在战场上，尤其是战斗失利的时候，保卫局［局］长找上门来，大半是不妙的。

果然，罗瑞卿同志来到我面前，用驳壳枪点着我的脑袋，大声问："西城，格老子怎么搞的？为什么丢了阵地？说！"

"西城"是四团代号。罗瑞卿同志当时腮部有一伤口，是［第］二次反"围剿"时在观音岩负的伤，由于愈合不好，加上他那严厉的神情，真有点"咬牙切齿"的样子。

我说："你看嘛，全团伤亡过半，政委负伤，我这当团长的已经拼开了刺刀，敌人兵力处于绝对优势，一个团抵挡十多里的正面，结合部的失守，也是战士全部牺牲后才发生的。"

李英华同志赶紧报告："我们正在组织突击队，一定要夺回来。"

罗瑞卿同志缓和下来，说："四团不应该有这样的事嘛。"

他用了信任的语调，我们才松了一口气，立即组织突击队出击。罗瑞卿同志为了缓和刚才的紧张气氛，给我一支烟，并说："指挥战斗不要披着毯子，像什么样子嘛。"

警卫员杨力与他是熟人，赶紧把他拉到一边，诚恳地说："罗局长，您弄错了。我们团长正在打摆子，是我给他披上的。"

罗瑞卿同志这才真正后悔了。他与我温和地谈了一会，告诉我："红星"纵队刚刚渡过一半，阻击部队务必顶到12时以后，才能保证大部队完全渡过。

我直言不讳地说："每分钟都得用血换啊。"

他长长地出一口气，自语了一句"格老子！打！"就匆匆走了。临走对杨力说："过了江，到'戴胡子'那里给你们团长要点药来。"

我团的突击队堵住了敌人冲进来的缺口之后，我们又组织了一个营的兵力，把突进来的那股敌人就地歼灭。战士们硬是靠拼刺刀将来势汹汹的大批敌人杀了回去。激战中，敌人飞机又到了上空，通信排要吹防空号，我说不管他，因为敌我正在拼刺刀，敌人扔炸弹，会把他们自己的人炸死。结果敌机仍然俯冲，但投下来的不是炸弹，而是些传单，上面写了些红军如不投降、便要葬身湘江之类的鬼话。我们当然不会理睬他。

事后，我才知道罗瑞卿同志冒着火到我们阵地上来的原因。原来，那股冲进来的敌人，竟迂回到一军团指挥部来了，当时林彪、聂荣臻、左权等指挥员正在吃早饭，开始还以为是我们自己的部队，等辨认清楚后，已经火烧眉毛了。差点让他们连二师政治部同时抄了。

接近正午时分，中央纵队才渡过湘江。我们一直掩护他们过了桂黄公路，才与一师互相交替掩护，边打边撤，经庙山、梅子岭、大湾，向西突围。在湘江渡口大路上，到处是中央纵队丢弃的印刷机、炮架、兵工厂的机器零件、一摞一摞的纸张等，真是破坛烂罐。这是一次不堪回首的转移。

湘江血战，历时五天五夜，是离开中央根据地以来打得最激烈、损失也最大的一仗。经此一仗，红军由出发时的八万六千多人，锐减为不足四万人，有的部队被整团整营地打散，还有的未能过江。教条主义在军事指挥上的失败，促使红军指战员考虑党的领导权问题了。

（选自耿飚著：《耿飚回忆录》，解放军出版社1991年版。本文标题为选入时本书编者所加）

从界首伏击到脚山铺阻击

⊙杨成武[1]

我们把道州交给一师，继续向西挺进。11月中旬，我们接到命令，要我们日夜兼程突破湘桂路，占领界首拦阻广西军阀夏威的一个军。

师首长向我们交代任务时指出：第四道封锁线，是敌人经过精心部署的最后一道封锁线。它利用波涛滚滚的湘江水作为一道天然障碍，沿江一侧修筑了一百多个碉堡。

在这道天然屏障面前，蒋介石调集了近四十万大军，拼凑了五路所谓"追剿"军。

这五路的阵容是：第一路"追剿军司令"何键部刘建绪率四个师与第二路"追剿军司令"薛岳率一个纵队扼守全县，同时急调广西李宗仁、白崇禧部队集中在兴安、灌阳以北，形成一个钳形阵地。第三路"追剿军司令"周浑元率一个纵队兼程从道县方向奔来，尾追红军。第四路"追剿军司令"李云杰、第五路"追剿军司令"李韫珩率部分头从加禾[2]、临武、益山[3]向宁远、江华、永明尾追。

不用说，刘建绪与薛岳担任了这出戏的主角。他们企图利用湘江这一天然障碍，前后夹击，把我红军主力消灭在全县、兴县[4]、灌阳那么一个袋形地域里。为了给刘建绪、薛岳助威，蒋介石还特意派了不少飞机在空中飞来飞去，不停地轰炸、扫射。

白崇禧于11月16日就趾高气扬地宣称："我们能在湘江以东地区把他们

---

① 作者在长征时任红一军团第二师第四团政治委员。
② 加禾，应为"嘉禾"。
③ 益山，应为"蓝山"。
④ 兴县即兴安县。

消灭。"

当时我红军的情况是：离开瑞金时的八九万红军，由于一个多月的连续行军、战斗，减员很大，加之，当时"左"倾机会主义错误，从［第］五次反"围剿"单纯防御失败以后，仓促地进行战略转移，未能很好精简机构，队伍不精干，带着坛坛罐罐、笨重的物资，使部队行动迟缓。虽然，我们的指战员英勇善战，为了保卫党中央肯于牺牲一切，但是毕竟为部队机动灵活、主动出击、跳出包围圈增加了困难。

情势十分危急！我红军能否突破湘江，冲出敌人重围，这是生死存亡的一仗！

红四团参加湘江之战，是从界首阻击夏威开始的。

夏威是广西军阀部队的主力，他依仗武器精良，目中无人，不可一世，殊不知他刚踏进界首，就遭到早到一个小时预伏在那里的我们一顿猛揍，把它打了个全线崩溃，仓皇逃遁。我们正为初战胜利高兴的时候，又接到新的行动命令。

命令说：国民党何键部队先我红五团抢占了全州，五团在全州以南占领了觉山①一线阵地，命令我团将界首阵地交给三军团六师②，尔后连夜奔向觉山，和五团共同阻击向南之敌，掩护我军主力通过湘江和湘桂路。

经过一夜的急行军，天刚蒙蒙亮，按照师部的命令，我团赶到了觉山。我们发现，除五团在公路以东占领了阵地，一师一团也已在公路以西的西半部占领阵地。我们遵照命令进入了公路及其两侧的正面阵地，与一团、五团并肩战斗。正面的敌人是刘建绪的三个师。

这一天清晨，天气晴朗，银霜遍地，秋风萧瑟，寒意袭人，我们站在觉山上，察看了周围的地形。觉山，北距全州三十来华里，它紧靠公路边。南面，离我军控制的湘江渡口五十多里。一条公路与湘江平行走向，公路两侧是起伏不平的丘陵，有几座互相孤立的山岗子，比较难守。连绵起伏的丘陵地上，长着疏密不匀的松树。脚山铺是扼守这条公路的高地，是敌人进入湘江的咽喉要地。我们要守住的就是这条通道。如今公路旁稻田里的庄稼已经收割，但树叶还没有脱落；满山的松树和一簇簇的灌木丛，约有一人多深，刚好成了我们的天然隐蔽物。看样子，我们一定要在这片山岭上守住，否则，山后一片平川，

---

① 觉山，即脚山铺。
② 三军团六师，应为"三军团四师"。

无险可守。

天渐渐亮了。团长耿飚同志和我把部队布置好了。他近来由于一直发病打摆子，忽冷忽热，面庞清瘦，身体虚弱。这时，我劝他在后面稍做小憩，我到前面指挥。耿飚同志却说什么也不肯，带着病也要站在自己的指挥位置上。突然，传来了"嗡嗡"的飞机声。我抬头一看，嗬，真不少，少说有十来架。它们穿梭似的俯冲扫射，最后丢下一批炸弹，地上立时掀起冲天的烟尘，震得我们身子直晃。

一批飞走了，一批又来了，这种情况一直伴着整个战斗过程。接着，对面山上的大炮响了，友邻部队和我们的阵地，立刻弥漫在一片火海之中，树林被打得遍体鳞伤，枝叶横飞。

敌人在攻击以前进行炮击，这是常事，但是如此密集、如此猛烈，长征以来还不多见。耿飚同志和我站在阵地上，他指着灰土，诙谐地说："看，这么轰隆隆一震，把我的烟瘾，也赶跑了！"

"看来是一场恶战！"我说。话音未落，敌人从正面压过来了。

"嗬，还真不少！"李英华参谋长操起短枪跃入指挥岗位。我仔细一看，可不，黑乎乎的一片，像蚂蚁似的，直朝山坡上拥来，几乎把山坡都盖满了。而我们，整个阵地还是一座沉默的大山。我们的弹药非常缺乏，缴获来的尖头子弹，全部集中给机枪使用，步枪则尽量使用自己的土造子弹。为了节省弹药，战前规定了各种枪的射击距离，现在，不管敌人怎样吼叫，我们还是沉着地等待着。

沉默，在沉默中，时间一分一分地悄然逝去。

沉默，在沉默中，敌人一步一步地向我们逼近。

沉默，对我们来说，是短暂的忍耐，出击前力量的积聚；可是，沉默对敌人，却是意外的侥幸；我们片刻的沉默，激起他们百倍的幻想，千倍的疯狂。原来，他们错误地认为，经过飞机轰炸，炮兵轰击，我们的有生力量存在不多了。于是嚎叫着，攻了过来，先是匍匐，然后是弯腰前进，最后干脆直起腰杆子冲过来，肆无忌惮地往上攀登。殊不知，我们沉默的枪膛里，都有一颗将置他们于死命的复仇的子弹。

草木纹丝不动，我们的心脏急促地跳动着，敌人完全进入了我们的射击距离。

"砰！"突然一声枪响。

随即，手榴弹、步枪一齐吼叫起来，重机枪"哒哒哒"地发出粗犷的声响，轻机枪也用清脆的噪音加入了这场雄壮、激烈的大合唱。

敌人像被风暴摧折的高粱秆似的纷纷倒地，但是打退了一批，一批又冲上来，再打退一批，又一批冲上来，从远距离射击，到近距离射击，从射击到拼刺，烟尘滚滚，刀光闪闪，一片喊杀之声撼山动地。我们的短兵火力虽然猛烈，可是不能完全压倒数量上［占］绝对优势的敌人（事后知道，我们对付的敌人，是何键的十六个团①）。他们轮番冲锋，不给我们空隙，整整地激战了一天。敌人死伤无数，我们也减员很大。

夜幕降临了，这对激战的双方，都是短暂休整的机会。踏着清冷的月光，我和耿飚同志分别到各连看望战士。

阵地上静极了。只有秋风掠过树梢时发出的轻微的簌簌声，月色笼罩着灌木丛。松树林里，战斗了一天的战士，大家都已经睡了，有时还发出轻轻的鼾声。是的，长久以来的战斗生活，我们都习惯了。敌人攻上来，狠狠地打，敌人一退，便倒在工事里睡上一觉，好以饱满的精力，迎接敌人的下一次攻击。

有几个伤员没有睡着，辛勤的卫生员还在给他们上药，换纱布。他们大都是刀伤和手榴弹伤，头部与上肢受伤的较多，而且伤势都很重。他们不哭也不叫，见我过去或点头，或轻轻一笑，没有任何要求，没有任何怨言。突然，我的视线落在其中一个人的身上。

这不是小老表吗？虽然他头上用布缠着，但我还能认清他那胖鼓鼓的脸蛋儿。卫生员告诉我，他除了头上有伤之外，胸部和腹部还负了重伤。我用手电照着他那昏迷的脸，果然，脸像黄表纸一样，鼻孔里的气息也很微弱。我不觉一怔。的确他伤情太重，已经非常危险了。卫生人员正在做最后的抢救。

我弯着腰凑近他，摸了摸他那冰凉的手。

他感到有人摸他，微微睁开眼来，见到前面站的是我，轻轻一笑。

"小老表，怎么样？"我问。

他无力地摇摇头，然后打起精神，用手抓住我，几次翕动嘴唇想说话，但是终于没有说出声音来。

我们望着他，想尽量说些话安慰他，但是说什么好呢？

这时，他终于挣扎着用微微颤抖的喉音，一边喘息着一边说："政治委员，

---

① 一说是十五个团。

往前走，打敌人，我——懂——了！"他的声音渐渐微弱，然后，从另一只手里递给我一颗子弹，说了声"打……"无力地昏过去了。

我一手握着他那递过来的还存留着他的体温的子弹，一手紧紧地握住他的手，说："小老表，你还有什么话要说吗？"

他紧紧地闭上了双眼，再也没有说什么。我很少流眼泪，可是，这时我的泪水禁不住悄然而下。

红军战士，多么好的红军战士啊，为了无产阶级和人民大众的利益，为了祖国和民族的前途，英勇无畏地献出了自己的一切，直到他生命的最后一刻，他想到的都不是自己，而是他信仰的革命事业。他的平凡而崇高的形象，至今仍留在我的记忆中。

我和团长回到指挥位置上，心情焦急地向右后方望去。漆黑的夜，什么也看不见，唯有遥远天空中缀着几点寒星。可是，在这墨染一般的夜色中，中央纵队和红军大部队正在绍水和界首日夜不停地抢渡湘江，跨越湘桂公路。而敌人则妄想扑向渡河点，封死湘江，切断湘桂路，实现他们在湘江两岸和湘江与潇水之间彻底消灭我红军的计划。我们决不能叫敌人得逞！想到这里，我们立即通知各营，加强战前的准备工作。

随着太阳升起，我们迎来了又一个激战的黎明。

拂晓，我们正在战壕里吃饭，突然，传来了敌人的炮声。原来，敌人用了整整一天时间，攻不下我们的阵地，第二天，准备以更优势的兵力再次发起进攻。显然，他们改变了战术，不仅从正面加强了兵力、火力，轮番猛攻，并以大部队迂回我们整个阵地的侧翼，特别是用重兵向五团阵地施加压力。

战斗越来越激烈，情况越来越严重，前沿的几个小山头丢失了。我们知道，这不是由于我们的战士不勇敢，有的小山头是我们的战士全部阵亡之后，才落到敌人手里的。

敌人的后续部队源源开来，他们企图加强实力，攻占觉山，封锁湘江。

伤亡在增多，一个个的伤员从我们的面前抬过去。

经过激烈的战斗，传来消息，五团右翼阵地被敌占领。接着，右翼阵地的敌人，便集中主要兵力往我们四团压来，向我们背后迂回。敌人从三面进攻过来，黑压压的一片，我们团的阵地处在万分危急之中。这时，陈光师长从阵地上传来命令，要四团转移阵地，以运动防御的手段，迟滞敌人的前进，好争取更多的时间。

我们开始边打边撤，尽量地阻挠、迟滞敌人，争取时间。

敌人继续疯狂进攻，最后完全占领了觉山。

我们沿着与湘江平行的湘桂公路往南边转移。

这时，后面不断传来情况：

"红星"纵队（即我中央纵队）正在接近湘江。

"红星"纵队已经渡过湘江，接近湘桂路。

"红星"纵队大部越过湘桂路。

几乎每一个消息，都要求我们坚持战斗，把敌人拖住。我们每一个指战员，都深深懂得此时此刻，每拖一分钟都有着极其重大的意义。

我们边战边退，敌人死命猛追，加上天上的飞机轰炸，我们每走一步，几乎都要付出血的代价。但是，为了保卫党中央，谁都没有怨言和胆怯。

我们主要的任务，是挡住敌人从公路上压过来的猛烈攻势。一营在公路左边，二营在公路右边，三营在一营阵地之后。

我本来在路右边指挥，但见一营渐渐不支，与敌人打起了交手仗，便想组织二营火力支援一营。这样我就从公路左侧①横越公路，不料刚刚到路中央，一颗子弹飞来，打中了我的右腿膝下。这时，血流不止，我倒在公路上，根本不能走了。

通信排的一个战士想来救我，但刚上路便负了伤。

这时，敌人离我很近，一窝蜂似的向我拥来。他们疯狂地喊着："抓活的！抓活的！"

五团五连指导员陈坊仁同志带了几个战士，刚好从东边撤下来，见此情景，便奋不顾身地阻击敌人，掩护我。

我团二营副营长兼六连连长黄霖（黄古文）同志这时也带着一个班拼命向敌人射击，同时派出三名同志向我靠拢。

头一个战士跨上公路，中弹倒下了。

第二个战士还没靠上公路，又负了伤。

看着战友们为抢救我，连续流血牺牲，心里非常难过，我一边挥着手，叫黄霖同志不要上来，一边挣扎着向我方爬。

我心想：不能叫同志们再为我流血牺牲了。

---

① 从上文看，此处的"左侧"应为"右侧"。

可是，黄霖同志毫不迟疑，低姿匍匐着向我爬了过来。

他接近了公路，一梭子子弹打在他的前后左右，溅起一团尘埃。

但他毫不犹豫，还是冒着弹雨朝我这里爬着。

他爬上了公路。

他猛地抓住我的一只胳膊，把我向外拖着。

当他把我拖出公路，他已两眼血红。他把我交给了我的警卫员小白，便抱起机枪，和陈坊仁一起向敌人扫射。复仇的子弹，暂时把敌人压在右前方树林旁的土坎后面。

我问黄霖同志："团长在什么地方？叫团长不要管我。你们按照团长的指挥办！"

黄霖喊着："政委快走！快走！小白，把政委架走！"警卫员白玉林和团部书记匡汉谋一左一右地架着我，顺着公路边起伏的丘陵地，向后撤。我的两条腿，在地上拖着。好在这一带地形起伏不平，又有零星松树和坟包，可以凭借地形地物避开敌人火力。警卫员小白由于是个中等身材，架着我非常吃力，呼哧呼哧直喘气。

小白是江西于都人，"福建事变"时，我们进军福建，支援福建人民政府，住在将乐县城，他是那时经过挑选给我当警卫员的。这小鬼话不多，却非常机灵，每到宿营地，他就悄悄地找一块门板，几块石头或砖头，给我和耿飚同志架好铺位，把我们包着两件衣服的小包袱放在一头，在下面垫两块砖，算是枕头。一会儿，他又端来一盆热水，叫我烫脚。我和团长研究工作时，他悄悄地跑到政治处，看打土豪没收了什么东西，有没有可以改善伙食的，碰上杀猪了，就要猪腰子或一页〔叶〕猪肝给我们吃。几乎每打一仗下来，到了一地，他总是要千方百计买几个鸡蛋，做给我们吃。平时，我们只觉得这小鬼伶俐可爱，想不到在战场上，他简直是一头勇敢的狮子。

他和匡汉谋同志一气拖了我四五里路，突然遇到了担架兵。小白向他们喊了一声："担架兵！"

正在走着的担架兵站下了，见有伤员，便问道："你们是哪个团的？"

小白说："四团的。给我抬上！"

那些担架兵一听不是自己团的，忙说："我们是五团的，另有任务。"

小白一下子火了，用手往腰里一插道："不抬？不抬，我枪毙你！"

匡汉谋同志站在一旁指着我，对他们说："这是我们的团政委！"

担架兵迟疑了一下，过来看看，说："是杨政委，快抬上！快走！"

原来我过去在十一师工作很久，他们都认识我。说实在话，眼下对这几位五团担架兵的心情，我是理解的。五团阵地首先被敌人突破，他们政委易荡平同志身负重伤无法抢下来，为了不让蜂拥而上的敌人抓去当俘虏，掏出枪给自己补了一枪，壮烈牺牲了。这样的恶仗，干部、战士伤亡很大。现在剩下的同志，又正和四团、一团一起，艰苦地战斗着，迟滞敌人，每一分钟都在流血。在这样的情况下，我上了担架，心里是非常不安的。

担架往后抬，敌人还在继续追击，飞机还在轰炸，我们很快钻进了绵密的松林里。

战友情，伤口痛，这当然扰动着衷肠。但我一想起在这个严重关头，在我们中央红军生死存亡的关头，我负了重伤，离开战斗岗位，心里就更加难受。所赖者，耿飚同志有丰富的指挥经验。可是，眼下他正患着疟疾，这个病魔已纠缠着他很久了。我怎能不惦念着四团的战友呢？

（选自杨成武著：《忆长征》，解放军文艺出版社 1982 年版。本文标题为选入时本书编者所加）

全州阻击战

⊙齐丁根①

　　1934 年秋，中央红军被迫开始长征，当时我在红一军团二师五团给团长钟学高同志当特务员。记得我们一军团是从于都地区出发，沿着粤、桂、湘边境向西转移，为了避开敌人追击，一般都是晚上行军，有时白天出发，就专捡无人烟的大山区行进在羊肠小道上，许多山区根本没有路，加上人多路窄，速度很慢，我们团首长的马匹、日用品担子都是在难以通过的悬崖陡壁处无法通过而丢掉的，过后要用，沿途再搞，用了丢，丢了又搞，反复不知有多少次。所经过的地方多半是人烟稀少或无人区，物资粮食缺乏，部队吃住十分困难，人的体力消耗大还要打仗，无论我们怎样想避开敌人，可老摆脱不了敌人的追击，经过屡次苦战，突破敌人三道封锁线后，红军大部队来到了湘江边。蒋介石早就在密切注视着红军的行动，于是急调三四十万大军，分成三路，前堵后截，企图一举把红军消灭在湘江之滨。

　　渡湘江之战是严酷的，先头兄弟部队打的很英勇艰苦，我们五团从新搭的浮桥上顺利通过，紧接着是通过全州公路，又是一场恶战。全州位在〔于〕广西湖南边境，紧挨湘江。五团的任务是阻击衡阳方面的湘军，掩护大部队安全过公路。这时大批湘军已抵公路东西两侧，用各种炮火向我五团阵地进攻。路西比较平坦，路东是丘陵，有密密的树林隐蔽，地面敌人在空军轮番不断轰炸扫射配合下，就从这隐蔽部向我多次发起冲锋。团首长命令一、三两个营反冲锋，近午战斗进入最激烈阶段。敌飞机轰炸扫射也愈加疯狂，这时我团已和敌激战了两昼夜，处境十分不利，前有堵，后有追，天上有飞机，地面有装备

---

① 作者又名齐钉根，在长征中任红一军团第二师第五团排长。

和数量都大大超过我们的敌人。本来已打得难分难解，而敌人又一次向我发动多路冲锋了。我们在极其艰难的情况下，继续发扬了英勇善战的大无畏精神，再一次打退敌人，双方伤亡都很大。午后我们团眼见大部队已经安全通过全州公路，就往下撤，真是人人精疲力尽，队形都散了，正在这时敌人再一次多路冲锋又上来了，已经身中数弹的叶太平①政委腿又被打断，情况万分危急，而政委已不能行动，怎么办？政委叫我们快走，我们要和他一同留下，他坚决不答应，说："情况紧急，不要管我，你们跟上部队快走！"他挣扎着从身上解下皮包，把团里的文件交给我们，只给自己留下一支枪。我们含泪离开了他，当我们刚转身没走多远，就听背后一声枪响，叶太平政委就这样光荣献身。我们挥泪疾走，赶上部队始得脱险。叶太平同志是我们五团在长征路上牺牲的第一个政委。

（节选自齐丁根：《长征回忆录》，载中国人民政治协商会议江西省进贤县委员会文史资料委员会编：《进贤风物》第六期·进贤文史资料专辑，1986 年内部印刷）

---

① 叶太平，应为"易荡平"。下同。

撕破敌人第四道封锁线

⊙李聚奎 [1]

部队通过嘉禾、蓝山后，横在我们面前有两条由南向北流入洞庭湖的大江，一条是潇水，一条是湘江。两江相隔一百多华里。这时，蒋介石的嫡系薛岳、周浑元的几个师已尾追上来了。湖南何键的部队和广西李宗仁、白崇禧的部队，也从两边步步逼近。敌人企图合击我军于潇水之滨。因此，先敌占领这一带的大渡口——道县，并迟滞追赶之敌成了当务之急。当时，军团首长把抢占道县的任务交给了红二师，把阻击追敌的任务交给我师。11月22日，红二师四团，在团长耿飚、政委杨成武同志的率领下，以日行一百多里的速度，长途奔袭潇水岸边的道县获得成功。我师抵达潇水西岸后，立即展开部队，在四十里的正面阻击敌人。当中央纵队从我师控制的地段渡过潇水后，军团首长命令我师继续向湘江前进。这时，我师的右边是红三军团的部队，左边是红五军团的部队。我先利用沿途的长途电话线同五军团司令部联系，告诉他们我师要立即往前赶，请他们来接替警戒的部队尽快向这里靠拢。电话中传来了五军团参谋长刘伯承同志的声音，他说："同志呀，你们的队伍现在不能走，我们的队伍还没有上来哩！"第二天，我们在行进中遇到了红三军团司令部，我向军团长彭德怀同志报告了我们军团首长的命令和刘参谋长的指示。彭德怀同志听了我的报告后，就说："刘伯承同志的意见很对，潇水西岸不能给敌人留下空隙，只有保住西岸，并给追来之敌以一个歼灭性的打击，才能使已经过河的中央纵队和部队更远地脱离敌人，放心前进。所以，你们师不但现在不能走，而且我们三军团的六师还要暂时归你指挥（当时六师师长曹德卿同志因病不能指挥）。至于一

---

[1] 作者在长征时任红一军团第一师师长。

军团命令你们往前赶,由我同你们军团司令部联系说明。"我素来了解彭德怀同志的脾气,知道他决心一下,就不容更改,只好坚决执行。因此,除二团已随军团司令部向湘江前进外,我带一、三团继续留下防守潇水西岸。

11月25日,我师大部分部队和三军团的六师一起在潇水西岸阻击敌人,敌人一次又一次向西岸冲来的渡船,被我们打沉了,一批又一批企图泅渡过河的部队,被我们消灭了。潇水成了敌人不能逾越的障碍,敌人只能望河兴叹,不得前进一步。我们在潇水西岸迟滞追敌两天以后,才继续向西进发。

总的来说,红一方面军从10月中旬离开中央苏区,到11月中旬相继突破敌人设置的三道封锁线,随后又打击了敌人的追击部队,渡过了潇水。在这段时间内,由于我军广大指战员猛打猛冲,英勇善战,再加上敌人的地方军阀各有各的打算,貌合神离,因此,我军进展还是比较顺利的。

可是,红军向湘江挺进,引起了敌人的极大恐慌,同时也暴露了我军的行动目标。于是蒋介石又调兵遣将,在湘江两岸麇集了二十个师的兵力,设置了第四道封锁线。当时敌人的部署是:前面,国民党中央军薛岳所部和湖南军阀何键所部,集中于零陵、东安、全州一带,沿湘江布防;广西军阀李宗仁、白崇禧所部,集中于兴安、灌阳一带布防;后面,国民党中央军周浑元的部队和湖南军阀李云杰的部队衔尾紧追。敌人企图利用湘江这一天然障碍,消灭我红军于湘江之滨。湘江一仗,是红一方面军离开中央革命根据地后打得最艰苦、最激烈的一仗。

11月28日,我师撤离潇水西岸,昼夜兼程赶到了全州附近的觉山(即脚山铺)地区。当时,桂系军阀李宗仁、白崇禧由于害怕红军南下深入广西,自动放弃了兴安、灌阳一带的防线,将兵力南移到富川、贺县、恭城一带,这就使中央纵队得以顺利地接近湘江东岸。但驻守全州的敌刘建绪部见我主力红军要渡湘江,就急红了眼,于是从全州倾巢出动,猛攻我觉山阵地。

觉山,北距全州三十来里,南离我军控制的湘江渡口五十多里,是敌人进入我军渡口的咽喉要地。我师到达觉山时,红二师已在这里同敌人血战了一天。因此,虽然我师部队连续长途行军,非常疲劳,但仍紧急动员,同红二师一起阻击从全州方面进攻的敌军。当天下午,阵地被敌夺去,第二天拂晓,我们组织反击,失去的阵地又被我军夺回。以后敌人三个师在六七架飞机的掩护下,向我正面猛扑,我第三团在下坡田附近阻击敌人,先后击退敌人的五六次冲锋。第三天,敌人见正面进攻不能奏效,遂改变了战术,除继续加强正面进攻的兵力、火力以压制我们外，还以大部队迂回我们整个阵地后方和侧翼。此时我们的部队，虽然连续四个晚上未睡眠，一天多时间未吃饭，体力〔身体〕极度疲劳，但仍同敌人争夺前沿阵地，不少阵地是在战士全部阵亡后，才被敌人夺去的。

觉山阻击战，由于敌众我寡，敌逸我劳，终为敌所破，但我军在非常困难的条件下，仍给敌以重创，迟滞了敌人的行动，这对于掩护整个部队渡过湘江起到了作用。

在我们一军团于觉山与敌人血战的同时，三军团、五军团也在湘江东岸同追敌进行了五天五夜的激战。他们也都打得很艰苦，损失很大。

湘江一仗，虽然全军指战员为了党中央的安全，为了红军的生存，不怕牺牲，英勇苦战，最后突破了第四道封锁线，渡过了湘江，但却付出了惨痛的代价：一些部队拖垮了，一些部队打散了，重武器、印刷机、兵工机械，以及文件、钞票扔进了湘江河里，全军人员由出发时的八万多人锐减了将近一半。

（选自李聚奎著：《李聚奎回忆录》，解放军出版社 1986 年版）

最后的一道封锁线

⊙谭　政 [①]

　　一个月零八天的时间，浩浩荡荡的长征英雄部队，冲破了敌人的重围，突破了蒋介石在湘赣边、在湘南的数道所谓战略封锁线，到达了湘桂边境。此时人们心目中的问题便是最后的一道封锁线了。

　　我们的西进，引起了敌人的极大恐慌，同时也就暴露了我们的行动目标，给湘敌、粤敌、桂敌和蒋敌以应有的准备。他们的布置是：湘敌何键三个师扼守全州，广西敌人集中兴安、灌阳，用两个钳子布置一个袋形地带，然后周浑元纵队由宁远经天堂圩向道县尾追，湘敌李云杰部和李韫珩部分别由嘉禾、临武、蓝山向宁远、江华、永明尾追，薛岳纵队继何键之后也到达全州一带。他们企图利用湘江这一障碍，在全州、灌阳、兴安之间，给我以严重打击，这就是敌人所幻想的狂妄计划。

　　突破敌人最后的一道封锁线，确是长征作战中一个严重的战斗。中央政治局的指示，给我们以兴奋和一种巨大的鼓舞力量。紧张的心情又在每个战士的心弦上浮动起来。

　　为了控制道县，以拒止周纵队，掩护我主力集中，我第一师于 11 月 25 日受领任务，在道县城河的西岸阻敌。虽然周纵队由白马偷渡，于翌日的午后 4 时即占道县，但经我有力的反击，三天之内，敌终不敢越雷池一步。因阻敌任务已胜利达成，我第一师于 28 日星夜出发，奉命赶赴全州作战，并以一天半的时间，日夜兼程到达了全州附近，突破最后封锁线的决战，从此便开始了。

　　担任抗击全州敌人的为我第一、第二两师，第一师任左翼，第二师任右翼。

[①] 作者在长征时任红一军团第一师政治部主任。

头一天战斗，敌以全力向觉山猛攻，阵地被夺去。第二天拂晓，我反击敌人，失去的阵地一部分又被我夺回。以后敌三个师全部出击，在敌机六七架掩护下向我正面猛扑。我第三团在下坡田附近阻止敌人，与敌反复冲锋五六次，将敌之冲锋一一击退。敌见正面攻击不能奏效，遂转向我侧翼和后方迂回。此时我们部队，因连续四晚未睡眠，一天多的时间未吃饭，体力疲劳，未向敌出击。我阵地周围数十里都是浓密的森林，也看不到敌人的行动。右翼的枪声越响越近了，正面却显得异样的沉寂，我们判断敌人从右翼向我迂回来了，不到多久的时间，便证实了这种判断的正确性，担任正面阻止的我第三团之两个营陷于包围了。一个营急忙从左边冲出，与我一、二团会合，即幸而脱险；另一个营是从右边冲出的，恰当敌之来路，队形便突然混乱起来，正在大家彷徨无主的时候，营长在人丛中大声地说："同志们不要着急，我有把握，政治委员告诉了我，如有紧急情况，要我们向左边的大山靠……"我们的部队就各自遵照营长的指示行动，逃脱了敌人的包围，一部分被冲散的人们，经过了几天，也就相率归队了。

此时敌之主力向我左翼蜂拥而来，向我一、二两团施行重重迂回，我一、二两团也就梯次轮番地施行掩护，有组织有秩序地退出战斗，到达鹞子江附近，即利用鹞子江隘口扼守。因被地形所限，敌人对我毫无办法，只得在隘口外面干干地望着。全州战斗至此便告结束。

全州战斗，是长征中一个剧烈的战斗，也是突破封锁线的最后一仗。全州战斗虽然没有给敌人以创巨痛深的打击，歼灭其有生力量，然而在非常困难的条件下，整个红军七八万人，从敌人重重的封锁中，从容不迫地通过了，这就又一次地证明了我们这支军队是无坚不摧的，是不能战胜的，任何敌人的追击、堵击、截击计划都是徒然无效的。全州战斗我们在战略上是完全胜利了。这一胜利，在长征历史上，永远不失其光辉的意义。它开展了胜利的前途，奠定了在云、贵、川活动和从此转入川西北之顺利条件。

（选自《中国工农红军第一方面军长征记》，人民出版社 1958 年版）

血色的湘江

⊙吴富善[1]

　　离开中央苏区后，在一个月的征战中，由于行动迟缓，红军丧失了许多有利战机和宝贵的时间，不仅使远远甩掉的敌人又追上来了，而且给了敌人比较充分的时间判明我军行动的方向。当我军冲破第三道封锁线，抢占道州等地并继续向江华一带开进时，白崇禧为了保住他的广西地盘而令其部队退守龙虎关和恭城，此时湘敌尚未赶到全州，从而使灌水、湘江一线成为一道空虚的走廊。我军如迅速推进，完全可以在敌人空隙里顺利通过湘江。但是，一个月来，人人都能感到的问题，当时的领导者却熟视无睹。直至11月25日，中央军委才发出分两路西渡湘江的命令。但此时敌我态势已发生了很大的变化，湘江已成为敌人严密布防的第四道封锁线了。

　　红军渡过潇水后，蒋介石认为红军已是流徙千里、疲惫不堪的下山虎，不难就擒了。所以急令他的各路"追剿"大军与粤、桂、湘各部配合，凭借湘江天险，企图将红军歼灭于湘江以东地区。因此突破湘江封锁线，已成为红军生死存亡的关键一战。

　　27日，红一军团先头部队第二师顺利渡过湘江，控制了界首到脚山铺一带的渡河点，并在附近架设浮桥。28日，红一军团主力渡过湘江，经鞍山坝到达石塘圩一带，但全州却被湘敌刘建绪部抢先占领。我们红一军团改在距全州十六公里的鲁班桥[2]、脚山铺一带布防，阻击全州之敌。此时，我们红一师已完成潇水阻击任务。军团首长命令我们，克服一切困难，用最快速度赶往脚山铺一带担负阻击任务。

---

[1] 作者在长征时任红一军团第一师第二团俱乐部主任。
[2] 鲁班桥，应为"鲁板桥"。

接到命令后，我们立即行动，基本上是取直线行进，径取界首。有大路就走大路，大路有运输队和中央纵队时，我们就走小路，小路也没有时，就爬山，大家心中只有一个"快"字。我们迅速超过了中央纵队，向湘江急奔。部队急跑一阵又急走一阵，连吃饭都没有停脚，更谈不上休息了。对空中敌机的轰炸、扫射，开始我们还疏散一下，后来根本顾不上了。我们上气不接下气地赶到界首东面的湘江边上，立刻马不停蹄的从浮桥上渡过湘江。当时正是晚上，没有敌机的轰炸扫射，但从浮桥上那数不清的斑斑弹洞和血迹上，可以想象到白天敌机是怎样对这座维系红军命运的浮桥进行轰炸扫射的。渡过湘江后，我们没有喘息的机会，顺着湘江旁的公路向北急进。

这时，形势已经很危急了，渡口的南北两侧和湘江东面，都传来了隆隆的炮声，特别是脚山铺一带。据师部通报，红二师昨天在那一带与湘军刘建绪部进行了激烈的战斗。红二师抗击了数倍于我的敌人的疯狂进攻，伤亡很大，军团首长命令我们天亮以前一定要赶到阵地。

天刚拂晓，敌机又开始了疯狂的活动。成群的敌机像黑老鸦似的，从我们头顶上飞过，向西北面不远处的脚山铺一带狂轰滥炸。我们师终于在敌人发起进攻前赶到了脚山铺一线阵地。

脚山铺一带有些小山，这些小山包孤零零地互不相连。我们的军团长林彪和聂荣臻政委带着一部电台就在一座小山下。在他们的指挥下，我们迅速抢占了二师左翼的米花山、怀中抱子岭等一线阵地。大家都疲劳极了，一听说到达指定位置了，有些同志咕咚一下倒在地上就睡着了。师部指挥所还未布置，师的后卫部队还没有进入阵地，敌人进攻的炮击就开始了。

那天是 11 月 30 日，战斗空前激烈。敌人的炮兵和飞机对我军阵地狂轰滥炸，疯狂的程度是我参军以来从未遇到过的。我们没有来得及挖工事，只能根据炮弹或炸弹落下的声音从一个弹坑跳到另一个弹坑。几次我都被炮弹掀起的土和树枝埋了起来。敌人的炮击一停，大家就从灰土里、树枝里跳出来，向冲上来的敌人猛烈射击。一批敌人被打退了，另一批敌人又冲上来；一个方向的敌人被打下去，另一个方向的敌人又爬上来，一直打到中午时分，我们发起了反冲锋，才把敌人压下去。

恼羞成怒的敌人孤注一掷，重新组织空袭和炮击。恶毒的敌人使用了燃烧弹，凝固汽油溅得满山都是，被炸碎的树木燃烧起来，几个山头顿时成了火海。我们在火海里战斗，一些伤员行动不便，便带着满身烈火滚向敌人，直至流尽最后一滴血。中午刚过，我们左侧的米花山阵地失守了。敌人以此为跳板，向我军其他阵地猛攻。

这时军团指挥所也混在阵地之中。因为一分钟前还是后方，一分钟后就可能成了前沿。林彪、聂荣臻、左权等指挥员带着一部电台，干脆把军委命令直接下达到靠他们最近的团、营，甚至连。电报、命令一个接一个，每封电报无不是"十万火急""万万火急"，每个命令无不要求我们"全力阻击""保证时间"。

为了拖住敌人，军团指挥部命令我们师向师部所占的怀中抱子岭收拢。军团指挥部移至二师右翼。部队交替掩护着后撤，向师部靠拢。这时全师伤亡约三分之一，战斗力损耗很大，可以说每一分钟都是战士用生命和鲜血换来的。拖着坛坛罐罐行动迟缓的中央纵队，使湘江两岸掩护渡江的部队付出了沉重的代价。

下午，我们师退守怀中抱子岭时，二师只留有一个黄帝岭阵地了。我们两师之间，完全被敌人隔断。敌人占领了几个山头后，更加猖獗，以重赏组织了敢死队，与我们展开了一场惊天动地的大拼杀。

当时的战斗情况，我已无法回忆起准确的情况了。因为敌人太多，几乎是十倍、二十倍于我。我们师一、二、三团加师部人员，在激烈的战斗中，已经完全失去了建制。我的耳朵当时被震聋了，过了好几天才恢复过来。那时大家只有一个心思，见敌人就打。苦战至傍晚，阵地终于守住了，可是我们又牺牲了一大批好同志。天黑后，按军团首长的命令，我们撤出了怀中抱子岭阵地。红一师在夏壁田、水头，红二师在珠兰铺、白沙一带构筑第二道阻击工事。从整体看，这一带地形相当开阔。从湘江西岸直到西面一带大山，几十里内全是坡度很缓的起伏地，高处满是幼松，低处尽是稻田，稻田已经收割完毕，显得十分空旷。一连几天都是好天气，这就给敌人飞机以极好的机会。从早到晚，几十架飞机耀武扬威，飞得只比树梢高一点，给渡江和行进的红军战士造成了极大的伤亡。

在这样的地形上要阻击兵力火力都占优势的敌军，困难是可想而知的。听说当时林彪和聂荣臻政委曾给朱德总司令发了一封电报，恳求"军委须将湘水以东各军，星夜兼程过河"，黎明前，李聚奎师长召集我们干部传达了朱总司令下达的紧急命令和以中央局、军委、总政联合名义给一、三军团下达的保证执行上述命令的指令，要求我们"无论如何，要将向西的前进诸道路保持在我们手中"。解放后我曾看到过这份指令，全文是：

"一日战斗，关系我野战军全部西进，胜利则可开辟今后的发展前途，迟〔退〕则我野战军将被层层截断。我军团首长及政治部，应连夜派遣政工人员分入到各连队去进行战斗鼓动，要动员全体指战员认识今日作战的意义。我们不为胜利者，即为战败者，胜负关系全局。人人要奋起作战的全部〔最高〕勇气，不顾一切牺牲，克服疲惫现象，以坚决的打〔突〕击执行进攻与消灭敌人的任务，保证军委一号一时半作战命令的全部实现。打退敌人占领的地方，消灭敌人进攻〔的〕部队，开辟西进的道路，保证我野战军全部突过封锁线，应是今日作战的基本口号。望高举着胜利的旗帜向着火线上去！"

接到命令后，我们和所有一线部队都按照军委要求准备战斗。我们师政治部的人基本上都下到了战斗连队，我到邓华政委的二团参加战斗。军团保卫局的红色政工人员，也组成"执行小组"作为临时督战。我看到罗瑞卿局长提着驳壳枪，带着执行小组在阵地上巡视。

天刚亮，敌人的进攻就开始了。战斗比前一天还激烈。敌人全线进攻被挡住后，转而猛攻一师三团阵地。碰壁后，又转而攻击一师、二师的防御结合部，我们苦苦支撑着。中午时分，中央纵队终于渡过了湘江，我们一直掩护他们过了桂黄公路，进入三千界山口，才与二师交替掩护，边打边撤向西突围。一路上，特别是在湘江渡口大道上，到处是中央纵队丢弃的印刷机、炮架、兵工厂的机器零件和一摞摞的纸张等。二三百米的湘江江面上，星星点点，不断漂过红军战士的尸体，死亡的骡子以及散乱的文件、中华苏维埃的钞票，还有红军战士圆圆的斗笠……敌机仍在得意洋洋地轰炸扫射渡江的红军，那些在江中徒涉的红军战士无能为力，成批的倒在江水里，把碧绿的江水染成了血色。我永远忘不了那触目惊心的一幕，忘不了那血色的湘江。

湘江血战历时五天五夜，这是离开中央根据地以来打得最激烈也是损失最大的一仗。我军虽然最终突破了敌人重兵设防的第四道封锁线，保护中央领导机关安全渡过了湘江，但也付出了惨重的代价。经此一仗，红军由出发时的八万六千余人，锐减为不足四万人。这是"左"倾冒险主义和教条主义所造成的严重恶果。

（选自吴富善著：《吴富善回忆录》，蓝天出版社1995年版。本文标题为选入时本书编者所加）

渡湘江恶战全州（节录）

⊙萧　锋[①]

当我们突破了敌人的三道封锁线，向西挺进时，敌人已看出我军要沿六军团西征的道路，准备去湘西与红二、六军团会师的意图。因此，蒋介石把他的嫡系薛岳、吴奇伟的五个师，集结于零陵、安东一带，周浑元纵队的四个师和湖南、广东军阀的部队，像拉大网一样，从红军的后面和两侧压缩过来，企图将我军压至湘江东岸，"聚而歼之"。

我团进了道州，还来不及休整，第二天早上，敌人就从北面向我发起进攻。与敌鏖战一整天，当敌人主力渡过潇水河后，我们连夜迅速向湘西前进，把敌人甩到了后面。

在行军路上，担架队战士梅若坚问我："总支书，这里是什么地方？二、六军团在哪里？走到哪是个头？"说实在话，我当时也不知道哪是个头，只好回答说："我们这两条腿是属于革命的，上级让往哪走，我们就往哪用劲啊！"一天时间，我们赶了九十多里，进入了广西省北面的全州地区。

当我团进到全州城外的黄土井一带时，接到了军团和师部的命令：要与全州之敌决战，占领全州，消灭堵追之敌，争取主动，掩护野战主力西渡湘江。

在军团首长指挥下，我红一、二师分两路向全州进攻。当我一师进到全州西南的茶园头，二师进到全州正西面的康家鲁〔塘〕一带时，发现数万敌人正从全州出动，向我进攻。我军立即撤回到脚山铺阻击敌人。

脚山铺，是一个只有二十多户人家的小村庄，北距全州县城十六公里，全州到兴安的公路，在村边通过，公路两侧，夹峙着两列两公里多长的山岭。我

---

① 作者在长征时任红一军团第一师第三团党总支书记。

一师守公路以西地段，二师守公路以东地段。

11月30日早上，敌人以三个师的兵力，向我发动全面进攻。第一次冲锋，敌人很快被我军打垮了。敌人稍加整顿，又发起第二次冲锋。后来随着冲锋次数的增加，敌人投入的兵力也越来越多。敌人在飞机的助威下，攻击愈来愈猛。阵地上硝烟迷漫，弹坑累累。我军则利用有利地形，沉着阻击。双方激战到下午，敌人凭借优势兵力和猛烈的炮火，突破了我米花山防线。我师将士跳出工事，与敌拼刺［刀］。因寡不敌众，被迫撤出了米花山。入夜之后，敌人利用夜幕做掩护，向我一师防守的阵地迂回进攻。为避免被敌包围，我一师往西南方向撤退到水头、夏壁田一带。

敌人占领了米花山后，从三面向我二师阵地发起攻击。我二师在黄帝岭上，与敌展开了一场惊天动地的拼杀战。我军气壮山河，刺刀拼弯了，就用枪托砸，枪砸坏了，就用石头打。在我英勇的红军战士面前，敌人胆战心惊地败退了。入夜后，我二师也主动往南撤退到珠兰铺、白沙河一线，继续阻击敌人。

12月1日早晨，狂妄之敌又向南进犯。我军隐蔽在松林内，待敌来到跟前，突然猛扑过去，敌人被这突如其来的攻击打得晕头转向，狼狈向后逃窜。不久，三个师的敌人在五六架飞机掩护下，全面向我一、二师阵地推进。在十几里宽的战场上，炮声隆隆，杀声震天。这时，周副主席和朱总司令电令我红三团限12月2日①12时前，保证不让敌渡过白沙河，保证中央和野战军主力通过湘江。利用白沙河，在双旱田到洛口间组织防卫，保证不让敌人突破白沙河南岸。我全团指战员，一齐行动，连夜动员群众构筑工事，准备在白沙河、麻子山以南坚决阻止敌人前进。

但是，这里是敌人的重要通道。敌人集中力量，向我团阵地猛攻，想从这里打开突破口。我团指战员英勇顽强，用刺刀见红的精神，连续打退了敌人的五六次冲锋。为争取主动，趁敌败退之际，在黄永胜团长、林龙发政委的带领下，全团指战员立即向老肖家、彭家山高地一带敌人发起反击，打垮了敌人一个师，俘敌八百多人，并将防守阵地向前推进了八里多地。

趁敌人尚未组织新的进攻，我和黄永胜赶快回原师指挥所在地，青山田西北，帽子岭二五〇高地，准备向师首长汇报情况。不料刚一进小村子，就碰上了敌人。他们大叫大喊"捉活的，捉活的！"一边从四周围拢过来。我们六个

---

①12月2日，应为"12月1日"。

同志边打边跑，一口气跑到了茶园一带。这时，已是午后，狡猾的敌人见从正面无法向我进攻，就转向我团与二师结合部进攻，迂回到我团的背后，然后从三个方面夹击我团，我团陷入了重围。在此情况下我们立即收拢部队，一齐向吴奇伟纵队冲杀过去。其时，我团三营已猛力向西杀出重围，与一、二团会合。我团剩下两个营，在敌人的重重包围中，我们用刺刀对刺刀，与敌白刃格斗了两个多小时，杀伤数百敌人，才突出第一道包围圈。我们转移不到半里地，敌人又从四面八方围拢上来，两个敌人一齐向我刺来，被我来个防左刺"杀！"一声吼，一个家伙应声倒地；我又一个防右刺，撂倒了另一个敌人。敌我双方正在混战之中，只听见林政委在高喊："同志们，跟我冲啊！"我们一齐向西杀了出去，没走多远，敌人又围上来。我同胡崔华同志一起，边冲边与敌人拼刺刀。刺刀弯了，拾起一支枪，又继续与敌人搏斗。这时四个匪军见我穿一件瘦小的呢子衣，以为我是个大官，便一齐向我围了过来，想捉个当官的去领赏。我前后两下，连着刺倒了两个敌人。剩下两个家伙，见势不妙，就往后跑，我追上去，用枪托打倒一个，另一个企图反扑，我躲到一棵松树后，敌人杀来一刀，扑了空，我眼疾手快，向他刺下一刀，结束了他的生命。我们正在与敌人酣战，又听到林政委高喊："同志们，枪声就是命令，冲出去，向师部靠拢！"杀红了眼的战士们，像狮群怒吼一样，一齐高喊："为革命，杀呀！"我军以凌厉不可阻挡之势，向敌群冲出去，怕死的敌军急忙闪开。忽然有个瘦猴样的敌人向我扑来，一枪刺在一棵小树上。当敌人刚要拔刀，我冲上去给他一刀，送他见了阎王。我部在小松林里与敌人穿梭刺杀，刺死刺伤了八百多敌人，自己伤亡也很大。我们边战边往西冲，好不容易才走出几里地。这时，西山的敌人又像潮水般涌了上来。我们与敌又展开了殊死的搏斗。我接连刺倒几个敌人，自己差一点也被敌人刺了。生死的斗争一直坚持到午后2时，在红二团的援助下，我们才冲出了敌人的十二道重围。

当我们疾奔十多里，撤到了咸水北面一带时，两个营一千多人的队伍这时只剩下六百多人。同志们浑身上下，血迹斑斑；身上的衣服都变成了布条，有的鞋子也跑掉了。来到了北山红二团的阵地后，一见到师部的聂鹤亭参谋长，我便问："中央直属纵队现在到了哪里？"聂参谋长说："党中央和朱、毛、周、博、张、李等中央纵队估计已过界首向西山前进了。三团的同志们！你们已经完成了党交给的任务。中央机关和一军团大部分，都转移到了青石咀以西的山沟。"听到这一消息，我们才松了一口气。指战员们高兴地唱起歌来："十一月里来进湖南，宜章道州是第一站，冲破四道封锁线，吓得陈、何狗心胆寒。"

正当我一军团与敌血战时，在界首和湘江以东一带八军团、五军团和中央军委直属队，也同敌人展开了一场拼死的决战。我军付出了惨重的代价。经过几天的恶战，我军虽然胜利渡过了湘江，突破了敌人的第四道封锁线，粉碎了蒋介石企图在湘江东岸歼灭我军的阴谋，但是八万多人的红军队伍，渡江后只剩下不足四万人。这是我军历次战斗中从来没有过的事情，这是"左"倾机会主义错误给红军造成的严重恶果。

（选自萧锋著：《十年百战亲历记》，福建人民出版社 1983 年版）

湘江血战：突破敌人第四道封锁

⊙杨尚昆[①]

中央红军突破敌三道封锁线后，蒋介石的追堵大军陆续赶到湘南。为了迅速摆脱追敌，三军团奉命和八军团组成右纵队，在彭、杨统一指挥下占领嘉禾城；第一和第九军团组成的左纵队，占领临武及蓝山城。

这一带是湘桂边境的九嶷山区，重峦叠嶂，山道崎岖。部队掩护着包袱沉重的中央纵队，行动更加困难。五天的行程，竟走了十一天，部队［被］拖得精疲力竭。彭总非常担忧和恼火。他对我说："尚昆，我们要扭转被动的局面，不能光走路，挨打，不打仗啊！要按过去毛主席领导反'围剿'的办法，机动作战。我们党在湖南的群众基础和条件都很好，敌人却彼此矛盾，我们有空子可以钻。"他向中央提出以下建议："以三军团迅速向湘潭、宁乡、益阳挺进，威胁长沙，在灵活机动中抓住战机，消灭敌小股，迫使蒋军改变部署，阻击牵制敌人；同时，我中央率领其他兵团，进占溆浦、辰溪、沅陵一带，迅速发动群众创造战场，创造根据地，粉碎敌军进攻。否则，将被迫经过湘桂边之西延山脉，同桂军作战，其后果是不利的。"

我认为彭德怀同志的建议是很有价值的：第一，在敌军从四面八方向湘粤边袭来时，三军团出敌不意，北上威胁长沙，将使国民党湖南当局陷于惊慌。第二，当时二、六军团已会师黔东，正向湘西进军，即将在湘鄂川黔建立根据地，发动湘西攻势。如果中央红军进占溆浦、辰溪、沅陵一带，两路红军对进，有可能在湘西会合。第三，如果中央红军东扰长沙，西联二、六军团，将迫使蒋、何改变"追剿"部署，红军可以避免进入西延山区。这项建议，同毛主席提出

---

① 作者在长征时任红三军团政治委员。

的停止西进、掉头北上摆脱敌人追堵的见解正不谋而合。但是，博古和李德既不采纳，也不答复，执意沿着两个多月前红六军团开辟的行军路线行进。这使蒋介石对中央红军的意图摸得一清二楚，立即任命何键为"追剿军"总司令，分五路进行"堵截""追剿"。11月中，何键在衡阳召开军事会议，颁布"剿匪计划"，要旨是利用湘江天堑，布设第四道封锁线，以十五个师的兵力合围，企图消灭红军于湘江以东。蒋介石在亲笔信中叮嘱何键："党国命运在此一役，望全力督剿。"又对参加"堵截"的桂军说：如能在灌阳、全县（州）之间歼灭红军，"则功在党国，所需饷弹，中正不敢吝予"。这时，蒋军已在湖南零陵至广西全州地段的湘江两岸修筑了一百多个碉堡，凡能徒涉的河段都加修大碉堡，以八个师严密防守；四个师担任"追剿"，一个师负责"围堵"，空中还有飞机扫射轰炸。面对着一场严重的恶战，博古和李德惊慌失措，一筹莫展，只知道命令部队硬打硬拼，夺路逃跑。至于向何处去，中革军委说尚待"侦察结果而定"。

11月25日，中革军委决定，中央红军在全州和兴安之间的界首和凤凰嘴抢渡湘江，命令红三军团和红一军团为左右两翼，掩护中央纵队渡江。

27日，彭总和四师师长张宗逊、政委黄克诚，率领两个团直插界首和兴安地区，军团政治部主任袁国平率领四师第十团为前卫，随同一军团抢渡湘江，控制了界首到脚山铺的渡河点，架起浮桥。第二天，四师有两个团西渡湘江，控制了界首以南的光华铺、枫山铺一带，在河东的一个团立刻修筑防御阵地，阻击桂军。界首扼湘桂公路和湘江的南北要冲，穿越公路向西便是名为老山界的越城岭，如果中央纵队及时赶到渡口，迅速渡过湘江，就能很快突破敌第四道封锁线，可是中央纵队行动缓慢，这时还在四十公里以外的文市和桂岩一带。而桂军主力却已北上协同"追剿"军发起全线进攻，企图夺回湘江各个渡口，将红军"全歼"于湘江以东。于是，先期控制渡口的红军不得不全力同占绝对优势的敌军展开一场顽强的阻击战。

在这场战斗中，三军团的对手主要是战斗力很强的桂军。那时有这么个说法：滇军黔军两只羊，湘军就是一头狼；广西猴子是桂军，猛如老虎恶如狼。桂军首先向我据守界首渡河点的四师阵地发起进攻。30日那一天，他们发起了十几次冲锋，都被坚守阵地的第十团打了下去。战斗异常激烈。团长沈述清牺牲了，由杜仲美[1]接任，杜仲美又很快牺牲，由团政委杨勇指挥。我们接到报告后，一再向军委发出"十万火急""万万火急"电，催军委"将湘水以东各军星夜兼程过河"，否则湘江渡口"难有占领固守的绝对把握"。军委却发来一个训令，空洞地说"由于敌我部队力量悬殊，我工农红军之顽强坚决，忍苦忍劳，可断言胜利一定属于我们"，要求我们"最勇敢、最坚决而不顾一切的行动"，以争取"渡江战役胜利"。在这样的紧急时刻，收到这样的训令，真使人啼笑皆非。这时，一军团奉命掉头对付湘军，把坚守渡河点的任务交给了三军团，我们派宣传部长刘志坚前往督战。等到29日，中央纵队才到达界首渡口，并在12月1日渡过湘江。这时，第十团已鏖战两昼夜，以伤亡四百多人的代价，完成了掩护军委纵队和红九军团渡过湘江的任务。三军团的司令部设在湘江西岸的一个祠堂里，离界首渡口只有几百米，彭总和我三天三夜没有下火线。

与此同时，三军团第五师在灌阳附近距湘江不到四十公里的新圩、杨柳井一带，全力阻击桂军，保障向界首进发的中央纵队的左翼安全。灌阳、兴安、全州被国民党称为"铁三角"，五师当面的敌人是桂军"精锐"第七军的两个师和湘军十五师一部。五师师长李天佑在百色起义时是桂军第七军的老对手，然而要以一个师的兵力对付三个师的敌军，困难可想而知。一是人数、装备悬殊，二是桂军地形熟悉，还常采用游击战术，派小股袭击我阵地，五师每前进一步，都要经过激烈的交战，但军委命令是"不惜一切代价，全力坚持三天四夜"。彭总和我明知任务艰巨，一起来到五师，检查他们的战前准备和工事构筑情况。李天佑和钟赤兵（政委）表示，人在阵地在。我面对这些身经百战而又年轻英俊的指挥员，内心里不禁涌起"风萧萧兮易水寒，壮士一去兮不复返"的悲壮感。我们默默地紧握着他们的手，叮嘱他们：既要坚决消灭敌人，又要注意保存自己。五师打得英勇顽强，野战工事几番被敌摧毁，战士们从泥土碎石中爬出来重新战斗；子弹打光了，就与敌白刃格斗，前仆后继，反复争夺。打得最厉害的时候，彭总和我住到前方的村子里去，敌人的机关枪就打到我们的房子上。我们一边了解前沿情况，一边催问中央纵队渡江进度。直到军委纵队渡过湘江，才命令五师撤出阵地，向湘江西岸转移，将阻击任务交给六师。这次战斗中，五师伤亡达两千多人，将近全师的一半，师参谋长胡浚、十四团团长黄冕昌、副团长、团参谋长及政治部主任都英勇牺牲了，负重伤的有十四团政委谢振华，

---

[1] 杜仲美，即杜宗美，又名杜中美。

十五团团长白志文、政委罗元发等。十五团参谋长胡震 [1] 在接受任务时表示：只要有一个人，就不让敌人占新圩。第二天，他在反击敌人时牺牲了。营连级的指挥员牺牲的更多。他们以自己的鲜血、生命和奋不顾身的精神，保障了中央纵队安全渡江。

红六师接替五师的阻击任务后，命令第十八团掩护八军团渡江。这是大部红军渡江后，留在江东最后的掩护部队，处境更加险恶：国民党的"追剿"军已从四面八方赶到湘江边，摧毁浮桥，封锁江面。在这种严重情况下，他们和作为后卫的红五军团第三十四师被截留在湘江以东，在八个师的敌军包围下，孤军奋战。红六师十八团在团长曾春鉴、政委吴子雄率领下，完成掩护任务后，反复冲杀突围，最后弹尽粮绝，大部壮烈牺牲。六师的其他两个团也遭受很大伤亡。全师已基本上不成建制。后来整编时，缩编为一个独立团。

湘江之战是红军长征以来最险恶的一仗。广大的红军指战员浴血奋战五昼夜，终于跨越天堑湘江，突破敌人的第四道封锁线，粉碎了蒋介石"务求全歼，毋容匪寇再度生根"的梦想。他们的功绩将永垂史册。但在这一仗中，红军付出了惨重的代价，全军人数由出发时的八万六千多人锐减到三万多人。作为中央红军主力之一的红三军团，实力也损失了一半，元气大伤。那时，幸好粤汉铁路的中间一段（从湖南衡阳到广东韶关）还没有修通，不然损失会更大。

湘江一战，红军折兵五万，似乎已濒临绝境。面对这样惨痛的事实，全军上下自然会同前四次反"围剿"的情况对比，那时，红军一直能以少胜多，苏区面积不断扩大。而第五次反"围剿"以来，正如彭总所说"没有打过一次好仗"，大家对博古、李德的指挥已由怀疑、不满到完全失去信任，逐渐觉悟到这是他们排斥毛主席的领导、推行错误的战略战术的结果。

湘江血战后，部队来不及休息和整理，就被迫进入湘桂边的西延山区。西延山脉海拔两千多米，主峰是被称为"老山界"的越城岭，地势险峻，道路崎岖，山地绵延数百里，西接贵州高原。"广西猴子"又在后面穷追不放，他们和民团一起，利用对地形熟悉，同我们打麻雀战，搞得我们很困难。这一带又是贫穷地区，没有多少地主老财可打，部队连吃包谷也有困难。

部队应该朝什么方向前进？12月9日，博古、李德电令各军团："总的

---

[1] 十五团参谋长是何德全。胡震（即胡浚）当时为五师参谋长，曾在战斗中代理十五团团长，并在该次战斗中牺牲。此处的"十五团参谋长"应指师参谋长胡震。

前进方向不得改变。"也就是说，不顾情况的变化，执意要循着两个月前红六军团的行军路线走，到湘西去同二、六军团会合。可是，这条路上蒋介石早已严加防范。11月中，蒋介石颁发的"剿匪计划"规定：万一红军突破湘水、漓水以西，应不使红军长驱入黔会合四川红军，或进入湘西会合二、六军团。他的主要部署放在后一方面。红军渡过湘江后，蒋介石的十五个师共二十万兵力已等候在芷江、靖县、城步、新宁一线，修筑碉堡，布成[第]五条封锁线，湘西、黔东数县也筑堡两百多座。如果红军按照博古、李德"不得改变"的方向前进，正好钻进蒋介石布设好的大口袋，自投罗网。在这个危急时刻，毛主席、王稼祥、张闻天和朱德总司令在通道县向"三人团"提出，放弃原订计划，避强就弱，向贵州转兵，因为王家烈的贵州兵都是"鸦片鬼"，人称"双枪兵"，不经打。12月18日，部队行进到黔东的黎平，周恩来同志主持召开政治局会议，接受毛主席的意见，通过《[中共中央政治局]关于战略方针的决定》，指出：目前在湘西创建根据地已经"不可能"也"不适宜"，新的根据地应以遵义为中心的"川黔边地区"。这是红军战略转变的开始。从这时开始，博古、李德的错误指挥开始被排除。这次会议成为遵义会议的前奏。

[节选自《长征（上）》，载杨尚昆著：《杨尚昆回忆录》，中央文献出版社2001年版]

艰难的历程（节录）

⊙李志民 [①]

　　1934 年 10 月，中央红军被迫长征后，王明"左"倾冒险主义错误的中央领导者又在军事上犯了逃跑主义的错误，使红军在强敌的围追堵截下遭受了巨大损失。到 12 月 1 日渡过湘江、突破敌人的第四道封锁线时，中央红军已损失过半，由长征开始时的八万六千多人锐减到三万多人。12 月初，敌人调集四十万军队，准备围歼我向湘西转移的红军。在这危急时刻，12 月 18 日，中共中央在贵州黎平召开了政治局会议，会上，中央接受了毛泽东同志的正确意见，放弃原定向湘西前进同红二、六军团会合的计划，改向敌人力量薄弱的贵州挺进，避免了全军覆没的危险。1935 年 1 月，中共中央政治局在贵州遵义城召开了扩大会议，揭发、批评了第五次反"围剿"和长征以来中共中央在军事领导上的错误，重新肯定了毛泽东同志的一系列正确的战略战术原则，结束了王明"左"倾机会主义、教条主义在中央的统治，确立了以毛泽东同志为代表的新的中央的正确领导，从而在极端危险的关头，挽救了党，挽救了红军。

　　回顾这段艰难的历程，我深切地体会到，遵义会议确实是我们党和红军历史上一个伟大的转折点。遵义会议前，红军处处被动挨打，损失惨重；遵义会议后，在以毛泽东同志为代表的中共中央正确领导下，才逐步摆脱了困境，主动制敌，取得节节胜利。

　　中央红军的二万五千里长征，举世闻名。许多亲历这段艰苦岁月的老同志已有很多回忆文章，这里，我不想过多地赘述，仅记下几件留给我印象较深的事情。

---

① 作者在长征时任红三军团教导营政治委员。

1934年10月16日傍晚，我和营长彭绍辉奉命率红三军团教导营从江西于都出发，随军团部一起撤离中央苏区，进行战略转移。当时我的脚伤还未完全康复，又患了疟疾，身体很虚弱；临出发这一天，偏偏疟疾又发作，发高烧到三十九度多，昏昏沉沉地半睡半醒，无法行动。彭绍辉营长非常焦急，生怕上级知道我发病把我留下，悄悄地找来一副担架，派了五六个战士轮流抬着我行进。就这样我带着病告别转战多年的中央苏区，踏上了艰难的征途。

第二天上午，我退了烧，虽然身体仍很虚弱，但还能支撑着行动。说也奇怪，此后行军，战斗日益紧张、艰苦，一直到长征结束，我却再没有发过疟疾，也没有再坐过担架。我真感谢彭绍辉把我带出了苏区，没有把我撂下。彭绍辉有时也对我开玩笑地说："老李，你命大，马克思在天之灵保佑你，把疟疾虫也赶跑了。"

下午，军团供给部给每个人发了套新棉衣，还补充了一批子弹和手榴弹。干部和学员都兴奋地议论着："又要打大仗了。"因为南方的10月还是金秋季节，天气并不寒冷，这么早就发下棉衣，还补充弹药，所以大家凭［第］一、二、三、四次反"围剿"的经验判断，估计这次转移可能又是要"诱敌深入"或"调动敌人"在运动中歼灭它，个个情绪很高，做好打大仗、打恶仗的准备。可是，由于当时"左"倾错误的中央领导者对这次战略转移心中无数，没有全局的安排，即匆促决定转移，至于转移到哪里，怎样打破敌人的第五次反革命"围剿"，都拿不出预定的可行方案。而且，他们借口"严格保密"，使各级干部（包括一些高级领导干部）至广大战士、群众，都不明战略意图，只是在"实行战略转移""打破敌人的反革命围剿"这些动听的口号下，胡乱地猜测，盲目地行动。大家只懂得夜行晓宿，走到哪里算哪里，一级听从一级的指挥而已，发挥不了积极性和主动性。

长征前，我们三军团没有设后勤部，只设供给部和卫生部；长征时，临时将供给部、卫生部、医院和教导营、山炮营编成后勤部队，任命唐延杰为司令员，负责组织指挥；由我们教导营担任后卫掩护任务。供给部负责整个军团的粮秣油盐、被服装备的供应保障和财务收支，挑夫担子很多，其中最重要的是装有银元、钞票的担子。卫生部、医院装有药品和医疗用品的挑夫担子也很多，还有抬着重伤病员的担架队，人数也不少。这支后勤队伍本来负担就不轻，加之当时错误的中央领导者搞"大搬家式"的转移，什么东西都要求带着，连打沙县时缴获那个兵工厂修枪、造子弹的笨重机器也都要卸下来抬着走，更增加了后勤部队的负担。还有，军团山炮营的几门山炮本来炮弹不多，用处并不大，这种又笨又重的大家伙，没有骡马挽拽，全靠人力抬扛，更是累煞了人，但上级命令全部带走，想丢也不敢丢，只好勉强抬着走。更烦人的是中央机关组成的中央纵队比我们军团的辎重更多，什么文件箱、印刷机、制币机……坛坛罐罐许多东西都带着，行动比我们更缓慢，有时挡住了去路，有时相遇又要给他们让路，就这样走走停停，一天只能走几十里，甚至只走一二十里，行动非常困难。尤其是进入冬季，天寒地冻，雨雪又多，我们到了广西、贵州山区，到处是崇山峻岭，道路崎岖，部队连续行军、作战，人困马乏，疲惫不堪，体力不支，行动就更为艰难。记得我们进入广西苗族地区的一天晚上，部队翻越一座大山，走在我们前面的山炮营下山刚到半山腰，太累了，走不动，他们怕后续部队超过他们，把他们甩掉，就把山炮的炮身、炮架横七竖八地堵在山道上，互相依偎在炮旁睡觉了。这一堵，我们跟在后面的教导营和卫生部、医院都过不去了。开始我们以为前头部队稍休息一会再走，没料到半个小时、一个小时过去了还没有动静。彭绍辉营长等急了，传话催促前面部队快走，队伍就是动不了。我急忙赶到前面察看，才知道是山炮营睡觉挡了道。我又气又急，连拉带拽地把他们一个个叫醒，可是这个刚站起来，那个又躺了下去，实在是拖得太疲劳了，一点办法也没有。我回来把情况一说，彭绍辉气得直跺着脚骂，我只好劝他等天亮再说，部队原地休息。半夜里，雨淅淅沥沥地下个不停，我们就在雨中站着、蹲着熬了一夜。天亮后，部队继续赶路，山顶的部队派人下来报告，昨晚有三个同志冻死在山上，我鼻子一酸，泪水不禁滚落在湿漉漉的山道上。心想，要是昨晚他们下了山，也许不会冻死。可是，这该怨谁呢？两个月来，我憋了一肚子气，回想在毛泽东同志指挥下，特别是第二、三次反"围剿"战斗中，我们千里行军，在敌军包围中穿梭往来，轻轻松松，说走就走，要打就打，机动灵活，哪有像现在这样乌龟似的爬行，摆着一副挨打受气的架势？真是百思不得其解。

黎平会议后，中央接受毛泽东同志的意见，部队进行轻装，把兵工厂的机器和山炮营部分破旧的山炮等笨重的东西以及不必要的担子都沉到河里或掩埋掉，将许多身强力壮的挑夫充实到战斗部队中去，队伍精干了，行动也轻便多了。遵义会议后，以毛泽东同志为首的新的党中央领导彻底改变了"左"倾错误领导者的战略，从我军的实际情况出发，机动灵活地在"追剿"的敌群中穿插往来，四渡赤水，巧渡金沙江，顺利通过彝族地区，强渡大渡河，飞夺泸定桥，摆脱了数十万敌军的围追堵截，取得了长征中具有决定意义的胜利，我也好似拨开了迷雾，见到了春天，心情逐渐开朗了。在此期间，我们教导营参加了土城、鲁班场、会理等战斗，都本着"消灭敌人，保存自己"的原则，不硬拼，不恋战，消灭一部分敌人，达到战斗目的后就主动撤出，打得非常灵活，伤亡也少，部队士气又高涨起来。

（选自李志民著：《李志民回忆录》，解放军出版社1993年版）

湘江血战亲历记

⊙梁思久 [1]

　　湘江血战是中央红军长征中打得最激烈，也是损失最大的一仗。当年，作为红三军团政治部保卫局侦察部的一员，我亲历了这一场让我终生难忘的战斗。

离别苏区

　　1934 年 10 月，我所在的军委训练五团驻于都城内，当时我任团特派员，直属中央国家政治保卫局领导。我的任务是做好部队纯洁工作，了解部队的政治思想和部队人员成分，并在每个连队的班内发展优秀青年的网员（每班二到三人）。

　　10 月 16 日上午，我突然接到中央国家政治保卫局秘书来电话说：邓局长（邓发）指示要我们立即做好部队的行动准备，详情另有军委令指示，要求我们一定要做好巩固部队的工作，坚决打击谣言等敌特的破坏行动。接到上级指示后，我即向团政委汇报，而后下到连队，直接向内线网员布置工作。下午 4 时，团首长接到中央军委命令后召开紧急会议，宣布部队全都走，跟在红三军团后面走，归三军团指挥。至于部队开到何处去，我和其他红军指战员一样，都不知道。

　　10 月 17 日拂晓，我团离开于都城，向南渡过于都河。过了河后，我看见江西苏区的男女老幼都站在路旁，热泪盈眶。当时，我和他们一样，心情非常

---

[1] 作者在长征时任红三军团政治部保卫局收容队副队长。

激动，不断地回头看看，依依惜别之情让我放慢了脚步。但前面传来"紧紧跟上！""跟上！"的低声呼唤，最终让我含泪告别了苏区的战友亲人们，走上了漫漫的征途。

突破敌人第二道封锁线后，军委命令我们训练五团交三军团整编，补充连队。我被分配到三军团政治部保卫局侦察部，部长是杨奇清。一日黄昏时，部队到达宿营地后，保卫局局长张纯清来到侦察部。他说，军团首长说司令部没有找到第二天行军带路的向导，让侦察部派一个组，并另从保卫队调一个排兵力，由杨部长带队上山找向导，我当即报名参加了。

漆黑的夜，天下着绵绵细雨，我们沿着羊肠小道上了山。行进了大约两公里路时，藏在半山森林中的地主保安团武装向我们开枪射击。杨部长一声令下："卧倒！不要开枪！停止前进！"因下雨，路又滑，天又黑，伸手不见五指，我们决定撤回另想办法。回到宿营地时，我们的衣服全湿了。当我脱下湿漉漉的上衣烘烤时，突然发现上衣的右边被子弹打了一个洞，幸亏没受伤。

正当我们准备睡觉的时候，张纯清局长又来对杨部长说：以后部队会更艰苦，要急行军，为了让全军团指战员不掉队，同时加强行军保密，军团首长指示由政治部保卫局组成一个收容队，决定从侦察部抽三人、执行部抽二人，另从保卫队调一个排，由杨部长负责组成。参加收容队的人员需要身体强壮和其他条件都好，杨部长决定侦察部的王祖波、吴德山和我参加。

血战湘江

红军突破敌人第三道封锁线，挺进到广西湘江地域时，蒋介石已调集了二十五个师数十万大军，分五路前堵后追，企图消灭红军于湘江之侧。这时，横在红军面前的是一条又宽又深的湘江，湘江对岸还有一条与它平行的桂黄公路，敌人在湘江与桂黄公路连绵不断的丘陵间还修了一百多座碉堡，远远看去，像是爪子相连的锁节。

11月27日，红三军团到达文市附近宿营。晚上11时左右，我们收容队赶到宿营地。先到的战友已经为我们烧好了洗脸洗脚的热水，还给我们留了饭。我们洗完了脸和脚，吃完饭准备睡觉时，办公室李秘书来通知：局长紧急通知党、团干部集合开会。

我们全都集合到张纯清局长那里。张局长说：情况紧急，上级指示，明日急行军五十多公里，一定要保证全体指战员不掉队。明早3时吃饭，4时出发，9时以前全军团部队一定要通过文市，大家要做好准备。他还特别强调：收容队的同志必须在29日的4点前跟上部队，到达目的地。同时将保卫局侦察部、执行部调出三分之一的干部和警卫大队调出四个班，以加强收容队工作。

28日4时，部队出发了。我们收容队8时左右到达文市街北，这时全军团部队都通过了文市，但有三三两两的掉队人员还在慢走。突然听到轰隆隆的声音，是敌机飞来了，我们迅速疏散，隐蔽在附近屋里。敌机发现了我们的掉队人员，在房前房后投下炸弹和反动传单。从敌人的反动传单可以看出，蒋介石已判明红军要渡湘江。

29日，中央军委命令：红军分两路渡过湘江，并将渡河地点选在界首和凤凰嘴〈子〉之间。三军团在右翼，一军团在左翼，从两翼保护中央军委纵队过湘江。五军团在后，对付周浑元的追兵。

一军团二师四团先抢占右翼的界首后，移交给赶到的三军团五师。而后，我们四师在兴安与界首之间的光华铺，五师在新圩、灌阳一带设防。三军团的指挥所设在离湘江渡口界首只有几百米距离的一个山腰上的祠堂里，祠堂后面是山，站在祠堂外可以看见湘江渡口临时架设的浮桥。张纯清局长带着我们收容队和警卫大队也到达了军团前指，隐蔽在祠堂周围，保卫军团首长的安全。

光华铺距界首二三里路，周围是一片比较开阔的丘陵，大树很少，只是有稍微突起的泥包上零星地生长着一些灌木和杂草，地形实在不便于坚守，大家都在盼望军委和中央纵队快来渡江。

当时，中央纵队已到达灌阳北的文市、桂岩，桂岩到最近的湘江渡口只有五十多公里路，如果采取轻装急行军，一天即可到达，这样红军可以损失较小地渡过湘江。但由于当时受"左"倾冒险主义领导，没能利用这一大好时机，他们仍然抬着从苏区带来的坛坛罐罐，每日只能行军二十多公里，足足走了四天才到湘江边。我们的红军战士在前线为了掩护他们过江，付出了惨重的代价。

我当时正在祠堂的军团指挥所。除少数人在祠堂里外，我们大部人都在四周隐蔽休息。突然轰隆一声响，敌人的一发迫击炮弹落在祠堂右侧爆炸了，碎石掉落到指挥所屋顶上，打得屋顶上的小青瓦噼里啪啦乱响。彭德怀军团长站起来说：没事的人都到屋后去。

这时，邓萍参谋长急急忙忙进入指挥所。他对彭德怀军团长、杨尚昆政委说：五师的阵地遭到敌人多次猛攻，胡震参谋长和黄晃团长^①都牺牲了，部队伤亡很大。他们一直与敌拼杀，至今已经坚持了三天三夜，有的连队一口饭也没吃上。彭德怀当即指示邓参谋长，立即通知四师师长张宗逊、政委黄克诚派出一个团，去掩护五师撤下来。

30日黄昏，张纯清局长对我说，首长认为明日四师阵地有激战，派王祖波、吴德山和我三人去四师了解战况。接受任务后，我们连夜赶到了四师指挥所。四师前指距军团指挥所不过一公里路，我们到达时，张宗逊师长、黄克诚政委正在紧张进行着战斗的准备。

12月1日1时左右，中央军委命令：12时前必须保卫湘江渡口，使军委纵队和主力部队能胜利渡过湘江封锁线。敌众我寡，在一切为了苏维埃新中国的口号下，红军以惊天地泣鬼神的士气，在十多里地的战场上，与敌人展开了生死存亡的拼杀战。

1日凌晨，天还不亮，战斗就打响了。光华铺四师十团阵地上炮声、枪声响成一片。夹着闪闪的火光，敌人的炮弹、机枪子弹不断向我方阵地倾泻过来。一阵炮击后，敌人端着枪，上着刺刀，嘶叫着一声声难懂的广西土话，向着十团阵地冲了过来。这时，我们的红军勇士从掩体里冲了出来与敌人拼杀。他们忘记了伤痛，心中只有一个简单而坚定的信念：保卫党中央，保卫军委纵队安全过湘江。他们与敌人展开了一场惊天动地的肉搏战，终于又一次守住了阵地。

张宗逊师长去十团指挥作战后回来说：战斗打得很艰苦，双方伤亡不小！我们的装备实在可怜，子弹太少，现在剩四五发子弹的就算是富有的了。我们不能向〔像〕敌人那样乱放枪，几乎每射击一枪都得认真考虑，目测一下距离，在射程之内才开枪。

在十团阵地上，连续打退了敌人十几次进攻，二营营长牺牲了，沈素清^②团长在二营阵地上亲自指挥作战。他率领全营战士，从山上猛冲下去，拿着苦瓜手榴弹向众敌扔过去，打退了敌人的进攻。敌人第二梯队又冲了过来，明晃晃的刺刀在深秋的阳光下闪着寒光，眼看二营阵地就要被敌夺去，沈团长与凶恶的敌人展开了肉搏。战士们看着团长奋不顾身，都大喊着跑步上前，用大刀向敌人劈去。突然，敌人的子弹打中了沈团长的左脚，他还摇摇晃晃向前冲，

---

① 黄晃，应为"黄冕昌"。

② 沈素清，应为"沈述清"。

一个凶恶的桂敌用刺刀向他刺来，他跌进一条壕沟牺牲了。

当张师长、黄政委向军团首长汇报说十团团长和其他战友牺牲的情况时，彭德怀心情沉痛地问：现在十团还有多少人？张师长难过地答：营连排干部战士伤亡大半。彭军团长从桌子上拿起电报，在手上扬了扬，忿忿地说：刚才接到军委命令，说军委的红星纵队即将过江，我们的任务是在这里掩护他们过湘江，牵制桂军，将敌人拖在光华铺地区一线。沈团长牺牲了，命令杜中美接任团长职务。你们回去，火速整顿一下部队，要坚决抗击桂军主力的进攻。

此时，保卫局除勤杂人员和病号先过江外，其余的指战员全在军团部指挥所周围隐蔽警戒。张师长和黄政委回去不久，就来电话报告军团长，杜中美团长在去二营阵地时不幸中弹牺牲。彭军团长听到后说："这打的什么仗！不到一天时间，四师十团就死了两个团长，这样打下去，野战部队只有死路一条！"杨尚昆政委在一旁热泪盈眶，说："咳！中央纵队快点过江啊！也好减少部队的伤亡……"所有的红军指战员都在焦急地等待着中央纵队渡过湘江的消息！

炊事班长送饭

战斗中，炊事班长老王，挑着一副伙食担子来到指挥所，他是冒着敌人的炮火上来的，衣帽上沾着许多尘土。老王一迈进祠堂，将伙食担子搁在地上，就喊："首长吃饭！"彭军团长没作声，双眼望着门外。杨政委轻声说："老王你辛苦了！"老王打开盖子，取出两个乌黄色的旧搪瓷缸，里面装着沙红色的糙米饭，另外又端出一个土碗，里面是辣椒拌的酸菜，放在桌上说："首长，饭菜全都凉了，吃饭呀！"

彭军团长走到桌边，看了一下送来的饭菜，问："你们都吃饭了吗？战士们都有米饭吃吗？哪里弄来的稻米？"老王答："是供给部队分给首长的米，说只保证首长吃。"彭军团长说："战士吃啥我吃啥，我彭德怀有盐同咸，无盐同淡。下次给我送苞米饭来，这米饭留给伤员吃。"

12月1日上午，界首渡口，霜风凄紧，冷雨飘零。敌机轮番轰炸着湘江上红军架设的浮桥。红军野战工兵连的战士冒着敌人的弹雨，迅速跳进冰凉刺骨的江水中，奋不顾身地抢修浮桥。可是桥刚抢修好，工兵战士们还没爬上岸来，敌机又来了。凶恶的敌机扔下的炸弹，又将浮桥炸成数段。断裂的竹竿、木板、木棒，在汹涌的江中拥来挤去，混合着倒下的红军战士的尸体，湘江里泛起一缕缕的血水！

混乱不堪的江边，行李、挑子、辎重、机器、马匹等四散在小山丘上，一堆堆的书籍、文件、地图，有的被扯的七零八落，散得满地都是，有的正在被烧毁，随风的火舌舔烧着江边枯黄的野草。在敌人强大的火力下，数万待渡的红军，面对波涛汹涌的湘江水，一筹莫展，进退维谷。军委纵队在江边的小山坡上停了下来。

这时，我在指挥所看到彭德怀发怒地命令政治保卫局派人去叫他们快点过江。张局长指示我们侦察部的全体指战员带保卫队的一个排前去催促部队迅速渡江。当我们到达江边时，军委副主席周恩来也来到渡口指挥渡江。接近中午时，中央纵队渡过了湘江。随后，我们保卫局的同志紧随彭德怀、杨尚昆一起渡过了湘江。

（本文同名文章原载《福建党史月刊》2006年第9期）

突破封锁线　向贵州挺进

⊙张宗逊[1]

1934 年 10 月，红一方面军主力撤出中央根据地，我由红军大学调任中央纵队（即第二野战纵队，代号为"红章"纵队）参谋长。中央纵队司令员是李维汉（即罗迈，当时是中共中央组织部部长），政治委员邓发[2]（当时是中共中央保卫部部长）。军委纵队（即第一野战纵队，代号"红星"纵队）由叶剑英任司令员。中央纵队比军委纵队要庞杂得多，除包括党中央机关、中央国家机关以外，还有一个庞大的运输队，负责运输档案、图书和印刷厂的设备，印钞票的机器、材料、纸张以及各种设备等坛坛罐罐。中央纵队的战斗部队有张经武任师长的教导师和姚喆任团长的中央保卫团。

红军在 10 月 16 日以后，先后离开瑞金以西的宽田、岭背等地，跨过于都河，向西南方向前进。行军时，红三军团在右翼，后面是红八军团；红一军团在左翼，后面有第九军团；就像抬轿子似的，在两翼掩护着中央纵队和军委纵队前进，最后面的是红五军团。

在王明路线的支配下，中央纵队完全是搬家逃跑的组织形式，根本没有做粉碎敌人"围剿"的准备。这样一个空前的大规模的行动，事先竟然不进行公开动员，使各级领导和群众思想上有所准备，而是采取严格保密的做法，只让下边做一些组织上和物质上的简单准备，到时候就下命令行动。

我到中央纵队担任参谋长一个多星期，队伍离开中央革命根据地两三天行程时，红三军团突破广东军阀陈济棠构筑的第一道封锁线，红四师师长洪超在

---

① 作者在长征初期任中革军委第二纵队（中央纵队）参谋长。在通过第一道封锁线后，调任红三军团第四师师长。
② 当时邓发任中央纵队副司令员、副政委，政委由李维汉兼任。

信丰县白石圩附近被敌军流弹击中，不幸牺牲。中央军委命令我接任红四师师长。我在红军主力通过敌人设在仁化、汝城之间的第二道封锁线以前，赶到红四师工作。红四师政治委员是黄克诚，红四师下辖第十、第十一、第十二团。

在通过敌人第二道封锁线时，红四师担任红三军团的前卫，军团命令我们打掉前进路上一个寨子的敌人碉堡，开辟通道，以保障军团主力通过，军团炮兵连连长匡裕民带一门山炮前来配合。我第一次指挥炮兵作战，没有近距离用山炮平射打碉堡的经验，由于不是在水平线上射击，接连发射两发炮弹，都没有打中目标。我们没能按命令在拂晓前打开通路，彭德怀军团长着急了，他从后面赶上来，问了一下情况，他观察了一会，指示炮兵做了调整，只用一发炮弹就击中目标，打开了通路，后续部队顺利通过第二道封锁线。

11月初，红军向敌人设在郴县、良田、宜章、乐昌之间的第三道封锁线前进。宜章县城是第三道封锁线的重要一环，红三军团以第六师附迫击炮两个连和一门山炮攻击宜章城。宜章守敌只有几百人的保安团和义勇队，看见红军来进攻，吓得紧闭城门。宜章城外有三百多名被强征来筑路的工人，他们热情地帮红军掘坑道，扎梯子，做攻城准备。城里敌人看见城外的情景，半夜就弃城逃跑。第二天，红六师在群众热烈欢迎下开进宜章城。红军就此通过敌人设在粤汉铁路沿线的第三道封锁线。

红军通过第三道封锁线以后，蒋介石大为震惊，亲自部署二十个师，要在湘江以西[①]堵截消灭红军。湖南和广西军阀商定以全州为界，全州以北为湖南军阀防区，全州以南为广西军阀防区。由于"左"倾机会主义的错误领导，红军在接近第四道封锁线时行动迟缓，延误了四天时间，以致敌人重兵紧迫，造成非常严重的局面。

蒋介石在湘江东岸修筑了大量碉堡，他预期在湘江以东消灭红军，万一红军突过湘江以西，也不能让中央红军和四川红军或红二、六军团会合。红军决定在全州和兴安之间渡过湘江，红一军团在右翼、红三军团在左翼苦战，冒着敌机轰炸和地面敌军的火力封锁，掩护全军脱离了险境。这次强渡湘江的战役，红八军团损失惨重，溃不成军，其他军团的损失也很大。强渡湘江时，红四师在界首渡过湘江，控制了界首渡河地段，以一天时间阻击广西敌军的进攻，掩护中央纵队通过。第二天，我率红四师两个团继续西进，红十团在湘江以西掩

---

① 湘江以西，应为"湘江以东"。

护军委纵队和红九军团、红五军团过江。红十团艰苦战斗了两天两夜，打退了敌人十多次冲锋，红十团团长沈述清在战斗中英勇牺牲，红四师参谋长杜宗美接任团长指挥战斗，不久也壮烈牺牲了。红十团胜利完成了掩护任务，付出了伤亡四百多人的代价。以后，掩护后续部队的任务交由红五师接替。

渡过湘江之后，红军由长征出发时的八万多人，减到三万多人，损失过半。这都是"左"倾领导者推行错误军事路线的结果。他们一路上不愿轻装，使部队在山路上艰难前进，行动缓慢。他们不会捕捉战机，硬往敌人部署的口袋里钻，主力军团只能掩护中央纵队和新军团，不能集中全力作战。湘江战役的惨重损失，引起广大指战员的不满和深思，特别是唤醒了高级干部的觉悟，也教训了"左"倾错误路线领导者。

红军渡过湘江以后，即进入越城岭，土名叫老山界的山区。这里山势连绵，林深叶茂，地形险峻，特别是东西向的大道较少，部队把大道让给中央纵队通过，部队多数走山地小道。红四师这时的任务仍然是掩护中央纵队行军，蒋介石的"追剿"部队被甩在后面很远，敌机有时侦察轰炸也起不了多大作用，讨厌的是广西的敌军和民团，他们经兴安和隆胜①由南向北分成小股，不断地向红军侧击，增加了我军的一些困难。

红军继续前进，进入苗族同胞聚居的地区，这里的苗寨多是傍山构筑，用树皮做屋顶，竹子做架的木板房，由山脚一直连到山顶，山上风大又无水源，如果一着火就会把整个寨子烧光。红军进入苗族地区，各级领导就教育部队防火，制定了防火措施。

但是，广西军阀为了不让红军通过，在夜间派出特工人员，到红军宿营的苗族村寨放火烧房子，企图煽动群众反对红军。有的村寨因此被烧成一片焦土，红军给群众赔偿成千的银元。这种情况，在进入贵州境内才稍有好转。

12月11日，红军攻占通道县城。中央在通道举行了会议。由于蒋介石在新宁、武冈、城步、绥宁、靖县、会同、黔阳、芷江地域部署了十五个师兵力，黔军王家烈部进到锦屏、黎平地区堵截红军，湘桂军各一部继续尾追红军，企图围歼红军在北上湘西的路上。"左"倾领导者要北上湘西和红二、六军团会合，就势必进入蒋介石预设的口袋。在这生死存亡的紧急关头，毛泽东同志力主放弃和红二、六军团会合的计划，改向敌人力量薄弱的贵州前进。他的正确主张

---

① 隆胜，应为"龙胜"。

得到党和红军大部分领导的赞同。

红军根据通道会议的决定，西进贵州。旧社会称贵州为"天无三日晴，地无三尺平，人无三分银"的穷困地区。红军以红一军团和红九军团为右翼，经新厂、溶洞进入贵州；红三军团为左翼，经团头、播阳，向黎平前进。

黎平城四面环山，敌人在这里没有修什么工事，红三军团逼近黎平，守敌不战而逃，红三军团顺利进入黎平。这样红军把敌人重兵一下子甩在湘西，敌人调整部署需要时间，红军在征战了两个月之后，第一次获得喘息机会。

中共中央政治局在黎平城里召开会议。会议同意毛泽东同志提出继续向贵州西北进军的主张，准备在川黔边建立根据地。会议还决定对部队进行整编。决定把红八军团建制撤编，剩余部队分别编入红三军团和红五军团，把教导师补充到各军团，把中央纵队和军委纵队合编为军委纵队，新编的军委纵队以刘伯承为司令员，陈云为政治委员。另外，把庞大的挑夫队伍解散，凡能战斗的都调到战斗部队去，后方的迫击炮、炮弹和枪械也补充给作战部队。黎平会议后，红军即分两路向黔西北进军。

（节选自《长征路上》，载张宗逊著：《张宗逊回忆录》，解放军出版社 1990 年版。本文标题为选入时本书编者所加）

接防界首阻击战

⊙黄克诚①

长征开始时，中央红军的编队情况是，红一军团为一路，红三军团为一路，左右齐头并进。中央和军委纵队在红三军团之后跟进。红五军团作为全军的后卫，走在最后边。我们第四师作为红三军团的先头部队，走在最前边。张锡龙师长牺牲后，由洪超任第四师师长，我仍任该师政治委员。洪超是湖北人，十几岁就参加了红军，曾参加过南昌起义，是位身经百战的指挥员。一路上，第四师逢山开路，遇水架桥，斩关守隘，为后续大部队开辟前进道路。

我和洪超率第四师离开于都后，先向南疾进，首先遇到的是粤军陈济棠所部的阻击。我军在信丰一线将陈济棠部击溃后，迅即占领了固陂，于10月21日突破了敌人设置的第一道封锁线。师长洪超不幸于此役牺牲，由张宗逊继任第四师师长。

固陂战斗之后，红三军团西渡赣江，经南康、崇义，越过五岭山脉，进至湖南汝城，又与湘敌何键所部接上了火。我军经英勇冲杀，将敌人构筑的堡垒封锁线突开了一道缺口，于11月8日通过了敌人的第二道封锁线。部队继续西进，红三军团于11月15日在郴县、宜章间突破敌人的第三道封锁线后，又经郴县、桂阳、嘉禾、宁远、道县，过永安关，进至广西界首。

敌人已发觉我军西进意图，利用湘江这条天然障碍，构筑了第四道封锁线。此时，我军处境更加危险。左右有桂、湘之敌夹击，后有参加第五次"围剿"的蒋军主力尾追，强渡湘江是我军的唯一生路。11月27日，一、三军团先头部队各一部，于广西的兴安、全州之间，突破敌人的第四道封锁线，渡过湘江，

---

① 作者时任红三军团第四师政治委员。

控制了界首至觉山铺^①间的渡河点，为后续大部队渡江创造了有利条件。

敌人为了夺回渡河点，阻我西进，桂、湘两省敌军分路向我猛攻，蒋军主力则与我后卫部队展开激战，战斗打得相当艰苦。红一军团离开广东之后，粤敌就不再追赶了。这时红一军团掉头对付湘敌，红三军团则全力对付桂敌。白崇禧的桂军战斗力很强，红三军团在灌阳一线与桂敌激战中，遭到很大伤亡，第五师参谋长胡浚、第十四团团长黄冕昌相继阵亡。

红一军团的部队防守在界首之湘江北岸。现在他们要转过头来对付湘敌，就把界首的防务移交给红三军团。当灌阳战斗打得正激烈之时，我奉命赶到界首红一军团司令部，接收红一军团的防务。当红一军团军团长林彪向我交代了任务和敌军的情况后，我问林彪：我们是否仍照红一军团这样在湘江北岸布防？林彪说不行，要过江在南岸构筑防御阵地，阻止桂敌侧击，以掩护我军主力和中央、军委纵队通过湘江。不久，张宗逊师长率第四师赶到界首，我们就按照林彪的吩咐，在湘江南岸靠近山麓布防，并很快接敌，与桂军打了一场恶仗。这一仗一直打了两天两夜，异常激烈。我们部队受到很大损失。战斗中，第十团团长沈述清牺牲，师参谋长杜中美即前去接任该团团长。不久，杜中美也牺牲。

12月1日，中央红军主力和中央、军委纵队全部渡过湘江。但我们师还没有接到上级的撤退命令。我对师长张宗逊说，我师的阻击任务已经完成，应该指挥部队撤离了。张宗逊说没有接到命令，不能撤。我说，现在不撤，再拖延下去想撤也撤不走了，将会被敌人吃掉的。张宗逊执行上级命令十分坚决，但就是有点缺乏灵活性，执意要等待上级下达了命令才肯撤。我看任务既已完成，情况又相当危险，若再迟疑，将招致全师覆灭。当时红军部队中，政治委员有最后的决定权。我对张宗逊说，你迅速指挥部队撤离，去追赶主力，一切由我负全部责任。这样，才勉强着张宗逊把部队撤走，使第四师得以避免被歼灭的后果。当时红五军团的第三十四师(其前身系在福建组建起来的红十二军)，就在湖南境内被敌人截住而损失掉了。

界首一战，我军遭到的伤亡是空前的。自开始长征以来，中央红军沿途受到敌人的围追堵截，迭遭损失，其中以通过广西境内时的损失为最大，伤亡不下两万人。而界首一战，则是在广西境内作战中损失最重大的一次。桂系军队不仅战斗力强，而且战术灵活。他们不是从正面，也不是从背后攻击我军，而

---

① 觉山铺，应为"脚山铺"，即觉山。

是从侧面拦腰打。广西道路狭窄，山高沟深林密，桂军利用其熟悉地形的优越条件，隐蔽地进入我军侧翼以后，突然发起攻击，往往很容易得手。而我军既不熟悉地形，又缺乏群众基础，所以吃了大亏。

我军过了界首之后，沿山地继续西进，沿途仍不断遭到桂系军队的截击。在两渡桥战斗中，由于我军抢先占据隘口，桂军此次侧击未能得手。接着我军又在龙胜县境之两河口（今属资源），与桂军激战两天。此役也打得相当艰苦，我军又受到不小的损失。当时我军守在山上，桂军从山脚下硬往上攻，遂成混战状态。我军一个排被敌军包围后，全部被缴械。我打了一辈子仗，这是唯一的一次亲眼看到我军一个整排集体被敌军缴械的场面。

中央红军主力离开两河口之后，张宗逊师长仍然坚持固守在山头上，在接到上级命令之前，不许部队撤离。我再次勉强他指挥部队撤离险境，并让师政治部主任张爱萍带领一支部队先撤走，其余部队随后跟进。那时如果不及早撤离，后果也是不堪设想的。

两河口战斗之后，我军翻越了几座高山，摆脱了桂敌，进入苗族聚居地区。苗区居民的住房，是用木头搭起的小楼，四周用木柱支撑，底层是空的，上边住人。我们赶到这里，人疲马乏，疲劳已极。我爬上一座小木楼，倒头便睡着了。待到半夜，突然火起，我住的小木楼被烧着了。我惊醒后，已被大火包围，楼内浓烟呛人，什么也看不清。我费了好大力气才摸索着下了楼，但眼镜放在楼上的桌子上面，被大火烧毁了。

我军在广西境内大约共走了十来天，绝大部分时间在紧张的战斗中度过。桂军的侧击战术很令人恼火，我们不得不随时提防桂敌的袭扰，以致在这十来天当中，我很少睡眠。有时抽空打个盹，就算是休息了，搞得神经非常紧张。直到进入湖南、贵州境内，才得以睡上个安稳觉。

我军离开广西后，即进入湖南通道县境，继而进入贵州黎平。这时，中央红军主力已折损过半。毛泽东力主放弃原定的与红二、红六军团会合的计划，建议改向敌人力量比较薄弱的贵州前进。毛泽东先同王稼祥交换意见，并提出需要认真考虑军事路线的是非问题，得到了王稼祥的赞同。接着，毛泽东又说服了张闻天等其他几位中央领导人。这样，中央政治局于1934年12月18日在黎平召开会议，通过了《中央政治局关于在川黔边建立新根据地的决议》。会议认为，"过去在湘西创立新的苏维埃根据地的决定在目前已经是不可能的并且是不适宜的"，正式决定中央红军改向遵义为中心的川黔边地区挺进。黎平会议使中央红军避免了陷入绝境，并为后来的遵义会议奠定了基础。

（节选自《参加长征》，载黄克诚著：《黄克诚回忆录》上，解放军出版社 1989 年版。本文标题为选入时本书编者所加）

光华铺下苦争夺

⊙张　震[1]

1934年10月17日，我们从于都河畔出发，通过浮桥，离开了战斗多年的革命根据地，踏上了漫漫的长征之路。苏区的父老兄弟姐妹含着眼泪，热情相送，嘱咐我们打了胜仗再回来。场面十分感人，至今历历在目。

中央红军采用大搬家的形式，征用大批挑夫，挑着沉重的担子，抬着笨重的机器，拉成长队，艰难地向湘南前进。广东军阀陈济棠按蒋介石的命令，以桃江为屏障，构筑了封锁线。红军利用陈蒋矛盾，同其谈判，说明红军只是借道去湘南，绝不进入广东，希望能够让路。陈济棠同意了，但当红军进入他的防区时，却遭到其手下部队的攻击，战斗很激烈。后来听说，是陈济棠没有来得及将让路之事通知前线部队。

我们十团同兄弟部队共同奋战，攻占了新田、古陂，西渡桃江，突破了敌军的第一道封锁线。接着，我四师以十一团为前卫，向白石圩前进。洪超师长带一个排越过我们，准备到十一团去，刚离开我团不久，就遭到溃散之敌的偷袭。我们听到枪声，急忙上去支援，但师长已经中弹牺牲了。大家怀着满腔悲愤，全歼了这股残敌。他牺牲后，四师师长由张宗逊接任。洪超同志是我们三军团最年轻的师长，牺牲时才二十五岁。我们一共见过三次面，他英勇果敢、待人和蔼，给我留下很深的印象。20世纪60年代，我曾给他的家人写信，说明其牺牲的经过，证明他的革命历史。

从我参加红军到长征开始，四年多时间里，我师的李实行、侯中英、张锡龙、洪超等四位师长壮烈牺牲，倒下去的红军战士更是成千上万。是无数先烈

---

① 作者在长征时任红三军团第四师第十团第三营营长。

用鲜血和生命的代价，换来了中国革命的胜利，每念及此，心情就无法平静！一种责任感油然而生：我们一定要把先烈们开创的事业进行到底，实现他们的崇高理想。

突破敌军的第一道封锁线后，我因患疟疾，伤口又未痊愈，每天高烧，不能走路，一连坐了几天担架。伤口稍有好转，就下来步行，跟着部队通过了国民党军的第二道和第三道封锁线。

这时，蒋介石已判明红军突围的战略意图，便调集各路"追剿"军，共二十五个师近三十万人，前堵后追，并利用湘江做屏障，在江边修筑碉堡，构筑第四道封锁线，企图围歼红军于湘江以东、潇水以西地区，中央红军如能轻装快速前进，还有希望抢在敌军到达之前全部渡过湘江。不幸的是，红军仍带着沉重的"坛坛罐罐"，在崎岖的五岭山间小道上缓慢行进，有时一天只走二十多里，这就使敌主力薛岳、吴奇伟纵队赢得了追击的时间，而我们则错过了时机，进入数十万敌军预设的伏击圈。幸亏桂系军阀因怕我军逼近桂林或深入其腹地，使蒋介石有借口派兵进入广西，便下令将兴安、全州的堵截部队主力撤到龙虎关、恭城一线，加强桂林方面的防御。这样，敌在湘江的防线就露出了一段空隙，为我所乘。

11月25日，我师奉命向敌湘江防线界首段前进，抢占这一要点，十团是前卫团，三营是前卫营。这时，我又回到三营任营长。27日我营到达湘江岸边，次日渡江进至界首，驱逐了反动民团，并掩护工兵于当日16时架设了浮桥。沈述清团长渡江后，命令我将部队部署在光华铺一带，向兴安方向警戒，从南面坚决阻住敌人，保证后续部队安全渡江。

光华铺地势比较开阔，一面临江，在桂（林）全（州）公路旁边，距界首只有几里路，地理位置十分重要。因中央机关、军委纵队和兄弟部队都要从界首渡江，所以，我营必须不惜一切代价，坚决扼守光华铺阵地，否则后果不堪设想。我将七连部署在公路东侧的一座小山上，九连配置在公路西侧的小树林中，各配了两挺机枪，以封锁公路及其两侧；八连为预备队，准备随时增援；营部设在大路旁的一座破庙内。

29日深夜，我营当面发现密集的手电灯光，有部队沿湘江边运动。我即令加强前沿警戒，同时将情况报告了团长。沈团长认为，湘江边是一个空隙，遂令一营部队进至江边防御。果然，敌军利用我防御结合部正在逐步渗入，双方在夜暗中接火，展开混战。从俘虏口中查明，敌军是桂军第七军独立团和第十五军四十五师一部。我当即派八连出击，但敌人越来越多，双方激战后形成对峙。

一般来说，国民党杂牌军与蒋介石有矛盾，往往采取保存实力、保守地盘的做法。但这时的红军已处于败军之际，国民党桂系部队见我军行动迟缓，行军长径达二百余里，再加上北边的"追剿"军先头部队已到达全州，并于29日向我坚守脚山铺的红一军团二师发起猛烈进攻，为在蒋介石面前表现出积极"剿共"的姿态，他们便由桂林迅速北上，配合中央军封闭湘江，企图围歼红军于湘江两岸。

30日凌晨，国民党桂系第七、十五军各一部又向我光华铺阵地发起猛烈攻击。能否坚守住光华铺，关系着中央、中革军委和后续部队能否顺利地渡过湘江。在党中央和中央红军生死存亡的危急关头，我们自30日凌晨到12月1日，不惜一切代价，在光华铺与敌展开了殊死搏斗。团长沈述清率领一营在与敌反复争夺中，战死在湘江畔。上级决定由师参谋长杜中美代理十团团长。他赶到指挥所不久，也在下午的一次阵前反冲击中饮弹牺牲。团政委杨勇闻讯便马上接替指挥。他打仗从来奋勇当先，几度危急之时，都是他带领全团坚决实施反击，守住了阵地。我营也打得非常艰苦，七连连长谢兴福在上午的战斗中负了伤，一直坚持战斗，中午又不幸身中数弹，英勇捐躯。全营指战员前仆后继，视死如归，因伤亡过大，一度被转为团的第二梯队，稍事休整后又投入战斗。由于敌我双方都没有工事作依托，在江边来回"拉锯"，反复拼杀。晚上，我五师部队赶到，但桂系的增援部队也陆续到达。面对优势的敌军，五师也打得非常英勇，付出了沉重代价。就这样，我们和兄弟部队一起，完成了掩护中央机关和军委纵队在界首渡江的任务。

湘江一战，我们团共伤亡四百多人，几乎接近全团人员的一半，两任团长牺牲在这里。他们中间，有我的老上级，有我的好战友，他们的热血染红了湘江，我深深为之痛惜，时常念及他们。1994年9月，我到广西驻军检查工作时，专程赶赴光华铺，凭吊长眠于此的战友们。

整个湘江战役，中央红军苦战五昼夜，终于突破了敌军的第四道封锁线，但也付出了极其惨重的代价，部队已由江西出发时的八万六千余人，锐减到三万余人，这是"左"倾冒险主义者实行逃跑主义造成的严重恶果！

红军渡过湘江后，蒋介石又急忙调整部署，命令桂军尾追、黔军西堵，"追剿"军主力赶往湘西南，企图围歼红军于北进湘西途中。这时，红军奉命正向越城岭（即老山界）前进，目标仍是到湘西去同红二、六军团会合，继续往敌军布置好的口袋里钻。越城岭是一座海拔两千多米的高山，山势陡峭，道路崎岖，行走艰难，在通过险峻的雷公岩时，部队摔死了不少骡马，夜晚只得就地在山壁弯曲的小径上休息。

翻过越城岭，我们进入广西龙胜县境。这里居住着苗、瑶、侗等少数民族。他们的房子都是竹木做的，屋顶盖着树皮，一家挨一家，一旦失火，很难扑灭。当时敌人造谣，说"共产党杀人放火、共产共妻"。老百姓不知真相，都逃到山里去了。桂军挑选熟悉地形、民情的老兵，以班排为单位，与当地民团结合在一起，潜伏在山上，侧击我行军队伍。当我们追上山时，他们很快就跑了；我们一下山，他们又跟着回来，继续向我射击。我们只好边打边走，前进速度缓慢。

为了粉碎敌人的谣言，我们在少数民族地区行军，还特别注意群众纪律。用了群众的粮、菜，都留下银元，写好纸条，说我们是工农红军，路过此地，用了你的粮、菜，现付给你银元，因主人不在家，无法协商，实在对不起。无论我们在村子里宿营，还是早晨离开时，都将老乡家打扫得干干净净。有几次，部队刚离村，房子就着了火，马上返回扑救，但已来不及，真是怪事。后来，我们派出潜伏哨，捉住了几个正在放火的便衣特务，经过公开审判，揭露其罪恶阴谋，使群众明白放火的原来是国民党的特务，嫁祸红军，破坏红军同群众的关系。当地群众知道了真相，便纷纷到山里叫回亲友，有的还要求参加红军。

在广西境内走了十多天，直到进入湘西南的通道县境后，才摆脱了桂军的纠缠。12月上旬，三军团奉命缩编，我又回到十团司令部任侦察参谋。没多久，红军突然改道，向黔北方向前进。后来才知道，当时敌"追剿"军主力已在我军的前方构筑工事，张网以待。但博古、李德仍坚持原来同红二、六军团会合的计划，是毛主席力主放弃这一会使红军陷入绝境的方案。中央政治局在黎平召开会议，否定了博古、李德的错误主张，肯定了毛主席的正确意见。

（选自张震：《张震回忆录》，解放军出版社 2003 年版。本文标题为选入时本书编者所加）

万里征途　强渡湘江

⊙王　平①

　　红军突破了敌军三道封锁线，蒋介石十分焦急，急忙成立"追剿"军总司令部，企图在湘江以东围歼红军。

　　湘江江宽水急，由南向北流经湖南全省，注入洞庭湖。湘江是敌人"追剿"红军必然利用的天然屏障，也是红军西进必越的障碍。蒋介石的"追剿"军总司令官何键，部署十六个师的兵力负责"追剿"红军，以五个师的兵力在前边堵截，在湘江东岸利用地形修筑了一百多个大小碉堡，设置第四道封锁线。但是敌军阵营中派系斗争严重，尔虞我诈，互相掣肘，部队集中并不很快。红军要免遭大的伤亡，必须抓紧时间，在敌人形成封锁线之前抢渡湘江。

　　红军越往前走，形势越险恶。当红三军团走到宁远附近的天堂圩时，上级命令我们红十一团单独向宁远方向牵制敌人。宁远方向粤军余汉谋的部队番号是第四师，我们也是第四师，相隔只有八里地，但是互相都没有发觉。一天夜里，我们的电话兵把电话接到敌人的电话线上，互相一通话，都自称是第四师，才发现敌人已经上来了。敌人是一个师，我们是一个团，只好停止前进监视敌人。这时师部一个参谋骑着师长的马赶来，通知我们马上转回去，要在四十里外的一座山上围歼敌人。

　　我们经过一夜急行军，在天亮前赶到指定地点，那天起了浓雾，朦朦胧胧看到两边山上有人活动，那个参谋说这边是红十团，那边是红十二团，他们已经进入预定阵地了。可是，山上响起号音，司号长一听，觉得不对头，告诉我山上是敌人。我立即命令部队停止行动，压低一切声响，暂时隐蔽起来。

---

① 作者时任红三军团第四师第十一团政治委员。

原来是军团突然改变了计划，决定这一仗不打了，主力已经撤离。这样我团正处在两个山头之间，陷于非常危险的境地。山上的敌人也发现山沟里有人，但在雾里看不清楚，他们先打了几枪。我们灵机一动，向他们喊话，骂他们瞎眼了。因为都是南方口音，敌人以为是自己人也就不打枪了。这一带是邓国清团长的家乡。部队到这里以后，他思想有点动摇，突然病倒了，我找担架把他抬上，让特派员陪着他，叫他们先走。然后下令部队迅速撤走。刚走出山外，正巧遇着师部的通信员，他传达了张师长的命令，让我们赶快向南撤。红十二团团长谢嵩带着一个营，在前边迎接我们团，掩护我团全部通过以后，他们跟着撤走。我们和师部会合以后，我把邓团长的思想情况向师里做了汇报。

　　红三军团占领道县、江华，渡过潇水，准备在广西全州、兴安之间抢渡湘江。红四师奉命归红一军团指挥，进击全州。敌薛岳纵队和湘军共三个师先于红军赶到全州，并已经构筑了工事，当红一军团第一、第二师赶到全州后，敌人在飞机和炮火掩护下全线出击，被红一军团一一击退。一军团感到在全州坚持下去对我不利，便撤出战斗。

　　红四师主力随一军团在全州和灌阳①之间的界首渡口强渡湘江。过湘江西岸以后，红十一团奉命轻装向桂林方向佯攻。师部指挥红十团在湘江西岸的光华铺阻击白崇禧部队的侧击，掩护红军主力和中央纵队、军委纵队通过。白崇禧部队以数倍于红十团的兵力，向红十团阵地连续发起冲锋，在一日之内，团长沈述清牺牲，师参谋长杜中美②接任团长又牺牲，可见战斗激烈之程度。红十团政委杨勇指挥部队苦战两天两夜，完成了控制界首以南渡口，掩护军委纵队和红九军团渡过湘江，突破敌第四道封锁线的任务。这一仗红十团伤亡四百多人。红十一团完成佯攻任务后随师行动。

　　红三军团率五师和六师向灌阳方向攻击，红五师在新圩以两个团阻击敌人三个师，他们坚决执行中革军委"不惜一切代价，全力坚持三天四夜"的命令，与敌人拼搏，与阵地共存亡。红五师伤亡两千多人，师参谋长胡浚③牺牲，红十四团除政委谢振华外，其余团的干部都英勇牺牲。中央纵队和主力过江以后，红五师才撤出战斗，向西转移。阻击任务交给红六师。红六师十八团担任掩护红八军团渡江的任务。三军团从湘江上游灵渠分洪处过江。红十八团与敌两个

---

① 灌阳应为兴安之误。

② 杜中美，即杜宗美。

③ 胡浚即胡震。胡震为其曾用名。

师又一个团浴血奋战几昼夜，终于完成了任务。全团指战员大部壮烈牺牲。

担任后卫最后掩护部队，除十八团外，还有红五军团三十四师，他们在湘江以东阻击敌周浑元的三个师和白崇禧的三个师，最后被敌人隔断包围未能过江，全师战至弹尽粮绝，大部壮烈牺牲。师政委程翠林战死，师长陈树湘受重伤后被俘，在押解途中，他自己用手从腹部伤口把肠子拉断，英勇献身。

红军各部队冲破数倍于己的敌人的尾追堵截，胜利渡过湘江，靠的是各军团的正确领导和各师团指挥员的正确指挥，广大指战员的英勇顽强不怕牺牲，否则是难以想象的。

渡过湘江以后，中央红军已从长征开始时的八万六千余人，锐减为三万余人。这是"左"倾军事路线造成的恶果。沉痛的教训，引起了红军广大指战员对中央错误领导的不满，部队中要求改换中央领导的议论逐渐增多。

过了湘江以后，红四师回到了军团。

此时，蒋介石的"追剿"军十五个师分驻湘西南，黔军王家烈部进至黔湘边，湘、桂军各一部继续尾追红军，企图把红军围歼于西进湘西的路上。情况十分紧急。根据上级命令，红三军团继续西行，我红十一团为前卫，一天走一百二十里路，也没有掉队的。杨尚昆政委对彭德怀军团长说："十一团是飞毛腿，他们当前卫后边部队非得累趴下不可。"在资源的两河口，我们和白崇禧的部队遭遇，打了两天，好不容易才摆脱敌人。

部队进到五岭山脉之一的越城岭，当地叫老山界，这里山势陡峭，重峦叠嶂，峰高沟深，林木繁茂，地形很复杂。这是长征以来红军翻越的第一座大山。白崇禧的部队都是本地的老兵，他们熟悉地形，常以班排为单位分散在山上侧击我们，很难对付。我们团的卫生队、伙夫担子在佯攻桂林时，一直跟着师部走，这时损失很大。

这时候，敌人已占领城步、武冈，堵住了中央红军北上与红二、六军团会合的道路。中央红军改变计划，按照毛泽东的主张，沿着西延山脉的龙胜苗山区进入敌人力量薄弱的贵州。

苗山是苗族聚居地域，山上是原始森林。苗族人民以木板搭房，房顶用树皮覆盖，房子互相连接，从山脚一直盖到山顶。这种房子，一旦失火，就会全部烧毁。因此，进入苗山区以后，我们特别注意教育部队防火，尤其晚上打着火把行军时，更要小心。头几天行军宿营没有发生问题。

军团规定在苗山区宿营，指挥机关不准住村子中央。一天，我们在一个村子宿营，团部住在村子边，晚上突然有人高喊救火，我赶快跑出屋指挥部队救火。指战员们拿着脸盆和木桶到山边水池里盛水救火，但是无济于事。晚上山风很大，风助火势，烈焰冲天，满天通红，大火蔓延很快，不到一个钟头几百家木屋大部化为灰烬。黄克诚政委跑得匆忙，把眼镜丢在屋里烧了。第二天，我见到他，他着急地说："糟糕，糟糕，没有眼镜可怎么办！"中午军团部路过，袁国平主任有两副眼镜，给了他一副凑合着用。这场大火赔了老百姓几千块大洋，据说后来捉到了一个纵火犯。桂军在红军可能经过的地方，事先派了不少人，一旦红军来到，他们就破坏红军与老百姓的关系。这个纵火犯就是桂军派来专门从事破坏活动的。

在这一带山里，流传着这样一个顺口溜："你我两山站，彼此能见面，说话不用喊，都能听得见，要想拉拉手，就得走半天。"不懂得这里的地形特点，行军打仗就要吃亏误事。有一天，上级通知我们团在第二天拂晓到师部集合一起走。师部就住在山沟那边，望得见，也听得到号音，所以我不着急，起床晚了些。谁知一走出去，山沟很深，道路很窄，弯来弯去，部队头尾相距七八里，但还能互相说话，这样一来走的时间就长了。师部等不及我们，就先走了。后面山脚下敌人又追上来了，隔着沟向我们打枪，我督促部队跑步上山，迅速脱离敌人。这次差一点吃个大亏。

红军在广西境内走了十多天，搞得很紧张，直到进入湘西通道县境，才摆脱了广西部队的纠缠。随后，红军突破了黔军防线，进到贵州播阳、洪州司以西地域，红一军团攻占黎平，红九军团攻占老锦屏。

（节选自《万里征途》，载王平著：《王平回忆录》，解放军出版社 1992 年版。本文标题为选入时本书编者所加）

"哪怕打到一兵一卒，也要守住！"

⊙陈　逊①

　　1934 年 9 月、10 月间，中央苏区第五次反"围剿"战争在错误军事路线影响下连连失利，中央红军陷入了困境，情况十分危急。此时，中央决定北上，做战略转移。当时海涵正在红军大学参加毕业考试。有一天，突然接到班主任通知，叫他带上行李，立即去红军总部报到。当海涵带着行装去总部报到时，王稼祥主任正在门口等他。王主任把他让进房子里开始问寒问暖，后来开宗明义地说："前方很紧，这你晓得，没有更多的时间谈情况了，中央军委原准备组建炮兵学校和工兵学校，从前方调来一些骨干和学员，有一千一百多人，除了伤病员外，还有九百多人，中央决定战略转移，学校不办了，决定把这些同志组建成红星炮兵营，由你去当政委，你先到四局叶剑英局长那里接受具体任务，然后尽快赶去组编部队，做好转移准备。"

　　海涵离开王主任来到总参四局，叶剑英局长具体向他布置了任务。叶局长对他说："海涵同志，广昌一仗没有打好，敌人很强，我们损失很大。现派你去把两个学校的一千一百多名学员组织起来，编成红星炮兵营，隶属总部直属队，由武亭同志任营长，你去当政委，要支持武亭同志的工作，多负责任。你们现在的任务一是组编部队，二是准备随总部转移，两件事情一并办。任务很艰巨，也很光荣。"

　　接受任务后，海涵马上来到炮兵营，见了武亭营长后，立即把总部首长的指示做了传达，并研究了整编方案。方案确定：全营编七个连，把组建炮兵学校的学员编为三个炮兵连，把组建工兵学校的学员编为三个步兵连，另外抽

---

① 作者为陈海涵的夫人。陈海涵在长征初期任中央军委红星炮兵营政治委员，黎平会议后改任红三军团第四师第十二团第二营营长兼政治教导员。

调人员组建一个机枪连。炮兵连每连一百二十人，各编四个排，三个炮排，一个步兵排，配六门迫击炮，每门炮十发炮弹，有一半人配步枪，每支枪配一百五十发子弹。步兵和机枪连各编三个排，每人一支步枪、一百五十发子弹。同时，对营部和其他人员也做了配备。确定方案后，立即集合全营排以上干部，传达了首长指示，宣布了整编方案。吃晚饭时，部队还没有组编好，突然接到总部电话，命令炮兵营立即出发，向西南突围。这样，他们只好边打仗边调整部队，直到10月20日部队开进到湖南新田①附近才调整到位。25日他们渡过信丰河，突破敌人第一道封锁线。11月上旬，又在汝城县的南天、马二至城口之间通过敌人第二道封锁线。尔后，他们马不停蹄，边走边打，从郴县的良田、宜章县的坪石之间突破敌人第三道封锁线。特别是在坪石，红星炮兵营单独作战，击溃敌一个保安团，歼敌一百多人。直到兰〔蓝〕山县的正冲，部队才接到休整的命令。部队一边做饭，一边检查战斗装备。利用这个机会，建立了营连党团组织，做到营有临时党委（海涵任临时党委书记），连有党支部，排有党小组。至此，红星炮兵营才完成了组编任务。

红星炮兵营完成组编任务以后，中央红军分南北两路继续前进，该营随同红二师、红四师各一部编成的两路部队行动。部队由道县、江华出发，分别于广西的全州、兴安突破敌人第四道封锁线——湘江，在广西资源县会合。红星炮兵营在随总部突破敌人第四道封锁线的战斗中，一直是在广西龙胜地区打仗。当时，敌人在湘西集结重兵，以逸待劳，企图消灭中央红军。如果按原计划行动，我军就可能遭到全军覆灭的危险。在此紧急关头，毛泽东在会议上力主放弃原定计划，改向敌人薄弱的贵州前进，这一主张得到了党和红军大部分领导同志的赞成。于是，部队向黎平开进。到达龙胜附近时，中央纵队遭到广西军阀李宗仁部队的拦击，我军拼命撕开了一个口子后，由红四师阻击敌人，掩护主力通过，整整打了一天一夜，部队伤亡很大。正在此时，红星炮兵营赶到了，总部首长命令炮兵营参加战斗，接受红四师指挥。海涵和武亭营长到四师指挥所接受任务，师长彭雪枫看到他们的到来，非常高兴，逐一点名，在地图旁给他们交待任务，命令他们在庙儿山、庙坪一带参加阻击战斗。彭师长最后说："情况不妙，哪怕你们打到一兵一卒，也要守住。你们的背后就是中央

---

① 湖南新田，应为"江西新田"。湖南新田处湘桂交界处的永州，江西新田则属赣州市丰田县。依据下文"渡过信丰河，突破敌人第一道封锁线"可判断，此处新田应为江西新田。

纵队，不能后退一步，一定要坚持到天黑。"他们接受任务以后，立即带领各连干部察看地形，进行战斗部署。把两个步兵连和两个炮兵连放在一线，机枪连加强到主要阵地上，留下两个连作预备队。部队刚进入阵地，敌人两个旅就扑过来了。因为炮兵营抢占了有利地形，很快就把敌人打退了。敌人重新调整后，仗侍〔恃〕人多、武器好，轮番向我阵地发起了冲击。炮兵营的指战员们英勇阻击，一次又一次地把敌人打下去，一直坚持到天黑，虽然伤亡较大，但敌人始终未能前进一步，他们终于胜利地完成了掩护中央纵队的任务。

（节选自陈逊口述：《他帮罗荣桓找野菜》，原载《福建党史月刊》2006年第9期。本文标题为选入时本书编者所加）

我经历了长征中最激烈的湘江战役

◎兰映林[1]

长征前夕，有些文化的我被编入红三军团四师十二团任宣传员，同时担任团青年干事。部队在瑞金集结时，我见到了毛泽东。当时，由于"左"倾错误路线的排斥，毛泽东失去了红军的领导权，只是担任中华苏维埃中央政府主席。我以前在长汀时就认识毛泽东，并十分尊重他。这次见面后，我直率地对毛泽东说："主席，听说有人要打倒你。没有关系，我豁出去了，谁要打倒你，我跟他拼！"毛泽东则对我说："小鬼呀，不要胡说。我知道你这个小鬼，胆子很大哟！"

长征开始时，我所在的三军团在大部队的右翼，跟在我们后面的是八军团，左翼是一军团，九军团紧随其后，中间是中央纵队，五军团担当后卫。由于带了许多的坛坛罐罐，如笨重的印刷机，辎重过多的队伍就像大搬家，行动异常迟缓，一天最多只能走二十几公里。行军中，宣传工作虽然重要，但我更想上前线去经受枪林弹雨的考验。不久，我就如愿以偿了。当红军连续突破敌军三道封锁线，挺进到广西湘江地域时，我经历了红军长征中历时最长、规模最大、战斗最激烈、损失最惨重，同时也是让我一生中记忆最深刻的一仗——湘江血战。

当时，国民党蒋介石调集了二十五个师数十万大军，在潇水以西、湘江以东的兴安、全州、灌阳之间，布下了号称"铁三角"的第四道封锁线，企图消灭红军于湘江之侧。由于李德等人的错误指挥，红军贻误了有利战机，于是，一场惨烈的血战不可避免地来到了。从11月28日[2]到12月1日，在湘江之畔，

---

① 作者在长征时任红三军团第四师第十二团宣传员。
② 通说认为，湘江战役自1934年11月27日打响。

战斗就没停止过。装备精良、弹药充足的敌军在飞机、大炮的掩护下，围攻着处于困境中［的］红军。宽阔的江面上，浓烈的硝烟中，红军踩着早已磨破的草鞋，行走在浮桥上，头顶上几十架飞机轰炸着扫射着，队伍中不断有人倒下落入江中，和着死亡的骡马、散落的文件……湘江成了一条血色之河。抢渡湘江让我过了把打仗的瘾，但也让我在长征路上第一次遇险。我的左大腿中弹，负伤了。在战友的帮助下过了湘江的我也因此因祸得福，此后一直得到了毛泽东、周恩来等人的关照。当毛泽东知道我负伤后，考虑到我行动不便，准备给我一些钱，将我留在当地的山区养伤。我坚决不肯，对毛泽东说："我已经读过四个月的诗书了，不想读了。我要跟着部队走。"拄着棍子行军的我始终没有掉队。毛泽东、周恩来等领导人很欣赏我这股顽强劲，有时叫我骑他们的马，有时跟我一起走，还经常叫上我一块吃饭。

但长时间艰苦的行军，还是让我的伤口发炎化脓了。伤口必须开刀，没有麻药，我对医生说："不要紧，你们摁住我的手脚开吧。"就这样，打开伤口之后，将纱布塞进去把脓和子弹头吸卷出来，然后把用盐水煮过的纱布清水漂洗后敷上。十几二十天后，伤竟然奇迹般地好了。这时，部队已走到贵州了。

（节选自《万里长征只等闲》，原载《福建党史月刊》2006年"纪念红军长征胜利七十周年专刊"。本文标题为选入时本书编者所加）

把敌人挡在湘水面前（节录）

⊙李天佑[①]

1934 年 11 月末，长征中的中央红军，在突破敌人的第三道封锁线以后，正以急行军的速度向湘水兼程前进。因为敌人早已发现了我军西进的意图，利用湘江这条天然障碍，构成了第四道封锁线；左右有桂敌湘敌夹击，后有［第］五次"围剿"中的中央军主力和广东军队的尾击，企图在全州、兴安、灌阳之间一举消灭我们。情势是十分危急的，我们必须打过江去！

行至文市附近，部队经过半日休息之后，正准备继续前进，译电员走过来，递给我一封电报。电报是军团发来的，命令我们师的十四、十五两团（十三团调归军团直接指挥），立即行动，赶赴灌阳的新圩附近，阻击广西军，保证整个野战军的左翼安全，掩护中央机关纵队过江。电文的语句像钢铁铸成的："不惜一切代价，全力坚持三天至四天！"

任务是艰巨的。就在道旁，我打开了地图，借着手电的亮光，找到了阻击位置，当即向部队下达了命令：部队行进方向转向西南，以急行军向新圩前进。

下午 4 点多钟，我们赶到了预定的地点。显然敌人是掉队了，我们比敌人先到达了这里。派出了侦察、警戒以后，我和师政治委员钟赤兵同志、参谋长胡震[②]同志及两个团的指挥员、政治委员来到原定阵地上。这里，离湘江有七八十里路。一条通往灌阳的公路正在我们面前通过，这是敌人进逼江岸的必经之路。公路两侧则是一片连绵的丘陵地带，紧紧地扼住公路的道口。时间已是深秋了，公路两侧稻田里的庄稼已经收割，但树叶还没有脱落；满山的松树和簇簇的灌木丛，约有一人深，刚好成了隐蔽部队的场所。但是这个地形也告

---

① 作者在长征时任红三军团第五师师长。
② 胡震，即胡浚。

诉我们：一定要在这片山岭上守住，否则，过去背后的新圩直到江岸，就是一片大平川，无险可守了。我们把部队布置一下：十五团在左翼，十四团在右翼，师的指挥所就在离前沿二三里路的地方。还有临时归我师指挥的、武亭同志带领的军委"红星"炮兵营，也配置了适当的地方。

刚刚布置好，侦察员带来了报告，敌人是广西军队第七军的两个师，由夏威率领，离这里已经不远了。以现有的两个团来对付敌人的两个师，兵力的悬殊是很明显的。而且，我们的部队经过一个多月的长途连续行军，部队减员很大，也很疲劳。更重要的是，从这里到新圩只有十二三里路，又没有工事，在这样的情况下，估计坚持两三天有把握，四天就有困难了。但是部队的情绪还是高涨的，我和师政治委员十分信赖我们的战士们：为了打击敌人，为了党中央和兄弟部队的安全，他们会做出奇迹来的。

我把我的想法告诉了参谋长胡震同志，他正对着地图出神，显然也是想着同样的问题。听了我的话，他把拳头往桌子上一砸："让他们来吧，只要有一个人，就不让他们到新圩！"

他的信心也有力地感染了我。我们一道给军团首长起草了一份电报：保证完成任务！

一切准备就绪，敌人也赶到了。敌人的企图是十分明显的，他们正沿着大路急进，要想快些赶到新圩，来控制我们渡河进路的左翼，但是却被我们这只铁拳迎头挡住了。

战斗一开始，就十分激烈。敌人在猛烈的炮火、机枪掩护下，向我们的前沿阵地猛扑。我走出指挥所，站在一个山头上向前沿阵地观察。指挥所离前沿不过三里路，在望远镜里一切都清清楚楚：敌人的排炮向我们前沿猛击。一时，卧在临时工事里的战士们全被烟尘遮住，看不见了。敌人整营整连暴露地向前沿冲击，越走越近。但是我们的前沿还是沉寂着，仿佛部队都被敌人的炮火杀伤完了。但是，当敌人前进到离我们只有几十公尺时，突然腾起了一阵烟雾——我们成排的手榴弹在敌群中爆炸了。战士们就像从土里钻出来似的，追着溃退下去的敌人的屁股射击。"红星"炮兵营的炮弹也在敌群中炸开来。敌人的冲击垮下去了。这个情景使我想到不久以前我们师所进行的高虎垴战斗。那时，我们的战士们也是这样杀伤敌人的。从敌人溃退的情况来看，我们给敌人的杀伤是不小的。但是，因为我们没有工事，在敌人的炮火和机枪扫射下，我们也付出了相当的代价。

第一天在连续不断的战斗中过去了。从第二天拂晓起，战斗更加激烈，敌人加强了兵力、火力，轮番冲击，并以小部队迂回我们。

情况越来越紧张。前沿的几个小山头丢失了。我知道，这不是由于我们的战士不勇敢，有的山头是全部战士伤亡之后才被敌人占领的。

伤亡增多了，一列列的伤员从我们身旁抬到后面去。

十四团报告：团政治委员负了伤。

十五团参谋长何德全同志来电话：团长、政治委员负伤，三个营长两个牺牲，全团伤亡约五百余人。

团、营指挥员有这样多的伤亡，部队的伤亡是可以想见的。而在当时各团人数并不充实的情况下，一个团伤亡五六百人，也说明我们付出的代价实在不小。但是，尽管如此，我们的部队还在顽强地坚持着。

这样，军团的电报不断传来后面的情况：

"'红星'纵队正在向江边前进。"

"'红星'纵队已接近江边。"

"'红星'纵队先头已开始渡江。"

几乎每一通电报都要求我们"继续坚持"。我知道，我们的任务是繁重的，稍有不慎，让敌人进到新圩，那后果就不堪设想了，但我也深深地感觉到：我们的后方机关是太庞大了，从〔第〕五次反"围剿"防御失败以后，仓卒〔猝〕地转入长征，又不好好地精简组织，坛坛罐罐什么都带上，使得我们的行动迟缓，有些能够摆脱的形势也摆脱不了，不能主动歼敌不说，现在还不得不付出更大的代价来掩护这庞大的机构转移，我不由得暗自希望中央纵队走快一些——他们走快一步，这里就减少一点伤亡。

我和钟政委简单地交换了一下意见，走到参谋长身边，告诉了他各团的情况："十五团团长白志文牺牲[①]了，政治委员罗元发负伤了。"我说："你去负责，去组织他们顶住。在黄昏以前，一个阵地也不能失掉！"

他严肃地点点头，没有说什么。我知道，在这种严重情况下没有什么好说的。

我接着抓起电话找十四团的黄冕昌团长，我要他适当收缩一下兵力，把团的指挥所转移到我们师指挥所位置上来。

敌人的机枪、炮火已经打到师指挥所旁边来了。黄团长冒着弹雨来到我这

① 白志文在战斗中中弹负重伤，昏迷多日才苏醒，并未牺牲。

里，他刚来到，十五团就来了电话：他们报告，师参谋长胡震同志牺牲了。他是在刚才反击敌人的一次攻击中指挥战斗时牺牲的。

我手捏着电话机愣了好大一会。我几乎不能相信这是真的。才这么短的时间，他就牺牲了。胡震同志到这师里还不久，但我们相识却很久了。早在瑞金红校学习时，我们就在一起。他年轻、勇敢，指挥上也有一套办法。但是，永远不能再见到他了。

我硬压住自己痛苦的心情，把这个不幸的消息告诉钟政委，也告诉了黄团长。接着，向他谈了谈中央纵队渡江的情况，并严肃地交代他："无论如何不能后退。"说到这里，我不由得想起战斗开始时，胡震同志用那响亮的湖南口音说过的话，我重复了它一句："只要有一个人，就不让敌人到新圩！"

可是，当我刚刚到达新的师指挥所时，又接到了报告：黄冕昌同志也牺牲了。

这时已是下午。我们已整整抗击了两天，中央纵队还在过江。现在两个团的团长、政治委员都已牺牲或负伤了，营连指挥员也剩得不多了，负伤的战士们还不断地被抬下来。但是，我们是红军，是打不散、攻不垮的。我们的战士们在"保卫党中央"这个铁的意志下团结得更紧，伤亡的指挥员有人自动代理了，带伤坚持战斗的同志们越来越多……我们以拼死的战斗，坚持着第三天更险恶的局面，阵地仍然是我们的。敌人被拦在这几平方里的山头面前，不能前进！

下午4点多钟，接到了军团的电报：中央纵队已突过了湘江，正向龙胜前进，我们的阻击任务已经完成。军团命令我们把防务移交给六师，部队迅速过江。

我把来电仔细地看了两遍。我轻轻地吐出了一口气，紧紧握住钟政委的手："好，中央纵队总算安全地渡过江去了，我们的任务完成了！"

我一面等待着六师的到来，一面向部队发出了准备撤退的命令。

事情已经过了许多年，仍然不能磨灭我对于这次战斗的深刻印象：无论敌人何等的凶恶、强大，要想消灭革命的武装力量——中国工农红军是不可能的。我也不能忘记"左"倾分子在军事指挥上所犯的错误，由于他们惊慌失措的逃跑主义，在这样大的战略转移中，不能主动灵活地歼灭敌人，行动迟缓，只以消极的防御作战来被动应付，致使我们付出了这样大的代价。我更不能忘记那些为了红军的生存，为了革命胜利而牺牲的烈士们。他们以自己的胸膛阻击敌人，保存了革命的力量。

烈士们永垂不朽！

（选自《红旗飘飘》第三辑，中国青年出版社 1957 年版）

阻击在湘江之滨

⊙何　诚[1]

　　1934年11月底，我们三军团第五师在广西灌阳的新圩附近，阻击广西敌人，掩护中央纵队渡过湘江。

　　战斗已经进行一天了，我们的阵地到处都被敌人打得稀巴烂。第一道工事，连影子也没有了；山上的松树也只剩下了枝干。谁也记不清已经打退了敌人多少次进攻，大家记得最清楚的是黄冕昌团长对我们的指示：我们背后就是湘江，我们这座小山，是全团的前哨阵地，我们要坚决守住它，保证中央纵队顺利渡过湘江。

　　第二天拂晓，更激烈的战斗又开始了。

　　进攻我们的是装备精良、兵力十倍于我的白崇禧部队。虽然如此，但是敌人仍没有得到便宜，从拂晓到中午12时，十多次进攻全被我们打垮了。

　　我们的伤亡也愈来愈多。第二道工事，又全被敌人的炮火摧垮了。为了保存有生力量，经上级批准，我们主动撤到山顶上最后一道工事里。

　　正在这时，黄团长冒着敌人的炮火，来到了我们的阵地。他和往常一样，穿着一身褪了色的军装，一双草鞋，腰上挎着个黄瓷缸。他那黝黑的脸上，显出了指挥员特有的那种既很劳累又不易被人察觉的神色。看见我，他第一句话就关切地问："同志们现在怎么样啦？情绪都好吗？"

　　"全连只剩下六十多人了，还有十多个彩号。但大家情绪还蛮高，都有决心守住阵地……"我简单地向他报告。

　　黄团长扫视了一下整个阵地，略略考虑了一会，便直看着我，严肃地说：

---

① 作者在长征时任红三军团第五师第十四团连指导员。

"现在离黄昏还有五个多钟头，后续部队能不能渡过湘江，就决定在你们能不能守住最后一道工事了！"

"我们一定坚决守住！"我响亮地回答。团长满意地微笑了一下，接着又具体指示了一些打法，便带着警卫员到前沿阵地看战士们去了。

我们刚按照团长的指示调整完部署，通信员提着一个米袋跑来，一见我就说："指导员同志，我捡到一袋炒米，你把它吃了吧！你已经两天没有吃饭啦。"

一提起两天没吃饭，倒真觉得肚子有点饿了。但想到同志们也两天没吃饭了，我便对通信员说："你把它送给团长和战士们吃吧，我不饿！"

通信员跑了一圈又提着米袋回来了，一见我就嘟哝着，诉苦似的说："团长也不肯吃，他说他不饿，战士们还要坚持战斗，应该让战士们吃。我拗不过他，又把袋子提到班里去，可是推来推去，谁也不吃。"他把米袋往地上一放，"你处理吧，指导员，我没办法。"说完转身就走，我连忙叫住他，要他分一下，每人都要吃一口。看着通信员分炒米去了，我脑子里却浮起了团长的影子：他是广西人，贫农出身，打起仗来总是到最前面来指挥。对待部属和战士一向都是有说有笑的，非常亲切。但是，当他看到了你的错误，他立刻就会开门见山地、严肃地给你指出，并亲自帮助你改正。记得我当排长的时候，有次教战士动作不耐心，黄团长看见了，走过来说："教战士不要急躁，要多做给他们看。"接着，他马上要我示范。他一直看着我把战士们都教会了，又热情地拍着我的肩膀说："小鬼，真行。"

我们刚吃完炒米不久，一千多敌人又向我们逼近了。在团长的指挥下，连长亲自带领两个机枪班向敌人侧后迂回过去，我们一声不响地伏在工事里。敌人见我们一枪不放，便一个劲朝上爬。等他们爬到离我们只有二三十米时，我大喊一声，一排手榴弹便飞进敌群爆炸了。敌人一乱，我们所有轻重火器一齐怒吼起来。顷刻间，敌人就像高山顶上的草堆遇到了大风暴，一个紧接一个滚下山去。就在这时，连长带领的两个机枪班已经迂回到敌人后面，他们的机枪像雨点一样朝着敌人扫射，敌人最后终于败退下去了。

敌人刚垮下去，团长从重机枪掩体走出来。我向他报告：出击的两个班只回来十二个同志，连长牺牲了。他沉默了一会，像是竭力在思索下一步必须做的事情。接着，他要我组织部队从敌人尸体上捡弹药，准备再战，他又到最前面的工事看战士们去了。当他走到轻机枪阵地时，一颗子弹打在他的腿上。我们急忙给团长包扎好后，劝他回团部去，可是被他拒绝了。

"我们一定能完成任务。人在阵地在，请首长放心好了！"我看出团长有点不放心，于是向他保证说。

"不，我不要紧。我在这里便于指挥，也好和友邻部队联系，现在情况紧急得很，不要谈别的了，我们赶快来研究一下战斗部署吧！"团长不让我们再说下去，又领着我们研究下一步的打法。

根据团长的判断：敌人从正面是冲不上来的，左侧有友邻部队十五团的火力支援，再冲上来也很困难；唯有右侧因为一些自动火器都调到我们这儿来了，火力较弱，可能成为敌人攻击的重点。因此，他吩咐我们把大部分轻重火器立刻调到右侧，左侧只留一个排长带两个班在那里守着。

果然不出团长所料，5时左右，两千多敌人像羊群似的从右侧冲过来了。但是当敌人刚翻过一个小山坡时，立刻遭到了我们密集火力的封锁，始终不能前进一步。敌人也非常狡猾，接着另一股敌人又从左侧上来了。这时，团长立即命令我带着部队向右侧敌人打了个反冲锋，又趁机抽出了部分火力去支援左侧。我们把右侧敌人稍稍压退后，因寡不敌众，只得退进工事坚守起来。坚守在左侧的战士们，由于及时地得到了团长从右侧调来的火力的掩护，在排长钟彬率领下，也向敌人发起了反击，敌人被打垮了。就在这时，忽然一个战士急急地跑来报告说：团长牺牲了。我一听愣住了，简直不相信这是真的，就立刻赶到团长身边。团长躺在血泊里，战士们围在他的身边，像要把他唤醒一样地呼叫着，可是他已经停止了呼吸，同志们都哭了，我也禁不住流出泪来。正在这时，敌人又冲上来了，我一面派几个战士把团长的遗体运走，一面带领大家向敌人发起了反击。战士们一句话也没有讲，端着刺刀冲进敌群就猛挑起来，不一会工夫，敌人又被打垮了。战士们刚要追下山去，营部发出了撤退的信号，它表明我们已经光荣地完成了阻击任务！我们强抑着心中的怒火，停止了追击，怀着对团长和战友们的悼念，怀着对敌人的无比仇恨，又走上了新的征途！

［选自刘伯承等著：《星火燎原》第三集（2版），解放军出版社1996年版］

惨烈的新圩阻击战

⊙罗元发 [1]

突破敌人第三道封锁线后，我军继续向湘西方向前进。敌人集中了几十万大军围追堵截红军。红军原打算与湘西的第二、第六军团会合。敌人知道了红军的这个企图，堵截得更厉害。这时，毛泽东同志提出放弃与二、六军团的会合，以便摆脱敌重兵合围，主张向敌人薄弱的地区——贵州方向前进。11月下旬，中央军委决定分四个纵队从兴安、全州之间渡湘江，突破敌人第四道封锁线。这是长征开始以来一次最紧张最激烈的湘江战役。我们五师奉彭德怀军团长的命令，以急行军日夜兼程每天一百余里的速度，抢占湘江渡口。军团配属炮营给我师。李天佑师长命令十四团和我十五团，担任掩护中央纵队安全渡江的任务。我团接到命令后，以急行军迅速赶到新圩附近，利用有利地形，控制最高点构筑工事，阻击广西白崇禧部队的进攻，保证中央纵队安全通过湘江。这时传来了军团首长的电报：不惜一切代价，全力坚持三至四天。

我和团长白志文、参谋长何德全，仔细研究了上级交待的任务后，便迅速带领部队到达制高点，构筑工事，组织防卫。我们面前，是一条通往灌阳的道路，这是敌人逼近江岸的必经之路。公路两侧是一片丘陵地带，草木丛生，有利于部队隐蔽。十四团在我左翼，我团一、三营在前面，二营约距五百米左右作为预备队。我们部署好部队，立即派出侦察员，不久即接到报告：敌广西第七军两个师，正向我军迫近，距我军大约二十华里。我们只两个团兵力，面对敌人两个师，阵地又是在平地上，只有些小丘陵地带为依托，三四天的任务确实很艰巨，但经过政治动员之后部队战斗情绪十分高涨，做好了一切战斗准

---

① 作者在长征时任红三军团第五师第十五团政治委员。

备。大家表示了保证中央部队安全渡江的决心。这时师首长告诉我们，军委炮兵营武亭同志带领的"红军"①炮兵营和你们一起完成这次任务，他会用火力支援你们。这增强了我们完成任务的信心。正在这时，我从望远镜中看到敌人沿着大路正向新圩急进，他们却没想到，我们这只铁拳早等候多时了。

双方一经接触，战斗就十分激烈。敌人离我们很近，炮火打得到处烟雾满天，很快扩展到看不清敌我战线了。一营在前面战斗最激烈，当敌人一个营的兵力冲上来以后，被我们打了下去。随后，整营整团的敌人暴露在我军阵地前，向我前沿冲击，很快就冲到我前沿阵地几十米处。我"红军"炮兵营的大炮，猛烈向敌发起轰击。炸弹声和我们的手榴弹声响成一片。经过激烈的战斗，敌伤亡惨重，惊慌溃退。这时，敌人屁股正对着我们，我军抓住机会，步枪机枪一齐向敌人射去。第一天战斗，我们打垮了敌人多次进攻，阵前留下遍地尸体，我团也伤亡一百三十余人。部队坚持到晚上，边吃饭边加强工事，准备第二天的战斗。

傍晚，敌人又增加了兵力。第二天拂晓，敌人集中兵力发起进攻，战斗更加激烈。我们观察敌人的大部队约有两个团的兵力向我阵地攻来，并以一部兵力向我侧翼迂回包围。经过多次反复冲杀，由于敌人炮火配合步兵进攻更加猛烈，我一、三营伤亡增加，前沿几个小山包丢失。地形条件很不利于固守，但战士们一直坚守着阵地。部队伤亡越来越大，一个个重伤员从我团指挥所旁抬过去。战斗到中午，敌人又集中兵力，向我阵地发起攻击，妄想夺取整个阵地。这时李天佑师长打来电话说："一定要坚守住阵地，才能完成掩护中央纵队和红军主力安全渡江。"这时候，三个营长已有两个牺牲，全团伤亡达到两百余人。师领导知道后派人到我团慰问，并告诉我们接到军团通报：中央部队正在渡河，兄弟部队已经大部分过去了。

我知道师首长对我们这里很担心，我也明白，我们的任务艰巨，部队伤亡再大，阵地也要坚守住。如果敌人攻占我阵地，新圩渡口被敌人控制，那后果就不堪设想。我向师长表示了我们的战斗决心，同时，也表达了我们一直想到的一点意见：我们坚守主阵地，无论如何要顶住敌人的连续进攻。同时，也希望中央纵队能快速过河。中央纵队抬着许多笨重的机器、坛坛罐罐，如果能轻装，行动起来就快得多。中央部队早过河去，我们就放心了，也使部队减少伤亡和损失。师首长答应转达我们的意见，我心中也感到轻松多了。

---

① 红军，应为"红星"。下同。

战斗打得很激烈，不久，我和团长都负了伤。团长伤很重，已不能动弹。我头部负伤，疼痛难忍，但还能坚持行动。想到如果团部里两位主要领导都下去，势必影响部队战斗情绪，我坚持留下继续指挥战斗。参谋长何德全向师部报告了这情况后，师长、政委十分着急，当天下午便派师参谋长胡震，来代理团长指挥部队继续战斗。战斗进行到第三天，部队伤亡更大了。我们把二营预备队和团部机关的警卫、通信、参谋、干事，凡一切有战斗力的人员，都组织起来投入了战斗。侦察参谋熊奎、青年干事钟元辉，表现得很勇敢。就在这一天战斗中，师参谋长胡震也光荣牺牲。全团干部战士伤亡过半，约七百余人。有的连队只剩下十几个人，战士们仍坚守着阵地。营长负伤连长主动代理，连长伤亡排长代理，阵地却一直坚如磐石，矗立在敌人面前。坚持到12月1日下午4时，师部传达军团部命令：阻击任务完成，把防务移交其他兄弟部队。我们把伤员安排好，才迅速过江，追赶主力部队。

我团参加第五次反"围剿"多次战役，每次战斗都付出了沉痛的代价，我们师参谋长、几位营长和许多革命战士都血洒湘江，这使我永远难忘"左"倾路线给我们的部队留下的沉痛教训。

在红五军主力渡过湘江以后，负责后卫的红军继续在江口边阻击敌人，战斗仍十分激烈。最后，约有一个师的兵力被敌切断，未能过江，造成严重损失。我团侦察参谋熊奎，为了执行收容部队的任务也未能与我们取得联系。他后来跟五军团行动，在贵州黎平县遇到刘伯承总参谋长。当时刘总参谋长询问了湘江战斗的情况，并指给熊奎行动路线，他才又回到我们团里来。关于这段情况，在《长征歌》中曾这样流传着：

十月里来秋风凉，红军突围远征忙；
乘夜渡过于都河，固陂新田打一仗。
十一月里走湖南，宜临兰道一起占；
突破两道封锁线，吓得何键狗胆寒。
十二月里过湘江，广西军阀大恐慌；
突破四道封锁线，势如破竹谁敢挡。
一月里来梅花香，打了贵州渡乌江；
连占黔北十数县，红军威名天下扬。

（节选自《长征路漫漫》，载罗元发著：《罗元发回忆录》，光明日报出版社1995年版。本文标题为选入时本书编者所加）

湘江战役亲历记

⊙熊 奎[①]

1934 年 11 月，部队连续走了几天几夜，赶到湘江边上，此时敌人的追兵也赶到了。部队冒着炮火过江，并迅速向广西方向前进。李宗仁部队派了三个师的兵力来阻击我们，战斗在广西灌阳县打响了。我带侦察排和第三营担任侧面警戒，准备占领道路一侧二十里路的阵地，没想我们刚到预定地点，敌人已经占领制高点把我们包围了。仗打得很激烈。天快黑时，敌人又绕到我们背后，想前后夹击消灭我们。正在危险的时刻，刘伯承总参谋长带着五军团部队从侧面打了过来，我们很快从山脚下冲了出来。

（节选自熊奎：《红军长征亲历记》，原载《福建党史月刊》2006 年第 8 期。本文标题为选入时本书编者所加）

[①] 作者在长征时任红三军团第五师第十五团侦察参谋。

红十六团过湘江

⊙黄振堂①

　　1934年11月，中央红军经过艰苦战斗，突破了敌人三道封锁线以后，就向着湘江方向前进，拟过湘江北上，同红二、六军团会合，坚持川黔湘鄂根据地。蒋介石急调三四十万大军，对我前堵后追，妄图利用湘江天险，消灭我军于湘江东侧。由于王明"左"倾路线在军事行动中的逃跑主义错误，我军八万多人马及大量辎重，拥挤在粤桂湘边境山中的羊肠小道上，行动极为被动缓慢，而敌人走的是大路，行动快速，我军摆脱不了追敌。因此，我军在过湘江之前，面临着十分危急的形势。能不能突破敌湘江防线，保证我中央纵队和全部红军胜利过江，则是一个生死攸关的严重考验。

　　我红三军团第六师部队，经过几天急行军，进到湘桂边境的新圩，接替了第五师的防务。换防后，军团带着四师、五师向湘江前进。原来五师走在六师的前头三十多里地，他们在新圩已同广西敌军打了三天三夜，损失很大。六师接防后，师部交给我十六团的任务是阻击由灌阳方向来的敌广西部队两个师，坚守五天五夜，以掩护中央红军全部渡过湘江。灌阳到湘江之间，有一座高山，上山下山各有六七里路，山上是原始森林，有一条小路从水车通到灌阳，我军在山的东面，敌人在山的西面。我十六团的任务就是死守这座山，从侧翼掩护大部队过江。十六团派出一、二营，通过山上的小路，占领了这座山。我们在山上一连三天三夜不停地砍树堵塞这种小路，一棵树压一棵树，堆得很多，从山脚到山顶，都挖了工事。部队三天三夜没有睡觉，又累又饿，衣服被汗水湿透了，只是一个劲拼命做工事，因为不靠工事就没有别的办法。十六团团部驻

---

① 作者在长征时任红三军团第六师第十六团政治处主任兼党总支书记。

在山下水车，三营驻在团部附近。当时我们以一个团对付敌人两个师，情况是十分紧张的。第二天，敌人就开始从灌阳向湘江运动了。我们用望远镜看到敌人几个师的部队，密密麻麻地从山下绕过山向湘江方向运动。我们分析敌人可能有两个意图：一是截断湘江，利用湘江天险阻我去路；二是这座山往西北走出二十多里就断了，敌人可能要迂回我们。这两个意图对我们都不利。怎么办呢？只有把工事做好，做得坚固一些。我们在山上坚守了三天三夜，到第四天下午2点钟左右，五军团赶到了，接替了我们的任务。我们下山后走了四十多里地，到了一个镇子，叫文市，已是下午8点多钟了。部队停下来休息做晚饭吃。这时，我们看到五军团的三十四师正向着敌人方向前进。我们在文市看到到处都是中央纵队丢下的东西，文件、书籍等等。我们在这里碰到了八军团。八军团政治部主任是罗荣桓同志，他叫我团去人报告情况。当时团长、政委都很忙、疲劳，就叫我去汇报。我到了八军团政治部，向罗主任汇报了敌军情况和当地地形。罗主任还问我团怎么样，我说我团担负掩护任务，我们正在休息做饭吃，在路上睡觉，吃完了饭就走。

我团到了文市，部队因三天三夜连续做工事未曾睡觉，显得十分疲劳。这时，是在这里睡一宿呢，还是吃了饭就继续前进呢？是照顾部队疲劳呢，还是照顾部队生存？当时团里领导意见不完全一致，有的主张睡一宿再走，有的主张和三十四师一道走，有的主张不能走三十四师那条路。经过讨论，决定吃完饭就照原来的方向走，不和三十四师一道走。我们就向连里干部动员，要求部队今天一定要抢过湘江，过了湘江就是胜利，要咬紧牙关，拼命赶路，碰到敌人就打。我们吃完饭就走了，从文市到湘江七八十里路，中间没有休息过。冒着小雨行军，到湘江边时太阳已出来了。当时浮桥已被炸了，我们沿着上游走了一段，有个水坝，就从水坝蹚着水手拉着手过了湘江。过了江两三里地就是公路，这一带松树很多。部队疲劳得要死，利用做早饭时间休息了一下，路边一坐就睡着了。那里有我们老大哥一军团的部队在〈那里〉打仗，打得很激烈。我们胜利地突破了敌人第四道封锁线（湘江），在长征路上继续前进。

十六团之所以保存下来，一是因为我们上了山，山上地形好，工事坚固；二是五军团三十四师钻到敌人里面去了，顶住了敌人，减轻了我们的压力，不然我们恐怕文市也到不了，更过不了湘江。再一个原因是那天晚上没有在文市睡觉，部队不怕疲劳，连续急行军，如果犹豫不决，在文市睡上一宿，就完蛋了，因为敌人两个师对付我们一个团。再一个原因是团里领导干部比较强，军事指挥上比较成熟，当时团长是李寿轩，政委是余瑞祥，都是湖南人。团里党支部、党小组活动都比较经常，干部对部队很关心，战士也关心部队，整个部队上下一条心，战斗作风好，敢打敢拼。十六团经过广昌会战，担负保卫西线任务就受到锻炼。在兴国保卫战时也打得很好。十六团经常单独活动，培养了独立行动的能力。特别是当时的政治工作很有力量，一边行动一边开会做动员。政治动员话不多，简单有力，如提出"过了湘江就是胜利"这样的口号，就有力地鼓舞了部队的信心和决心，对完成突破湘江防线起了很大的动员作用。因此，十六团在湘江战斗中胜利完成掩护大部队过江的任务。

（选自中共灌阳县委党史办公室编：《红军在灌阳》，广西人民出版社1994年版）

长征途中掩护中央机关抢渡湘江

⊙吴 西[①]

在王明"左"倾错误的指挥下，我军苦战一年，未能打破敌第五次"围剿"。1934年10月19日，中央军委下令突围。到11月13日，我军已连破敌三道封锁线。敌人利用现代化的交通工具，迅速调动部队，沿湘江天险又设置了第四道封锁线。11月28日，我红三军团六师十六团接受了在灌阳县城东北阻击敌人，掩护"红星"纵队（中央机关）渡过湘江的任务。

一

夜色漆黑，阴雨连绵，冷湿的空气，使人喘气都觉得困难。山下的灌阳城，稀疏的灯光若明若暗。枪声紧一阵松一阵，隐隐约约地从远处传来。

这里北去八十多里就是湘江。我们接受了掩护"红星"纵队渡江的任务后，已经在此扼守了两天。桂军白崇禧部欲截断我大军的去路，在灌阳北面的新圩跟李天佑同志的五师接上火，也已经激战两天了。我们扼守的山头不高，远近都是丘陵，无险可凭。好在山林茂密，灌木丛生。富有山地作战经验的李寿轩团长，率领全团一到此地，观察过地形，就下令伐木，做木桩鹿砦，构筑工事。两天来，除去刚到的时候，为迷惑敌人，一营、二营曾出击佯攻灌阳城以外，全团上下都抢着借村里老百姓的柴刀、斧头、铁锹，砍木柴筑工事。大家埋头使劲干活，很少有人说话。

我和团党总支书记黄振堂同志在阵地上巡视，一边跟大家干活，一边做思

---

① 作者在长征时任红三军团第六师政治部敌工科科长。

想动员工作，顺便看看有没有伤员病号。团、营、连的干部都在战士群里，党员们起着模范作用。

李团长迎面碰上我和老黄。他这个人本来话就少，这几天更少开口，他的眼神好像在问我们："部队情绪怎么样？"

"还好！"我也用眼神回答他。

老实讲，从六师成立后，十六团在第三、第四次反"围剿"中，部队的情绪一直都很高。苏区生活缺盐少粮，部队打仗东挡西杀，那么艰难的日子，部队的士气从没低落过。可是第五次反"围剿"以来，窝心透了！仗打了一年，这里硬拼，那里强顶，部队越打越少，包围圈越缩越小。西线广昌一战失利，我们六师的主力十七团几乎拼光了。这种打法，指战员们都很有意见。因为我们的部队从数量上说众寡悬殊，根本就不能同国民党军队硬拼。眼看着，好端端的一个根据地保不住了，红军要转移。可是部队的行动，哪里像个转移的样子！转移到哪里？不知道。只讲"先到湖南再说"。山炮、造币机器，辎重细软成堆成垛，连张纸片都不肯丢。牲口又少，一门炮得百十人轮流抬着。听说全军有几千副担子，光印刷机器就五六百担。浩浩荡荡，慢慢腾腾，四十里也是一天，三十里也是一天，有时候下雨，道路泥泞，一天只走二十多里路。敌人的飞机天天都在头上盘旋、轰炸，后面又有盯着屁股的追兵，搞得我们人困马乏。

从截获的情报看，蒋介石已看出了我们去湘西与二军团、六军团会师的意图了，他电令湘军和桂军沿湘江在零陵至兴安之间布置了封锁线，并且催促尾随我军的薛岳部队紧压上来，形成包围。这道封锁线远非前几道可比，敌人总兵力少说也有四十多万，又有湘江天险，阻住我们的去路。我军号称十万，其实只有八万多人。按中央军委的指示，红一军团做前卫，装备较好的五军团殿后，八、九军团为左右翼，我们三军团保卫"红星"纵队居中。"红星"的行动太迟缓，否则新圩方面不会打得这样苦。

二

山风打着唿哨，抖落了压在树叶上的雨水，摔在人脸上、身上，冰凉冰凉的。入冬多时的寒夜里，我们只穿着单衣，湿漉漉的身上和头上还冒着蒸气。虽然当时是换班做工事，可以轮流休息，但时刻准备敌人上来就打，大家也难以合眼。

决定由十六团在灌阳城北阻击掩护时，师政治部主任欧阳钦同志把我叫到他跟前，对我说："吴西同志，掩护'红星'渡江，至关重要，为加强领导，师党委决定派你带青年干事刘西元同志随十六团行动。"十六团在毛泽东同志领导指挥的兴国保卫战中立过战功，团里战士绝大部分是兴国县人。兴国是老苏区，那里出来的同志大都经过长期革命斗争的考验，政治觉悟很高。所以，十六团的政治思想工作比较好做。我和刘西元同志到十六团，就是协助团里领导做好政治工作的。几天来，我看到从团长、政委、党总支书记，到各连的干部，个个都身先士卒。党支部、党小组活跃地开展着工作。党员、团员都不怕苦、不怕累，斗志昂扬。

我的心里越来越踏实。这样好的干部，这样好的战士，加上在这丛林中精心构筑的工事，在指定时间内，挡住敌人，掩护"红星"过江是有把握的。

三

天渐渐亮了。一条由无数棵削尖的木桩交织成的鹿砦障碍工事筑成了，足有一里多路长。木桩的尖头被柴刀砍过的茬口白森森的，像一柄柄利剑指向山下。

李团长是个不爱表露感情的人。我们一路察看，他心里分明很高兴，却一句话也不讲。我感慨地说："两天两夜，真难为同志们了！"

李团长看看我，吁了一口气，说："铁疙瘩。他们都是铁疙瘩！咱们没有飞机大炮，只好靠这些鹿砦、壕沟。在这个地方，它们可比飞机大炮还管用。这两天，我们吃了苦头，流了汗。可是为了保证'红星'安全渡江，又减少战斗减员，少付出些血，我们也只好多流些汗了。你和余瑞祥政委向部队做动员的时候不是都讲啦。"是啊，我们的战士都是不怕死的，打起仗来都敢打敢拼，可是我们这次的任务比敢打敢拼还艰巨。我们在这里多顶一分钟，"红星"就多一分安全啊。

昨天的情报说桂军的两个师正向我们这里移动，离我们已经很近了。果然，天过午，敌人一窝蜂地拥来了。他们是轻了装的，行动很利索，看样子是急着夺路去截湘江的。

我们埋伏在战壕里，衣服又是泥又是水，紧贴在身上，很难受。干了两天两夜的活，战士们却精神抖擞，没有疲乏的样子。敌人占领了山下的路口，却没有立刻来攻山。他们先派了一个侦察连，摸索着爬上来。爬到鹿砦前，就停下卧倒了。

阵地上静悄悄的，没有一点声响，只有树枝偶尔被山风摇动，树叶沙啦沙啦地，好像山坡上除了树，再没有别的了。

我是广西人，知道桂军打仗不是草包。这一带曾流传两句话："滇军打仗像绵羊，桂军打仗像恶狼。"滇军毫无战斗力，每人身上有两支枪：一支步枪、一支烟枪。桂军训练比较有素，性格倔强，体格强壮，很能打仗。但是，桂系军队跟蒋介石矛盾重重。从李宗仁、白崇禧到下面的师、旅、团长，没有肯为蒋介石卖命的。红军声振〔震〕四方，他们晓得红军厉害，虽有蒋介石电令，却自知以桂军（大约三万多人）堵截红军，势若以卵击石，搞不好会被红军消灭，即使不被消灭，也不免两败俱伤，蒋介石若以追击红军为名，驱兵进驻广西，广西就成为蒋介石的天下。所以尽管蒋介石可能给李、白某些许诺，李、白等人仍担心蒋会玩弄"明取西川、暗袭荆州"的伎俩。同时，他们也生怕红军在广西久驻，搞工农割据，建立苏维埃。总之，他们是怕失地盘，想保实力。

"桂军向来爱'拣洋落'。"李团长观察着敌人的动静，接着又说，"不会轻易拼命。"

没过多久，敌人的侦察连退了下去，大队人马按兵不动。他们可能看出我们早有准备，一时间欲进不得，欲罢不舍。直到黄昏时分，他们也没有正式地发起过一次进攻，最后灰溜溜地掉转屁股"拉差"了。

四

敌人刚走，八军团六十二团团长马良俊、政委王贵德率部赶到。他们是奉命接替我们的。交接完毕，李团长立刻下令收拢部队，向湘江方向迅速前进。

我们一路小跑地赶到石塘，天已全黑。李团长下令部队停下休息，吃干粮。这时，吃着干粮，团里几个领导加上我开了一个小会。由于"红星"纵队行动比较迟缓，一天多的路足足走了四天。湘军、桂军和背后薛岳的追兵，发疯似的拥上来，湘江两岸的阻击形势很吃紧，我们如不立刻挺进，很可能渡不过湘江，会被敌人消灭。可是部队已经筋疲力尽，急需休息，哪怕是睡一小觉也好。反复分析过敌情后，大家意见逐渐一致：渡江则生，休息则无异于坐以待毙。因为我们还在敌人的包围圈里。

团政委老余说："要告诉同志们，我们的生命不属于自己。革命的道路还长，革命需要我们活着。我们的生路只有一条——走，冲过江去！"

夜幕低垂，伸手不见五指；枪炮轰鸣，震撼着桂北大地。我们向湘江挺进。

"咬紧牙关，渡过湘江！"

"不顾一切，突破最后一道封锁线！"

政工干部活跃的行军的队伍里，全团的人互相搀扶着，互相鼓励着，艰难地但是坚决地向前挺进。有的小鬼实在太困了，让别人牵着手，一边走一边打瞌睡。我也感到很吃力，两条腿像不是自己的一样。可我是师里派到十六团来加强领导的，这个时候，我的表现对部队有影响。所以，我不仅要拼命向前走，还要尽量打起精神做宣传鼓动工作。走着走着，只听身旁的刘西元同志失声叫道："我掉到沟里了！"黑暗中，我摸索着紧抓他的胳膊，使尽全身的力气把他拉上来，也顾不上浑身泥呀水的，又继续赶路。

走啊，走啊，速度越来越慢，队伍越拉越长。不知走了多久，天色渐渐发亮了。突然，前面有人喊："湘江！"真的，一条宽宽的"亮带"横在我们面前了。

五

没有船，只能寻找涉渡点。没等后面的部队上来，侦察排就奉命下水探测水情，寻找涉渡点。其余的人都解绑腿，把它接在一起。

水很急，最深的地方齐胸，如果不拽紧绑腿，就有被冲走的危险。不知是看到胜利就在眼前了，还是天色渐白，人们心里忽然亮堂了，大家又来了劲。各营的指战员，组织得也比较严密。我们就这样一个挨一个，互相照应着，拉着绑腿涉过了湘江。

"终于过来啦！"战士们一个个面带喜色，像在根据地打了个大胜仗一样。真想唱啊，跳啊，欢庆一阵子。可是我们简直连挪一步的力量都没有了。我旁边有个小鬼，又眼睛亮闪闪地望着我，嘴吃力地咧了几下。他是想笑，却笑不出声来。由于形势紧急，同志们凭着革命到底的毅力，这几天硬挺过来了。涉过湘江，这口气一松，就再也动不了。部队按指定地点疏散在松树林里，有的同志靠着树干就睡着了。

调整好部队，团里的干部正要休息，突然接到报告，红军总参谋长刘伯承同志[①]就在离此不远的地方。李团长也顾不得休息了，立刻带我们去见刘伯

---

① 刘伯承在长征初期任第五军团参谋长；湘江战役后的 1934 年底才复任红军总参谋长，兼中央纵队司令员。

承同志。

"啊,你们过来了!"刘伯承同志又惊又喜,"三军团部以为你们被敌人拦阻不能过江了。军委转来三军团的两份电报,正在查找你们的下落呢。部队伤亡怎么样?"

"报告首长,"李团长说,"我团无一伤亡。"

刘伯承同志握着李寿轩同志的手,十分欣慰。他简要地讲了整个战役的情况。李天佑同志的五师,三千多人的两个团,总共剩下不到一千人了。我们六师十八团还没消息,吉凶未卜,只我们十六团没受损失。

正讲着,敌人的飞机来了。他们没发现我们,在江两岸狂轰滥炸了一阵子就飞走了。

李团长把我们执行阻击任务的经过向刘伯承同志做了简要汇报,并遵照刘伯承同志的指示向三军团首长彭德怀、杨尚昆同志发报:"十六团无一减员渡过湘江……"

(选自《革命回忆录》第 13 集,人民出版社 1984 年版)

过湘江时安置伤员的故事

⊙钟有煌[1]

长征中，我一直在团卫生队工作。我是一名医生，在行军途中，上午到各个连队巡诊，了解战士情况和治疗疾病等，下午就走在全团的后面，进行救护治疗，参加团的收容队和安置不能随队行动的伤病员工作。

长征途中因为没有后方，没有后方医院，对不能随同部队行动的伤员、病员，无处可送，那时，不可能用担架抬着行军，也没有骡马和车辆乘坐。他们是为革命受了伤，为革命得了病，是共同战斗的战友，绝不能无缘无故的不理不管。因此，伤病员的安置问题，这是在长征中最头痛、最难解决的问题。由于形势所迫，我们只能把不能随队行动的伤员、病员寄托安置在当地百姓家。

红军长征是在强大敌人的围追堵截中、频繁的行军作战和艰难险阻的环境中进行的。不仅是重伤病员无法跟随，就是小伤小病、感冒发烧，本来休息治疗两天吃点药就可以好的，但因为当时艰苦的客观环境，根本就不可能有一两天的休息时间。

长征中，红军战士背着沉重的武器弹药和被包、粮袋，每天行军百里上下，有时还要打仗，在这样的情况下，是很艰苦的，对于身体弱一点的人，常常感到很难适应，还要加倍努力才能不掉队。对于有伤有病的人，那就更难坚持。所以，有许多小伤小病的战友无力随同部队，而被迫离开长征队伍。

关于安置伤病员的工作，我的感触比较多，在这项工作中，我不知道流了多少同情的眼泪，是很难形容表达的。要把共同生活在一起的战友，特别是干部，安置在当地百姓家，这不是一般的离开部队，也不是像在苏区那样送到后方医院去，而是寄托在敌人所管辖的地方，是不忍心的。这些地方的老百姓，

---

① 作者在长征时任红三军团第五师第十五团军医。

对共产党和红军是不甚了解的，而且敌人造了许多谣言，群众有许多害怕的心理，初见红军时都逃到山里去，经过宣传和接触之后才逐步消除群众对红军的误解。

被安置的伤病的战友们也考虑得很多，因为遇到敌人，如蒋军和地主武装、土匪等，随时都有被俘、被害的可能。所以，他们同我们分别时，不仅是难分难舍，而且是生离死别。一位革命战士，一名共产党员、青年团员，要离开这样的革命大家庭和生死与共的战友，没有不悲痛、不难过的。没有亲身经历过的人，是难以理解的。

我所在的团是红三军团的主力团，哪里最需要、哪里的任务最重要，就调到哪里去。湘江战役是中央红军在长征中一次最大的战役，战斗打得最激烈，我军的损失也最惨重。我三军团五师在湘江以东的南侧，任务是掩护中央总部安全渡湘江，阻击广西李宗仁、白崇禧从灌阳方向来的几个主力师的进攻。敌军首先对我十三团阵地进攻，在飞机大炮的轰击后，密集的步兵猛烈向我阵地扑来，我团干部战士不怕牺牲，决心与阵地共存亡，一次一次地进行反击，打退了敌人的无数次进攻。敌伤亡惨重，在我阵地前沿丢下的尸体遍地都是。

敌人在我十三团阵地上受到沉重的打击之后，第二天改向我十四团和十五团阵地进攻，战斗打得非常激烈。我五师在这一阵地上，坚持三天四夜，全师伤亡二千余人，十五团团长和政委、十四团政委都负了重伤，师参谋长、十四团的团长、副团长、团参谋长及政治处主任都英勇牺牲了。

我们卫生队在战斗打响后，在所指定的村庄执行接收战场上下来伤员的任务。这里离战场不足五华里，前线的枪声、炮声和向下俯冲的飞机声震耳欲聋，我们就是在这种残酷的战火下展开救护工作的，陆续接收了近百名重伤员。有骨折的、有胸腹部伤和头部伤的，还有不同情况的炸伤。这些伤员我都亲自一个一个地进行检查，与看护排一起共同对伤口进行清洁整理，严格止好血，骨折固定好，重新包扎，以争取安置到平民百姓家时不发炎、不化脓，达到早期治愈。

我在这个团工作时间比较长，除长征初期补充的新兵外，他们都认识我钟医生。在我检查伤口的过程中，看到许多人都闭着眼睛，有的听到我的福建口音后，睁开眼睛对我讲几句话又闭住了，有的就不睁开眼睛，也不讲话。

一位伤员同志听到我的口音，睁开眼睛看了我一眼说："钟医生，我的伤很重，这我自己知道。蒋介石这个坏家伙的子弹，没有长眼睛，没有打中我的要害，如果有眼睛，打中我的脑门，或打中我的心窝，就好了，那我就会在战场上流完最后一滴血，那多么好啊！"讲完之后，又闭上了眼睛，我看到从他的眼角流下了眼泪。听了这个话，很伤感，我明白他的心境，也无法回答他的话，只能安慰他几句。又一位伤员对我说："钟医生，我参加革命四年多了，入团、入党，参加红军，就是要革命到底，为社会主义共产主义奋斗终生，奉献我的一切，以至我的生命。钟医生，我已经做到了。"他说完话，闭上了眼睛。

我本来听了前一位伤员同志的话，心里就很难过，忍不住流下了眼泪，想着他的话感到非常伤心。又听到第二位伤员的话，更加重了我内心的伤感。他们讲的话，虽然不同，但内容本质是一样的。说明了毛主席领导的红军战士具有不怕困难、勇于为革命事业牺牲的精神，说明革命不容易，战争是残酷的。夺取全国政权是多么的艰苦，说明今天新中国的政权是无数革命先烈用鲜血和生命换来的。

还有一些负伤的红军战士躺在担架上，讲述战斗场面和英勇杀敌的故事。他们说：为了消灭敌人，我在火线上一点也不怕，同敌人拼刺刀，在我们手下刺伤刺死了好多敌人，吓得敌人向后逃跑。我们的负伤是被敌人的炮弹炸的。为革命不怕负伤，不怕牺牲，要革命就难免负伤和牺牲，为革命牺牲了光荣，负伤了光荣。

有一位连指导员，伤势不轻，从火线上转到卫生队。我们卫生队的黄指导员同他谈心。他们都是百色起义一同参加红军的广西人。我也同他谈了为什么要安置到老百姓家里的问题。他有许多的想法很好，对我有很大的启发。我感到他很沉着，似乎胸有成竹，没什么担心之处。他说安置到老百姓家里后，一定要和房东、群众搞好关系，依靠群众保护自己，治好战伤。

我们红军中有许多老战士，久经战火的锻炼，在党的培养教育下不断成长，虽然对深奥的道理讲不好，但革命的意志坚定，使我钦佩。他们做到：只要革命需要，就不惜牺牲自己的生命。战场上的牺牲是为了革命的胜利，在刑场上的牺牲也是为了革命。

这次战役是关系到我中央红军生存的大战。我五师进行的是阵地防御战，是掩护中央总部渡湘江的重要任务。所以，对伤员的安置工作，做了细致周密的安排。在三天四夜的过程中，我卫生队对接收的重伤员都及时地进行了清创整理，并及时地转到各营的安置地点进行安置，完成了任务。

（节选自钟有煌：《忆长征中安置红军伤病员》，原载《福建党史月刊》2006年第8期。本文标题为原文中的一个小标题）

风雨长征 血战湘江

⊙刘明辉 [1]

当国民党军队推进到中央根据地的腹地后，1934年10月初，中央红军开始实行战略转移。中共中央、中革军委机关也由瑞金出发，向集结地域开进。

在这秋雨绵绵的时节，我告别了生活、战斗过的中央苏区根据地，从离瑞金约三十里的兴国县高兴圩战壕里撤退下来，随中央红军出发，踏上了长征的艰辛路途。

10月10日晚，全军以红一军团为左路前卫，红三军团为右路前卫，以红九军团掩护左翼，红八军团掩护右翼，中央和中革军委机关及直属部队编成的两个纵队居中，我们红五军团担任后卫，开始突围。17日，中央红军主力五个军团及中央、军委机关和直属部队共八万六千余人，踏上战略转移的征途。开始我们接到的命令不是说要长征，而是说打到外线，到外线作战，目标和方向是湘西，与红军二、六军团会合。

转移开始时，中央红军准备到湖南西部同红二、红六军团会合。部队基本上沿着红六军团走过的行军路线，即沿赣、粤、湘、桂边境的五岭山脉一直向西行动。国民党军队察觉后，即在赣南、湘粤边、湘东南、湘桂边构筑四道封锁线，安排重兵进行堵截和尾追。但是，各路敌军之间存在着复杂的矛盾，对防堵追击红军的态度并不一样。因此，中央红军迅速突破敌军第一道封锁线，进入广东境内。接着，又比较顺利地通过第二道封锁线和第三道封锁线。当挺进到广西湘江地域时，蒋介石调集了二十五个师，分五路前堵后追，企图消灭红军于湘江之侧。

---

① 作者在长征时任红五军团政治保卫分局侦察部科员。

面对敌人的围追堵截和不断逼近，红军部队只能硬攻硬打，杀出血路。加之中央机关纵队非战斗人员多，又携带着大量笨重物资器材，行动困难。为了隐蔽，还时常夜晚行军，走在山间小路上，拥挤不堪，动作迟缓，极易遭敌攻击。面对越来越险恶的形势，为便于行动，红军进行了整编。整编后，红五军团辖两个师，即第三十四师和我所在的第十三师。军团长董振堂，政委李卓然，参谋长刘伯承。军团长董振堂是河北新河县人，共产党员，原国民党冯玉祥部队第二十六路军手枪旅旅长，参加了著名的宁都起义，作战勇敢机智，很有才干，在部队中威信高。政委李卓然是湖南人，参谋长刘伯承是四川人，他们都是老共产党员，都曾到过苏联学习过政治和军事。刘伯承还在苏联任过军事教官，在苏联也很有名，对战略战术都很有研究，善于联系群众，思想作风好，讲起话来用方言多，笑话多，得到大家的拥护和爱戴。十三师是红五军团的主力师，师长陈伯钧，政委罗荣桓（后罗华民），参谋长潘同。

红五军团在董振堂、李卓然、刘伯承的率领下，制定了严密的行军和作战方案。采取交叉掩护、轮番转移的办法，命令第十三师和第三十四师两个师稳妥地交替前进，阻击尾追之敌，确保整个红军的安全。这样，红五军团从兴国城外出发开始长征，直到突破敌人的第一、第二、第三道封锁线，都很好地完成了掩护全军的任务，狠狠地打击了敌人，自己本身没有受到大的损失。

进入湖南、广西后，为甩掉追击的国民党军队，我们不分白天黑夜地连续行军。晚上看不见路，就点起火把照明，每个战士准备一把，每个班一次点燃一把，一个战士的点完后再换另一个战士的。在漆黑的山路上，我们的队伍绵延数十里，一簇簇燃烧着的火把串在一起，像一条前不见头后不见尾的火龙，舞动在湘桂漆黑的大地上，很是壮观。然而，这样不分昼夜的行军，干部战士非常疲惫，一旦遇到沟坎、独木桥等障碍，队伍就会停下来，战士很容易站着就打起盹来。等后面的同志喊起来："哎！前面的人怎么不走了？"打瞌睡的战士被叫醒时，有的已经找不到自己的连队了。有时，部队到达村庄，有的战士在房前屋后找个地方，倒下就睡着了，等到醒来，队伍已不知去向。这样的情形很多，这是造成红军大量减员、部队损失严重的原因之一。

11月下旬，天气转冷，部队辗转来到湘江边。这是国民党军队的第四道封锁线，只有渡过湘江，冲破敌人的这最后一道封锁线，部队才能突破敌人的重围。25日，中共中央革命军事委员会（以下简称"中革军委"）决定红军从广西全州、兴安间抢渡湘江，突破国民党军的封锁线。27日，红一军团先头部队顺利渡过湘江控制了渡河点，并架设了浮桥。28日，红一军团主力到达湘江，红三军团先头部队也渡过湘江。我们红五军团扼守蒋家岭、永安关、雷口关地域，以迟滞追击之敌，掩护后续部队通过。此时，中央军委纵队已进到灌阳以北的文市、桂岩一带，距湘江渡河点只有八十多公里。如果轻装急进，可迅速渡过湘江。但是，部队被那些"坛坛罐罐"拖累，足足走了四天才到达湘江边上，致使国民党军有了充分的时间赶到湘江两岸，前堵后追。湘江两岸的红军部队，为掩护全军渡江，与装备有飞机、大炮的敌军展开激烈战斗，付出了惨重的代价。

湘江血战，是中央红军突围长征以来战斗最壮烈、损失也最惨重的一仗。在"一切为了苏维埃新中国"的口号下，红军的士气惊天地、泣鬼神。历经五天五夜的激战，我们终于突破了敌军重兵设防的第四道封锁线，保护中央红军纵队安全渡过湘江，粉碎了蒋介石围歼中央红军于湘江的企图。

我们红五军团第十三师护卫中央红军渡江后，也撤出战斗，顺利渡过了湘江。在湘江边，我和战友们迅速脱下衣服裤子，把衣服裤子和枪举在头顶上，趟〔蹚〕水过江，时当冬季，天气寒冷，江水刺骨，到了对岸战士们冷得发抖。但红五军团第三十四师却打得非常艰苦惨烈。他们是在最后面撤出的，在完成掩护中共中央、中革军委和红军主力抢渡湘江之后，被阻隔于湘江之东，西去的道路也被敌人切断，部队处在湘军、桂军、国民党中央军等八路敌人的包围之中，渡过湘江已经不可能。在这样严重的情况下，三十四师师长陈树湘率领全师干部战士不畏强敌，英勇拼杀，予敌人以重大杀伤，终因寡不敌众，弹尽援绝，全军覆没。这在红军历史上还属首次。陈树湘师长身负重伤被俘后，乘敌不备，用手从腹部伤口处绞断了肠子，壮烈牺牲，年仅二十九岁。

湘江血战，红军各部队伤亡惨重。渡过湘江后，中央红军已由出发时的八万六千〔人〕锐减为三万余人。

（选自刘明辉著：《刘明辉回忆录》，云南民族出版社2005年版）

突破重围　血染湘江

⊙莫文骅 [1]

风萧萧兮赣水寒。

1934年10月中旬，由于第五次反"围剿"战争的失利，中央红军和中共中央机关八万五千人，被迫离开中央苏区，实行战略大转移，踏上向西突围的征程。当时我们虽然意识到要突围，但并不知道这就是长征的开始。

10月17日，我赶到古龙岗向红八军团政治部报到后，便跟随部队强行军。因时间紧迫，罗荣桓主任只好边行军，边向我介绍部队情况。

八军团是同年9月在兴国集贤圩由扩大来的新兵编成的。下辖二十一师、二十三师，共七千余人。军团长周昆，政委黄甦，参谋长唐浚。为加强领导，中央还派刘少奇同志担任军团党代表。该军团二十一师原配属江西军区，还打过几仗。而二十三师则全是新兵，尚未上过战场。周昆和黄甦两人原在一军团时分别为师长和师政委，罗荣桓同志原是红一军团的政治部主任。

行军步子在逐渐加快，当部队向西跨出苏区边界时，大家不断地回头，凝望着中央苏区的山山水水，不胜留恋！

10月22日，我们从赣州以南的王母渡、立濑圩之间渡过桃江，便进入了白区。这时，前面有敌人堵击或民团骚扰，后面又有追兵，两侧还有夹击之敌，加上空中敌机的轰炸扫射，行军更为艰难，几乎天天要打仗，得不到休整机会，遇到不少新的情况和问题。我们政治工作机关，不仅要做部队的思想政治工作，而且沿途还要向群众做宣传，工作繁忙，经常迟睡早起，很少休息。

本来，红军的团级以上干部都配备有牲口，而我的马在来古龙岗途中留给

---

① 作者在长征时任红八军团政治部宣传部部长。

当地苏维埃政府了。到八军团后，看到部队刚刚组建，没有什么家当，要从别处抽出一匹马给我确不容易。因此，自己不便开口提出要坐骑。我天天跟着队伍徒步行军，翻山越岭，有时天下雨，道路泥泞，一不小心就滑步跌倒，弄得满身泥浆。开始，每天行军总是说翻过前面那座山就到，无论如何要坚持到目的地就好办了。谁知部队越走越远，越走越快。走了十几天，一边工作一边走，体力渐渐支持不住，脚开始肿了，只得拄根棍子，一瘸一拐地赶路。我想，过去多大的困难都克服了，现在，也要以坚强的革命毅力，战胜脚肿行军的困难。

又走了几天，队伍经过广东边境进入湖南。一天早上，部队正在集合，我刚来到集合地，就听见有人喊道："莫部长！"转头一看，原来是罗荣桓主任。我赶快跑过去，他高兴地对我说："党代表刘少奇同志送给你一匹马。"说着，他马上引我去见刘少奇同志。

见到刘少奇同志，我敬了一个军礼。他和蔼可亲地对我说："你不是没有马吗？你的脚肿了，工作又忙，前面的路还很长，你就把这匹老黄马牵去用吧！"

我听后十分感激地问："党代表，这匹马给了我，那你怎么办？"

他笑微微地答："昨晚，部队打土豪，搞来一匹大骡子，送给了我，我的行李多些，还有书籍，骡子力气大，我把它留下了，这匹黄马就多出来了。"他停了一下，又接着说："这匹黄马是我从瑞金骑来的，马虽老一点，但还健壮，又老实，走路小心，记性好，还有不少优点呢！"

我哪能要党代表的马呢？便推让说："党代表，马还是你留下驮行李，或者换着骑吧，我另想办法解决。"

少奇同志马上认真地说："我不需要两匹马，现在，你的脚肿了，比我和其他同志更需要马，不要再推了！"

站在旁边的罗荣桓主任也插话说："快要出发了，党代表决定给你，你就要了吧，我帮你找了好几天，都找不到呢！"

在当时困难的情况下，少奇同志送给我这匹马，确是雪中送炭，这不仅是对干部无微不至的关怀，也是对我们工作的支持。我向少奇同志感谢了几句后，就告诉饲养员老张把黄马牵走。这匹黄马昂首摇尾，嘶鸣几声，好像是在向党代表告别。

我有了这匹马，如获至宝，爱护它，喜爱它。在频繁的行军战斗中，这匹马和我的生命是连在一起的。平时我尽量少骑它，宁可自己多走路，也不使它过于劳累。我每逢要骑它时，总要拍拍它的脖子，摸摸它的鬃毛；到了宿营地，也要对饲养员交代几句，慢慢遛它，好好喂它。有了它，我可以在队伍里跑前跑后，做宣传鼓动工作更方便了。

部队仍一个劲地向西。这支没有经过战火锻炼和严格训练的队伍，不仅战斗力较差，行军也缺乏经验。凡老部队旅次行军，约十公里一小休，二十公里一大休，快到宿营地时，再加一把劲。而我军团这些新兵，出发时一个劲地走，该休息时也不休息，最后没有劲了，累极了，一头躺倒在路旁便呼呼睡着了，怎么喊也喊不醒。这样，掉队或开小差的人也渐渐多起来。加上这些新兵家乡观念较重，他们出来参军，是为保卫土地革命的利益，而现在部队却远走他乡，不知部队要开到什么地方去，连我当宣传部[部]长的也不知道，问政治部主任，他也不大清楚，这便缺乏政治动员力量和说服力。我们每天只能强调反对阶级敌人，宣传打倒国民党反动派，打倒土豪劣绅，当红军光荣，革命最后一定胜利，号召大家在共产党领导下，发扬吃苦耐劳精神，注意群众纪律，坚持斗争到底。至于战士的困难问题，尽力给予关心，有些可以解决的，设法帮助解决，有些不能解决的，就讲清道理，号召大家来忍受。

罗荣桓主任经常指示我们说："做政治宣传工作，不能光靠讲大道理，更不能靠哄骗，而是要靠党支部的堡垒作用，靠党员、干部的模范带头作用，靠深入细致的思想工作，只要向战士们讲清革命道理，关心战士生活，爱护战士的身体，千方百计让大家吃好睡好，战士们是会跟党走的！"罗荣桓同志这种扎扎实实的工作作风，给我留下深刻的印象。

大约走了一个多月，至同年11月下旬，红军经过艰苦转战，连续突破敌人三道封锁线，来到湘桂边境。敌人利用波涛滚滚的湘江，构筑了第四道封锁线，由粤军、湘军、桂军分别严密防堵和包围我军。这是敌人经过精心部署的最后一道封锁线。后面尾随红军追击的周浑元部追得很紧，右翼有何键部刘建绪率四个师与薛岳率一个纵队扼守全州，左翼有广西李宗仁、白崇禧的军阀部队从桂林开至兴安、灌阳以北一带，形成一个钳形攻势。蒋介石在湘江这道天然屏障面前，调集了近三十万大军，沿江一侧修筑了许多碉堡。他认为中央红军流徙千里，四面受制，"不难就擒"，手谕前线各部队"力求全歼，毋容'匪寇'再度生根"，红军处境十分险恶。

我军团从古龙岗突围开始，便在左翼跟随红三军团与在右翼的一军团、九军团担任掩护中央纵队和军委纵队行军的任务。

一天，敌机投掷炸弹之后，撒下了一些传单，传单上叫嚣："共匪们，我们奉总司令的命令等你们好久了，请你们快来！来！来！来！来进我们安排好的天罗地网！"

我知道这又是一场恶战。

11月28日，军委突然电令我红八军团从湖南道县附近插入广西灌阳县水车地区，与红三军团六师取得联系。由于周浑元部紧跟在后面追击，故绕道返转去，再从道县前进。情况十分紧急，部队已来不及动员，便出发了。连侦察员也没有派，只派一个尖兵排在前面边搜索边前进。我们日夜兼程走了两天两夜，没有吃，也没有休息。那时，追我红军主力之敌与我红八军团只隔十多公里，正同时平行前进。因我们有战斗任务必须迅速摆脱敌人，故不管三七二十一，冒着敌机的轰炸和地面敌人的袭击，拼命前进。

30日午夜，我军团到达水车宿营，三军团六师已奉命赶往湘江，而与我军团不期而遇的是担负全军后卫的五军团第三十四师，于是，我军团无形之中也成为全军的后卫之一。对于我们这支新部队来说，是一副过分沉重的担子。

拂晓，银霜遍地，秋风萧瑟。我们迎着晨曦，尾随红九军团从左翼往湘江岸边前进。五军团三十四师留在水车掩护。

当我红八军团在奋力前进时，听到右翼剧烈的枪声，空中飞弹如雨，知道右翼的主力兵团正在突破敌人的封锁线。接着，从水车方向又传来了枪声，知道三十四师抗击追敌的掩护战斗也开始了。

我军团跟在红九军团后面旅次行军，相隔只有一个小时路程，起初听到前面有一些零碎枪声，不知究竟。罗荣桓主任对我说："你对广西情况较熟悉，到前面去了解情况。"我接受任务后，便骑着马随尖兵排走在前面。走着，走着，突然，只听"砰！啪！"几声枪声，继而"哒！哒！哒！"响成一片，步枪和机枪从前方百米山腰丛林中打来，在我后边的尖兵排梁排长负伤了。我的马鞍也中了一弹。我立即跳下马，协助指挥队伍就地散开，攻击前进。过一会，前卫团长很快赶了上来，侦察敌情，指挥部队占领阵地。这时我也搞清了情况。

原来，红九军团走过一个多钟头后，一支广西敌军从灌阳方向插过来，开始听到的零碎枪声，就是他们打九军团掉队的同志。

我们必须击退前面之敌，扫清障碍，才能继续前进，不然，后头的追敌将三十四师压下来，我们就前后受敌了。于是，军团首长下令强攻。但敌人已先占领了主要阵地，其后援部队又纷纷赶到，人数有多少，不很清楚，看来，我们难于短时间内消灭敌人。那时，九军团已走远了，右翼枪声亦已稀疏，而且越打越远，估计冲破敌人的封锁线了吧，若我们不尽快扫清道路，其处境是很危险的。

下午 3 时，敌机飞来了，低飞离地面只有三百余米，俯冲时用机枪往下扫射。我军除战斗部队外，行李、伙食担子、马匹、担架等分散在山上，到处寻隐蔽的位置。敌机更逞威风，其机关枪不断往下扫射。

此时，后面三十四师的枪声大作，这是我们最后一次听到这个师的声音。

我军团且战且走，有时敌我几乎搅在一起，敌人的追兵曾离军团指挥机关几十米。罗荣桓主任常和机关人员一样，掏出手枪直接参加战斗。

暮色降临了。看情况，我军团已不能从正面通过，但如何追赶主力呢？从前方渐远的枪声和飞机在较远上空盘旋的情况判断，主力与我军团相隔已有好几十里，我们必须迅速从侧方去会合，不然，天黑了更难于行动。于是，军团决定把机关的行李、伙食担子、马匹等集中起来先出发，战斗部队与敌人对峙一阵后撤回，急忙沿着先出发的后勤部队方向前进。

在朦胧月色中，筋疲力尽的战士们跌跌撞撞地走着，边走边打盹，肚子饿了，只能靠身上带的一点干粮充饥。远处不断传来枪声，部队不敢停下休息。战士们越走越心急，步伐却越走越慢。队伍越走越稀，掉队的越来越多。就是那些鼓动别人前进的宣传员，自己也走不动了。我随战斗部队徒步行军，也已经疲劳至极，两脚又开始肿起来。我只得拄着棍子，咬着牙赶路，再累也不敢停歇一步，生怕跟不上队伍，且一休息，就难再站起来。就在这样极度紧张、极度疲劳的情况下，我们走了五十多公里路。至拂晓时，来到一条马路边的平坝子，四面火光，好似有许多部队在宿营。我们分析，可能是先出发的后勤部队，但未见哨兵，又觉得奇怪。再走，听见一匹马在路旁向我嘶鸣了几声。我转眼一看，啊！原来是少奇同志送给我的那匹老黄马，正向我招呼呢！少奇同志曾说它记性好，看来确是不差。我高兴极了，赶忙走过去，又看见饲养员老张正在路旁睡觉，我立即叫他起来，询问有关情况："你们先出发的同志都在这里吗？"

"不，伙食担子休息一会又走了！"他睡眼惺忪地回答。

"你呢？"

"我在这里等你！还有军团首长的饲养员也一起在这里等你们！"

"附近有什么部队？为什么四周有这么多火光？"

"没有，都是掉队的！"

"喂过马吗？"

"已吃过草料，也饮过水了！"

"赶快走吧！"

我督促周围掉队的同志上路后，便立即骑上马往前奔去。停留在这里是很危险的，敌人会很快追来的。

老黄马很有精神，"嘚、嘚、嘚"地在大路上有节奏地走着。早已疲劳万分的我，坐在马上，摇摇晃晃，感到很舒适，边打盹边想，真要感谢少奇同志给我这匹马，如果没有它，我脚肿走不动，可能要掉队；如果不是饲养员老张忠诚待我，哪能把马放在路边等我；如果不是这样一匹记性好的马，又可能失之交臂，过而不知，那也就很可能脱离不了危险的处境！

大约又走了十多公里路，来到离湘江边二十公里的一个小镇，天已放亮了。狗吠鸡鸣，似催着熟睡的人们早起，可我们连续走了一百多公里路尚没有合过眼呢！

小镇的街道平直，也较干净，有些同志都想躺下睡一觉再走，但此镇不是久留之地。据了解，主力已渡过了湘江，我们必须迅速赶到凤凰嘴渡口渡河。

一出街口，在初升的微红的太阳映照下，看到马路旁边满地的书籍文件，一片狼藉，里面有《列宁主义概论》《马克思主义政治经济学》《土地问题》《中国革命基本问题》《步兵操典》，还有许多地图、书夹、外文书籍等。有的书原封未动，有的扯烂了，有的一页一页地散落满地，溅满了泥浆，这是红军的运输人员从瑞金艰难搬运来的图书馆的书籍，也是我们的思想武器及战斗中所必需的材料，现在不得不扔掉，烧了，真是可惜呀！我自己从中央苏区带来的两捆书籍、文件仍挂马背上，还是不舍得丢掉。

马路上行军，本来是好走的，但是，战士们太疲劳，太饥饿了，且走惯山路的人走平路反而吃力，觉得二十公里路太远了，膝盖疼痛难忍，每前进一步，都要使出全身的气力。有的战士走着走着，一头倒在路旁便呼呼睡着了，我们叫醒这一个，那一个又躺下了。各连队的政工人员，沿途利用可能利用的时间，向战士们进行宣传、解释、鼓动，说明我们的处境，抢渡湘江的重要性和我们担负的任务，指出我们仍处在敌人重围之中，必须尽快赶到渡河点，抢渡湘江，否则就会被敌人截断去路。据了解，原担任殿后的三十四师已另走别路，不在我们后面，殿后的便是我们八军团了。

我们忍着饥饿和疲劳，走到离凤凰嘴渡口约几公里的广西境内时，头上出现了敌机，沿着公路向我们队伍投弹、扫射。而公路两旁没有隐蔽地，也没有时间允许我们停下隐蔽。为了抢时间，我们只能冒着敌机的扫射和轰炸前进，再没有比在这种险境下行军更困难、更危险的了。大家都抱着最大牺牲的决心，生死存亡，全不顾及。沿途有不少同志牺牲在敌机的轰炸、扫射之下，敌机只能夺去我们一些人的生命，但并不能最后解决战斗。

在公路两旁附近，还有其他零星部队不断向凤凰嘴渡口急进，这表明渡江尚未完毕。担任掩护的我红八军团至此再不能前进了，遂急急忙忙地布置了警戒，准备迎击追来的敌人，以掩护尚未渡过江的部队。

布置好警戒后便安排煮饭吃。不知伙食担子到哪里去了，各单位只好派人煮。没有菜，没有盐，也没有碗，大家用帽子装来吃。

饭还没吃完，敌人就从旁边插过来了。我们把帽子里未吃完的饭包起来，立即拿起武器，登山抵抗。这时，前面的部队均已渡过湘江，我们的掩护任务已经完成，便边打边撤，向渡口前进。

12月1日中午，我们军团终于赶到湘江边的凤凰嘴渡口。大家看到了波光粼粼的江水，心里稍松了口气，因我们到底抢在敌人的前头赶到湘江。

凤凰嘴渡口是湘江的上游，江面有百多米宽，江水不深，可冰冷砭骨。我们刚到江边渡口，后面传来追敌的枪声。敌机又在渡口上空轮番轰炸、扫射，江面激起了一股股水柱，渡口临时搭起的浮桥已被炸断。我们便立即冒着弹雨冲进江里，徒涉渡河。我和军团机关及二十三师部分同志走在前头，到了河心处，水淹没到腋下，大家举着枪和行李，奋力向对岸移动，个子矮小的仅在江面露出个头来，有的女同志趟〔蹚〕不过去，便抓住骡马的尾巴渡过去。在抢渡中，不少同志中弹倒在江里，被湍急的江水卷走……

刚到对岸边，敌机又俯冲过来，我们在沙滩的洼地卧倒，待敌机投弹、扫射过后，疾步冲进岸边的一片茂盛的树林里。我从中央苏区带来的书籍、文件，在这次渡江时全部丢失了。

江东岸的枪声越来越激烈，我们在树林里继续向前奔跑。此时，敌人已追到江边，我军团未过江的部队与敌人进行几次激烈拼杀，损失很大，建制也被打乱，大部同志过不了江。

入夜，我们在山凹树林处停下露营。看着周围的同志，许多熟悉的面孔不见了，我心里感到非常沉重，虽然疲惫不堪，但总是睡不着，眼前浮现着那些倒在江里，曾同甘共苦过的战友。

第二天早上整理队伍，我军团的二十一师几乎全部损失，二十三师也严重减员，全军团剩下不足两千人。整个红军部队在这次战役中伤亡也十分惨重，元气大伤，还有相当多的同志身体不支掉队了。三十四师为掩护我军渡湘江，而被敌截断，垮掉了。此时红军和中央机关人员已从八万多人锐减至三万多人。湘江战役是长征途中战斗最激烈、最残酷，损失最为惨重的一次战役。但是，我英勇的红军指战员，在敌我力量悬殊的情况下，以压倒一切敌人的英雄气概，浴血奋战，血染湘江，苦战一个星期，终于胜利渡过了湘江，突破了敌人的第四道封锁线。

我军渡过湘江之后，进入西延山区，前进在连绵起伏的崇山峻岭之中。真是往后看血迹斑斑，往前看是云山茫茫。

本来，红军总部拟在西延地区休整一两天，然后向湘西前进，与贺龙、萧克率领的红二、六军团会合，但敌人已于 12 月 2 日、3 日占领了界首、资源一线，全州的敌人也紧追上来，将红军紧紧缠住。另外，蒋介石也急调湘军向新宁、城步、武冈一带转移，妄图配合桂军，前堵后追，于湘桂边境歼灭我军。在这种情势下，我军决定尽快脱离敌人，放弃从西延地域出湖南城步的打算，向西深入越城岭山区。

我军团开始于胡岭一带负责警戒全州的桂敌。12 月 6 日，奉命同红五军团向兴安县的越城岭山脉前进，担负扼守老山界各隘口的后卫任务。

老山界，是越城岭山脉的中段分支，耸立在湘江西岸，是湘、粤、桂边有名的五岭之一。其主峰苗儿山①，海拔二千一百四十一米，是越城岭的最高峰，也是五岭的最高峰。上下有四十公里路，所谓路，也仅仅是直上直下的羊肠小径。远远望去，像一条细长的带子，挂在犬牙交错的悬崖峭壁之间。其地势险要，森林茂密，瀑布飞溅，浓雾弥漫，气候瞬息万变，人们视为畏途。我军团和五军团，作为全军的后卫，以要道隘口为屏障，居高临下，使敌人不敢轻进。

由于山高路陡，大军拥塞于途。当晚，主力未能通过，战士们只能就地露宿在山壁曲曲折折的小径上。至第二天下午，主力攀过老山界后，我军团和红五军团一边迟滞追来的桂军，破坏来路，一边开始翻越老山界。

这确是长征以来最难走的第一座高山。走至靠近主峰苗儿山时，山路更加险陡难爬。除了要通过由几根圆木架成的又滑又晃、使人头晕目眩的栈桥外，还有百步陡、雷公岩、三跳等十余处险地。所谓百步陡，又叫一百零八步，是

---

① 苗儿山，即猫儿山。

在七十多度的陡壁上，凿下了一百零八级的石阶。我们上山时，后面的人的嘴巴可以碰到前面人的脚跟，下山时，后面的人的脚会踩着前面人的头顶，石阶的一边是数十丈的深渊，令人生畏。尤其是雷公岩，它以九十度的角度拔地而起，在直立的峭壁开凿出来的石阶很狭窄，一次只能爬上去一个人。所有的伤员来到此岩，都必须离开担架，由人搀扶着缓慢攀登上去。有的不能离开担架的伤员，只能留下来。在此岩下，摔死了不少骡马，没有摔死的马匹发出痛苦的嘶鸣。红军指战员以惊人的勇气和毅力，发扬互相关心、团结互助的精神，终于胜利越过这些险道。我们到岩顶四望，真有"一览众山小"之感。当地群众得知我们红军是从老山界过来时，无不感到惊讶。

我们翻过老山界后，即进入龙胜县境。其山势未见平缓，前面仍是一望无尽的群峰。这里是人烟稀少的苗族聚居区，人们都称它为大苗山。这些苗胞住在人迹罕至的山沟里，过着极端贫困的生活。由于民族隔阂和国民党反动派的造谣，许多苗胞听到红军到来时，都先逃到深山去了，这就给我们筹粮工作增加了困难。罗荣桓主任指示我们说："这里是苗族聚居区，告诉大家千万要注意纪律，不要拿群众的东西。群众不了解红军，也听不懂我们的话，若他们看到我们就跑时，我们不要追，也不要喊，更不能开枪。我们要用自己的模范行为影响、宣传群众，有困难要咬紧牙关克服，两三天后通过这个地区就好了。"

根据罗荣桓主任的指示，我们政工人员大力开展宣传鼓动工作，教育部队严守群众纪律。有时搞不到粮食，大家饥肠辘辘，忍饿行军，情绪仍很高涨。

山路，依然是那样陡峭。那些背着笨重通信器材的无线电队和扛着大炮的炮兵们，个个大汗淋漓，不停地喘着粗气，吃力地往上爬。为了保证器材的安全，防止山路崎岖而摔坏，他们把器材捆在背上，抱在怀里，提出"人在器材在""人在大炮在"的口号，有的肩膀磨破了，有的因饥饿、力竭而昏倒。他们个个是英雄好汉！

走出了大苗山区后，队伍陆续离开广西龙胜县境，向湖南边境的通道县前进。那里仍有不少桂林式的小山。沿途虽有敌机在上空侦察，但空中威胁已大为减轻，大家也懒得理睬它了。

12月中旬，我军攻占了贵州省东部的黎平县。中央政治局在黎平召开了会议，讨论了红军的行动方向问题。部队利用此机会进行休整。这时，大家才能较放心地睡觉，这是从中央苏区出发以来最难得的休整。

"四川的太阳，云南的风，贵州下雨像过冬。"贵州山区雨多，气温低，寒气袭人。我从中央苏区带来的衣服，经过两个多月的行军作战已经磨得破破烂烂了，沿途又得不到补充，很多人都没有棉衣，现在天气冷了，大家不得不把带来的家当都穿在身上。

有民谚说：贵州"天无三日晴，地无三尺平，人无三分银"，情况确是如此。贵州到处种植鸦片，人们吸毒成瘾，变得痴呆，丧失劳动能力。他们住的是用泥土和茅草、木板条盖的房子，屋顶盖着稻草。男人只在下身系一条遮羞的布带，有些少女连这样的布带都没有，赤条条地在地里干活，当地农民几乎都是赤贫如洗。

在休整期间，我们从军团首长那里听到了黎平会议的主要精神，知道中央已决定放弃与二、六军团会合的计划，改向敌人力量较薄弱的川黔边界发展，拟在遵义一带建立革命根据地，这样，北可以与川陕根据地的红四方面军呼应，东可以与二、六军团配合，四面都有回旋余地。我们听后觉得眼前开阔了，对革命的前途充满胜利的信心，但那时，还不知道这是毛泽东同志的主张。

由于红八军团在湘江战役中严重减员，建制不全，丧失战斗力，故中革军委于 12 月 18 日在黎平命令撤销八军团建制，把现存的部队并入红五军团。刘少奇同志回中央，周昆、黄甦、罗荣桓同志另分配工作，我被调到总政治部待分配工作。

我觉得红八军团从成立到撤销，这里面反映了一个建军方针的问题。本来，在中央苏区扩大来的大量新兵，应该补充到主力兵团去，而"左"倾冒险主义领导者为了追求增加部队的番号，却另外成立那些没有骨干和基础的新部队，这样，主力部队得不到补充，越打越少，削弱了战斗力，而新成立的部队又因缺乏骨干力量，战斗力不强。这在建军方针上是一个深刻的教训。

黎平会议后，为贯彻中央新的行动方针，我军沿着黔境剑河、镇远、施秉、余庆和台拱、黄平、瓮安一带横扫过去，在薛岳、周浑元等部十多万大军追击下，于 1935 年 1 月初，胜利突破了乌江天险。接着，又攻占了贵州古城遵义。这可说是新年开门红！

（节选自莫文骅著：《莫文骅回忆录》，解放军出版社 1996 年版。本文标题为选入时本书编者所加）

我们最后过湘江

⊙黄庆熙 [①]

1934 年 10 月上旬，我从汀州到瑞金少共中央驻地报到。我至少共中央后，看到刘英、胡耀邦、赖大超后，知道他们也要走，但并不知道详细的情况。过了两天，党中央李富春（当时已被中央内任为总政代主任）召集被抽调出来的党、团干部开会，讲明了部队准备做战略转移，打到外线去，在新的地区创立根据地。这次抽调出的干部组成五个工作团到部队各军团去（到部队后工作团改为军团政治部地方工作部）随军行动。我参加的工作团共二十余人，由戴元怀任团长（原中共粤赣省委宣传部［部］长），被分配到红八军团。

……

我们八军团的部队是于 1934 年 10 月 20 日左右从江西于都、信丰驻地开始长征的。为了不过早的暴露目标，也为了防空，长征开始的一段时间部队都是日宿夜行。夜行军不许点火，不许吸烟，不许大声说话，等等。因是夜间行军，又多是山间小道。因此，部队行军速度很慢，失散、掉队人员多。我在这段夜行军中，基本上没有失散、掉过队。

1934 年 11 月上旬，部队通过三道封锁线，越过粤汉铁路线后进入湘南。湘南地区，交通方便，人口稠密，比较富裕。我党我军在此有深远的影响。因此我军在这一地区作战、行军都比较顺利。经过的县城、集市都为我占领，行军的秩序、速度大为改观。为了加快行军速度，有一段时间昼夜行军，夜间行军还可以打火把照明，各部队夜间行军时都打起火把来，火光冲天，形成多条路的几十里几百里的火龙，颇为雄伟壮观。

---

① 作者在长征初期任红八军团政治部地方工作科干事。

在湘南的作战行军中，八军团部队一直处在整个行军纵队的中间、侧翼。虽没有多少作战任务，但经常都在昼夜行军。部队紧张疲劳，无休整时间，伤病号、掉队失散人员增多。

我在湘南这一段行军中，因有前段的锻炼，越走越起劲，从没有掉队、失散过。但有两件小事值得一提。一是我在行军途中脚后跟破裂、肿痛发炎，起初上药治疗，多时不愈，后来紧张行军，无条件和时间治疗，只好听天由命，任它淋雨淌〔蹚〕水天然治疗，没有几天神奇般地好了。二是在一个多月紧张艰苦的行军中，都和衣而睡，身上又脏又臭，虱子满身，我穿在身上唯一的一件毛背心长满了虱子，虱子把我前胸脯咬得又红又肿，脱下来一看，背心的每个洞上都有又肥又大的虱子在那里藏着，在当时的情况下，只能忍痛把毛背心拿到小摊上换了五包香烟。

湘江，指的是广西北部全州附近一段湘江。蒋介石，广西李、白集结了强大的部队，企图在这里截击，并消灭我军。因此我军由湘南道县进入广西地区后，行军作战就频繁激烈起来。一是敌人在我行军沿路利用关隘山口及有利地形对我进行阻击，一是在我宿营驻地利用小部队和地主民团武装对我进行骚扰。并派遣特务进行造谣破坏，逼迫群众离村躲藏、烧粮、烧房，企图使我军处于无粮食、无房住的困境中。

在我军进至湘江附近时，大量敌军已集结在此，并已在左右两侧占领江边阵地，封锁渡口。我一、三、五军团为掩护中央纵队安全过江，在此进行了七天七夜的激烈的拼死的战斗，部队受到很大损失。在我八军团赶赴湘江时，原走的单独一条渡江路线。因未能突破敌人山隘防线改走大部队走的路线，采取紧急强行军（跑步，半跑步，不休息不做饭），赶走了两天两夜，才到达江边。此时大部队已基本过完，八军团是最后过的江。

11月底①过湘江冲破了敌人的第四道封锁线，我们在广西境内继续进军，翻越长征以来第一座大山——越城岭的老山界。

（节选自《黄庆熙生平自述》，原载"中国农村村民自治信息网·共和国民政部的老部长们"）

---

①11月底，应为"12月初"。

血战湘江护电台

⊙袁　光①

抢在敌人前面

　　我红八军团在宁远、道县间阻击一直尾追我们的敌军周浑元纵队,掩护中央纵队及红五军团通过潇水后,作为中央红军的左翼,于 24 日拂晓也由道县过河,随红九军团向江华、永明(今江永)前进,掩护主力突破敌人重兵扼守的第四道封锁线,准备于全州、兴安间渡过湘江。

　　形势十分严重。蒋介石为了实现其全歼中央红军的梦想,调集国民党中央军和湘、粤、桂数省敌军之精锐,以四十万大军分三路沿湘江和湘、桂公路对我实行堵截:湘敌何键和薛岳的中央军已进至全州,沿湘江布防;桂敌李宗仁、白崇禧所部,沿兴安、灌阳一线布防;敌中央军周浑元纵队和湘军一部则在我身后穷追。面对敌人重兵云集的第四道封锁线,同志们忘却了一路苦战的艰辛疲惫,准备迎接这一场即将来临的恶战。

　　11 月 28 日,我们又收到军委电令,要求我们 29 日中午之前赶到水车地域并与三军团六师取得联络。我们知道,情况发生了变化。这时,尾随主力的敌人,距我们只有五六十里路。我们为了避开当面之敌,还要折回道县,绕一个弯子,稍一延误,全军团就有被敌人切断的危险。军团首长立即命令部队日夜兼程直奔水车。

　　来不及进一步动员,部队就出发了。那时行军可真热闹啊,前面有当地民团的骚扰,后面有敌军尾追,天上还有敌机轰炸、扫射,我们走一阵,打一阵,不时还要荫蔽、防空。从渡过潇水以来,部队就没有休息过一天,我们电台的

① 作者在长征初期任红八军团无线电队政治委员。

同志还要抬着机器行军，更加艰苦。

利用短短的防空时间，我在路旁的一个沟里，把党、团支部书记和各排排长召集在一起，研究如何完成艰巨的行军任务。同志们很快商量出几条办法，决定报务员、机务员协同保护收发报机和其他器材，帮助运输员不掉队；组织收容队，把电台马匹集中起来，收容病号和掉队同志；同时，要求党团员越是在困难的时刻，越要发扬吃苦在前的革命精神，注意起模范带头作用，做好宣传鼓动工作。

敌机刚飞过，部队又行动了。我们这支一百多人的队伍，顿时活跃起来。连日的疲劳和饥饿忘得一干二净，刚才还静寂的道路上，到处响起了歌声和口号声，大家迈开双脚，加快了行军的步伐。

可恨的敌机，今天却偏偏同我们捣乱。走上几里路，它就来转上一圈，这里丢几颗炸弹，那里又扫射一阵。同志们个个气得冒火，但为了不暴露目标，上级规定不准对空射击，大家一边荫蔽，一边愤恨地骂道："有本事下来和老子较量较量，老子不一刺刀捅穿了你才怪！"

走走停停，一个上午没有走出多少路。中午，正要吃饭，敌机又来了。我趴在一个小沟里，盯着敌人的飞机。奇怪，这次敌机既不投弹，也没有扫射，在空中转来转去，突然飘下了许多花花绿绿的纸片。我拣起落在身边的一张，原来是广西白军李宗仁、白崇禧散发的传单，上面说什么已在前面布下"天罗地网"，狂妄地叫嚣要我们投降："你们来，愿意回家的回家，愿意在我们这里干的就在这里干。""这儿离你们家也不远，家里有妻子，又有老有小，我们护送你们回家去。"……还说叛徒孔荷宠，已在敌人那边做官了。看到这里，我肺都气炸了！妄图用一张纸片瓦解红军斗志，办不到！

我环视周围，有的同志拾起来，看也不看，一边骂一边撕得粉碎，也有的同志俏皮地喊着："多谢老蒋对我们红军的关心，怕我们拉肚子，送来这么多的擦屁股纸。"这一喊，引得许多同志哄笑起来。只有炊事班的同志闷着头一个劲地拣着："这一下，再也不用为烧锅引火发愁了。"

夜幕又在紧张的战斗气氛中降临了。漆黑的夜色笼罩着大地，伸手不见五指，在坎坷不平的道路上，大家深一脚，浅一脚，跌跌撞撞地往前走着。尽管夜行军使同志们备尝辛苦，但是，夜晚终究是我们的天下。若不是那一阵阵沙沙的脚步声不时划破深夜的宁静，谁会想到这里有一支成千上万人的红军部队在疾速前进呢！

当夜，部队没有休息，第二天继续行军。长征以来，我们还是第一次这样紧张。我看看电台的同志们，个个仍然斗志昂扬，你追我赶。最艰苦的，要算是运输排的同志了。虽然已是隆冬季节，但是，我看到他们的棉衣却被汗水浸透了，一天一夜的急行军，汗水在身上湿了干，干了又湿，留下了一块块白色的汗迹。可是，他们仍旧不声不响地挑着、抬着沉重的机器，艰难地行进着，不肯让任何人来替换他们。我走到运输排刘排长身旁，问他："同志们情绪怎么样？"

"情绪还不错，就是干粮吃光了，肚子老提意见。"

是啊，从昨天出发到现在，为了不暴露目标，军团首长规定不准烧火做饭。饿了，大家就啃上几口干粮、红薯；渴了，就从路旁水田里舀碗水喝。我们这些人倒没有什么，可运输排的战士们负荷那么重……

"政委，你不用担心，就是再有两天两夜。我们也坚持得住。不过，你还是把报务员调到前面去吧。到了目的地，他们还有任务。现在和我们争着抬机器，累坏了就会误大事啊！"

刘排长的肺腑之言，使我感动得不知说什么好！多么好的同志啊，自己肩上的担子那么重，却一心想着其他同志，关心着整个电台的工作。

我朝前跑了几步，大声地说："同志们，我们要向运输排的同志学习，保证一个也不掉队。干粮吃光了，先吃把生米，坚持下去，赶上主力就是胜利！"

这一来，大家步伐更快了。有的同志真的从米袋里掏出一把生米，放在嘴里嘎吱嘎吱地嚼起来。不畏强敌，不惧恶劣的自然条件，也不怕肚子"造反"，在这些坚强的红军战士面前，还有什么艰难险阻能挡住他们前进的步伐呢！

29日白天，敌机更加频繁地在我们头上绕圈子，我们还是时走时停。后面的追敌离得更近了。前面，也隐隐传来一阵阵的炮声。中午过去了，我们距水车还有相当一段距离。几个军团首长急得火烧火燎，如果敌人先于我们到达水车，则全军团的处境是不堪设想的。

入夜，部队仍在急行军。极度的疲乏，成为我们最大的敌人。有的同志走着路，一歪倒在路旁，就呼呼地睡起来，怎么拉也拉不醒。军团首长从后卫部队赶来，看到这个情况，大发脾气，黄苏①政委，性情本来就有些暴躁，这时见睡着的同志怎么也叫不醒，没办法，急得用马鞭抽打，才使这些睡倒在路旁

---

① 黄苏，即黄甦。

的战士，一下子跳起来，又跌跌撞撞地朝前面跑去。

半夜，我们终于赶到广西境内的水车。六师已经接到军委命令，赶向湘江，我们同留在那里担任全军后卫任务的五军团三十四师的部队会合了。见到兄弟部队，我心里的一块石头落了地。敌人终于落在我们后面。电台的几个小鬼更是高兴："这回，可以饱饱地吃上一顿，美美地睡上一觉了！"炊事班的同志立刻烧火做饭，可是很多同志不等饭熟，早已进入了香甜的梦乡。电台值班同志仍不能休息，大家立刻架线开机，准备同军委联络。这时，五军团电台同志找到我，交给我一份军委让他们转达我部的电报。

我接过电报一看，原来军委命令我们军团火速前进，不惜任何代价，于30日午时进到青龙山地域宿营。我拿起电报，立即向军团首长驻地奔去。

走进军团部，我看到五军团的同志正在向军团长介绍敌情。我将电报交给军团长，他把电报拿到油灯前，黄苏政委、毕占云参谋长[①]、罗荣桓主任一起围拢过去。看罢电报，每个人的脸色都很沉重。从首长们的商谈中，我知道了敌人已逼得很近，为了确保中央纵队的安全，一、三军团分别在全州、新圩一带抗击威胁最大的薛岳、何键和李宗仁、白崇禧各部，五军团一部留在水车阻击尾追之敌。我们前面的九军团已先我四小时出发，并在文市架设浮桥渡过灌江。我军团必须立即随九军团出发，争取天亮之前渡过灌江，否则敌机一旦封锁浮桥，我军团势将被阻于灌江东岸。

在水车停留不到四个小时，部队又出发了，仿佛同这即将消逝的黑夜赛跑。可是，黑夜很快地过去了，天色越来越亮。突然，从水车方向传来了激烈的枪声，掩护全军的五军团三十四师同追击的敌人打响了。这越来越紧的枪声，也在催我们快走，快走！当火红的太阳升起来的时候，我们距文市还有十几里路。我担心地望着天空，还好，没有听见敌机那种讨厌的"嗡嗡"声。我一边走，一边布置监护排的同志帮助运输排做好防空准备。一直等我们到达文市，天上仍然十分安静。

文市是一个比较大的城镇，可是我们谁也顾不上多看它一眼。部队一溜小跑，通过灌江浮桥，这时，已是上午10点钟光景了。

过了浮桥，前面是一片开阔地，几里之外，有一片郁郁葱葱的松树林，把

---

① 红八军团成立初期，由唐浚任参谋长，长征开始后不久，即由张云逸、毕占云先后接任参谋长。

一座小山坡盖得严严实实。我让电台的同志跑步前进，进入松树林荫蔽，准备防空。我跑向军团部，去请示任务。

刚迈出几步，空中就传来"嗡嗡"声，两架敌机向我们荫蔽的方向飞来。随着"达达嘀嘀"的防空号，队伍迅速荫蔽起来，田野上一片空旷。敌机在浮桥上盘旋了一阵，没有发现什么，又飞到我们头顶上兜起了圈子。三转两转，一架敌机翅膀一歪，朝着松林俯冲下来。几颗炸弹，呼啸着落在松林里。"糟糕！"我心头一沉，从地上爬起来向松林跑去。这时，另一架敌机也冲下来，几颗炸弹又在周围爆炸了。我一下卧倒在地，炸弹掀起的砂石劈头盖脸地向我身上砸来。松林中，烟尘滚动，透过浓烟，我看到电台的同志们一个个张开双臂，紧紧地贴在地上，身下压着一件件无线电器材，周围尽是燃烧着的松树……

这时，四周枪声大作，各部队都在组织对空射击，敌机像是大吃一惊，升高了许多，打了两个转，就仓皇遁去。

一阵轰炸，使队伍受到一些损失。我三步并作两步跑进松林，就在电台荫蔽的附近，敌人丢下了两颗炸弹，刘泮林等几个同志被埋在土里，有四个战友当场牺牲了。可是，收发报机、充电机和其他器材却完好无损。电台保住了，这是用我们红军战士的鲜血和生命换来的。我看到身边的同志个个含着热泪，眼中喷出仇恨的烈火。我强压着悲痛和愤怒，大声说道："同志们，四个战友和我们永别了。但是，他们为革命而死，死得光荣。现在，我们和主力红军拉开了距离，电台关系到我们全军团的胜败，甚至关系到整个红军的命运，我们要像牺牲的战友那样，用生命来保护电台！保证全军的联络畅通无阻！"

我这样一说，大家都振作起来，仿佛感到了这职责的重大和光荣。

掩埋好牺牲的战友，部队又继续前进。

中午，我们刚吃过饭，突然在后方响起了枪声。紧接着，传来了"非战斗单位跑步前进"的命令。我带着电台的同志立刻动身。敌人已经步步逼近，子弹就在我们头顶上呼啸着。前方，有一片起伏地，我停下脚步，扯开嗓门喊着："同志们，保护电台，翻过起伏地。"并催促掉队的同志快走。

一阵枪弹，打得周围的地上直响。我听到身后"扑通"一声，回头一看，是监护排的一个小鬼倒在地上。我转过身拉他："快走，小鬼，坚持一下，翻过坡就好了。""政委，我负伤了！"小鬼呻吟着。我一看，可不是，小鬼的腿上鲜血直流，伤势不轻。我立刻蹲下给他包扎，他使劲推开我的手，急促地说："政委，你快走，别管我！""瞎说，我怎么能把你丢下？"我板起脸说着。这时，监护排的两个同志赶来，背上他就跑，我随后也翻过了斜坡。

利用这一段起伏地，我们的战斗部队终于把尾追的敌人堵住了。我们电台的同志随着军团部一口气跑了几十里，直到天黑，才在一个小村子上停下来。

我正要安排大家休息，军团长气喘吁吁地从后面赶上来。他找到我，附在我耳边低声说："你带电台立即随前卫出发，到前面的安全地点，立刻架线和军委取得联系。"

军团长严峻的脸色，使我感到形势的严重。现在，追敌一直紧紧咬着我军团的后尾，我们成了整个方面军的后卫。左、右两翼的友邻部队还在与敌激战，稍有迟误，我们就有被敌人四面合围的危险。此刻，我们多么需要得到军委的指示啊！

我立刻带着电台离开村子，飞快地行进。更深夜阑之时，我们到了一个挺大的镇子，几座漂亮的洋房散布在大路旁。我们选择了镇外的一块开阔地停下来，监护排立刻架线，很快，报务员敲击电键的"嘀达"声打破了这个小镇的沉寂。开机时，我找到监护排长，叮嘱他多放几个岗哨，其他同志一律抓紧时间休息。查了一遍哨，我疾步回到报务员身旁。

夜色朦胧，镇中鸦雀无声，只有不停的"嘀嘀达达"的发报声，一遍遍在夜空中回响。五分钟过去了，十分钟过去了，仍没有收到军委的回音。报务员抬起头来，焦虑地望了望我。我的心也绷得紧紧的，只说了声"继续呼叫！"电键敲击声又响起来，一声声真像敲在我的心上。二十分钟过去了，仍然没有答复，透过微弱的照明灯光，我看到在这料峭的寒夜中，报务员的额头上却滚下了一颗颗豆大的汗珠，我才感到自己的手心也汗津津的。我的心中更加焦急：中央纵队现在情况怎么样了？远方隐约传来的枪声，更加剧了我和其他同志的不安。

又换了一个报务员，那清脆的发报声仍一丝不苟地响着。我看了看表，已经半个多钟头了，还是没有联系上。电台所有同志都圆睁双目死死盯着收发报机，一个个像是木在那里……

突然，后面又响起了枪声，军团部的参谋人员对我们的同志说："赶快告诉你们政委，后面有敌情，立刻转移。"我命令监护排的同志马上撤线。心想，准是后面的敌人又追上来了。可恶的敌人，真疯狂啊，就像鞋上沾的臭泥巴，怎么甩也甩不掉。我们走出不远，后面的枪声，就一阵阵地猛烈起来。

血染湘江

当东方露出鱼肚白的时候，我们终于把敌人甩出了老远。这时，同志们才长长地舒了一口气，我让大家原地休息，检查一下器材装备。天亮了，太阳刚出山，我看见军团部的同志们也陆续赶了上来，上前一问，知道军团首长也上来了，便急忙去向首长报告。

军团首长正在一座被击毁的破碉堡里开会，我十分内疚地走上前，向军团长报告了昨夜的情况，为自己没有完成首长交给的任务而感到惭愧。军团长听了我的报告，沉吟了一下，没有批评我，只是缓缓地说了一句："军委可能也在行动。"首长这样一说，使我更加不安。我明白，在这样危急的形势下，同上级失去联系这关系到全军团的生死存亡，军团首长怎么能不焦急呢？

看到我不安的神情，军团长又说："袁政委，你们电台的同志辛苦了。现在，你们继续架线设法同军委联系，同时抓紧时间搞饭吃，吃完饭立刻出发。九军团可能已经过江了，我们要尽快向江边移动。"

接受了命令，我立刻跑回自己的队伍，向同志们布置了任务。大家马上架线开机，炊事班的同志也忙着烧火做饭。我寸步不离地守在电台旁边，盼望着能够听到军委的回答。

炊事班的同志已经烧好了饭，军委仍然没有音讯，我让报务员轮换去吃饭，以便争取时间尽快出发。我端起碗，刚要盛饭，一阵急促的枪声响了起来。敌人！我站起来瞭望，一股追兵已出现在我们后面。我们抢渡湘江前最激烈的战斗开始了！

在突如其来的追敌面前，同志们并没有慌乱，依然沉着迅速地撤线收机。我带着几个监护排的同志等电台人员全部撤走才开始离去。这时，阵地上敌我混战在一起，枪声、喊杀声响成一片。好在电台的同志们动作快，已走出很远。几个敌人端着枪朝我们追来。我们的一个马夫慢了一步，刚喊了一声"政委，我走不动！"我转眼一看，已连人带马被敌人捉住了。敌人听见马夫喊我政委，又见我只有一人，便放声大胆喊起来："不要打枪，抓活的！"一边喊，一边有两个匪兵朝我猛扑过来。"捉活的，想得倒美！"我拔腿就跑，猛跑一阵，我回头瞧瞧，敌人已远远落在后面，不知何故，没再追来。

我追上队伍，看了一下，我们的同志差不多都到了，立刻带着队伍向前急走。后面枪声响个不停，敌人被我们的队伍挡住了。

当我们赶到湘江东岸的麻子渡，已经是下午了。看到波光粼粼的江水，大家不约而同地欢呼起来。我们到底在敌人的前头赶到湘江了。可是，还没等大家缓过劲，后面枪声又响了，敌机也偏在这时赶来凑热闹。队伍在湘江边挤成一团，简直乱了套。我看见毕占云参谋长也赶到江边，便跑过去问他："参谋长，队伍怎么办？"他一挥手："你带电台立刻过江。"我一看，江面有一百多米宽，水势也很急，但已经有人涉水渡过，看来江水不深，就喊了一声"无线电队跟我来！"带头冲进水里。大家跟着跳下水。江水深只及腰，但寒冷刺骨。敌机不停地扫射、投弹，把江水激起一簇簇浪花。队伍中不断有人倒下，被湍急的江水卷走……

走到江心，可恶的敌机再次俯冲过来，又扫射，又投弹，江面上水柱冲天而起。挑收发报机的同志应声倒下，收发报机随之沉入红红的血水中。"哎呀！收发报机……"有人失声喊道。话音未落，只见一个同志冲过去紧追了几步，把收发报机捞起来扛在自己的肩上。我一看，原来是运输排的一个班长，"好样的！"我高兴地表扬了他。又一架敌机俯冲下来，"哗哗"一排机关枪子弹打在我的前面。抬充电机的两个运输员，后面的被子弹夺去了生命。我抢上去，抬起充电机往前走。看着身边一个个同志就这样倒在江中而无法抢救，我心中万分难过。可是，眼前最要紧的是保护电台的安全，我急切地朝大家喊着："一定保住机器！""跨上对岸就是胜利！"大家奋力冲上对岸，猛跑几步，就利用沙滩的洼地卧倒了。

敌机又俯冲下来，"轰！轰！"两声巨响，弹片溅起的烂泥巴盖了我一身一脸；周围的同志也都成了泥人，可是，大家一动不动，用身体掩护着机器。敌机又扫射了一阵，飞走了。大家从地上爬起来，顾不得擦一下脸上的泥沙，抬着、挑着又跑。利用这个空隙，我们终于冲进了岸边那一片茂盛的树林。

对岸枪声还在炒豆般地响着，我们在树林中向前奔跑。又冲出了几里路，后面的枪声渐渐停息了，我们才在一个山凹处停了下来。我抓紧时间清点了一下人员、装备，电台机器依然完好，只丢失了一副备用的双电池，可在我们的队伍中，许多熟悉的面孔不见了。我百感交集，一时竟然不知说什么才好，大家也都沉默不语，有几个同志在小心地擦拭着机器。一会儿，机器上的污泥被擦干净，可一滴滴泪水，又滴在上面。我的眼睛也湿润了，想起了刚才过江时战士们的举动，眼前清晰地出现了倒在江里的那些朝夕相伴、同甘共苦的战友们的身影……

四周的枪声渐渐沉寂下来。我看到军团直属队的同志三三两两地赶上来。从他们的口里，我才知道，部队在江边和敌人几次拼杀，才把敌人压了下去。军团首长都参加了战斗，部队损失很大，建制也打乱了。幸好由于敌我混战在一起，敌人的飞机失去了作用，不敢贸然投弹，我们的同志才交替掩护渡过了湘江。敌人追到江边，只是隔江打了一阵枪，却没敢过江。"真险啊！"大家不约而同地嘘了一口气。

军团首长也赶来了。我迎上去，向军团长报告了无线电队的损失情况。罗荣桓主任说："你们电台的同志不错，在这样险恶的形势下保住了电台，委实可贵，没有为革命舍生忘死的精神，是不容易做到这一点的。"他还告诉我，部队伤亡很大，军团直属队损失也不小，政治部只跟他过来一部油印机。

入夜，我们收容好部队，在树林中露营了。可是电台的同志还在紧张地忙碌着。我们和军委的联系已经中断两天两夜了，这四十八小时的每一分钟，我们都热切地期待着军委的信息。在焦急和盼望中，好容易摆脱了敌人的追堵，而收发报机却偏偏出了故障。几个机务员、报务员急得连晚饭都不愿吃，一直检修到深夜，还是不能使用。

我把这令人沮丧的消息报告给军团首长，心想准要吃批评了。因为我比别人更清楚，首长们这几天不仅是急于得到军委的指示，而且更关心着军委的安危。结果出乎意料，几位首长听了我的报告，谁也没有批评，反而安慰我说："不要着急，回去让同志们休息，明天再修吧。"

回到电台，我把军团首长的意见转告大家，几个人像没有听见，半天谁也不动，仍是围着收发报机这里瞧瞧，那里弄弄。是啊，电台联系不上，都感到是自己的失职，这个时候，谁肯去睡觉呢？望着同志们那一双双布满了血丝的眼睛，那一张张枯瘦的面庞，我实在抑制不住自己内心的激动。

已是下半夜了，满天的星斗在夜空中闪烁着，同志们还是毫无倦意地检修着收发报机。不行，无论如何要让大家休息一会，哪怕是睡上几个钟头也好。我板起面孔，对大家说："现在，我命令立刻睡觉，谁也不准再干了。"大家望着我，人人都是满脸委屈。我只好又厉声说："执行命令，党员带头休息！"好不容易才把大家赶走了。我合衣在充电机旁躺下，翻来覆去睡不着，一合上眼皮，几天来的险恶场面便浮现在脑际，而更令人沮丧的是两天没有和军委联络上，军委和兄弟部队到底怎么样呢？……想着，想着，毕竟我也是困倦已极，不知什么时候，朦朦胧胧地入睡了。

一道亮光射进我的眼帘，我一翻身坐起来。啊，天亮了！这是一个大晴天，灿烂的阳光照在林中的空地上，许多同志都把昨天的湿衣服晒在草地上。一个机务员找到我，指着这些衣服说："政委，有办法了。昨天检查收发报机的所有零件都没有毛病，准是因为过江在水里泡湿了。我们把收发报机也晒一下，说不定就能用了。""对呀！"围过来的几个同志兴奋地喊起来。

很快，我们把所有的器材都打开，一件一件的摆在阳光下，晒了整整一个上午，才装配起来。打开一试，果然成功了！报务员套上耳机，轻轻地敲击着电键，那清脆悦耳的"嘀嘀达达"的声音又响起来。同志们一片欢呼，像打了一个大胜仗。"嘘——"报务员突然神气庄重地竖起了一根手指，大家立刻安静下来。收报机传来了军委的呼号，顿时，我只觉得一股暖流涌遍了全身。

"同军委联络上了！"同志们一下沸腾了，跳呀，拍手呀，有的高兴得互相捶打起来，每个人的眼眶里都闪动着晶莹喜悦的泪花……

出发号响了，部队又要行动。我急冲冲〔匆匆〕地跑到军团部，向首长们报告了这一喜讯。军团首长如释重负，高兴地说："那就好了，你一到宿营地马上和军委联络。"

当天，我们军团跟着前面的队伍出发了。我望着行进中的无线电队，心中油然升起了一种自豪之情。我为我们的电台自豪，为无线电队的每一个同志自豪。我们经受了种种严酷的考验，终于在殊死的斗争中成为胜利者！

今天，我们那台染着烈士血迹的充电机，作为革命文物，骄傲地陈列在中国人民革命军事博物馆里，成为这一壮烈史诗的见证。

大苗山上

嘹亮的军号声唤来了黎明，我睁开眼睛，一片金色的阳光已经在山顶上闪耀着。山谷中，仍然是黑蒙蒙的，茂密的树林团团覆盖着幽深的峡谷，除了山，还是山，没有一块平地。几天来，我们一直在这样的崇山峻岭中行进。

过湘江以后，我们红八军团先于胡岭一带负责警戒全州的桂敌。12月6日，又奉命同红五军团扼守老山界各隘口。老山界，地图上称为越城岭，耸立在湘江西岸，是湘、粤、桂边有名的五岭之一，最高峰海拔二千一百多米，上下八十余里路，所谓路，也仅仅是悬崖绝壁间的羊肠小径，远远望去，像一条细长的带子，伸向山巅，坠入峡谷，曲曲弯弯隐没在丛林深处。这里地势险要，真是"一夫当关，万夫莫开"。我军居高临下，以要道隘口为屏障，使敌人不敢轻进。第二天，我红五、八军团移驻唐洞①，仍以一部扼守老山界隘口，迟滞敌人并破坏来路。完成阻击任务后，我们胜利地翻过老山界，赶上了主力。

过了老山界，山势未见平缓。路，越走越陡；山，越爬越高。前边，仍是一望无尽的群峰。这里是人烟稀少的苗族聚居区，人们都叫它大苗山。一路上虽然看到过几座苗寨，但寨子里空无一人。苗族同胞素有搬迁的习惯，过去我就听说过"桃树开花，苗子搬家"。可是在反动派的欺压下，苗胞们只能向山高林深的地方躲避。大概是因为他们分不清红军与反动派的区别，听到红军来到的消息，也同往常躲避汉人一样，在山上藏身了。这些苗胞跑〔爬〕山极快，有时前卫部队看到人影，三转两转就再也找不见了。出发以来，罗荣桓主任一再强调要各单位注意做好沿途的群众工作，我们无线电队在这方面一直做得不错，几次受到军团政治部的表扬。可是，在苗山上，连人影都找不到，又如何进行群众工作呢？连续的山地行军，使同志们相当疲劳，最糟糕的是粮食也快吃光了。昨天晚上，司务长把保存了几天的一块猪肉拿出来，加上红薯，做了满满一大锅肉烧红薯，全队同志香甜地吃了一顿。大家吃得高兴，只有司务长在暗暗发愁：明天要是再找不到老百姓，我们就真要断粮了。

早上，我咬了咬牙，让司务长把最后的一点粮食也拿出来，煮了稀粥。这可真是名副其实的稀粥啊，除去稀稀拉拉的几把大米和切得碎碎的红薯，比清水汤稠不了多少。一些战士喝了四五碗，把肚子灌得圆圆的。不管怎样，毕竟算是吃过了早饭，队伍又继续前进了。

出发后，大家的情绪很高，欢笑声此起彼伏，几个兴国同志还兴致勃勃地哼起兴国山歌来。看着同志们个个生龙活虎的神气，我也受到了感染。是啊！血染湘江，突破敌人第四道封锁线之后，敌人的威胁被暂时地摆脱了，后面的追兵被甩得很远，高山密林也使敌人的飞机失去了威风。眼下，同志们流露出来的胜利的情绪，不正是我们用以战胜一切困难的精神力量吗？

山路，依然是那样陡峭，同志们挑着沉重的器材，一步一步地往上爬着。不一会，都大汗淋漓，不停地喘着粗气，每进一步，都要使出全身的气力。刚才的欢笑声渐渐消失了。队伍前进的速度越来越慢。在一块开阔地前，我停下

---

① 唐洞，应为"塘洞"。

脚步，担心地望着正在攀登着的同志们。突然，一阵争吵声传入我的耳朵。"给我，排长。""不，还是我挑。""排长，我能行。""服从命令。"运输排刘排长声音一下严厉起来。声音消失了，刘排长挑着担子出现在我的面前。后面，一个年轻的战士噘着嘴跟上来，一见到我，那个小战士就振振有词地告起排长的状来："政委，出发时排长讲的和我轮番挑机器。可是，到现在连担子边都不叫我碰一下，这，这合理吗？"这小鬼委屈得几乎掉下眼泪。我看看刘排长，他只是用毛巾擦着汗津津的额头，站在那里笑着，说："我行啊，路还长着呢。"手里紧紧地握着扁担，扁担两头结结实实地拴着收发报机。看情形，这副担子他非要垄断不可了。一路上，运输排不知吃了多少苦，可器材却毫无损坏，只是在过湘江时掉在江里一副双电池。为这事，刘排长自责得比谁都厉害，这是多么强烈的责任感啊。从那以后，每次行军，他都不声不响地把收发报机挑在肩上。谁都知道，这副担子是整个电台的灵魂。对于这场争论，我没有表态，只是对刘排长说了一声"在这里休息一下"，便匆匆拔腿向军团部走去。

昨天晚上，我就听说军团卫生部担架队要解散，这消息在我脑子里转了一夜。过湘江后，我们电台也减员不少，器材又这么多，这么笨重，如果能够给我们补充几个人，就解决大问题了。运输排减少了十来个人，沿途又无法找挑夫，实在拖得疲惫不堪，不及时采取措施，很可能不出苗山就会被拖垮，同军团首长去说一下，兴许会给我们几个人，我一边走一边盘算着。到了军团部，他们也在休息。我找到黄苏政委，开口就把路上想好的理由一条条摆出来，谁知，没等我把话说完，他就发起火来："这几个人补充战斗部队都不够，哪个能给你们？告诉你，一个人也不给，如果把电台丢了，我杀你脑壳。"这钉子可碰得不轻，我不免有些懊丧。看到我失望的神情，罗荣桓主任笑了："袁政委，电台的同志是很辛苦，可是，连队更需要人呀。"道理我是清楚的，连队多一个战士，打起仗来前线就添一分力量。和他们相比，电台再重要毕竟还不是冲锋陷阵。可是，我们的处境也实在困难。接着，罗主任又说："你们无线电队出发以来一直是军团的模范单位，领导上相信你们，你也要相信电台的同志们，只要讲明道理，我们的红军战士都能以一当十，克服任何困难的。"

罗主任的一番话，一下子使我开窍了。对呀，把困难摆到大家面前，群策群力，依靠大家来想办法，一定能把电台运出苗山。

回到电台休息的地方，我把干部召集起来开会，让大家出谋划策。大家沉默了一会，认真考虑着眼前的问题，运输排［排］长第一个打破了沉默："电台是同志们用生命换来的。我们排人虽然少了，但是我们要一个人挑两个人的担子，就是爬，也要把器材带走。"靳子云同志接着说："运输排是最吃力的，现在应该集中全部人力保证运输排的任务。"他的建议，得到了监护排［排］长的赞同。很快，大家就形成了一致的意见：抽调人员加强运输排的力量，号召党、团员带头克服困难。这时，司务长又提出来粮食问题，这一下，刚才兴奋的情绪又低落下来。是的，两天来，一到休息的地方，司务长就带着人到处设法搞粮食，可是，没有找到苗族群众，有时路旁的粮食也被前面的部队吃光了，有钱买不到粮食，实在让司务长为难。"我看，粮食问题必须赶快解决。队伍出发前，先派几个人到前面去搞粮食，搞不到别的，搞些红薯也好；来不及煮，就吃生的，搞到粮食就在路旁等候部队。"这突如其来的声音才使我发觉，罗荣桓同志不知什么时候来到了我们身边。他的意见，立刻得到大家拥护。开完会，司务长就带着几个炊事员提前出发了。

队伍整装出发时，我又一次做了动员，提出了"人在器材在"的要求。在党、团员带动下，同志们纷纷要求参加运输排的工作，个个争先恐后，这么一来，倒让刘排长作难了。

当一切准备就绪，部队就要出发的时候，一向话不多的通信员小赖突然拉住我："政委，我也要当个运输员，为电台贡献力量。"这个小鬼身体瘦小，怎么挑得动机器？我没有理他。他见我没有答应，更着急了："政委，别看我个子不高，可是在山里长大的，爬山可是个行家！再说，我也要向党、团员同志学习呀！"望着他那满含期望的目光，我只好点了点头。他立刻一跳老高，敬个礼，转身就跑。"回来！"我喊住他，"到排里要服从领导，不许逞能。"他笑了笑，答道："是！""还有，把你的枪和挎包留下来。"他脸上的笑容消失了。"政委，你的担子够重的，我不能再给你增加负担。"说着，一溜烟地追赶队伍去了。望着他那一蹦一跳的身影，我心里热乎乎的，有这样的战士，还有什么困难不被踩在我们的脚下呢？

中午，我们开始向顶峰攀登。面前是高耸入云的峭壁，抬头看去，帽子险些掉下，再向上只能在嶙峋的怪石间择路而攀。同志们早已饥肠辘辘，全凭着顽强的意志，一寸寸地向上攀登。大家把勒紧裤带节省下来的最后一点应急干粮，这时都集中起来，让挑器材的同志添一点力量；有的同志甚至把脚上穿的草鞋脱下来送给打赤脚的运输员。为了保证器材的安全，每个运输员的身后都有一两个同志当"保险"。山路崎岖，大家就把器材捆在背上，有的则紧紧搂抱在怀里，犹如母亲照料襁褓一样。有一个同志实在走不动了，就背着器材一点一点往上爬，直到昏过去，仍咬紧牙关一声不吭。我们的这些运输员，真是个个都称得起英雄好汉。

正是凭着这种团结友爱和一往无前的精神，我们胜利地越过了山顶。站在山顶上，像是上了蓝天，一片片白云在脚下飘过，绵延西向的群岭在眼前起伏，胜利的欢慰犹如林涛海啸，激荡在我们心中。饥饿和疲劳连同这八十里大山一道，被红军战士战胜了。

下山路上，两个炊事员已经等在路旁，一大箩筐的红薯放在身边。这真是雪中送炭呀。同志们美美地吃了一顿生红薯，嗬！又甜又脆，既解饿，又解渴。我问这两个炊事员从哪里搞来这么多红薯。他们兴致勃勃地讲起来：昨天夜里，前面部队驻在山上的一个苗寨。深夜，寨里突然四处起火，我们的同志在救火时抓住了三个冒充红军放火的家伙，一审问，原来是敌人派来搞鬼的，他们妄图把放火的罪责嫁祸给红军，却被警惕的红军战士抓住了。于是，我们的同志连夜在村里召集苗族同胞，让这三个放火者自己向大家交代了敌人的阴谋。反动派的罪行和红军奋不顾身救火的生动事迹教育了苗族群众，红军又送给了全寨受灾的苗胞许多白洋。这一来，苗族群众把红军当成了救命恩人，纷纷把藏起来的粮食拿了出来，一些青年还要求跟着红军打反动军阀，我们的司务长赶到那里，几乎没有费劲就买到不少粮食，还找到了挑夫。……两个炊事员绘声绘色的述说，把大家都吸引了过来。愚蠢的敌人做梦也想不到他们竟然帮助红军把群众动员起来了，这真是"搬起石头砸自己的脚"。不知是谁喊了起来："走啊，下山吃大米饭喽！"队伍欢笑着向山下跑去。

下了山，天已经黑了，到处升起了炊烟。这情形，使我想起了三天前在老山界上的一件事。那天，我们翻过山顶以后，部队休息了。我看到路旁的地上堆了几块石头，上面架着一只茶缸，旁边有一位同志正跪在地上用双手拣着干草，填在石块中间，又划着一根火柴，引着了柴草。借着火光，我发现这位同志原来就是刘少奇同志。他当时是党中央政治局委员，长征时跟随我们红八军团行动。过去，他曾到电台讲过几次话，我们对他很熟悉了。"首长，你为什么不叫警卫员帮你弄呢？"他站起身来，拍了拍手上的泥土，微笑着说："这点事情我会做，也能做，为什么一定要别人来做呢？"望着那越烧越旺的火苗，他又说："你看，这不是很容易吗？到处都是干柴，有一点火种就可以点燃。毛主席不是讲过星星之火可以燎原吗？就是这样一个道理。"少奇同志的话，像是在我心中燃起了一团火。我激动地向他敬了个礼："首长，请你放心，我们的同志一定会战胜一切困难，成为革命的火种。"少奇同志信任地点着头，紧紧地同我握了手。夜幕中，那一堆堆耀眼的篝火在我眼前跳动着，把苗岭映得通红。我们红军不正是革命的火种吗？这火种是任何反动派也无法扑灭的，迟早有一天，革命的烈火一定会冲天而起，烧遍整个中国。

（节选自袁光：《风烟滚滚的岁月》，战士出版社 1982 年版。本文标题为选入时本书编者所加）

险渡湘江

⊙黄良成 [1]

当红军继续把矛头指向湘桂边境，西进的意图已经暴露无遗时，蒋介石才如大梦初醒，忙由长沙、衡阳、桂林急调三十万兵马，从四面八方尾追堵截我们，还利用湘江的天然屏障，在全州、兴安之间，构成新的封锁线，企图堵截红军西进，再一次梦想把中央红军消灭在湘江以东。

当时我军处境十分困难。前有滔滔江水和重兵堵拦，后有追兵蜂拥而来，上有飞机轰炸扫射，下有土豪"铲共团"拦路干扰。这是离开根据地以后，中央红军面临的危急关头。可是王明"左"倾路线的领导者，只是被动招架，硬打硬拼，只顾突围，命令红军"必须突破敌人的堵截，必须粉碎敌人的最后一道封锁线，必须抢渡湘江、潇水"。真是任务艰巨，刻不容缓呀。

一军团和教导师在前面边打边走，冲出一条路来。中央直属机关紧跟其后，奔向湘江。为了保护中央机关安全过江，八、九军团在两翼掩护，三、五军团与尾追之敌周浑元、吴奇伟、白崇禧、何键等部于灌阳、汶市[2]一带，展开了激烈的阻击战，特别是三军团第四师[3]在灌阳的新圩阻击战中，与数倍于我的广西反动军激战三天三夜。这是离开江西革命根据地以后，打的第一场硬仗，而又是在敌众我寡，没有工事，没有后方和群众支援的情况下，不得不打的被动仗。虽然给了敌人以巨大的杀伤，但是我四师亦伤亡惨重。一直坚持到完成了掩护任务，才撤出战斗，奔赴湘江。

我们八军团为了保护中央左翼的安全，已由永明进入广西灌阳以南，以钳

---

① 作者在长征初期任红八军团无线电队报务员。
② 汶市，应为"文市"。下同。
③ 第四师，应为"第五师"。下同。

制广西军阀。由于整个战斗部署改变，又折回道州向西追赶。

八军团曾一度和主力部队脱离，造成腹背受敌的局面。为了赶上主力部队，我们忍受连夜行军的疲劳和饥饿，不顾敌机轰炸，边打边走，日夜兼程向西挺进，造成部队大量减员。经过五天五夜的急行军，终于在汶市附近赶上主力部队，和五军团三十四师会师于水车村。

这时经三十四师电台陈燕队长亲自转来中央军委"万万火急"电令："火速前进，不惜代价，必争在二十四小时内通过湘江，否则就有被敌截断的危险。"

情况万分危急。我三、五军团正向湘江跑步前进，九军团在我们前面，只有五军团的三十四师留在水车村，掩护全军过江。我们在水车村只停留了四个小时，便于早晨4点出发了。水车村距湘江渡口约二百四十余里，要在二十四小时内赶到，平均每小时要走上十里路，这在当时部队已经十分疲劳的情况下，该是多么艰难啊！

为了鼓舞士气，政治部的干事们、宣传员们，站在部队通过的路口和田埂上，放开嗓门，进行鼓动喊话："同志们，我们经过几天来的艰苦行军、作战，已经赶上了主力，但是敌情仍然十分严重。敌人动员了三十万军队想阻止我们前进，想要在这里消灭我们。我们现在的任务很艰巨，必须坚决地突破敌人最后一道封锁线，在明天这个时候渡过江去。不然，我们就有和主力部队脱离，被敌人截断的危险。同志们，加油呀！再辛苦一天，过江就是我们的胜利，胜利就在前面！"

经过五六天的日夜急行军，战士们都没有很好地休息了，吃饭也是边走边吃，有的同志走着走着就睡着了，但听了"再辛苦一天，过江就是胜利"的鼓动喊话以后，大家又抖起精神，气喘嘘嘘〔吁吁〕地跑步前进。

走出二十多里，东方刚露出晨曦，雾气还没有散尽，天空便传来了隆隆的马达声，敌机又"上班"来了。司号员照例吹起"嘀嘀嘀、答答答"的隐蔽号声。

"他妈的，来得真早啊！"我们狠狠地骂着。两架敌机出现在约一千多米的高空，从我们头顶上掠过。我们估计敌机看不清目标，部队没有停止前进。

敌机转了一圈，又飞了回来。我们只好离开大道隐蔽。敌机像瞎子一样，什么也没有看见，又飞过去了。可是过了十几分钟又飞回来，部队又得散开隐蔽。就这样，前进，隐蔽，再前进，再隐蔽，一直到上午11点多钟，才走了四十多里路。

袁邦光①同志利用短短的防空时间，在道旁的沟里，把党、团支部书记和各排排长召集在一起，研究如何保证完成今天艰巨的行军任务，决定由我们报务员跟随保护收发报机，帮助运输员不要掉队，并由党支部书记赵玉魁带领四名同志，组成收容队，负责帮助走不动掉队了的同志。袁政委还把他的马也交给赵玉魁同志，以便收容病号，保证过江不丢人，胜利完成渡江任务。

太阳挂在头顶，大约是12点钟，两架牛一样笨拙的敌机又出现在天空，它的螺旋桨转动得越来越慢，只见它从高空中俯冲下来，发出一阵怪叫，一股巨风将道旁一排排梧桐树刮得直摇摆，哗哗作响。接着，便是几声巨雷般的轰鸣，烟尘滚滚，弹片横飞，敌人对我们开始了野蛮的轰炸。就在这短短的几分钟内，敌人又犯下了滔天罪行，欠下了一笔新的血债：我们的二十几个同志牺牲了，还有很多同志负了伤。我们含着眼泪，掩埋好同伴们的尸体，摘下军帽，默默地向烈士们致哀。同志们擦干眼泪，心头燃烧着愤怒的火焰，搀扶着伤员又继续前进了。但是敌机不放过我们，在部队前进的路上来回地袭击扰乱。

走了一会儿，从水车村方向，由远而近传来了激烈的枪声、炮声。

后面的三十四师和尾追的敌人发生了战斗。为了使三十四师减轻掩护我们的负担，让他们尽快转移，我们必须加速前进。于是，司令部发出跑步前进的命令。我紧跟着挑收发报机的运输员吴宣荣，他累了，我换他，我累了，他换我，也不管头上敌机扫射轰炸，我们抱着只要有一口气，就要冲过江去的决心，在敌机轰炸扫射的弹雨中跑步前进。

敌机尽管杀伤了我们一些同志，但是阻挡不了我们前进的步伐。一天过去了，我们虽然才走上一百多里路，同志们又累又饿，可是精神抖擞，斗志仍然十分旺盛。

微红色的太阳渐渐掉下山去，暮色苍茫。敌机只好回巢去了。我们在一个村庄里，和九军团的后卫部队碰上了头，在村头略事休息，整理一下草鞋，连饭都顾不得吃，系紧裤腰带，又继续前进了。

出村不远，在前头长满小松林的山岗上，突然发出"啪啪啪、哒哒哒"的枪声，子弹从头顶上嗖嗖地飞过，路边石头被打得火星四溅。司令部的通讯排［排］长和译电员小刘都负了伤。突然遭到敌人的袭击，司令部直属机关的非战斗人员不免有点紧张起来。真叫人奇怪，九军团刚刚过去，哪来的敌人占领

---

① 袁邦光，即袁光，时任红八军团无线电队政委。

了山头，拦住我们的去路呢？为了弄清情况，我们隐蔽在路旁做好战斗准备。稻田里的青蛙声消失了，人们的脸上浮现着愤怒、紧张的情绪，在焦急地等待着指挥员的命令。

由于突然与敌遭遇，战斗部队赶不上来，情况紧急，军团参谋长当机立断亲自率领所有持枪人员和有名的"攻如猛虎，守如泰山"的军团侦察连一起向山头冲去。作战科长也提枪带领通讯排、政治部的警卫排和我们电台的监护排沿着小路插到山后，把敌人包围起来。过了十来分钟，山岗上杀声四起，轻机枪、步枪、盒子枪和手榴弹爆炸声响成一片。侦察连的战士都是久经战斗锻炼的老战士，一听说打仗，个个眼睛里都冒着怒火，浑身有用不完的力气，他们手提快慢机，挥舞马刀猛冲上去，把敌人杀得鬼哭狼嚎。敌人原来以为我们是一些掉队落伍的人，没料到遇到的是一支攻无不克的红军主力。他们招架不住便向山后逃去。这时，作战科长带领的三个排正好截住了他们的退路。我们上下夹攻，敌人被打得落花流水，打死了不少，没死的也都吓得魂不附体，扔下武器跪在地上，高举双手，大喊饶命。

在这场战斗中，我们电台监护排也打得很漂亮，没有一个伤亡，却捉到了十二个俘虏，缴获八支枪。七班长魏井田手里提着一串刚从俘虏身上解下的子弹袋，押了一个背着没有枪栓的枪的俘虏走了过来，很风趣地说："这小子，看来是个老兵油子，他看事情不妙，跑不掉了，离我老远就举起双手，大叫饶命啊，饶命啊，他还真有当俘虏的经验，哈哈哈……"我紧忙接上去问老魏："你打死几个？"

"谁知道，天黑蒙蒙的也看不清楚。"

"你消耗了多少子弹？"

"没有赔本就是了，你看……"他抖了抖手里从俘虏身上解下来的子弹袋，骄傲地说，"子弹没少一粒，倒多出来了，我是不打赔本仗的。"

一场遭遇战胜利结束了。我们部队牺牲了三个同志。缴获了敌人七十多支枪，捉到五十多个俘虏。从俘虏的口供中得知他们是全州县的"铲共团"，是从县里赶来拦阻和捕捉红军掉队人员的，但是他们万万没有想到自己落得这样一个悲惨的下场。

我们押着俘虏路过山头，在朦胧的夜色中，看见敌人的尸体横一个、竖一个地躺在那里。我用手电筒一照，看见一个肥头大耳、穿着马裤的家伙，大头朝下躺在路旁，脑浆流了满地。据说，这就是平日在老百姓面前称王称霸、为非作歹的全州县"铲共〔团〕"团长，战斗刚一打响，就被我们英勇的侦察连战士送到阎王殿去了。

我们已经整整一天没有吃饭了。可是，当司令部又传出"跑步前进，不要掉队"的口头命令以后，我们咽了口唾沫，咬紧牙，人不歇腿、马不停蹄地向湘江奔驰。

在困难面前，党和毛主席培养教育出来的红军战士，始终充满愉快乐观和坚忍不拔的革命精神。通讯员李吉祥小鬼开玩笑地说："都说人是铁，饭是钢，一顿不吃软丢当。我们几天没有好好吃顿饭，可是越走越来劲，都快成神了。我看现在要是休息一会儿，弄点饭吃，再走起路来就会像长了翅膀一样，一眨眼就能飞过湘江去。"他又像是自问自答地说："因为我们是特殊材料制成的！"

"说我们是特殊材料制成的，这不假，但总还有点普通材料呀！谁人不都是妈妈养的，肚子贴了脊梁背，不吃饭哪能行？"通讯员赖清枝俏皮地说。

"情绪可以鼓舞，精神可以振作。可是肚子没有东西装进去可鼓不起来呀。要是现在能吃顿饱饭，劲头可就更足了。"运输员老温接着说。

"你不会往里装吗？米袋子是做什么的？！"一个战士气冲冲地反驳了一句。

"米袋子"，这一声却提醒了人们。一个个吱嘎吱嘎地开始嚼吃着大米，顺手从水田里舀碗清水，将半碎不碎的生米送进肚子里。吃呀，嚼呀，牙根发酸了，两颊发痛了，可是肚子却填不饱。真是杯水车薪，无济于事。

我正在考虑如何鼓舞同志们的情绪，忽然有人拍了我肩头一下，原来是袁邦光政委。他满头大汗，上气不接下气地从后面跑上来，问我："同志们的情绪怎么样？"我说："情绪还不错，就是饿得厉害，想弄点饭吃。"这时，袁政委大声地说："同志们，现在我们不能休息，饿了，先吃点米袋里的米，无论如何不要掉队，有困难，要坚持一下，赶过江去再休息。"经政委这样一说，大家又鼓足劲头继续前进。

黑夜静悄悄的，只有唧唧的虫鸣声，和红军战士的沙沙脚步声。这天晚上乌云密布，伸手不见五指，道路高低难辨。我们每人手里都有一根棍杖，深一脚，浅一脚，跌跌撞撞地往前走。近视眼挺厉害的老朱没有眼镜，两次跌到沟里，弄得满身是泥水，像个泥人一样。大家还开他的玩笑："怎么，想找宿营地啦。"他却不在意地只顾向前进。

尽管夜行军有许多不便，但它是唯一属于红军的时间。夜幕掩蔽了红军的行动，遮挡了敌机的猖狂。然而天不随人意，对红军来说，黑夜又是那样的短暂。看，东方透出了曙光，渐渐露出鱼肚白。

到了天大亮时分，一些年岁较大、体力不支的同志，和肩负重担的运输员、炊事员掉队了。跟上来的同志也都疲惫不堪，个个眼睛通红，好像害了严重的沙眼似的；脚底像是扎了钉子，歪歪斜斜地站立不稳。有的脚底打起水泡，忍着连心的剧痛，一瘸一瘸地走着；有的实在支持不住了，干脆倒卧在路旁，在那里打起隆隆的鼾声。也有似睡非睡紧闭两眼，两只脚不协调地机械地移动着，因而好多人都摔了跤。一个炊事员却很特别，他扛着大锅铲停立在道路中间，站在那里睡着了。我跟跟跄跄地走着，边走边睡，"啪"的一声，我的前额正好碰在炊事员扛的锅铲尖上，即刻起了个球大的青包，我痛得都流出泪来，但也有个好处，这下子，睡意全消了。

"哎，你怎么不走啊？！睡觉不会到一旁去吗，真糟糕！"我摸着头，埋怨那位炊事员。

"啊，你没看见我站在这里？我后面没长眼，你前头的眼睛顶啥用的，没看见吗？"炊事员同志这一问也确实有理。我心想，是呀，怎么能责怪他呢，我只好说："好吧，咱们都别睡了，快走吧，赶路要紧。"于是，我们俩谁也不怪谁，提起精神又一同前进了。

军委限我们渡江的时间已经过去，但是距离湘江渡口还有六十里路。这在平常说来并不算远，按正常行军速度，红军抬起"飞毛腿"，只要三四个小时就可以跑到。可是现在，比走六百里路还要难啊！尽管阳光耀眼，但是大家的眼帘还是不由自主地垂下来。实在熬不住了，我从挎包里拿出来几个辣椒，用双手搓搓，再用手去擦眼睛，心想这下就不会再瞌睡了吧。可是事与愿违，不但不管用，还刺激得双眼花花〔哗哗〕往外流泪。后来知道别人也有用这个办法的，还起了个名堂，叫"辣椒洗脸"。这时每个战士都已饿得肚皮前后贴在一起，胃口发痛，脚上像绑着铅块，特别沉重，真是精疲力竭了。即使这样，大家还是坚持着走，随着每一步的走动，同志们的耳鼓里只有一个字在回响，那就是走，走，走！

只有红军，只有共产党和毛主席教育出来的无产阶级革命战士，才能这样无比坚强，用最大的毅力，去克服数不尽的困难，争取胜利。

下午2点多钟，我们和司令部的一些同志终于到达麻子渡。望见那悠悠东流的湘江，我们禁不住欢呼起来：我们胜利了，共产党万岁！红军万岁！

江面只有一百多米宽，水深及腰，流速比较快，但还能够涉水过江。

大部分同志都从后面陆续赶来了。为了整顿队伍，恢复战斗力，必须稍事休息一下，等待后到的同志喘口气一起过江。指挥员发出通知："快做饭吃，随时准备过江。"于是，茶缸、脸盆，一切可以用来做炊具的东西，统统拿了出来，烧水煮饭。一时间篝火四起，炊烟缭绕。

敌机从早到晚，像只魔鬼似的跟随着我们。渡口上空，马达声震耳欲聋。敌机是那样地欺侮我们没有高射防空武器，时而低空盘旋，贴着头飞驰而过，时而又由高而低俯冲下来，疯狂地向江心轰炸扫射，江中不断溅起水柱浪花，企图封锁着江面，不让红军过江。但是狡猾怕死的敌机也担心步枪把它打下来，又飞向高空。这时，飞机屁股后面突然"雪片"飞扬，渐渐飘落下来。同志们把敌人的传单拾来不屑一看，都做手纸或引火纸用了。

下午3点左右，同志们正在做饭烧水，还有一些同志躺在树荫下熟睡的时候，突然，在离渡口只有二三里地的后面山头我警戒部队的阵地上，响起了"啪啪啪、哒哒哒"的枪声。

"所有的战斗人员集合，占领右侧山头，掩护警戒部队后撤，非战斗人员马上过江。"指挥员大声地命令着。广西军阀李宗仁的部队由全州插了过来，切断了三十四师和我们的联系，追赶到了江边。在对岸不远的地方，掩护我们的九军团也与湖南军阀何键的截击部队发生了战斗。枪声一再催促我们必须迅速过江。但是，敌机仍在渡口上空盘旋，不断地扫射轰炸，阻止红军渡江。

我和侦察参谋肖俊英等十几个同志，不约而同地卷起了裤腿，跳下江去，走到江心，水没过腰部，寒冷刺骨，浑身不由得哆嗦起来。江水浸透棉衣，身子格外沉重，加上急流冲击，简直难以举步。千军万马正与急流搏斗之际，可恶的敌机呼啸着又俯冲下来，连投三弹，轰！轰！轰！水柱冲天而起，弹片四处飞溅。在我下游附近的几个同志应声倒下，一时间江水被烈士的鲜血染红了。牺牲的、负伤的同志来不及抢救，都被江水冲走了，我们含着万分悲痛和这些战友永别了！我在心里默念着：

前面的同志倒下去了，
后面的同志跟了上来。
为了开辟胜利的道路，
英雄冲向胜利的彼岸。

为牺牲的同志们报仇，我们的机枪、步枪甚至盒子枪，都朝着敌机狠狠地打了一阵。

敌机仍然在狂轰滥炸。

我和肖俊英同志、供给部科员赖庆生同志、军团首长的马夫老秦等四个人，冲过湘江以后，冲出了敌机轰炸扫射的目标范围，便坐在石阶上脱下被江水浸透的棉衣，互相帮助拧水，然后披在肩上，向着前面稀稀落落的队伍追去。

由于敌机轰炸越来越频繁，追来的敌人又占领了临江的山头，炮火开始向渡口轰击，密集的弹雨像暴雨一样洒落在河岸上。司令部机关和部队无法继续抢渡，只好沿江而上，另外开辟渡口，顺利地渡过了湘江。

敌人利用湘江之险，以三十万人构成的所谓天罗地网的第四道封锁线，终于被英勇顽强的红军冲破了。蒋介石企图消灭红军于湘江的迷梦又破灭了。蒋介石及其帝国主义主子们的碉堡政策、封锁计划，跟随滔滔的湘江付之东流矣！

（选自黄良成著：《忆长征》修订本，辽宁人民出版社1979年版）

长征中走在最后头的一个师

⊙周碧泉 [1]

英勇善战、无敌不破的五军团十三师，它在长征开始就担任了军委所给它从来不会有人想象到的、艰苦困难的掩护任务。不怕任何困难的十三师，它接受了掩护野战军安全前进的后卫掩护任务。它沉着应战，接二连三的用顽强抗战的精神，对那多我十倍的周浑元、吴奇伟两个纵队一共九个师，再加上湘、桂各省军阀的全部堵截部队，在行进道路的战场上，节节抗战与回击，给了敌人重大伤亡和损失。

紧张战斗的环境中一天一夜渡过湘江

在还离湘江一百多里路的文市，那一天上午就和尾追的敌人——桂系军阀进行猛烈战斗，同时和赶到的周〔浑元〕、吴〔奇伟〕纵队及七架飞机作战。十三师为了完成掩护主力渡过湘江的任务，就在三面包围的环境中，与陆空炮配合作战的敌人战斗一天，使敌人整天无法前进半步。到了太阳快落山的下午6时，才开始从不必要再继续战斗的战场上，挨次撤退下来。

正因为这一战斗是突然的遭遇战，是以前进的行军队形首先与截击敌人作战的，以致全师的给养在后面被切断。因此先从战场上撤退下来的红色英雄，打了一整天吃不到饭。在一个有效的政治鼓动下面，不怕饥饿与困难的十三师，以一夜急行跑了一百多里路，安全地渡过了湘江，使得尾追的敌人三天三夜都赶不上来。

---

[1] 作者在长征初期任红五军团第十三师政治部主任。

一天两夜爬过了老山界

　　刚刚与很难渡过的湘江告别，又碰到一个恶劣的环境，就是过老山界。因为桂系军阀由南向北追击，情况万分紧张，沿途房屋和粮食全被敌探烧光，使后头的十三师在一天两夜完全断了粮食，但十三师就在紧张与饥饿的一天两夜中爬过了老山界，战胜了天然的困难。

辛辛苦苦过苗山

　　如果没有走过苗山的人，他总不会晓得苗山的苦。刚刚脱离了广西与湘南的紧急环境，又进到了我们不会估计到要走的苗山。

　　几天几夜的行军，沿途找不到一个老百姓，如果你想买点东西，那真是有钱无市。辛辛苦苦地跑了几天几夜，只是一些密林腐草与怪石。

　　因为苗人的思想简单，害怕汉人，特别是在国民党军阀的残杀和压迫之下，怕军队的心理更加厉害，因此军队一到，苗人总是跑得精光。前面部队把粮食什么都吃光了。在这样的环境中，也就使善于行军作战的红军，不得不要放下枪弹，在宿营地用门板、手掌、被毯和砖头来磨出红军需要吃的米，不然就要叫你饿肚子。在这样的情形下面，每一个人都要兼职去做伙夫的艰苦工作。所以每一个走在最后头的十三师军人都尝过了苗山的苦味。

　　（选自李海文主编：《中国工农红军长征亲历记》，四川人民出版社2005年版）

突围西进（节录）

⊙谢　良[①]

　　每天，白天宿营，夜晚行军，遇到敌人就打仗，没有敌人就赶路，这样的生活有一个多月了。

　　时节已是初冬。一连数日，天阴沉沉的，铅灰色的天空时而落下一些雨点，西北风一吹，很有几分寒意。山峦和田野上的枝叶已经枯黄，唯有山坡上的松柏还保持着翠绿的颜色，像一排排战士那样，挺拔而威武，显得很有精神。

　　自从离开中央革命根据地以来，我们五军团一直是全军的后卫，担负着掩护任务。这时，红军的队伍经过赣南、粤北、湘南，已先后突破了敌人的三道封锁线。但是，由于王明的"左"倾路线实行战略退却中的逃跑主义，部队不仅携带了大批笨重的辎重，还要掩护庞大的后方机关，像大搬家似的向西突围。因此，行动十分缓慢，一路上损失很大。我们在后面被敌人紧紧咬住屁股，不分昼夜地行军、打仗，吃不好，睡不好，也补充不上，更是经常处于十分被动的境地。

　　11月下旬，红军进入了广西省。一天上午，我们团在文市东南的钩脑坳，又和追敌湖南军阀李云杰的二十三师打了起来。我们匆忙占领大路两边的山头，击退敌人的多次进攻，顽强地守了两天一夜。第三天中午，师政治部组织科［科］长袁子钦同志突然来到阵地，带来了军团首长的命令：三十七团已完成阻击尾随敌人的任务，立即撤出战斗，于12月1日拂晓前在界首渡过湘江。

　　这时，刘佩都同志已经调走，新来的团长是王彦秉同志。我们急忙打开地图看了行军路线，感到问题十分严重。从这里到湘江，整整一百六十华里，而时间，只有十八个小时。部队从早晨和敌人打到现在，还没有吃上饭，大家身

① 作者在长征时任红五军团第十三师第三十七团政治委员。

上带的干粮已经不多，有的一点也没有了。况且，白天行军，一定会遭到敌人飞机的骚扰。这样，部队半天一宿能不能走完一百六十里，按时赶到湘江呢？

"是啊，任务是很紧急，但目前的情况更危急！我们自从突破敌人的三道封锁线后，蒋介石又调集四十万大军，分成三路，前堵后追，千方百计想消灭我们。"袁子钦同志指点着地图说，"你们看，在我们的背后，就是正在和你们交手的湖南军阀李云杰的部队，左侧灌阳县是桂系军阀，右侧全州是周（浑元）、薛（岳）纵队，他们正从两边夹击我们，而横在我们前进道路上的，还有一条宽阔的湘江。蒋介石一再命令他的部队，要利用湘江这一天然障碍，也就是他们的第四道封锁线，在全州、灌阳、兴安之间一举消灭我们！"

听了袁子钦同志的介绍，我们感到情况非常严重。他却好像以为我们对险恶的形势还认识不足似的，又补充说："部队必须马上转移，向西走，如果被敌人截断，能冲就冲过去，不能冲就绕道过去，反正是向西，太阳往哪儿落你们就往哪儿走，争取把所有的部队都带过去，即使被冲垮了，也要大家发挥独立自主的精神，往西去找部队。"

他的这些话，像一块重石搁在我和团长的心上，压得我们简直透不过气来。我们简单地交换了一下意见，当即决定：三营的七连、八连留下，继续阻击敌人，坚持到天黑再走，其余部队迅速转移！

部队很快就出发了，一口气赶到文市。这时，袁子钦同志已带着一个班，站在文市街外的小土岗上等着我们。部队一到，他们就大声喊道："同志们，今天是急行军，要走一百六十里，必须轻装前进，除了枪支、弹药外，其余的东西统统丢下！"

于是，同志们不得不停下来，把离开中央革命根据地时随身携带的书籍、笔记本、旧军衣等，都轻装掉。袁子钦同志便指挥几个战士就地烧毁那些文件、书籍。那时候，我身上还带了一本《共产党宣言》，一本《政治经济学》，还有一本《中国革命运动史》。这都是在红军大学学习时发的，要丢掉，实在可惜。警卫员李云同志见我舍不得，便说："政委，书还是留下吧，我能拿！"说着就把书接过去，塞进他的挎包里。

"政委，锅可不能丢啊！"我正在清理文件，突然有人喊了起来。抬头一看，原来是一连的炊事班[班]长老刘，双手护着一口行军锅，身后站着一个负责检查轻装的战士。那战士要收他的行军锅，直叮叮这是上级规定，除了枪支、弹药以外，什么也不能留。这时老刘把眼一瞪，气呼呼地说："小伙子，我问你，战士的任务是什么？炊事员的任务是什么？"

那个战士被问得莫名其妙，只得说："战士的任务是打仗，炊事员的任务是做饭呗！"

"我再问你，战士拿什么打仗？炊事员拿什么做饭？这行军锅是不是我们炊事员的武器？"老刘像连珠炮似的责问道，"战士的枪支、弹药不能轻装，为什么要把我们的行军锅轻装掉？"

老刘的话虽然不错，但是目前情况紧急，上级要求宁丢东西不丢人，前面有的部队连没有弹药的破枪烂炮也都丢下了，何况这笨重的行军锅呢？我便向老刘说明情况，劝他还是把锅丢下，接着又说："炊事班挑油盐担子的任务就够重的了，将来打了胜仗，还怕弄不到一口锅吗？……"他听了之后，无可奈何地把锅交给那个战士。可是这时候，这个年近半百的老同志，竟心疼得哭了起来。

部队轻装以后，继续向西前进。走出文市不久，两架敌机发现了我们，又扫射，又投弹。那时我们没有高射武器，敌人飞机非常猖狂，俯冲下来时几乎是擦着树顶，部队只得停止前进，疏散隐蔽。半小时后，敌机飞走了，我们又继续赶路。可是走不到三四里，天边又出现两架敌机的影子，有的战士开玩笑说："当心帽子，别叫敌人的飞机摘去了。"不一会儿，敌机又肆无忌惮地俯冲扫射起来，部队只好又散开、隐蔽。就这样，敌人的飞机轮番地轰炸、扫射，我们走走停停，停停走走，走的时间没有停的时间长，两个小时走了不到十里路，很多同志急得直嚷嚷："这怎么行呢？这样走，三天也到不了湘江呀！"

正在焦急的时候，我们远远地看见一个小个子，腰间扎根皮带，皮带上挂着一支小手枪，手里撑着一根细长的竹棍，站在路旁。谁呢，原来是师长陈伯钧同志。他见了团长和我，从衣袋里掏出一封信，叫我们看。这信是党中央驻五军团代表陈云同志写的，大意是：现在的情况十分危急，你们要克服一切困难，冲出敌人的包围，渡过湘江，突破敌人的第四道封锁线！

我们看完信，心情十分沉重。陈师长本是个有名的乐天派，平时一说话就笑，而且喜欢哈哈大笑，可是这一次，脸上却没有一丝笑容。他指着行进中的部队，不满地说："这样的速度，明天拂晓前是过不了湘江的。过不了湘江，就有被敌人吃掉的危险！"接着，又指着左前方和右前方说："你们听，那是什么声音？"

枪炮声！非常密集的枪炮声！这说明在我们的左前方和右前方，战斗正在激烈地进行。兄弟部队正在全力顶住企图合围的优势敌人，正在用鲜血和生命为我们开辟着一条狭长的通道，让我们能够冲出去。

"可是，敌人的飞机尽捣蛋！"王彦秉同志愁眉不展地说。

是啊，怎么对付敌人的飞机呢？我们站在路旁，一时想不出一个妥善的对策来。陈师长挥动着手里的竹棍子，踱来踱去，突然停下，果断地说："我看，敌人飞机来，我们就打，边打边走，这样才会加快速度！"

陈师长的话音刚落，王彦秉同志高兴得几乎跳起来，说："行，打！狠狠地打！看谁硬得过谁！"说完，就向部队做布置去了。

这个办法果然有效。敌人飞机再来的时候，各连的特等射手、机枪射手一齐向敌机开火，前前后后枪声大作，大路上顿时升起一道火墙。那些胆小怕死的敌机驾驶员，再也不敢俯冲扫射了，高高地丢下几个炸弹，也大多落在路旁的稻田里。这时我们的战士头都不抬，迈开大步，照样向前疾进。

傍晚，部队在一个大村子外边的禾场上停下休息。炊事员进村烧了开水，大家整整一天才吃了第一顿干粮。利用这个时机，各连都召开支委会，号召共产党员在这次急行军中，发挥模范带头作用，加强团结互助，不让一个人员掉队，保证大家按时渡过湘江。会后，干部又向所属人员进行思想动员。一营教导员彭嘉庆同志大着嗓门说："到湘江还有一百二十里，路不算近，可是在我们红军的铁脚板下也不算远。时间只有一个晚上了，大家加把劲，明天拂晓前一定能过湘江！"

天色暗下来，没有月亮，没有星星，村庄和田野都消失在黑暗里，在头顶上骚扰了半天的敌机也无影无踪。但是，左右前方的枪声、炮声，却越来越激烈了。

部队踏上大路，便以营为单位，组成五路纵队，向前开进。那不是在走，而是在奔；不是在行军，而是在赛跑。只听得一片嚓嚓的脚步声、呼呼的喘息声和武器的磕碰声，像一股汹涌的潮水，顺着灰白的道路，向西，向西，向西直冲而去。有的人走不动了，旁边的同志马上接过他的武器，挽着他的胳臂，架着他前进；有的人鞋底跑掉了，别的同志立即从背包上解下自己的新草鞋，叫他——不，简直是命令他——立即穿上，继续跟上队伍。大家不说，不笑，不知道累，不知道饿，也不知道渴，一千多双腿，像一双腿似的跨步前进；一千多双眼，像一双眼似的注视前方；一千多颗心，像一颗心似的跳动着一个共同的愿望，那就是：迅速前进，明天拂晓前渡过湘江！

下半夜，我们第二次遇见了师长陈伯钧同志。他没有骑马，而是和师部侦察连便衣排的同志们一起徒步行军。我便上前问道："师长，你的牲口呢？"

"啊？"师长抬起头来，看看潮水般从身旁涌过去的队伍，用手揉揉眼睛，笑道："队伍都上来了吧！哈哈！这么大的声音，我还以为是到了湘江边哩！"

"师长的牲口让给别人骑了……"旁边的警卫员不满意地嘟囔道。

陈师长笑着说："小鬼，别光想到自己么！病号走不动，让他骑马难道不应该吗？"

"那你……"警卫员噘着嘴不服气地说。

"我吗？哈哈！好办。"陈师长笑道，"开动'11'号汽车，直达湘江边呀！"师长的话引得大家直笑。

离湘江五六里时，东方已现出微明，只见前面有一片乌黑的树林，树林中闪烁着点点灯光。响〈向〉导告诉我们：那就是江边！这时大家的劲头更足了。"快到江边了！""加油啊，前面就是湘江！"这些话像电流似的迅速从队伍的前头传到后头，大家的脚步不约而同地加快起来。终于，在朦胧的晨光中，部队一口气赶到了江边。随后，战士们脱掉鞋袜，挽起裤管，一拥而下，踏着冰凉刺骨的江水，向湘江对岸徒涉过去。

早晨，湘江在茫茫的白雾中闪着亮光，湍急的江水哗哗直响。沙滩上，铺了很厚的一层霜。每个人的帽子上、衣服上和背包上，也都结满了晶莹的霜花。但是，大家涉过江后，一点也不觉得冷，有的用江水洗把脸，有的拍去身上的尘土，然后三三五五围坐在一起，分吃着剩下的一点干粮。

休息片刻以后，部队又继续西进了。可是当我们离开江边不久，对岸突然传来一阵激烈的枪炮声。显然，在东岸担任掩护任务的三十四师，没有来得及过江，就和合围的敌人接上火了。枪炮声一阵猛似一阵，我们的心情也越来越不安。大家都为兄弟部队的安全担心，希望他们能够突破重围，摆脱险境，安全渡过江来。可是，第二天，传来了不幸的消息：三十四师被敌人包围在江那边了。这是一个非常严重的情况。因为，在绝对优势的敌人面前，三十四师孤军作战，一定是凶多吉少啊！

前面的道路，是漫长的；大家的心情，是沉甸甸的。没有歌声，没有笑语，战士们的神情都异常严肃，队伍默默地向西开进，向西开进……

（选自谢良著：《铁流后卫》，解放军文艺出版社 1977 年版）

历经艰险任后卫

⊙饶子健[①]

中央红军主力长征开始时，红五军团由董振堂任军团长，李卓然任军团政委，陈云任军团的中共中央代表，刘伯承任军团参谋长，下辖第十三、第三十四师，共一万二千余人。第十三师，下辖第三十七、第三十八、第三十九团，共五千四百余人，仍是军团的主力，我仍任第三十七团第二营营长。

长征初期，红五军团担任全军的后卫，负责掩护全军，特别是中央和军委纵队转移，任务非常艰巨。当时，中共中央、中革军委率红军第一、第三、第五、第八、第九军团共八万余人，携带着大批笨重物资器材，沿着山路西进，拥挤不堪，行动迟缓，这就更增加了掩护的困难，增大了部队的疲劳和减员，削弱了作战能力。一路上，我们部队为掩护主力，边走边同追击的国民党军作战，连续突破敌人三道封锁线，来到湘江东岸。

这时，蒋介石妄图围歼我中央红军主力于湘江以东地区，任命何键为"追剿军"总司令，指挥十六个师专事"追剿"；同时，命令粤军四个师、桂军五个师到湘粤边、湘桂边进行堵击和截击。中央红军面对国民党军的前堵后追，处于十分被动和困难的地步。

为了抢渡湘江，突破敌人第四道封锁线，我们后卫部队也日夜兼程向西挺进。但是，怎么也摆脱不了尾追的敌军。部队吃不好饭，睡不好觉，一停下来休息，有些战士就睡着了。走时，如果忘记叫醒他们，就要掉队。我们被广东军阀陈济棠部紧紧地咬住，情况非常危急。

11月下旬的一天，我团在广西文市东南的钩脑坳，击退了追敌湖南军阀

---

① 作者在长征时任红五军团第十三师第三十七团第二营营长。

李云杰的二十三师后，我营又奉命到道县方向担任警戒。11 月 30 日上午，团首长命令我营立即撤出警戒，于 12 月 1 日拂晓前赶到界首，抢渡湘江。从钩脑坳到界首，相距一百六十华里。按照团首长的命令抢渡湘江，必须在十多个小时内走完这段路程。那时，部队刚从战场上撤下来，没有吃上饭，带的干粮也快吃光了；敌情更为严重，尾追我们的是李云杰的第二十三师，左侧灌阳是桂系军队，右侧全州是周浑元、薛岳的部队，前面是一条宽阔的湘江。团首长要求我营在 30 日中午随团部一起向界首进发。但是，上午营里派出去打土豪的五连还没有回来，我心里很着急，怎么办？我即刻把情况报告了团部，团首长指示我们，等五连回来后立即赶队。等到下午 5 点，五连一回来，全营就急忙向界首开进。部队一个劲地往前跑。赶了好几个小时，还是没有赶上团部。到夜里 12 时左右，我发现走错了方向，立即命令部队原地休息，派通信员去侦察，侦察结果，证实方向确实走错了。当时，我非常着急，这时，我想起在红军学校学习时教官说的一句古话："冷静方能生智。"所以，我克制自己的情绪，千万不能急。冷静之后，心想：如果天亮前赶不到界首，就有被敌人切断去路的危险。为了争取时间，我立即决定折回二十里向西走，组织全营进行长时间的强行军。天将拂晓，部队停止前进，稍稍喘息一下，并赶紧做饭吃。饭刚刚做好，敌军就追上来了，大家只好把饭包在毛巾里，边跑边吃。

12 月 1 日，天亮时，我们终于赶到了界首。这时，团部和其他营已经过江，留下师工兵连在江边看守着两只木船。我们刚渡到湘江西岸，敌军就追到了湘江东岸。过了湘江，又翻了一个山头，我们才赶上团部。王彦秉团长和谢良政委一见我就问："饶营长，为什么现在才赶到？好险啊，差一点被敌人堵住，过不了江啦！"

我向团首长报告了路上发生的情况，就随团部继续前进，走不多远，湘江东岸突然传来了激烈的枪炮声，显然，这是仍在东岸担任掩护任务的我们军团的第三十四师来不及渡江，同合围的敌人展开了激战。

后来得知，为了阻击追敌，掩护中共中央、中革军委和红军主力西进，第三十四师指战员进行了英勇顽强的战斗，予敌军以重大杀伤，但因寡不敌众，弹尽粮绝，大部分人壮烈牺牲，少数人分散转至湘南坚持游击战争。

湘江一战，中央红军付出了重大代价，由长征开始时的八万余人锐减到三万余人，但是打破了国民党在湘江边消灭红军的企图。

渡过湘江后，部队继续向西挺进。经过四五天跋涉，到达了越城岭。这是一座上山三十里、下山三十里的大高山。在山脚下仰头向上看，只见峰峦重叠，山势险峻，"之"字形的羊肠小道从山脚一直向上延伸，最后消失在山顶的密林深处。12 月 6 日，我团奉命从越城岭下的千家寺出发，去担任越城岭南侧方向的警戒，掩护兄弟部队翻越越城岭。前进途中，突然得知，千家寺已被敌军占领，团里命令我们立即返回，冲过千家寺，翻越老山界。折回时，我营为后卫，同小股追敌接上了火。四连占领山头阻击，其余三个连队原地休息做饭吃。天黑了，我派通信员联络团部，没有联络上。这时千家寺方向枪声很激烈，我判断前进的道路可能被敌军切断。于是，我们便绕道到了越城岭下，隐蔽在树林里。仔细看，这树林里已有黑压压的一片人群。原来也是五军团的部队。

有两位同志正在低声交谈："后面打得很紧，三十七团二营可能被敌人切断了。"

我听后，立即说："我们就是二营，是绕道过来的。"

他们听后高兴地说："饶营长，真为你们捏了把汗啊！"

原来，他俩是军团部派来和我们联系的参谋。知道绕道过来，庆幸没被堵截。

部队开始爬山了，我们多么想一口气翻过老山界，甩掉尾追的敌人。可是前面的部队却老是走走停停，大半夜工夫还没爬到半山腰。同志们又饿又累，有的一停下来，就站在那里睡着了。

也有些战士在低声议论："真糟糕，前面的部队怎么连路也走不动？"

"不要说前面的部队了，我们从江西出来，一路上还不都是这样！成天在山间小路上爬，敌人呢？在大路上追！"这是另一个战士的声音，他越说越生气。

战士的议论，使我不由想起毛泽东领导我们反"围剿"的时候，部队快速集中、快速分散、快速运动，神不知、鬼不觉，整师、整旅地歼灭敌人，和眼前的情况相比，真是天渊之别啊！突然，我的沉思被一个人的声音打断了："别埋怨兄弟部队啦！不是走不动，而是山路险，坛坛罐罐多，没办法呀！"

听得出，说话的是前面部队掉队的战士。这个战士告诉我们：自从离开根据地，他们"兴国师""瑞金师"就抬着印刷厂、被服厂、兵工厂的机器日夜行军。他说："有的大部件，三四个小伙子都抬不动。在这样的羊肠小道上，一不小心，就会连人带机器滚到山沟里去，怎么能走得快呀！"

"噢，原来是这么回事，根据地都丢了，还要那些坛坛罐罐干什么，叫你们吃那么大的苦。"

"这哪里像打仗的样子？到底是谁出的主意？"

同志们提出了一连串的问题。这位掉队的战士怎么回答得了呢？大家只好沉思不语。直到现在我还清楚地记得，这个因患伤风而掉队的"兴国师"的战士，名叫谢顺山。

经过一天一夜的爬行，我们才翻过老山界。下了山，团里通知宿营。宿营地是一片树林，树上贴着写有"一营""二营"字样的纸条。我低头望着战士们疲惫的身躯，再仰头看了看老山界巨大的黑影，陷入了痛苦的思索。从中央苏区出来的两个多月中，我们的路跑得不少，付出的代价不小，但是，仗为什么打得这样被动？什么时候才能改变这种局面呢？我检查完各连的宿营情况后，躺在自己的铺位上，看到天空中明亮的北斗星，不由得思绪万千，心中在说："什么时候能像在中央苏区那样，由毛泽东同志来领导我们打仗啊！"

（节选自《饶子健将军》上编"饶子健回忆录"，上海人民出版社 2001 年版。本文标题为选入时本书编者所加）

紧急渡湘江

⊙李雪山①

　　已经是十月②的天气了，中央红军远征到达湖南的湘江。野战军前部已过去了，只有五军团还在离湘江百五十里的地方，掩护整个野战军渡江。这时桂系军阀已经追上来了。五军团每天打掩护，走夜路，急行军，受风寒，饿肚皮，加上天空［中］敌机的轰炸，地下敌人四面八方的攻击、迂回包围，处境是非常艰苦的。但是最英勇最顽强的十三师，依然能抗战到底，使敌人无可奈何，掩护全军安全地渡江。

　　这样和敌人打了大半天，太阳西斜了，十三师才开始撤退，向着湘江前进。走了五六十里，已经是夜晚9点钟，才说要宿营做饭吃（一天都没有吃到饭），前面又传来："敌人积极向湘江我军渡口进攻！"这时十三师离湘江还有九十里。

　　为了争取渡江的胜利，虽然打了一天仗，已经走了五六十里路，没有吃到一顿饭，但最能忍受这样艰苦的阶级战士们，在一个动员之下，把自己的东西完全牺牲了，只背着枪械、子弹、炸弹，个个抱着"无论如何要过湘江的决心"。

　　天色苍茫，黑幕笼罩着大地，沿着高高低低的大路，十三师紧急向着湘江前进了。"不掉队！""不落伍！"一口气跑了九十余里，天还未亮，已经到达湘江江边。湘水悠悠地流着，秋风凉气袭人，但是阶级战士们，不管水凉流急，大家毫不犹豫，把鞋袜脱去，扑通跳在水里。江水冰凉入骨，还听得"哎呀来！……""嘻、嘻、嘻！"的战士们唱出的兴国山歌和欢笑声，他们心里说："争取渡江胜利了！"

①作者又名李雪三，在长征初期任红五军团第十三师第三十八团政治部宣传科科长。
②此处的十月是按农历计。

太阳东升了，映着湘江通红，隔江的敌人哪里能追得上呢？又走了二十多里，这里还没有吃到饭，北面的敌人（何键的）来得好快，已经赶到我们的渡口来了。百战百胜的、钢铁的、无敌的五军团十三师，还是打起精神，忍饥挨饿地，一面抵抗，一面西进，这样又经过一天一夜的奋斗，终究使敌人掉了队，落在后面了。

（选自《中国工农红军第一方面军长征记》，人民出版社1955年版）

我们是最后面的队伍

⊙赖达元[1]

长征过湘江我就是从这里[2]浮桥过的，从东边山丘小路下去，浮桥是用小船连起来，上面铺的门板，过桥那天很紧张，我们是最后面的队伍了。我在红五军团第十三师三十九团当宣传干事。我们团随军团部在最后顶住追敌，保卫中央纵队过江。我们是 12 月 1 日上午从这里浮桥过的，我们过江后，下午浮桥就奉令炸掉了。刘明辉[3]长征过广西时，他在红五军团十三师三十九团任组织股长，也是和我一起从这里过湘江的。

（据赖达元在 20 世纪 70 年代回到兴安界首时的讲话整理。本文标题为本书编者所加）

---

[1] 赖达元同志在长征时任红五军团第十三师第三十九团宣传干事。

[2] 指兴安县界首镇三官堂附近。

[3] 刘明辉同志在 20 世纪 70 年代曾任云南省省长。

难忘的湘江

⊙李芳远 ①

我们红八军团是红军主力从江西突围以前，由工人师、二十一师和江西苏区一部分独立师、独立团组成的，同时补充了很多刚从兴国、瑞金、于都、石城自愿参加红军的新战士，在北上抗日的长征途中，担任过侧卫任务。湘江战役后，八军团被编入红五军团，虽然它只存在了短短的四个月，但在这四个月中它参加了许多战斗，显示出这支新的铁拳的力量。

红军主力冲破敌人第三道封锁线后，八军团的战士与其他红军主力部队一样，满身征尘地进入了湖南地区，受到了湘南红军游击队和群众手持红旗的欢迎。部队停下来休息，打土豪，做群众工作。

敌人很快就围上来了，在湘江布置了第四道封锁线。八军团本来的前进方向，是由湖南永明县进入广西灌阳县境，因为情况的变化，奉命折回，归还主力，改道前进。全军团的同志们为了迅速归还主力，达到集中力量冲破敌人第四道封锁线、抢渡湘江的目的，全然不顾危险，不管三七二十一，和从灌阳方面出来围击我们主力的敌人平行前进，经过两天两夜的急行军，走了一百多里路，没有吃饭，没有休息，终于赶上了主力。

水车是军团赶上主力后的宿营地。这个地区本来很小，粮食储备有限，大军由此经过粮食都吃光了，八军团的吃粮非常困难。好在红军战士都有带粮的习惯，每个战士米袋内尚够有一顿饭的米，但是伙夫同志们都掉队了，没有人做饭。肚子饿了，指战员们只好牺牲睡觉，自己动手来做饭。大家盘算吃饱饭后，在此好好休息一晚，恢复一下疲劳，可不容分说，催人继续前进的行军命令又

---

① 作者在长征时任红八军团第二十三师第六十八团政治委员。

到了，只好抓紧时间躺一下，天还没有亮又出发。

当天的行军八军团的主力是随着九军团后尾跟进的，只有我们十三师六十八团[1]奉命另走一路，担任与五军团取得联络的任务。出发前，团的各级指挥员和政治工作人员已先知了今天行军一定要打仗，从而每个战士都预先做好了战斗准备。部队前进有二十余里，发现五军团的部队早已走了，而从灌阳方向来的敌人到了，敌人的前锋和我军前卫连的尖兵遭遇开了火，全团指战员不但不慌乱，相反的有如猛虎一般迎了上去，很快占领了阵地，杀退了敌人。敌人虽然不经打，但六十八团的任务不是消灭敌人，而是尽快前进与五军团取得联系。我们只好乘敌人主力未到之前，迅速跨过敌人的死尸采取边打边走的办法，翻山越岭走了几十里，赶上了五军团十三师。

大家赶上了十三师，本应当很高兴，但是三天来不分日夜的行军打仗，走了将近四百里路，只吃了三顿饭，都想停下来做饭吃，好好休息一下，在这个时候，十三师陈伯钧师长从前线来到了六十八团，团长、政委同战士们有同感，希望陈师长说，你们就在此宿营做饭吃啦。但是陈师长没有这样讲，而是用歉意的语气说："同志们辛苦了，我知道你们的部队经过几天的行军打仗，疲劳了，肚子也饿了，大家都很希望休息做饭吃，但是情况十分紧张，现在我们离湘江还有几十里路，敌人正在积极地向湘江渡口前进，我们必须争取在明天天未亮之前渡过湘江，否则就有被敌人切断的可能，希望全体同志们要忍受一切艰苦，把东西丢了，留得人和枪支在，过了湘江就好办了！"团长政委即时命令部队原地停下来，要通信员传请各营营长、教导员来集合交代任务，以连为单位进行动员。

部队继续前进。怪得很，我们平常行军每小时可走十余里路，现在一个小时过去了，才走了四五里地，可能是肚子饿没有劲的关系吧？大家正在盘算这样走法，要到何时才能到达湘江边，并正为此着急的时候，忽然前边传来了要大家准备〈饭〉口袋盛饭的消息，这真叫人喜出望外！再前进不到一里地，确实在公路两旁排列着许多担白米饭，估计这是十三师为我们准备好留在这里的。战士们用感激的心情打开饭袋，装满了饭，继续行军，一边吃[一]边走，劲头也大起来了，天未亮时已到达了湘江边。这时已是12月天气，江水很冷，

---

[1] 十三师六十八团，应为"二十三师六十八团"。六十八团属红八军团二十三师，而十三师属红五军团。

前卫连到达湘江边时停下不走了。干部和战士聚拢成一团在那里议论纷纷，有的说江水很深又很冷，据向导说上游有三只船，不必在此过江到上头去坐船吧！有的反对这种意见说，上游离此有多远，船有多大？我们不知道，而敌军四面八方的枪声越来越近，再者陈师长说过，天亮之前不过湘江就要有危险，因此我们必须从这里过江！这时团政委到了，他来不及做结论，只说："同志们不要争论了！"说着他就脱了草鞋，卷起了裤子，跳下水去回过头来向同志们喊："江里的水不冷，大家跟我来吧！"干部和战士们看到团政委走在了前头，就一个跟一个地跳下江水，渡过了湘江。

太阳在东方射出了红光后，全团部队已经离开湘江，又走了将近二十里路时，北面的敌人赶到，和十三师接了火，六十八团就地隐蔽，准备作战。十三师阻击了敌人的前进，到下午 6 时左右，六十八团奉五军团刘参谋长命令，占领阵地，掩护十三师退出战斗。六十八团打了一阵，天黑了，敌军暂停了进攻，六十八团坚持到 11 时，安全撤出阵地，向兴安附近越城岭方向寻找主力归队。经过一夜山路行军至天亮时，终于赶上了十三师[①]，归还了八军团的建制。

（选自李富春等著：《星火燎原全集》第 13 卷，解放军出版社 2009 年版）

---

① 十三师，应为"二十三师"。

长征时期的行军漫记

（1934 年 11 月 21 日—12 月 14 日）

⊙林 伟[①]

11 月 21 日 （雨）

经过了昨晚一夜行军，拂晓时分，我军团始抵蓝山。军团司政二部就住在伪县政府里，这个湖南南端辖有八十万人口范围的县衙门，规模巨大，约有二百间房屋，都是平房。他们都已逃匿，四下无人，公文呈纸［被］风吹得乱七八糟。今天气候严寒，军团通报全军注意行装，不许外出，备战姿态休息，随时准备行动。

军委来电通报：由于我主力冲破敌人重围，已胜利转入敌人大后方，蒋匪南昌行营已严令李延年、刘戡主力，于 10 月艳日配合北线罗卓英纵队进到我瑞金九堡、武阳、古城区域。令薛岳、周浑元率领五个师十二个旅（即九十三师李抱冰、新五十二师、十三师万耀元[②]、第四师周浑元、二十三师吴奇伟共约十万人左右）于 10 月宥日集中南昌樟树，11 月初被命为"追剿军"，沿铁路于文日进抵长沙，铣日进到衡阳，现在其先头已达绥宁附近。同时蒋贼又严命湖南军阀何键迅速命其第八军陶广的三个师七个旅全部兵力赶紧布防于湘江和全州一线，坚守全州。令李云杰和李韫珩两师分别由嘉禾、临武向宁远、江华、永明尾追。另又命广西李宗仁、黄旭初部四个师兵力集中兴安、灌阳向北。其总企图是要在湘江新近布置第四道封锁线上，以他集结的三十万兵力想全歼我军。

---

① 作者在长征时任红九军团参谋处测绘员。
② 万耀元，应为"万耀煌"。

我军今天在蓝山城，以备战待发姿势休息了一夜。

11月22日 （阴雨）

今天我们仍在蓝山休息待命，二十二师向南移动，三师移至城东南面。天气寒冷，天色阴沉，微雨不停。我们就在"衙门里"生了几盆木炭火取暖，找了几个向导调查向南面的路线。

军委电示：为便利行军，顺利通过敌人最后一道（第四道）封锁线，渡过湘江，应以疏散进军，吸引和分散敌人，使我军行动敏捷，避免在湘江沿岸平原地区与众多的敌人决战，以达保持有生力量计，九军团应以迅雷手段取道南进，窥伺粤西北之连县，并相继〔相机〕占领。随后由桂林以北地区绕过湘江。一军团从道州西进过江。三军团佯攻全州，取得太来圩、石塘圩沿江一线各据点，掩护军委纵队和八军团过江。

晚上7时，我军忽又转到南面向粤北猛勇前进。

11月23日 （雨）

连日天雨，天气酷寒，经过整夜的行军，于上午10时，先头部队九团占领了湘粤边境上的双和圩。这里是广东边界上。

军委电令，为充实主力，减少机关单位，将红二十二师分别拨调给一、五、九各军团，六十五团及师部一部分归九军团，所以今天司令部增加来了不少人。使得参谋处更加健全充实了。

下午4点钟，据派往连县侦察便衣兵回报，边县^①驻有粤敌重兵守备，这样我军又临时改变部署，夜晚又将部队折回蓝山城。在大雨滂沱中黑夜急行军，道路泥泞，又因为有敌情，不准打火把，只能一个跟着一个看着前面身影一步一步前行。在蓝山方面和我们东面传来密密的枪炮声。

---

① 边县，应为"连县"。

11月24日 （雨）

将近9时，大军顺着原路折转到蓝山城来。敌情十分紧急，五军团［三］十四师的掩护部队已撤下来了，敌人重机枪弹已在我们行军队形的低空中吱吱地飞过，零星的迫击炮弹也疏疏地落入稻田中爆炸。敌机五六架天雨飞来沿蓝山东北面的道路上［空］低飞盘旋，我军分成多路行进。有的靠山坡脚跟，有的就在稻田堤上，有的在大道上蠕动，拥挤异常。真是满山遍地皆兵，天雨路滑难行。我们知道这又是一个很严重的环境，当我军十万多人分由蓝山、道州多路齐向全州、兴安之间前进之时，敌就布置了极严密的第四道封锁线来堵截包围我们。在这一带蒋匪已集中了薛岳、周浑元两个纵队，湘敌何键的第八军陶广，桂敌三十一军韦云松①、四十八军廖磊②等部共三十多个旅兵力，这都是蒋匪几省军阀精锐，利用湘桂边界地势平缓和湘江的天然屏障，敌层层封锁，二个旅固守全州，从四面八方包围我们，形势甚为严重。

在风雨声、在敌两面追击中，我军连续不停地从广东的双和圩经蓝山走了一天两夜，深夜12时来到了双村一线宿营，九团留在后面占领阵地阻敌追击。

11月25日 （晴）

连续数天的阴雨，今天天气晴起来了，可爱的太阳从东方升起，上午8时我们已进到武夷街休息待命。形势十分险恶。军委命八、九两军团为左翼纵队，无论如何要设法进占江华、永明两城，掩护中央纵队前进，情况非常紧急，当.即动员新的战斗任务，并解释因敌情变化，我军南绕粤北于我不利，现在我们要渡过灌江越过都庞岭山脉，由兴安、全州之间过湘江，突破敌人封锁线。下午4时没有吃饭就出发，又是急行军，八、九两个军团齐头向江华前进,爬大山、过小河走了一百里。

---

① 韦云松，应为"韦云淞"。红军长征时，韦云淞任南宁守备司令，兼任广西全边对讯督办及镇南清乡督办。1937年全面抗战爆发后，韦升任第十六集团军副司令兼第三十一军军长。
② 红军长征时，廖磊任第七军军长。1937年全面抗战爆发后，升任第二十一集团军总司令，1938年2月兼任第四十八军军长。

这一带道路，7月中旬①红军第六军团由任弼时、王震、萧克同志率领从湘赣边之永新、莲花西进，也是取道经过桂阳、郴县、蓝山，8月20日经过这里。9月占黎平、锦屏、三穗，于10月底进到黔东湘西之松桃与湘西之红二军团取得会师。这里的群众仍谈及红军8月路过时的情形。

11月26日 （晴）

我军连日夜不停地急行军，到下午2时才进抵石塘坝，在此宿营休息。敌机多架整天不停地前来轰炸，并散发传单。得悉我一军团已于前天进占道州，歼敌一个团。我一、三军团主力已进入全州、文市、蒋家岭一线平原地区，敌人也集中到这一线，一场恶战势必进行。现在是我军在南北宽正面上齐进，北面一、三军团，中间是五军团、军委纵队。而八、九两军团在一百四十公里的南线上。

我三师七团担负进占江华任务，已提前出发。红八军团之二十四师②、工人师③也从我们的南面西进，为夺取永明而战。军团政治部编印了红军告壮、苗、瑶族同胞书，并发了通令，江华、永明是壮、苗族区域，教育队伍要注意政策和宣传。

11月27日 （晴）

江华之敌一千余人，随同伪县政府官员已闻风逃窜，我七团经十四个小时急行军，于今日7时未经战斗就进占该城。缴获了反动分子布匹达二万匹，下午召开了群众大会，分发[给]他们。军团直属队下午1时才陆续赶到城里。我们就住在一家已逃走的大土豪家里。这几天虽日夜急行军，但天气晴朗，精神爽快。

无敌的工农红军上十万人④，经过四十天来横过华南赣、粤、桂、闽四省的无休止的长期艰苦的进军，在寒冷里，部队翻过了连绵无垠的崇山峻岭，经

---

① 红六军团西征是于1934年8月上旬出发。

② 红八军团由第二十一师、第二十三师合编成立。第二十四师由项英、陈毅等领导留在中央苏区坚持斗争，并未参加长征。

③ 工人师，即第二十三师，于1934年2月18日授"红军第二十三师"原用号。

④ 参加长征的中央红军为八万余人。

过无数次的战斗。山峦与河流，在连绵的秋雨，在漆黑的夜里，战士们的衣服一天干湿二三遍，身上被荆棘挂破。牲口一天天减少，文件担子也少了，有的同志生了病，有的同志体力不支掉了队，大军不分日夜不停地前进，现在我们已来到了湘桂边境，来到了敌我数十万军队聚集在一起，想必是要进行一场大战的地方。我在西北面行动的红一、三军团，已在全州平原与强大敌人奋战中，为突破敌人封锁线，一场严重的战斗就要展开了。红一师返回在道州西河岸阻击敌人。

我们住的这家大土豪相当大，从他许多书信名片看，与长沙官员们都有勾搭来往。炊事员同志今天做了许多肉菜。我们在街上也买了几筒罐头香烟以备行军中吸用。

这里是壮、苗、汉族人民杂居的地方，妇女们的服饰甚是鲜艳夺目，袖子上、衣领上、衣裤边上、围裙上都嵌着花边。

11 月 28 日 （晴）

全州大战序幕揭开了，全州敌二、三师众向我出击，在文市以北与我一、三军团发生了激烈的战事。五军团、军委纵队在中间地区，渡过灌江正向石塘圩推进中。桂军一个旅向我前进，与我九团战于牯牛岭、青塘一线，军委令我军要竭力阻止该敌于永明东南地区。

我们下午 4 时从江华出发，走了四十里即停止下来。夜里因敌情紧张，牯牛岭战事益烈，我九团不支，军团首长临时传七团上前增援九团挡住敌人，枪炮声隆隆，在深夜里历历在耳，部队继续前进。

11 月 29 日 （晴）

薛岳纵队三个师从东面赶到全州，经我一、三军团全州一线战斗的成功，使湘江沿岸的文市、石塘、蒋家岭、巷口镇[①]等重要地点均为我占领，面对湘江的宽正面达一百二十公里，五军团担任这一战役中的后卫任务，无数支大军行进箭头指向湘江。

---

① 巷口镇，应为"岩口镇"。

今天我们向永明县城前进，红八军团两个团曾先行进到永明与敌发生了战斗，但被阻于城东十五里，我军八团跑步增援上去〈上〉，上午 10 时左右，始攻克县城。红军大军先后也跟着到达，桂敌数千向南溃窜，此地距桂林仅一百八十里。

11 月 30 日 （晴）

前面攻克永明的消息，传到正在前进的部队中，我们更加奋勇地前进，在这里著名一年四季［如］春的地区，真是山清水秀。南面的萌渚岭，北面的都庞岭山脉的青葱绿色群峰，衬托着明丽的一片平原〈上〉，真是旖旎的风光。我们来到了多民族的地区。近几天来云高气爽，虽然已是初冬了，但是这里依然是风和日暖的气候。

下午 3 时我们大队人马行军到了县城。因为前面八军团和八、九两团刚才走出去，军团命后续［部队］即在城里稍事休息，准备入晚再走。

四架黑色飞机在城里盘旋了四周，在郊外也投掷了几枚小炸弹而去。周围城乡的各族人民都拥挤到城里来欢迎红军过境，街头上人山人海向着红军微笑，观看我们。

壮族、瑶族、苗族的人们穿戴着各种花色的服饰，颈项［和手］上戴着银质颈圈、手镯，琳琅满目，这样的打扮我们也从来没有看过。

将近黄昏，我们才离开了这个难忘的城市向西北面继续前进了。入夜，月色蒙蒙，西南边仍在战斗中。我九团二营长阵亡。红八军团从这里进入广西向灌阳前进。8 时我军进到武村宿营。

12 月 1 日 （晴）

拂晓前就出发了，因敌情紧急，部队又进入急行军，越过了都庞岭高山，上午 10 时左右，我军已进抵衡桂铁路（尚未修通，正在修筑路基）线上，沿着道路多路平行，这里是一望无际的大平川，人烟稠密，蒙蒙的可以瞭望全州城，枪炮声在北端广大平原上响着。公路沿着各个巨大的村镇，大军经过，无数的群众排列在路旁，向红军微笑，从未见过这样好这样多的工农队伍。在路旁显著的墙壁上，书写着"打倒勾结帝国主义出卖中华民族的国民党政府！"大字标语。过不完的部队，沿着道路不停地过去。下午 4 时我们进到公路上大镇石塘圩。它位于湘江东岸，军团司令部人员刚刚进到石塘圩时，适遇敌机轰炸，中弹数枚。幸有三弹落入路旁的鱼塘里爆炸，只伤运输员二人。

刘建绪、廖磊两军亦纷纷集中在全州附近。29 日均被我一、三军团击溃，全州之战使十万红军从敌重围中，从容不迫地通过了，证明我军是无坚不摧的，任何敌人的追击、堵击、侧击都是徒然无效的。

周围的形势骤然又险恶起来，踞守全州之敌向我出击，陷道县之敌迅即南来，从桂林北上的广西军数万人已过兴化^①，敌机二十余架疯狂地轮番轰炸扫射。九军团奉限命于今晚 11 时以前要渡过湘江完毕，由红二师一部掩护，渡江后应即以有力的一部占领西岸高地掩护后卫的十三师、三十四师。行程计九十里，每小时要走十三里才能达成任务。有鉴于形势危急，将快做好的饭也未来得及吃立即出发，分成十余路队形，沿湘桂宽阔的公路上，以跑步式的向湘江猛勇前进，这是比较混乱的一次行军，后面五军团的后卫阵地为敌人突破，流弹在我们行军部队上空飞舞，情况十分紧张。

12 月 2 日 （晴）

约 1 点半钟的时分，我们就分头到达湘江渡口徒涉场。

湘江！它从桂林南面的洛清江、漓水合流经桂林、兴安、全县入湖南的零陵、衡阳流入长江的我国西南部一条大江。在这一段上地处平原，江水悠悠地流着，两岸有不断的土坡，岸边大树成林，江宽六百多公尺，水深及脐。

我们在深夜里来到了江边，追敌从北、东、南三方面向我前进。在冬夜的江水，凉气袭人，在明静的月亮光下，阶级的队伍，毫不犹豫地分成几十路队形，做紧急渡江。各单位首长在喊："不要掉队，要跟上，各单位在一起不要弄乱。"我们脱下长裤，举起皮包、包袱，一个一个不停地跳入江中，江水浸达腹部，真是冷凉入骨。后面的战斗枪炮声益愈接近，追击炮弹零星地落入附近的江中，掀起了一个个很高的水柱。

我先过江去的红七团、九团的勇士们，为了掩护后面大军过江，英勇地迅速占领对岸的沿江土坡高地，在月色蒙蒙中看得出来，互相掩护，显示出红军

---

① 兴化，应为"兴安"。下同。

战斗的团结。处在紧急情况中，红色指战员们表现了惊人的英勇顽强精神。东岸不远处的枪炮声就像过年时爆竹声一样地响着。

我们一过江去，就立即进行了强度的行军，浸湿透了的衣裤都没有来得及扭干，湿衣服紧贴着肌体，冷得身襟颤抖。军委原命我军应于拂晓前要赶到茶寨，行程九十里，又是小道，只有以半跑步似的才能达成。

我红军五军团，此次担任了最艰巨的后卫任务，压在他们跟前的敌人竟达三四师之多。尤其我军主力通过石塘圩，全州没有打下来，敌人二三十万人从多方面围拢前来，特别是敌人向我三军团出击之时，战事尤为激烈。红十三师曾同追敌进行了多次反击，都英勇地击退了敌人。红一、三军团在文市、道州之线阻击战胜利，有效地掩护了中路行军安全。因此，全州之战，将具有历史光辉意义。

12月3日 （晴）

红军在全州以南、兴化以北的一百二十公里的宽正面上，分别在几个渡江点过去以后，就以急行军，十多路齐向军委所指定的全军以油榨坪为中心集结。到今晨9点钟，十万大军多路纷纷到达。这里是在西北面靠连绵的群山，面对湘江，是一个很大平原上的大村镇，周围大村子极多，是一个人烟稠密的所在。军委拟在此全军争取四天的稍事休整打算。

我军经过全州之战，顺利渡过湘江，就表明了蒋匪在南线上的第四道封锁线，兵力集结最多的，形势最为险恶的，要在这里全歼我军的企图，已彻底地被我军粉碎了。从此，我一方面军就进入蒋匪无防御的深远的大后方。虽然敌人派了薛、周纵队十二万人今后会追随我们，但是今后敌人将没有铁路、公路、江运，也将和我们一样用两条肉腿走路，这样，我们就将可能发挥红军的特长，形势将转向对我们有利。

现在我们已来到了山区边缘，进入我国西南部多民族区域，这里西北分布着壮族、苗族、侗族、瑶族人民，他们都是反对国民党的，有利于我们的条件。一军团的十五师（少共国际师）占领通往全州、兴化、石塘、湘江沿线的门户总要口上——紫石关扼守，掩护全军在油榨坪取得休整。

大军不停的多路陆续开到这一带，中央纵队也在我军驻地经过往西前进。今天我们看到了许多中央的负责同志，周总政委依然还是留着一尺长的满脸黑胡须，董老、徐老，还有白发苍苍的林老，也是虽老益壮地穿着草鞋，手持拐棍，头戴防空帽随军前行。长期在苏维埃政府工作的许多首长，他们也武装起来随红军都在军委纵队一起行军。我军掉队的卫生部同志们现在才来到宿营地，几十个女看护员经过长途跋涉现在仍然支撑着随部队前进。

敌机因我目标集中，又距其机场愈近，整天飞来扰乱。

上十万①大军云集在这一片稠密村庄的原野上宿营，这是从来没有过的事，在各自的宿营地门前都能够看到在你近前经过的战友们，老一、老三、老五、老九亲切的称呼，［是］两年来在北线战场上日日夜夜并肩战斗中建立起来的。今天在这严酷形势中，胜利渡过湘江后来到苗山脚下的油榨坪汇集见面，大家心中都有无限的兴奋和激动。

大家都在进行清洁工作，洗衣，洗澡，整理草鞋。炊事员同志正忙于宰猪做饭，有的在门前观看过［路］队伍，十分高兴地能够争取四天休息。

但是事出意外。11点多钟，突然又发生了紧急情况，追军赶来，在紫石关附近爆发了激烈的战斗，据十五师肖华政委打电话通知我军团时说：敌后续约有两师之众向我前进，不到一小时，紫石关被敌突破，十五师沉着地退守后面的阵地。流弹已在油榨坪地区上空飞舞，我们看到了红一师跑步增援紫石关，军委电话命我军团立即出发，向越城岭苗山前进，各军团分路齐行，拟定在榕江（古州）附近会师。片刻我军团即找向导，匆忙地收起湿衣裳，扎起绑带。各团分路齐向苗山前进。恰在这时，敌机配合其向我紫石关前进的部队，猖狂扰乱，扫射轰炸。刹时，这一带的枪炮声、轰炸声、飞机声响成一团，所有的大小道路上，上十万的军队向北方向分路蠕动着。

我们很快就离开了平原进入了苗山，在山中小路上前行，满山皆葱绿，四下眺望，在东南平原上，一切都呈现战争气氛，远处弯曲的湘江蒙蒙的可以看到。黄昏时分我们就在苗山过了一夜。这里有疏疏落落的苗族人家，部队拖着十余里长的路上在各小山村中住下来。

---

①上十万，应为"上万"。中央红军过湘江损失惨重，由出发时的八万余人减至三万余人。根据句意，此处应为"上万"。下文同此。

12月4日 （晴天）

今天一早就出发，仍在苗山中小道前进。行走了一天，下午4时来到了瑶族人民聚集地区的花寨里宿营，行程八十多里。

我们在苗山，只能买到玉茭米做饭，还有甘薯，粮食较困难。

此地散居了我国西南部瑶族、苗族人民，他们都分居在这块纵横几百里的苗山区，一路上看到他们的分散的小山村。居住条件十分简陋，房子都是竹片和稻草编成的，小村落周围绕以毛〔竹〕篱笆，生产竹制纸、茶叶、亚麻，他们的生活很苦，广西军阀时来压迫他们，苛捐杂税名目繁多。他们对我党尊重少数民族的政策十分欢迎。苗民男女沿途烧茶送水，招待红军，每过一村，男女老少伫立路旁，观者如堵。

晚上军团通报全军注意休息，恢复体力，准备明日翻越西延山脉的最高大山越城岭。各部自备生姜、辣椒开水，党团支部做好思想动员，准备工作要做好，成立收容队、宣传鼓动队。

12月5日 （阴天、大风、微雨）

6时就起了床，上好门板，打扫了苗家房子，走到山门前小溪中洗了脸，回来吃了玉米饼，每人发了一块生姜，把水壶灌满了辣椒水，带了二块熟甘薯。大队人马稍事集合就向着这座著名苗山——老山界出发了。今天我们换上了在城口买的黑色胶底鞋子，减轻了小包袱。走过山涧〔间〕弯曲的小道不久，海拔二千七百公尺，高达四十五里大高山巍峨雄伟气势，就显现在我们的眼前。大军就从这深山狭道里行进，走过无数清溪，看到不少瀑布，12时许我们来到了山跟迈前，从这里开始上山。

这座大山，又高又陡，山路弯曲崎岖，宽不到三尺，地势不平，山涧〔间〕满路的野木花草，使得道路都看不出来。此山上四十五里，下三十五里，道路的倾斜角度有的达三十度。向山顶上看好像与天空相接，向下都是悬崖峭壁，黑茫茫得令人可怕。满山皆丛林，山峦耸立，四周静寂。尖峰松涛，山涧瀑布，在丛山峭壁的悬岩脚下咆哮着。山泉流水，好像波涛在澎湃一样。下午3点钟，我们大队人马已上到山半，天气骤然变坏，寒风凛冽，下着毛毛雨，大风呼啸，松尖摇动。山的陡状，我有生以来仅见，在家乡著名的武夷山脉绵长八百里也恐怕难以找到。红色指战员们鼓起了无限的勇气，互相帮助，身体强的帮助弱的同志背枪，有病的同志派人搀扶。军团首长们关怀战士们，他们不但不骑马，而且背着干粮袋，还夹在战士们中间进行鼓动工作，一起前行。蔡树藩政委是一只手的残废，都还执着拐杆脚酸气喘地一步一步艰难地与战士们一同翻越这座大高山，给战士们讲苏联红军故事。罗军团长还帮助一个带病的小通信员背着马枪。大山是折叠上升，而刚刚翻完一个，随着又接着一个，真像满无止境，大队人马在陡峭曲折的山路上艰难地移动着脚步，俯览桂林方向，一马平川，烽烟四起，周围山峰起伏，大风怒号。

在半山上，沿路都有前面部队插立的标语牌，写着："同志们，已走近半，到山顶已不及二十里，加油啊！"山越上越高，天色也日益接近黄昏，阴晦的天空，浮着不散的一朵朵惨淡的愁云，入夜大风呼呼，细雨纷纷，冷气袭人，寒透心间。深夜里我们来到了祖国西南部的大高山上。饥饿、疲劳、严寒，挨风挨雨，既无人烟又无石洞，举目四望，上面没有月亮没有星光，山下森林黑黝黝，不见起灯火，不闻鸡犬声，通宵达旦。真是"人马同时饥，落暮无宿栖"的情景。

夜，像漆黑一般，部队一个跟着一个前行，路小看不清，山上得越高，速度也随之减下来，前面的骡马担子后方机关，阻塞着道路，使得大队人马，好久才走几步，又要停下来，队伍挤得紧紧的，又像是在延寿圩那个难忘的晚上，沿途拥挤，骡马嘶叫，路陡泥滑，下面又是深山悬崖。十分疲倦了，只能伫立路旁，背靠山坡，稍事合眼片刻，等到后者听见前面蠕动脚步唤声叫走时，猛然从梦中惊醒，瞪开眼睛跟着前行几步。就这样，每小时走不到二里路，缓慢地上山。

约莫到了半夜，我们将要登到山顶，上面传话下来，说前面道路断阻，骡马担子阻塞，风雨黑暗难行，后面部队沿途睡觉，以待天明。

12月6日　（晴天）

我们昨夜在山背距山顶约五里处，就山路旁边，打开夹被子围在身上，太疲倦了，不管地下是干是湿，就侧身卧在路背上竟酣然入睡。我们就这样在海拔二千七百公尺的高山上过了一夜，一直到天明。

天色微明，在人群喧嚷声中才忽然醒来，满身觉到寒气凛冽，浑身打战。大家起来折起被子，又继续上山。我们现在已将至四十五里的山顶了，天气忽然转晴，热度不高的太阳，从东方破云出现了。在雨后的清晨，云气弥漫于山间，在高峰眺望山下，烟波浩渺，观江（湘江）浴日，在阳光渲染下，真是一种奇观。

7点时分，我们来到了山顶，开始下山。路滑难行，沿路摔跤，山下一条巨长的夹〔峡〕谷丛林。过了千家寺就有一条从越城岭下泻的河流，弯曲地随着谷道下流。12时左右我们才告别了这个著名的苗山老山界，到了山脚下大道上的大市镇——洪水店。

军团司令部就住在街上，七、八两团推进到前面十里，由于昨天整晚翻越这个大高山，弄得部队饥寒疲惫得很，首长决定在此休息一天。部队迅速做饭吃，无数的火堆在烤干衣裳，许多人在这条三丈宽水流清澈的河里洗衣洗脚。不一会儿这个两面满是大丛林的山谷线上，炊烟四起。

敌机还很活跃，曾三度前来侦察轰炸，只是因为两面山高，飞得极高，大家都不太理会它。军团政治部沿街用门板贴着巨大的捷报，电悉，由于中央苏区的红军在武阳围附近，歼灭了由东西侵的蒋匪李延年部的一个旅，缴获机步枪二千多支的消息。

12月7日 （晴）

今日8时才出发，继续向西前进，走过桂黔边界，到17时进入贵州省东南部，来到了上湾村宿营，行程八十里。

追我之敌薛、周纵队，已从全州向湘黔边西进，据悉其先头部队两个师已到达城步附近。

现在才知道，2号晚上不幸得很，红五军团的三十四师全部，因为未曾争取了时间，当他〔们〕最后到达渡口过江时，所有渡涉场均先为敌人占领，已被截断于湘江东岸，处在四面敌人的中间，形势极为险恶。据悉该师已奉命暂留在湘南地区活动，抑留敌人，今后再来决定新的行动。

（节选自林伟：《一位老红军的长征日记》，中共党史出版社2006年版。本文是林伟在20世纪50年代根据长征期间所记日记补充整理而成的，由于它已经过大量的补充，具有回忆录的性质，故编入回忆录）

诱敌就歼

⊙胡三毅 [1]

过湘江时，九军团负责随中央红军一军团跟进，为了避免与敌人交战，我们在一个暴风雨的夜里，胳膊挽着胳膊，踏着寒彻肌骨的江水徒涉而过。天亮，部队过完时，却被敌人发觉了。

白军追了上来，我们边打边走，一个急行军，就走了百余里。在半夜时候，到了广西的兴安、全州地区。这里只有一个团的守敌，早已闻风逃窜。我们在这里休息不到两个小时，又继续前进。

天亮以后，部队被一支从右后方袭来的广西军冲乱了。我们一边打一边向前跑，跑了二三十里路，部队停在一条山谷跟前。这时，我看见六团团政委辛世修同志便迎面走过来，他对我说："六连长，你们掉队的多吗？"我简单地回答了一句："不多。"他向我们连队看了几眼，满意地点点头说："好，把队伍整理一下，你们准备在这里打阻击。"等我们刚刚布置完毕，敌人已经逼近了。

我们跟敌人干了起来。不一会儿，军团部派了通信员跑过来，命令我说："六连长，军团长要你把部队带下去！""怎么这么快呢？刚刚接上火呀！"我莫名其妙地一边想着，一边奉命后撤。撤了一程路，经过山谷左边的山头，见到了罗炳辉军团长。他看到我们后，指着前方的一片地形说："在这里打阻击，不是更好一些吗？"真的，我一看这山头的前端，向着公路的正面弯了过来，在上面可以清楚看到数里以内敌人的一举一动，而且居高临下，不管多少敌人，只要一进山谷，就逃不出我们的火力网。我兴奋地望望军团长，等待

---

① 作者在长征时任红九军团第六连连长。

他给我命令。罗军团长严肃地对我说："你们在这里坚持一个小时，听到开饭号撤退。""开饭号？""对，开饭号！"罗军团长很肯定地重复了这一命令后，就离开我们向前走去。我终于明白了他的意思，开饭号显然是为了迷惑敌人的。

我们连接受了任务，留在阵地上，而全军部队都从我们的阵地前开过去，现在，我们是全军最后一个连队了，我们不只在掩护着九军团，而且在掩护着毛主席、朱总司令以及中央红军长征，想到这里，多少有点自豪。我回过头来望望全连的战士，战士们一个个瞪大眼睛，紧盯着从山谷外面追上来的敌人。

战斗开始了，一次、两次、三次，敌人不断地想冲上山来，但每次都被我们打了下去。罗军团长为我们选择的这块阵地，真是没话可说的了！可惜我们这挺机枪不争气，没子弹，打了一阵就中断了。我们只好用排子枪和排子手榴弹回击敌人。刚把敌人的冲锋反击下去，就听见"开饭号"吹响了。

我猛一阵高兴，"一排长，带部队跑步到后面高地掩护全连撤退"。等一排长他们埋伏好了以后，敌人又开始了新的进攻，但我们不去管它了，我立即带着全连撤退。

这时，整个军团的队伍已走得看不见了，我们从阵地上撤下来，走了一里多路，才望见敌人在后面的山头上出现，听着他们杂乱的枪声，望着他们像猴子一样乱叫乱跳的丑相，我直觉得好笑，瞧着前边不远大山冲里的原始森林，心里想着：你们追上来吧，红军正在开饭哩！

当我们走到山冲前的拐角处，一下子怔住了，只见罗军团长带着四五个人还停在这里，不知为了什么，而周围又不见有担任警卫的部队。罗军团长看见我就说："很好，你们完成任务了。"这时我嘴里不好说出来，心里却为首长的安全担心，眼看敌人在继续追上来，离这里已经不到二里路了，罗军团长却只是慢吞吞地说了声："走吧，走吧。"但又不上马，只是若无其事地向前走着，我不能不带着焦急的心情，朝他身边的参谋们看了一眼，怪他们为啥不催首长快走，参谋们显然看到了我的眼色，但他们回答我的，却是朝我扮了一个鬼脸，这到底是怎么一回事呢？

就这样又走了一里多路，罗军团长又转向左边的山头走去，并说："先休息一会儿。"真奇怪，部队都走光了，还休息啥呢？这该多危险啊！但又不好问，只得跟着上去。到了山顶，罗军团长掏出望远镜，向后面望去，这时敌人已在我们刚才站过的地方出现了，但他们不敢前进，鬼头鬼脑地向四面望望，又"砰砰"地乱放了几枪，才疑神疑鬼地继续前进，走了一程，见红军没有动静，胆子大了，就一路小跑地追上前来。

看着敌人全部进了冲，我看看罗军团长，又看看脚下大冲两边的原始森林，突然心里一亮，一下子明白过来了，原来……

就在这时，我听罗军团长下命令说："吹冲锋号！"顿时，随着军号声从两边的原始森林里响起一阵阵的机枪声和手榴弹的爆炸声，"砰砰……嗒嗒……"敌人遭到这意外的夹击，立刻乱做一团，互相拥挤着，嚎叫着，纷纷转过来溃逃，可是走进罗军团长的口袋很容易，想走出去就难了，口袋两边，早杀出两支红军，在一片震耳欲聋的喊杀声中，一齐扑向敌人，可笑一个多团的白军，甚至没来得及放出第一颗子弹，就被消灭得干干净净，剩下的都做了俘虏。

（选自李富春等著：《星火燎原全集》第13卷，解放军出版社2009年版）

湘江守桥

⊙王耀南①

　　离开根据地已经一个多月了。天又下起雨来，本来就不好走的路，这下更难走了。这一个来月，工兵营的战士们抬着辎重，每日行军、修路、架桥，还要不时参加战斗。部队指战员都异常疲劳，减员也很厉害，工兵营只剩下一百多人了。有一天，总部突然命令工兵营清查全营实力。政委刘子明和我都以为总部准备给我们什么新的任务，急忙收拢部队，进行清查。工兵营一直分散行动，有的在前卫，有的在后卫，还有少部分掉了队，有些正在执行任务的又无法抽回来。这样，我只集中了八九十个人。我把结果向张云逸局长报告后，局长告诉我，军委为了加强战斗部队，决定把二十二师的人员充实到各军团去。工兵营任务比较重，总部决定把二十二师工兵连合并到工兵营。到道州后，你去把他们接过来。张局长还叮嘱我："二十二师工兵连是个很不错的工兵连队，合并后要注意搞好团结。"

　　部队通过潇水到达道州后，我就派一些战士牵上牲口去接二十二师工兵连。接回来一看，才知道这个连在这一个月中，打得只剩三十多个人了。连长冯志湘和我以前并不认识，但一见面，我们就搞得很熟。后来总部把工兵营的八九十个人同二十二师工兵连的三十多人合编为工兵一连，由我任一连连长，冯志湘任副连长。

　　合并后第二天，我们刚刚到达石塘街正准备宿营，突然接到命令，要我们火速赶到前卫，接受任务。

　　原来，敌人架设在湘江上的浮桥，还没来得及破坏，就被我一军团前卫部

---

① 作者在长征时任红一军团第一师工兵营工兵一连连长。

队夺取了。我赶到江边时，一部分部队已经冲过江去，正在向对岸湘桂公路敌人的防线发动猛烈的攻击。枪炮声、手榴弹的爆炸声、红军战士的喊杀声、敌人哭爹喊娘的惨叫声，响成一片，震耳欲聋。孙科长赶到后，我向他汇报部队多、桥窄，若不统一指挥会造成混乱。孙毅说："你当渡河指挥部江边总指挥，部队过桥顺序由你负责，炸桥由你组织，具体时间由渡江指挥部下命令。"这时不时有流弹带着尖锐的啸声，从我们的头上飞过。

我顾不上这些，急令一个排在对岸构筑工事，防止敌人反扑夺桥，又派另一个排组织老乡拆除岸上的碉堡，我自己则带着一部分人去检查浮桥。因为对岸尚在战斗，一军团的后续部队还在不停地过江。我就令战士们全部跳进江里检查，把桥腾出来让战斗部队通过。时值寒冬，江水冰冷刺骨，但当时谁也没有叫冷。检查之后，我向部队布置了任务。上岸后，看到总部高射连已经在河两边构筑好了防空工事。看样子，这座桥得守几天了，而且，这个任务跑不了又是我们的。

果然，中央纵队刚开始过江，总部一个通信员就跑来找我，说作战局张局长叫你去一下。一到张局长那里，他就向我布置了守桥和撤离时炸桥的任务，同时还把"独立房子"和渡江指挥部的位置告诉了我，要我们在守桥同时，注意协助军委警卫营保卫好"独立房子"和渡江指挥部的安全。

渡江指挥部设在江东岸桥边不远的一个小院子里，院子南北两面都是山，山坡上筑有高射连的防空工事，周围再没有什么房子和其他设施。这时过江的中央纵队已经轻装了，笨重的机器设备和大炮都已经埋了起来。队伍静静地、有秩序地在桥上通过着，只是偶尔传来几声牲口的叫声。

守桥的最后一天早晨，作战局张局长下达了军委关于炸桥的命令：务必于当日下午4时整，将浮桥和敌人能利用的一切渡江器材彻底炸毁，以迟滞敌军的追击。并且规定，炸桥时间不得任意提前或推后。命令还确定，守桥部队全部归我统一指挥。

这时，工兵连除留了两个排以外，其余都已经过了江。博古和李德早已过了江。总部防空连也撤走了，但渡江指挥部仍然未动。我叫留下的两个工兵排和守卫部队一起把防空工事改为地面防御工事，然后带人在浮桥和一些机动用的船只上准备安装炸药、雷管和导火索，并准备了一些汽油和煤油。此时，后卫部队抬着一些伤病员陆续撤了下来。我焦急地向他们询问还有哪些部队没撤下来。他们告诉我，其他部队已从这个浮桥的上下游过江了，后卫部队的主力马上也将撤下来从这里过江。这下我心里的一块石头才算落了地。

下午两点多，我带人到桥头阵地检查撤离准备工作。我们刚走到指挥部东北面山坡不远的地方，突然发现约一个连的敌军，已经摸到离指挥部只有五百公尺左右的小山包上了。情况万分危急，刻不容缓。我未加考虑，立即命令守桥排开枪。战士们开始看着我，似乎不太理解。因为距离很远，很难打中，而且红军打仗从来没有这么远就开枪的。我急了，首先用驳壳枪打了一梭子。这时，战士们也明白过来，步枪机枪立即爆豆般地响了起来。听到枪声，指挥部警卫连也开始向敌人射击了。我率领战士们一边打枪吸引敌人，一边向前冲击。敌人不得不抽出一部分兵力对付我们。

我率领战士们冲到离指挥部不远的地方，听到敌人一片乱叫："抓毛泽东！""抓朱毛！""抓活的！""抓住朱毛有重赏呀！"我一看，只见从小院里冲出几匹马，其中有一匹灰黄色的骡子，骑在背上的人留着长长的胡子。我心里不由一怔：啊，那不是周恩来总政委吗？他怎么还没过江？敌人不认识周总政委，还以为是毛主席，继续打着枪，号叫着。战士们这下眼都红了，每个人都感到自己责任重大，不顾一切地向敌人射击。这时，守卫部队又上来两个排增援。我们一个冲锋，就把敌人压了下去。敌人因为摸不着我们的虚实，缩回去后，半天没敢再动。我们也因兵力有限，又有重任在肩，不敢恋战。敌人退下去后，我命令部队停止追击，退回工事防守，掩护周恩来总政委等首长过江。周总政委临过江前，又指示我把东岸掩护部队的主力撤到西岸，以防止敌人侧翼迂回。看着总政委他们平安过了江，我才放了心，并立即按总政委指示，调整了部署。

4时整，江岸东北侧的敌人又打着枪，向岸边运动了。我最后看了看江上的浮桥，下达了炸桥的命令。轰隆隆……随着一阵惊天动地的爆炸声，江面上顿时腾起一排巨大的水柱。这座我们守了几天几夜、渡过了红军千军万马的浮桥，又被我们亲手摧毁了，变成一块块碎木片，随着哗哗的江水向下游漂去。

战争中，有许多意想不到的事情。

谁也没有料到，桥刚刚炸掉，我正准备命令部队转移时，突然又接到报告：对岸发现我军部队！我用望远镜仔细一看，果然是我们的一个支队，而且人数不少。随后，又出现了一个支队。显然，他们的处境相当危急：后有追兵，两侧有敌军夹击，面前又是滔滔的江水；而且，这里水深流急，涉水过江几乎是不可能的。怎么办？

我赶紧命令部队沿江岸向两翼展开，以阻击对岸两侧的敌军。同时命令所有会水的战士，下水过江接应。

这时候，一个惊心动魄的场面在我眼前出现了：江对岸的一支部队，干部和战士个个手挽着手，成一路纵队，有秩序地开始涉水过江。江水汹涌澎湃，奔腾咆哮，似乎要把他们一口吞没。他们一边同江水拼搏，一边互相鼓舞，高喊着口号："不准撒手！要活一起活，要死一起死！"

快到江心了，突然，一排巨浪打来，有两排战士被卷走了。但是，他们并没有撒手，他们是一起被卷走的。又一排巨浪打来，又有几排战士被卷走了，他们也没有撒手，也是一起被卷走的。到了江心，水流更急，他们把手挽得更紧了。我们在岸边清清楚楚地听到战士们齐声高喊：

"肖团长的死命令：不准撒手！"

"不准撒手！"

"不准撒手！"

首先涉过江来的是这个团的团长肖新槐，我赶紧迎上前去。

肖新槐是湘南暴动时参加红军的，1928 年给朱老总当警卫班长。在井冈山时期我们就在一起打交道。1930 年我当工兵连长时，他在红四军军部当侦察参谋，曾指挥我的部队架过桥。我们从来还没有红过脸，可这次一见面他就大发雷霆。我知道，看到部队遭受这么大的损失，他心里当然不好过。但是，当我把总部关于炸桥的命令和时间告诉他后，他的怒气才消了下去。我问他怎么没有按预定时间过江。他说还不是想把敌人多顶住一会儿，给主力部队过江多争取一些时间。最后，他握着我的手说："王耀南同志，你们做得对，要从大局出发！"说完，他又命令已过江的部队投入战斗，掩护后续部队继续凫水过江。

陈树湘师长、程翠材^①政委率领的红三十四师及所属韩伟第一〇〇团、严风材第一〇一团、梅林第一〇二团，曹德清师长、徐策政委所率红六师除第十六团凫水过湘江之外，王松青第十七团、吴子雄第十八团，均被敌阻击在湘江以东。彭绍辉和肖华所率的少共国际师也被阻在湘江以东，朱总司令和周总政委强令红一军团林彪军团长派部队和工兵营将少共国际师大部分指战员接应凫水渡过湘江。中央红军突破湘江防线阵亡达五万余人。我作为渡江总指挥，

---

① 程翠材，应为"程翠林"。

对此次战役的损失是最清楚的。战役后毛泽东同志亲自找我谈话，详细了解部队伤亡情况。根据军委指示，我详细地、真实地向博古、周副主席做了汇报。

（选自王耀南著：《王耀南回忆录》，中共党史出版社 2011 年版）

红三十四师浴血奋战湘江之侧（节录）

⊙韩　伟[①]

中央苏区的第五次反"围剿"作战失败后，王明"左"倾教条主义者畏敌如虎，在仓促率领红军实行战略转移中，消极避战，一味奔逃。结果，在突破敌人第四道封锁线的湘江战役时，中央红军八万六千余人锐减为三万多人，险遭覆灭。担任全军殿后的我红三十四师浴血奋战，出色地完成了掩护党中央、中革军委和主力部队抢渡湘江的任务。终因敌众我寡，孤军作战，弹尽粮绝，全师大部壮烈牺牲。这是"左"倾错误造成的严重恶果。

我所在的红三十四师，是在毛泽东、朱德等同志的亲自领导和关怀下，由闽西子弟组建和改编的。参加长征的红三十四师，是由闽西红军独立第七、第八师逐步改编的，正式成立于1933年春。当时，由福建军区司令员周子昆兼任师长，福建军区政治委员谭震林兼任师政治委员，袁良惠任师参谋长，朱良才任政治部主任。师辖三个团：第一〇〇团，由原独立第八师师长韩伟改任团长，原独立第七师政治委员范世英改任团政治委员；第一〇一团，由原独立第七师师长陈树湘改任团长；第一〇二团，吕官印任团长。

1934年夏，红七军团改编为北上抗日先遣队离开江西后，中革军委又将红三十四师转归以董振堂任军团长、李卓然任政治委员的红五军团建制。同时，对师、团干部进行了调整：由第一〇一团团长陈树湘升任师长，程翠林仍为政治委员，王光道接任参谋长，张凯接任政治部主任；韩伟仍任第一〇〇团团长，张力雄接任政治委员（不久由侯中辉继任）；杨××接任第一〇一团团长，该团在梅口作战中未打好，杨被撤职，由严凤才代理团长，我团原政治委员范

[①] 作者在长征时任红五军团第三十四师第一〇〇团团长。

世英调该团任政治委员；第一〇二团，原团长吕官印牺牲，由梅林接任团长，张力雄仍任政治委员。全师的营、连干部，除少数是原红四军调来的骨干和红军学校毕业分配来的，大多数均系福建籍。每个团约一千六七百人。

我们红三十四师是10月中旬从江西兴国出发的。"红星纵队"（即当时党中央和军委直属队的代号）和兄弟部队先走，我师跟在后面。

开始长征的半个多月，敌情不很严重，前进比较顺利，每天行程五六十里。我们部队还分别在小岔、新城等地各休息了一天。10月下旬，从于都西南的王母渡、新田之间，突破了国民党军的第一道封锁线，全部渡过了信丰河（桃江）。这个时候，蒋介石对中央红军西进的企图尚未判明，处在举棋不定之中。为了对付红军的行动，他还在一面令其嫡系中央军加紧"围剿"中央苏区的步伐，一面令陈济棠、何键两部火速出兵，在汝城、仁化、乐昌、宜章等地组织两道防线，阻止我军西进。陈济棠则怕中央红军进入广东，对蒋阳奉阴违，将所部主力撤至大余、南雄、新田、安远等地防守；何键部则正分散继续"清剿"我湘赣、湘鄂赣苏区，他在湘中、湘南仅留有一个多师的兵力防守，势孤力单。这时，如果博古、李德等人采纳毛泽东的正确意见，指挥中央红军乘隙挺进湘中，调动敌人，仍可改变敌我态势，使红军转危为安。但是，他们没有胆略举行战略反攻，只知道消极避战，一味奔逃，使红军又一次失去了变被动为主动的良机。

当中央红军突破敌人第二道封锁线后，蒋介石如梦初醒，恍然大悟，判明了我军西进的企图，即任命湖南军阀何键为"追剿"军总司令，指挥西路军和薛岳、周浑元两部共十六个师专事"追剿"；令广东军阀陈济棠部以有力部队进至粤、湘、桂三省边界进行截击；令广西军阀白崇禧部以五个师控制灌阳、兴安、全州至黄沙河一线，扼要堵截。很明显，蒋介石的目的，是要围歼中央红军于湘江以东地区。

此时，追击堵截我军的兵力虽达二十五个师共四十万余人，但其内部派性矛盾很大，指挥不统一，协同作战有困难。我军如能抓住当时各路敌军正在调动，"追剿"敌军薛岳、周浑元两部尚未靠拢之机，打几个胜仗，歼敌一路或一部，战局就会出现有利于我而不利于敌的变化。但是，"左"倾教条主义者一味避战，只想夺路西逃，使我军再次失去了在湘南歼灭敌人的战机，继续处于十分被动的地位。

自离开中央苏区以来，我红五军团一直是担任全军的后卫。部队进入广东、湖南境地后，情况就更加紧张了。"追剿"之敌中央军周浑元、薛岳两部紧紧地咬住我们的屁股。我们常常是吃不上饭，睡不成觉，夜间行军，白天打仗。每天夜里走走停停，有时走十几里路，可是天一亮，吃饱睡足了的敌人顺着大路又撵了上来。于是，我们左边打，右边也打，被动得很。记得大约是11月18或19日，粤敌一个独立师和李韫珩五路军一部，跟着我们屁股追了上来，情况很严重。

为了阻击该敌，掩护主力红军继续西进，董振堂军团长、李卓然政治委员和刘伯承参谋长，亲自指挥我红三十四师和红十七、红十八师，在渡头、土地圩地域，激战两天两夜。这一仗打得相当漂亮，不仅阻止了敌人的进攻，而且予［其］以大量杀伤，沉重地打击了追敌的气焰。在我红五军团与尾追之敌顽强作战的时候，红一军团、红三军团等部乘隙夺占了道县、江华两县城。接着，我军胜利地渡过了潇水。这一胜利，指战员很兴奋，把连续一个多月来行军作战的疲劳忘得一干二净。

11月26日，我们团进至道县以南葫芦岩。部队刚接替红四师在该地域拒阻追敌之任务，突然师部来了通知，要我和政委侯中辉立即去军团受领任务。军团部驻在湘桂交界的蒋家岭。我俩一路小跑，到了蒋家岭，只见刘伯承参谋长和董振堂军团长大步迎了上来。不一会，陈树湘师长和程翠林政委也赶来了。这是军团首长单独召见我们布置任务。董军团长首先说：现在，蒋介石调集的四十万"追剿"军向我步步紧逼，情况日趋严重。朱总司令命令全军组成四个纵队，迅速从兴安、全州之间抢渡湘江，前出到湘桂边境的西延山区。他还传达了中革军委的具体部署。

接着，刘参谋长介绍了具体敌情：何键第一路军已由东安进至全州、咸水一线，第二路军一部进至零陵、黄沙河一线，第三路军尾我直追，第四、第五路军向东安集结。他指出，敌人的企图是：前堵后追，南北夹击，围歼我军于湘江之侧。讲到这里，刘参谋长拿出一份军委电报向我们宣布，红三十四师目前任务是：坚决阻止尾追之敌，掩护红八军团通过苏江、泡江，尔后为全军后卫；万一被敌截断，返回湖南发展游击战争；但尽可能赶上主力。读毕，他以极其坚定的语调说："朱总司令、周总政委要我告诉你们：军委相信红三十四师能够完成这一伟大而艰巨的任务。"最后，刘参谋长语重心长地告诫我们："在重兵压境的情况下，把军团的殿后任务交给你们师，这个担子很重啊！你们既要完成军委赋予的任务，又要有万一被截断后孤军作战的准备。"

"请军团首长转告朱总司令、周总政委，我们坚决完成军委交给的任务，为全军团争光!"师长、政委、老侯和我,几乎是不约而同地宣誓。

离别刘参谋长、董军团长的时候,两位首长紧紧地拉着我们的手,依依不舍,一一叮咛:你们师、团干部要组织好,指挥好,带领全师部队英勇作战,全军团期待着你们完成任务后迅速过江。那种师长爱、阶级情,不仅当时催人泪下,而且至今记忆犹新。

回来的路上,陈师长根据上级指示和我师情况,一边走一边布置说:由老韩率本团先行,急进灌阳方向,接替红六师在红树脚①地域阻止桂敌北进之任务;我带师部和一〇一团居中,程政委带一〇二团跟进,在掩护红八军团通过泡江、苏江后,迅速西进,在文市、水车一线占领有利地形,阻击追敌周浑元等部,保证主力部队渡江。如果没意见,就分头行动。战争年代,领导同志讲话,都是开门见山,简明扼要,时间很短就痛痛快快地把问题解决了。

任务明确后,我和侯政委商定:我率领一营在前,他指挥二、三营和团直跟进,立即出发。部队虽连日行军作战,极度疲劳,但指战员情绪高昂,互相帮助,几十里急行军,很少有掉队的。当我带领一营进至猫儿园地域时,桂敌三个师大部已先我通过红树脚地区,切断了我之通路,其先头部队继续向板桥铺、新圩西进。

原来,在我团向灌阳急进的头天下午,中央红军先头部队红二、红四师各一部,已顺利抢先通过了湘江,并控制了界首至觉山铺②间的渡河点。全军前后相距一百五六十里,由于山区道路狭窄,辎重过多,八万余人马沿山中羊肠小道而行,拥挤不堪,常常是一夜只能翻一个山坳,一天只能走二三十里路,非常疲劳。那时红八军团一度走错了方向,大部队又要等他们。这样,本来一天一夜急行军即可赶到湘江的路程,却走了三四天。而敌人呢,走的是大道,有的乘坐汽车,从四面八方逼近湘江,形势越来越严重。

11月28日,敌"追剿"军第一路向我先头部队红二师之觉山铺地区发动进攻。桂敌主力则沿板桥铺、新圩向前推进。同时,敌人还出动大批飞机,滥施轰炸,封锁湘江。30日,装备精良、五倍于我之敌军向我发动全面进攻。战斗异常激烈。全州和兴安之敌沿公路对进,企图夺回渡河点,截断红军前进道路;敌第二路军进至黄沙河地区策应;敌第三路军由道县进占文市,突击我红

---

① 红树脚,应为"枫树脚"。下同。
② 觉山铺,应为"脚山铺",亦称觉山。下同。

三十四师；桂敌则向我左翼实施猛烈突击；敌第四、第五路军正向文市前进，情况万分危急。

在敌人四面包围的严重情况下，红军指战员不顾一切牺牲，浴血奋战，顽强地顶住了优势敌人的进攻。我红三十四师阻击阵地上，战斗空前剧烈。追击我们的敌人是蒋介石的嫡系周浑元指挥的第三路军四个师。该敌曾在第三、第四次反"围剿"作战中，吃过我们的苦头。现在，他自恃兵力雄厚，美械装备，来势汹汹，妄图"报复"，气焰嚣张至极。该敌在大炮、飞机的配合下，轮番向我进攻，好像用大量的炮弹就可以一下子吃掉我们。我全师广大指战员依靠大无畏的英雄气概和顽强的革命精神，杀伤了大量的敌人，打退了敌人一次又一次的进攻。

傍晚，受到重创的敌人经过调整部署后，向我发动了更疯狂的进攻。守卫在前沿阵地的我团一、二营部队，提出了"誓与阵地共存亡，坚决打退敌人进攻，保证主力部队抢渡湘江"的响亮口号，与敌人进行了殊死搏斗。有位福建籍的连长，身负重伤，肠子被打断了，仍然继续指挥战斗。阵地上空铁火横飞，前沿工事被打得稀巴烂，山上的松树烧得只剩下枝干。战士们吃不上饭，喝不上水，伤亡越来越大，但同志们一不怕苦，二不怕死，顽强地战斗着。与此同时，在第一〇一、第一〇二团阵地上，也是烟尘滚滚，杀声震天，他们都打得很英勇，许多同志重伤不叫喊，轻伤不下火线，顶住了数倍于我的疯狂的敌人。在激烈的血战中，全师广大指战员前仆后继，付出了重大的代价，师政治委员程翠林和大批干部、战士献出了宝贵的生命。他们的英雄业绩永垂青史。由于我师全体指战员苦战血战，迟滞了周浑元部的进攻时间，掩护中央、军委和主力部队于12月1日晨渡过了湘江。

然而，不幸的是，乘车而至的敌湘军和桂军切断了我之去路，炸毁了渡江的浮桥，红三十四师及红六师一个团被隔在湘江之东，并处在湘军、桂军、中央军三路敌人的四面包围之中。部队走投无路，被迫东返，在龙山、新圩等地，又与敌激战，再次遭到伤亡，最后退入雾源山区。敌人围歼我党中央、军委和主力红军于湘江之侧的企图落空后，恼羞成怒，反扑过来，叫嚣要杀我片甲不留。

在形势万分紧迫的情况下，陈师长召集师、团干部紧急会议，做出两条决议：第一，从敌人薄弱部位突围出去，到湘南打游击；第二，万一突围不成，誓为苏维埃新中国流尽最后一滴血。

正在我红三十四师准备突围的时候，桂敌一个团的兵力向我发动了试探性的进攻。我全体指战员以压倒一切敌人的英雄气概，集中兵力顽强地反击。敌人被打得蒙头转向，又摸不清我们底细，急忙收兵回营。这次胜利，鼓舞了同志们的信心。但我毕竟是孤军作战，四面受敌，又处在白崇禧统治区，兵力、粮食、弹药都得不到补充，既无兄弟部队配合，又没有人民群众支援。于是，我向师长提出："不能坐以待毙，应立即突围。"大家都赞同这个意见。陈师长当即决定：由我指挥本团余部掩护，他和参谋长率领师直和一〇一、一〇二团共三百多人突围，重返井冈山。

当天深夜，突围开始了。由于部队三四天没有吃一顿热饭，肚子饿，身上冷，腿上像灌上了铅，尤其是伤病员行走更艰难。但是，为了生存，为了不当俘虏，指战员忘记了极度的疲劳、饥饿和病痛，大家互相关心，互相照顾，特别感到，多一个人，就多一分力量。当我们刚刚通过敌人据点猫儿园，正准备向长塘坪前进时，被敌人的警戒部队发现了。在这千钧一发之际，我向陈师长表达了本团三十多人的共同决心："我们掩护，你们赶快走。"

扑上来的敌人，终于被我们打垮了。然而，我们又受到了新的伤亡，还剩下十来个人，并且又和师的余部失散了。为了保存革命种子，我宣布：立即分散潜入群众之中，尔后设法找党组织。后来得知，陈师长率领红三十四师余部在湖南江永县左子江遭敌袭击，身负重伤，战士们用担架抬着他继续指挥战斗，不幸在道县落入敌手。敌保安司令何汉听说抓到一个红军师长，高兴得发了狂，命令他的爪牙抬着陈师长去向主子"邀功领赏"。陈师长乘敌不备，用手从腹部伤口处绞断了肠子，壮烈牺牲，时年二十九岁，实现了他"为苏维埃新中国流尽最后一滴血"的誓言。敌人残忍地割下了陈树湘同志的头，送回他的原籍长沙，悬挂在小吴门的城墙上。其余一百多人，也终因敌人重围，弹尽粮绝，最后大部光荣献身。

湘江战役失败后，为了得到资助去找党、找主力部队，我历尽艰险和辛酸，回到原籍武汉。谁知刚出狼窝，又入虎口。由于原在安源煤矿一起搞罢工斗争的叛徒张联华出卖，我被国民党当局逮捕关进了汉口陆军监狱，判了十年有期徒刑。"西安事变"后，根据党的统一战线政策，经敬爱的周恩来副主席出面交涉，我这个"政治犯"被释放了。从此，我又获得了新生，回到了党的怀抱，跟着党中央、毛主席踏上了新的革命征途。

（选自《党史资料与研究》1986 年第 3 期）

难忘红三十四师

⊙廖仁和 [1]

　　我原籍福建省龙岩县晋背村〈人〉，1928 年在闽西参加红军，被编入第一团，1934 年调第五军团第三十四师一〇二团，参加了著名的〔第〕五次反"围剿"战斗。由于王明"左"倾机会主义路线领导者的错误指挥，第五次反"围剿"失败，中央红军被迫做战略转移，于 1934 年 10 月中旬开始长征。三十四师在长征初期一直担负全军后卫任务，我当时是第一〇二团机枪连连长。

　　我军接二连三顺利突破敌人三道封锁线后，蒋介石发现了我军西进的意图，忙调集数十万兵力和几十架飞机，利用湘江这一天然屏障，围成一个口袋，形成第四道封锁线，对我军前堵后追。在中央决策者的错误指挥下，整个中央红军队伍行动迟缓，延误了渡江良机，造成很大牺牲。尤其是我三十四师未能渡过湘江，陷入重围，绝大部分损失在灌阳境内，最后全军覆没。

　　当时，我一、三军团前锋部队于 11 月 25 日至 27 日分别从永安关、雷口关进入灌阳、全州，并占领兴安界首至全州屏山渡四个湘江渡口，为中央领导机关及主力部队抢渡湘江创造了有利条件。但此时的桂军、湘军及蒋介石的中央军已从四面八方向我扑来。28 日，我三军团第五师在新圩阻击桂军；29 日，我一军团第二师在脚山铺阻击湘军；我五军团殿后的第十三师与湘军李云杰部在文市东南部展开激战。我三十四师则从雷口关赶往灌阳水车布防。次日凌晨，掩护最后一支部队——红八军团离开灌阳后，师长马上召集连以上干部开会，传达了军委关于要我三十四师速赴枫树脚接替五师防务，阻止桂敌越过新圩，掩护中央纵队和主力部队安全渡江的命令，并做了行动部署：第一〇〇团先行；

---

①作者在长征时任第五军团第三十四师第一〇二团机枪连连长。本文是由廖仁和口述，郑拥群、秦山标整理。

师长率一〇一团及师部居中；我一〇二团则由师政委程翠林率领殿后，向枫树脚疾进。那时战事非常吃紧，他讲得非常简明扼要。师长陈树湘，长沙市人，身材魁梧，行动利索，态度和蔼，平易近人，是南昌起义时起义过来的一位有勇有谋的年轻将领。看得出，他那次讲话时的心情是非常沉重的。自那以后，我就再未见到过他。很久以后，才知道他就在那次突出灌阳到湘南途中壮烈牺牲。

会后，各部立即行动。队伍刚踏上灌江便桥，天空突然出现几架敌机，不一会儿，已盘旋到我们头顶，随即便狂轰滥炸起来，一时天摇地动，焦土飞扬、血肉横飞。我扑在一棵大水杨柳树脚下，臀部受了点伤，免于一死。大约过了十分钟，敌机才飞走。我爬起一看，刚架起的便桥已被炸得七零八落，江里、岸上和树林里到处是尸体，有的残缺不全，树枝上还挂有战友们的碎尸，江水被染得殷红，真是悲壮极了。这次遭袭，牺牲了二百多人，有些是和我一起入伍的老乡、老战友，我当时心里十分悲伤。我们含着泪，为他们挖了个大坑，简单地将他们葬了，又继续赶路。

这时，红五师已在枫树脚至新圩一线与桂军鏖战三天两夜，已将防务交给了红六师第十八团，该团继续顽强抗击着敌人。当我三十四师经山燕头、大塘、苗源，过洪水箐，登上海拔一千一百多米高的观音山顶时，大家都已精疲力竭；并且已是第二天上午，枫树脚至新圩的防线已被敌人完全突破，红六师第十八团损失殆尽，不仅接防已不可能，而且通往湘江的大道也被截断。遵照上级命令，只好从板桥铺一带穿过公路，再经湛水、流溪源，翻越海拔一千多米高的宝界山，艰难地爬在崇山峻岭中，走在羊肠小道上向湘江前进，12月2日晚行至箭杆箐宿营。

次日清晨，我们在全州县安和区文塘乡新圩一带与桂军夏威部遭遇，仓促应战，伤亡较大，并得知湘江已被敌人全部封锁，难以渡过，被迫后撤，撤至全灌边境之岭脚村时召开了紧急会议，经请示上级同意，决定东返，从灌阳突围到湘南打游击。

敌人因围歼我党中央、军委和主力红军于湘江东岸的企图未能实现而恼羞成怒，他们得知还有我三十四师尚未过江，力量单薄，孤军作战，便凭着自己兵力雄厚、装备精良，向我猛扑过来，叫嚣杀我片甲不留。我三十四师陷入了敌人重重包围之中，处境十分险恶。在返回灌阳境内后，夏威又率两个师的兵力围了上来，整团整营地向我发起冲锋，满山遍野都是敌人。我三十四师广大指战员个个都是英雄汉，牢记陈师长"为苏维埃新中国流尽最后一滴血"的誓言，同敌人展开了殊死的拼杀。我带着机枪连凭着有利地势，交叉着向敌人射击。一个福建籍战士干脆将机枪架在一棵树丫上站着射击，很奏效，其他战士也效仿着射击。前沿阵地上，敌人的尸体横七竖八，比比皆是。

敌人几次冲锋都被我们打垮了。几经战斗，我方伤亡也不断增加，子弹也快要打完了，战士们长途跋涉，又没吃的，靠拣红薯根充饥，身体难以支撑。桂敌又从我们背后包抄过来，形势十分危急。战至傍晚，我们被迫分散突围。我一〇二团在师政委程翠林率领下，杀出一条血路，突出重围。不幸的是，突围时程政委和团政委蔡中牺牲。回到洪水箐时，我团已不足二百人，全师不足六百人。

经多日劳顿奔波和血腥战斗，到达洪水箐椅子坪时，我臀部的伤口化脓了，行走起来，疼痛难忍，部队将我留下来养伤，寄住在该村一群众家里。第二天一早，我又听到激烈的枪声，知道我们部队又和敌人打起来了，后来得知这是桂军和灌阳民团伍铭烈、易生玉部联合对我们部队发动突然围攻，战至天黑，我们部队才突出包围圈。

当时，国民党搜查红军很紧，我怕连累群众，伤势稍好点，就悄悄离开了椅子坪，一路乞讨，并打听部队消息。后来得知我们部队返回湘南已不足二百人了，使我回归部队的希望破灭。我乞讨到峡里村，一个叫李绍伯的群众收留了我，解放后的 1954 年到雷家湾子定居至今。

每当想起这段往事，心里就非常沉痛，又像回到了多年前那段艰苦鏖战的日子，多少战友在我身边倒下，多少同志血肉横飞，尸抛荒野。我三十四师血洒灌阳，最后全军覆没，成了王明"左"倾机会主义路线的牺牲品，但她的英名将永远留在我的心里。

（选自《龙岩党史资料与研究》2006 年总 28 期）

辎重过湘江

⊙刘浩天 [①]

　　参军前我任宁都县少共组织部长,1933年带领一百五十名青年参加了红军,参军后就是想到主力部队打仗,年轻人心里充满了当英雄的渴望。谁知走进红军队伍就被任命为"民运科〔科〕长",这是我地方工作的老本行,主要任务是动员地方力量为红军提供后勤运输。

　　1934年正值红军第五次反"围剿"。"左"倾冒险主义领导认为前四次反"围剿"红军那么弱都打赢了,现在我们有八万多红军,完全可以和敌人打阵地战正规战,结果红军终因兵力悬殊,伤亡惨重,于1934年10月被迫撤离中央苏区向西突围。我的任务不是随主力部队突围作战,而是动员组织民工和战士运输队,为中央和红军总部"搬家"。

　　一上路,我才知道行军是如此的艰难,中央机关的印钞机、文件柜、制弹机、印刷机,还有说不上什么能够看清人的五脏六腑的黑乎乎的大机器(透视仪),不仅人没办法挑,就是四个小伙子也搬不动,用八个人才能抬着走,花了六七个小时,费了九牛二虎之力,才渡过了于都河。过了河,山路变得越来越狭窄、越来越陡,沉重的机器压得民工们脖子上、腿肚子青筋暴起,汗流浃背,每走一小时就得停下来歇一会儿。我想,红军要突破敌人的围追堵截,按这样子,怎么能突得出重围?听说老蒋布下了无数道封锁线,这样下去,怕一道也闯不出去了。

　　看着眼前那些笨重的家伙,装在木箱里,简直就是个大棺材。八个民工抬着,遇到山路陡坡和转弯处,一两个小时都挪不了窝。我找到一个卫生部的

---

① 作者在长征时系红一军团补充师政治部民运科科长。

干部问："这个大家伙能否拆开来抬？"他干脆地回答："不行！""那么不带行不行？"他瞪大眼睛看了我半天，气呼呼地说："你说什么？"我参军时间短，也不知道这个大家伙是啥来历，用来干什么的，见他这么坚决，我想，这家伙准是个宝贝，既不能拆更不能扔，于是我叫来了几个战士，连我在内，帮助民工轮换着抬。在狭窄的山道，几个人并肩不好走，我就让人从山上砍来毛竹绑在机器两头，一头用五个人抬，抬一会儿换一拨人，用这种方法后行进的速度比原先快了不少。我们在风雨泥泞中蹒跚而行，山林中的羊肠小道非常难走，夜里又看不清，常常是一夜才翻一个山头。

红军主力部队在前方浴血奋战，连连突破敌人的封锁线，同时伤亡惨重，尤其是湘江一战异常惨烈，可中央和军委机关携带的由一千多副挑子组成的辎重队伍却在泥泞的山道上爬行。距湘江五十多公里的路，我们整整走了四天。12月1日下午，我随同搬家的队伍终于渡过了湘江。看着漫山遍野红军战士的尸体和浮桥一线江面血红的江水与漂浮在江面上的红军遗体，我第一次情不自禁地泪流满面。和我在一起的十几个民工被眼前的惨状吓呆了，有的人扔下挑子，当时就嚎叫着跑了，几个红军战士拦都拦不住。见此状我大步追过去对挑夫们说："老表们，我是宁都人，没参加红军前和你们一样也是挑夫，都是穷人。红军现在打了败仗是暂时的，早晚会取得胜利！红军是为我们穷人打天下的，帮红军就是帮穷人自己。"一个和我有点熟的四十多岁的矮个挑夫先站起来，挑起担子，其他人见了，也陆续重新挑起担子。

越过湘江攀越的第一座高山是广西与湖南交界的越城岭。越城岭山势陡峭，林深树密，我们攀爬的羊肠小道长满了比人还高的灌木荆棘，只能从荆棘丛中穿过。为摆脱敌人的包围，我们昼夜行军，有一天深夜我们下山到半山腰时，政治部雷炳太干事被眼前一片光滑的岩石挡住了去路，我手脚并用地摸了一会儿，发现从岩石边的树丛里可以钻过去。雷干事走在前面，用手扳住挡在前面的树枝，不料脚下一滑人摔下了悬崖，我正想伸手去拉，树枝却狠狠地弹了回来，猛地打在我的右眼上，我眼前像闪电样冒出一片火花，一阵剧痛，就什么也看不见了，只感觉手上黏糊糊的一片，我大叫"雷干事！雷干事！"，可山谷间除了空旷的回声，什么也没有。我心里明白，雷干事已没有生还的希望了。"队伍赶快停下来，这下面是悬崖，往回走！"我忍着剧痛，用力地捂着右眼，朝后面拼命地呼喊着。

队伍重新又往山上爬去。队伍到达宿营地时，我的半边脸又麻又痛，右眼火辣辣地，一跳一跳地疼。政治部领导叫来了卫生员，卫生员说："除了还有一些纱布，什么药都没有了。"此后一连五六天，我高烧不退，老天这时偏偏又下起了大雨，红军和挑夫，个个淋得像从水里捞出来的一样。饥饿、严寒、高烧、伤痛一起向我袭来，我的右眼开始不停地往外流血水，痛得更厉害。开始摔倒了还能自己爬起来，后来，一点力气也没有了，跌倒躺在地上半天爬不起来。路过的战士摸摸我的鼻下，感觉好像还有气息，便硬拉起我，弄了根树棍让我拄着走。之后我的右眼流了三个月的血水才慢慢止住，但此后右眼睛只能感觉到一点点的亮光，什么东西都看不清了。那些天，每时每刻耳边都仿佛有一个声音：躺下吧，就这样永远睡着该多舒服。但这时又总是有一个更强的声音提醒我：刘浩天，你是幸存者，雷干事和几万红军战士为革命倒下了，你一定要坚持住！就是这种顽强的信念，支撑着我带着眼伤和高烧的折磨，跟随大部队翻过了雪山，走过了草地，打破了蒋介石对红军的围追堵截，胜利到达陕北。

（选自李富春等著：《星火燎原全集》第 13 卷，解放军出版社 2009 年版）

过了湘江就是胜利

⊙阙中一 [①]

　　1934 年末，中央红军突破了敌人第三道封锁线后，继续向湘江急进。蒋介石发觉我军西进与红二、六军团会合的意图，网罗数十万军队进行围截，以湘江为屏障，构成第四道封锁线。那几天，我们不分昼夜地行军，以图尽快渡过湘江，摆脱追兵。行军路上，四面八方不断传来枪炮声和喊杀声。毛主席说，这是红军的几个军团在打阻击战，掩护我们中央纵队过江。

　　敌人离得这样近，是从来没有过的。我们都为部队的前途着急，为毛主席的安全担心。

　　敌人的飞机也大批地出动了，像黑老鸦似的在我们头顶上盘旋，又投弹又扫射。看敌人那个阵势，是想把我们一口吞掉。形势非常危急。长长的队伍中从头到尾都只有一句话：过湘江，快点，再快点！

　　主席告诉我，时间就是军队。我们中央纵队早一分钟渡过湘江，阻击部队就减少一分伤亡。主席赞叹地说："一、三、五军团很英勇，精神很高尚。他们用已疲惫不堪的身体挡住了敌人的炮火和一百个团共四十万兵力的攻击，很了不起。我们一定要争分夺秒，抢得时间就是抢回了他们的宝贵生命。"

　　可是，怪也怪，你越想走得快一点，越快不了。中央纵队的人马一眼望去长达十多里，黑压压的像条没有头尾的长龙。驮着箱子、柜子的骡马，装着大麻袋、大包袱的小车，加上五千名挑着的、担着的挑夫，乱糟糟地挤作一团，远远望去动都不动，急得司令员李维汉嗓子都喊哑了。我看见十几个战士吃力地抬着一个黑不溜秋的东西，不知是什么，上前一问，才知道是印刷厂印纸币

---

① 作者在长征时任毛泽东的警卫员。

的机器。我把情况说给主席听，主席气得见人就说："这怎么行，坛坛罐罐的重要，还是战士的鲜血重要？"几次找人解决。可这样的事直到过了湘江也没能解决得了。后来我们才知道，临时中央的领导博古和"大鼻子"国际代表李德听不进主席的话。

一天过去了，中央纵队才过了一个头。两天过去了，渡江口上还是挤着大量的人员和辎重。

我跟毛主席到湘江边的时候，是第二天的夜里，渡口上人喊马叫，混乱得很。浮桥由于超过了承载能力，又摇又晃。毛主席站在渡口边，望着这种混乱的场面，脸色严肃、阴沉。

由于渡口目标太大，白天遭到敌机的空袭，到处都是弹坑，还有几颗"臭弹"躺在路边。毛主席似乎没注意到这些，两眼注视着缓慢蠕动的队伍，在想着什么。

刚刚得到的情况：由于敌我力量悬殊，两天来，阻击部队伤亡惨重：团以下指挥员大部阵亡，部队损失数万。后卫部队三十四师基本打光了，政委程翠林、政治部主任蔡中已阵亡，师长陈树湘也负重伤。后来，从敌人的战报上知道，陈师长因腹部中弹而被俘，他宁死不当俘虏，用手拉断流出的肠子自尽了。死后，他的首级被敌人割下，挂在湖南长沙小吴门上。

我看到毛主席的眼睛湿润了。

"主席，咱们过江吧！"我低声劝主席。

主席良久才自言自语地说："过江，过了湘江就是胜利。"

（节选自《湘江边上》，载阚中一口述实录《跟毛主席过万水千山》，少年儿童出版社 2007 年版）

长征路上　血染湘江

⊙罗　通[1]

　　中央红军离开苏区的实际数字据文献资料记载，1934 年 10 月 8 日编队数字是：军委第一野战纵队，司令员兼政委叶剑英，四千六百九十三人，中央领导人和先遣司令部属第一纵队；军委第二野战纵队，司令员兼政委李维汉，九千八百五十三人；红一军团，军团长林彪，政委聂荣臻，辖第一、二、十五（少共国际师）三个师，一万九千八百八十人；红三军团，军团长彭德怀，政委杨尚昆，辖第四、五、六三个师，一万七千八百零五人；红五军团，军团长董振堂，政委李卓然，辖第十三、三十四两个师，一万两千一百六十八人；红八军团，军团长周昆，政委黄苏[2]，辖第二十一、二十三两个师，一万零九百二十二人；红九军团，军团长罗炳辉，政委蔡树藩，辖第三、二十二两个师，一万一千五百三十八人。总人数共八万六千八百五十九人。加上征来的担架员、挑夫近一万人，号称十万人。

　　11 月下旬，红军过了潇水，到达道县，一军团、三军团已西行过了湘江。但拖着笨重的"坛坛罐罐"的中央纵队，队伍长达百里，与八军团在一块。八军团又多是离开苏区时扩充的新兵，他们渡湘江已没有时间了，敌人封锁了江面。敌军何键的队伍从北往南压，白崇禧的队伍从南往北进，已过了湘江的红军只得回过头来与敌人拼，以保卫渡口，保护中央纵队和后续队伍过江。湘江上游水不深，可以徒涉。由于中央纵队拖着沉重的辎重，行动缓慢，与敌人打了一个星期，结果吃了大亏。八军团、少共国际师、三十四师、三军团的十八团基本上被敌人打垮了。一军团也受到很大损失，如少共国际师近一万人，经

---

　　① 作者在长征时任军委纵队先遣司令部科员。
　　② 黄苏，即黄甦。

过湘江一战，只剩下少数人员补充给杨成武那个团了。至于那些挑夫、担架员许多人趁机丢了东西跑了。辛辛苦苦搬来的坛坛罐罐，丢的丢进了湘江，撒的撒在沿潇水到湘江的百里长的路旁。

过了湘江到了苗族居住的地方（大概是苗儿山[①]），我们的人大大的减少了，大家议论纷纷，说我们十万人离开江西只剩下三万来人了。有的人公开说洋人（指李德）无能，害得我们吃了大亏。这时，杨至成接受了一个任务，他带着我去处理八军团并入其他部队后的钱财和多出来的枪支，另外还有伤病员的安置。伤病员带不动就安置在那儿养伤，钱给了不少，枪支弹药也给了他们一部分。伤员中有个罗兴志，他是罗家村厅上人，与我一道参军。腿上有皮肤病，外号"蛇皮"。他们团的政委罗达纪是五军团三十四师的[②]，也是罗家村出来的，一问牺牲了。罗达纪那个团几乎没有一个人活下来。罗家村厅上同我一道参军的十几个人，贞琏、水生、兴让牺牲了；还有几个，兴志说没见着，可能受伤了或牺牲了。兴志留在苗族地区养伤。有一个团政委王友德在那里照护这些伤员，伤员们组织了游击队。红军在苗儿山休息了三天后走了。没过几天，王友德政委带了几个人回队了，说苗民反水了，游击队也失散了。全国解放后，兴志见到了我，我问那些伤员，他说有的拖死了，有的被杀了，他是逃出来给人打工，死命给财主做，才逃出一条命。后来，他在那儿成了家，有几个孩子。与我一道参军的厅上人十几个，湘江一战后就只剩下我和贞琢、兴瑛。当时兴瑛在五军团军团部摇马达。

（选自罗通著：《来自井冈山下——罗通回忆录》，东方出版社1996年版）

---

① 苗儿山，即猫儿山。
② 原文如此。五军团三十四师中并无罗姓政委。

中央红军长征过广西

⊙李维汉 [1]

1934 年 11 月 11 日，在文明司接到中央革命军事委员会主席朱德签署的命令：

罗迈：

（一）一、九军团后方部及二十二师于 11 日晚或 12 日晨到达文明司地域。

（二）他们配置于现地第一纵队的宿营位置。

（三）罗迈同志为文明司的卫戍司令并负责分配宿营地域及一般秩序。

为了钳制敌人，九军团、二十二师处于比五军团更后的位置，所以经常掉队，在文明司宿营，就是为了等他们。我接到命令后，就按命令分配部队的宿营地，维持军队的秩序，进行军容风纪的教育。11 月初，我们突破敌人第二道封锁线后，继续前进。11 月中旬，解放了湖南的宜章县，突破了敌人的第三道封锁线。在宜章我们住了几天。我是分管长征沿途的白区工作和地方工作的安排的，所以到宜章后，就派了一部分人进去工作。宜章县原有我党县委组织，我送给他们一些人［和］枪，组织他们打游击。我们离开宜章后，他们在县委领导下，也打了一段时间的游击战，后来终因敌强我弱而失败，游击队也不存在了。

过湘江是在夜里，部队走得很慢，等他们过去了，我们才开始过。我对前面的消息很少知道。后来才知道"左"倾机会主义的领导者要到湘鄂川黔根据地与红二、六军团会合。敌人估计到这一点，就调兵四十万分三路围追堵截，

---

① 李维汉，又名罗迈，长征时任中央机关第二野战纵队（即红章纵队）司令员兼政治委员。

构成第四道封锁线，企图把我军全歼于湘江边。因此湘江一仗打得很艰苦，红军损失惨重。长征出发时，中央红军和其他人员共有八万多，到这一仗打下来，只剩下三万多人。这就引起人们的深思，为什么一、二、三、四次反"围剿"都胜利了，而第五次反"围剿"却失败得这么惨呢？

中央红军渡过湘江后，经湖南、广西边境的苗族、壮族居住的越城岭山区，向湘鄂川黔革命根据地前进。

越城岭又名老山界，是红军在长征途中遇到的第一座难走的大山。过老山界时，军委命令我们随左边的三军团行动。这时彭德怀给我纵队来电说，明天他们要打仗，我们如果跟他们军团，整个纵队要出问题，会有危险的。他已向军委发电报，建议二纵队跟一纵队走，由五军团殿后担任警卫。要我派人到军委领新的命令。我接到彭德怀来电后，立即派人到军委去。军委批准彭德怀的建议，叫我们跟一纵队后面走。多亏彭德怀的建议，不然我们跟着三军团后面走，三军团与敌战斗，会招致很大的损失。我们纵队过老山界，是夜间行动。在漆黑的夜晚，翻越崇山峻岭，一级石阶一级石阶地往上攀登，山高路陡，马不能上山，只好把马扔掉。一纵队走在前面，我们跟在后面，走几步，停几步，行动缓慢。敌人追得很紧，五军团在后面打仗，挡住敌人，保卫我们。他们也催我们快走，以便甩掉敌人，减少兵力的损失。我赶到前面了解情况，才知道一纵队的电台队的工作人员实在太疲倦了，他们边走边睡觉，走走停停，停停走走，影响我纵队前进。一纵队首脑部门早已走远，丢下电台队在后面，他们也不知道。我们催他们快走，他们才紧追上去。过了老山界，下山就快了，我们追上了第一纵队，到了宿营地休息。五军团在过老山界时，吃了很大的苦。老山界一仗，进一步暴露了长征初期我军的被动情况。

过了老山界，因为没有敌机骚扰，我们多半是白天行军。广西一带的房子都是木结构，很容易燃烧。阶级敌人为了制造所谓"共匪"杀人放火的舆论以破坏红军与当地居民的关系，扰乱红军的宿营，使红军得不到休息，就偷偷放火，妄图诬陷红军。我们在广西扑灭了好几处火，并捉到放火者加以处置。

这时红二、六军团为配合红一方面军的行动，也对敌人发动了猛烈的进攻。蒋介石反动派害怕红一方面军与红二、六军团会合，急忙调来五六倍于红军的兵力，集中在武冈、城步、绥宁、靖县一线阻截，同时命令广西军阀配合堵击。在敌我兵力悬殊的情况下，如果还要与红二、六军团会合，去钻敌人布置好的"口袋"，红军就有全军覆没的危险。但"左"倾错误的领导者还是想与红二、六军团会合，在湘西洪江建立根据地。在这一危急关头，毛泽东积极建议放弃与红二、六军团会合的计划，改向敌人力量薄弱的贵州前进。在红军于12月11日占领湖南西南边境的通道县城以后，中央领导人举行了会议，会后继续向贵州黎平前进。12月15日，红军攻占黎平。大约一两天后，我们也到达黎平。12月18日，中央政治局在黎平召开会议，通过了《关于在川黔边建立新根据地的决议》①，决定放弃北进湘西与红二、六军团会合的计划，改向敌人统治力量比较薄弱的贵州前进。会后，中央政治局将这一决定电告各军团及军委纵队首长等，然后通过他们传达到师及梯队首长。我也听了传达。黎平会议放弃了在湘西创立新的根据地的计划，决定在以遵义为中心的川黔边境建立新根据地。这个改变是因为：第一，按照当时的政治、军事形势在湘西建立新根据地已经不可能，也不适宜；第二，为尔后考虑计，能使红一方面军更有利于与红四方面军及红二、六军团一致行动，协同作战；第三，川黔边境在政治、经济及群众等条件上，有利于粉碎敌人的"围剿"；第四，该地区有利于苏维埃运动及红军的发展。

我认为长征改道是从通道会议开始酝酿，而由黎平会议最后决定的。这个决定非常重要，它既使红军避敌重兵，免遭灭顶之灾，又能放开自己的手脚，打运动战，主动消灭敌人。特别是使红一、三军团获得"解放"，可以灵活机动地消灭敌人的有生力量，红五军团也不致因担负后卫，老吃苦头。

黎平会议后，部队实行整编。一纵队二三千人，二纵队一万多人，合编为三个梯队。三个梯队没有统一的指挥机关，司令部也取消了，直属军委。我是中央机关梯队的队长。卫生部是贺诚当队长，后勤部是叶季壮当队长。过湘江时，已把笨重的印刷机等丢掉了。这时比以前轻装多了，主动多了。

（节选自《回忆长征》，载李维汉：《回忆与研究》上，中共党史出版社2013年版。本文标题为选入时本书编者所加）

---

① 即《中央政治局关于战略方针之决定》。

长征中的广西记忆

⊙ 成仿吾 [1]

突破四道封锁线

......

由于情况严重，大约半个月，我们不分晴雨，不分昼夜，连续急行军。一个作战部队，为了抢占湖南的道州城，曾疾行二百里，先敌占领了道州城，阻击了南下的敌军，掩护了其他部队西进。有一夜，我们几支部队分三路打着火把，向道州方向行进，好像三条长长的火龙蜿蜒疾走，在漆黑无边的大地上，演出了一场光芒四射的火炬万人舞。

我们在道州附近渡过了潇水，红旗直指湘江。这时候，敌人从四面八方来尾追、堵击我们，敌军兵力多达三十万至四十万，空中还有敌机不断扫射与轰炸。敌人是企图利用湘江这一天然障碍物，在广西的全州与灌阳、兴安之间，建立第四道封锁线，形成一个口袋，妄想在这一带消灭我们。

王明错误路线的执行者，处在这样严重的情况下，还是被动招架，只是命令部队硬打硬拼，以便突出重围，把希望寄托在与二、六军团会合上。11月底，当我们接近湘江的时候，敌人的四十万大军逐渐向我们逼拢，企图在湘江东岸、湘江与潇水之间消灭我们。而我们的逃跑主义的领导，这时只顾夺路突围，命令一军团往前冲，三、八、九军团在两侧打甬道式的掩护战，拼命地把敌人顶住，掩护中央纵队通过，五军团作后卫，边打边走。由于部队的英勇作战，中央纵队安全地渡过了湘江。但是，经过一星期的激烈战斗，部队遭受了惨重的损失，

---

① 作者在长征时任中华苏维埃共和国中央执行委员。

各军团都大量减员。三军团的两个团阻击敌人两个师，在"保卫党中央"的铁一般的意志下，拼死战斗，连续三天三夜，把敌人挡住在湘江面前，不能前进，但自己损失也很大，两个团的领导干部都牺牲或负伤了，营连指挥员剩得没几个了。特别是担任后卫的五军团，不分昼夜，抗击了尾追的敌人，到达湘江边时，左右两侧的敌人已经占领江边阵地，部队不得不另找渡河点，既无浮桥，又无渡船，就轻装涉水过去。五军团的三十四师被敌人重重包围，终于大部分壮烈牺牲。在这场恶战中，我军指战员奋勇作战，给了敌人沉重的打击，但自己也付出了很大的代价，无数英勇、顽强战斗的烈士们，为了保存革命力量，尽了最大的努力，为中国革命做出了重大的贡献，他们会永远活在我们的心中的。

我们终于渡过了湘江，12月1日冲破了敌人的第四道封锁线，也就是从中央根据地出发西征以来的最后一道封锁线。敌人用层层封锁来消灭我们的全盘计划完全失败了。同时王明"左"倾错误的严重恶果也已经暴露无遗，它在广大红军战士心目中已经破产了。

突围开始以来一个多月的经历，对我们广大的干部与部队指战员的教训，是极其深刻的。还在［第］五次反"围剿"中，大家对比前四次反"围剿"的胜利，已经对领导上的错误感到担心。这回问题的实质更加充分暴露，再没有怀疑的余地了。

通过四道封锁线的活的事实证明，中国工农红军的战斗力是无坚不摧的，我们这样的人民武装是打不散、攻不垮的。就是在数倍于我的强敌面前，只要有一人存在，敌人休想跨过去。这方面是没有谁能提出疑问的，但是，这回为什么失败得这样惨呢？我们红军什么时候打过这样的败仗呢？根源到底在什么地方呢？

"这是哪里来的打法？"

"这是什么军事指挥？"

"成万的英雄儿女就这样中途丧命！"

"这些战友们是怎么死的？"

"是不是要把中国革命断送掉？"

"毛主席从来没有打过这样的仗！"

"早就把毛主席排出军事领导岗位，而那伙人根本没打过仗。"

提到王明"左"倾错误领导排挤毛泽东同志，大家气更大了。

"五中全会还不请他参加，他不也是政治局委员吗？这又是哪里来的章程？"

总之，这次血的教训使大家充分认识了王明"左"倾错误对党与革命事业的极端危害性，更加想念毛泽东同志，要求恢复毛泽东同志的领导职务。

跨过五岭最高峰

在我们离开老家，走上长征道路的最初一段时间，约半个多月，我们总是夜间行军，以保守军事秘密。途中不许说话，不许点火，不让携带的东西发出响声，如果前后失去联络，规定了拍掌办法。各单位都在有岔道处放了自己的路标，或者用树枝等把岔道卡断（由后卫把路标收回）。如有人前后距离拉得太远，总是低声叫他"跟上"。遇到很暗的夜间，每人还在脖子上或臂上缠一白布条，以便容易看出。夜行军是使人非常疲倦的事情，有的人往往离队去大便（规定在道路三十步以外），久不回来，派人去找的时候，他却在那里蹲着睡糊涂了。

进了湖南境内的时候，因天气阴雨，多在白天行军。但道路泥泞，容易滑倒，一下能滑走十几步，大家把这叫作"坐飞机"，这时候常有人唱兴国山歌：

"哎呀来，同志哥的飞机好快哎！"

这样常常引起了大家哄笑一阵，倒减轻了行军的疲劳。

我们从开始长征起，跋涉过的河流与山岭是很多很多的。但是在长征初期印象最深的，要数西延山脉的高峰老山界。这个大山在地图上叫越城岭。我们听说要爬一个三十里高的苗山，开始没有把它放在眼里。沿着山沟往上爬，时辰已经是下午，走几步，停一会，这也是队伍爬山的正常现象。但停停走走，越走越停得久，后面的队伍挤上前来。大家站久了，就在路边坐下来，一直等到有人喊"走、走、走"，又站起来走，满以为可以走一阵，谁知马上又停下来。天眼看着就晚了，很多人急得叫起来。肚子也叫起来了。但有什么办法呢？队伍越挤越密。

有的人估计非夜行军不可，这山路是不好走的，就盘算着找火把。山沟里有几户人家，有人就想买些篱笆的竹片来用，往常是这样做的。谁知政治部贴了条子，不准动用，因为这里是苗民或瑶民，打听到前面有竹林，有的单位就派了人去准备火把。

有人向居民问问前面的路程，才知道面前有一个高山，很陡，上山三十里，下山二十里，这里还是山脚下呢！

已经是满天星斗。这山中小道实在寸步难行，就点起火把来。从山脚往上眺望，只见火光形成许多"之"字，一直和天上的星光连接起来，好像我们前面的队伍已经登上天了。而往下看呢，火把的巨龙竟在你脚底下游动，真是陡啊！大家有点紧张起来，不时有人喊出：

"加油啊！"

"不要掉队啊！"

有的人向下面叫："我们上天了！"大家听了高声笑起来。忽然前面又停下来了，传下话来，说前面太陡了，马爬不上去，大家坐下来又等了个把钟头，前面传下命令来，就在这里宿营，明天拂晓上山。这二尺来宽的小道上怎么睡觉呢？一不小心，不就从这山脊跌到山下去了吗？没有办法，只好各人打开毯子裹在身上，顺着山坡躺下，或者背靠一棵树坐着，把眼闭起来，实际上身体很疲倦，也就很快睡着了。好在山上有的是干柴，大家就烧着大火，团团围着火堆，用鼾声互相呼应起来。有时候忽然醒了，发现自己"以天地为衾枕"，天上的小星星放着闪耀的微光，好像伸手可以摸到，而周围的群山好像围着我们的夜幕，矗立不动。往山上山下观看，有或大或小的许多火堆还燃烧着，有人在添柴拨火，四围在深沉的寂静中，不知不觉又睡着了。

黎明前，山下就有人挑饭上来。身上又凉又湿，急急忙忙吃了饭，就又往上爬。前面传下命令，今天无论如何要过到山那边去。走了不多远，果然遇到了一段陡岩，差不多垂直地突出面前，形成尺多宽的石梯。很多马匹汇集在岩下的两旁，让出路来给人通过。有几匹马昨夜从岩上跌了下去，断了腿。

大家很小心地爬过了这张石梯，上面的路不那么陡了，不久就到了一片平地，松了一口气，以为快到山顶了。谁知一个从山顶下来的瑶民告诉说："还远哩！还有一段二十多里的很陡的山。"

昨天没吃晚饭，早晨实际上也没吃多少，肚子时时大声诉苦，但大家还是鼓起勇气，健步上山。

到达山顶，已经是红日开始西斜，后面的部队还在望不到尽头的山腰迂回移动。远远听到机关枪声，大概在山脚下，我五军团还在那里"安营扎寨"，阻击追来的敌人。我们这个英勇无敌的军团，最善于打后卫战，遇到敌人逼得太近，它索性驻扎下来，狠狠地打击敌人，使敌人不敢再前进，只有后退。

部队逐渐过了山顶，医院的伤病员被搀扶着，也上来了，他们的担架跟在后边。医院的医生、护士和其他的工作人员，很多是女同志，他们或她们真是英勇顽强，沿途照顾着伤病员，精神抖擞地行进着。运输队也上来了。掩护部队缓缓地跟上来，随时准备回击可能追来的敌人。

从山顶四望，真是"一览众山小"，令人心胸开阔。我党领袖毛泽东的著名的《长征》诗，有"五岭逶迤腾细浪"的名句，在这里是最真实地显现在眼前。下山据说二十里，也很陡，但是大家乘胜直趋，走得很快。沿路林深竹密，几处清溪流水潺潺，迂回流去。有的单位就地停下来，组织战士们用脸盆、口杯等煮饭，大家就在溪边洗脸、漱口，准备饱餐一顿，恢复体力，再赶前程。这时谈笑风生。有的人又唱起兴国山歌来。

跑下山来，后面部队进入宿营地，已是夕阳西下了。大家跨过了这座老山界，好像打了一个胜仗，疲劳也烟消云散了。这是我们长征初期通过的一个高山，但是比起以后的雪山那样的高峰来，就算不得什么了。这座高山可以说给了我们一次很好的演习。

我们从江西出发起，沿途经过了我国南方的无数高山峻岭，正如毛泽东在《长征》一诗中高度概括的那样：

五岭逶迤腾细浪，乌蒙磅礴走泥丸。

这些山岭的雄伟气势，毛泽东当时有《十六字令三首》，描绘得十分生动：

山，
快马加鞭未下鞍。
惊回首，
离天三尺三。

　　其　二
山，
倒海翻江卷巨澜。
奔腾急，
万马战犹酣。

　　　　　其　三

　　山，

　　刺破青天锷未残。

　　天欲堕，

　　赖以拄其间。

　　第一首着重写出了山的高耸连天；第二首写千山万岭像江海中波涛澎湃，又像万马奔腾在战场上；第三首写山的坚强无敌，立地顶天。这光辉的短诗外表好像是在写群山，实际也是在歌颂我们伟大的工农红军、中国革命的擎天柱石，歌颂工农红军实现的伟大业绩。

　　在越过老山界的前后，大约有十多天的时间，我们行进在广西境内。当时统治广西的是桂系军阀李宗仁、白崇禧等，他们吹嘘自己是"乡村自治的模范"，事实证明，他们的所谓"模范"，就在于对人民，特别［是］对少数民族的压迫与剥削。我们经过的地方，他们事先就逼迫当地群众把粮食烧了，甚至把房子也烧了。他们还派遣特务到处造谣，威胁群众逃避我们。有几次当我们宿营以后，特务放火烧房子，想把我们烧死在里面，并证实他们污蔑"共产党杀人放火"的谣言。这一带的房屋多是木板构成的，一经着火，立刻就火焰冲天，并蔓延到整个村镇。我们进到这一地区的时候，就已经警惕发生火灾，制定了一些具体的防火办法，如火把不准进房子，组织消防队，准备好水桶，加强警戒，经常巡逻，等等。但我们经过龙胜县龙平镇时，有一处忽然起火，一下子就火光冲天，我们全力救火，把火包围在尽可能小的范围内，截断它的去路，然而结果还是有一片不小的地方几乎变成了焦土，我们赔了群众几千块银元。那一夜，军委周恩来副主席经过一天的行军，又开了几小时的会，半夜刚回来休息，不久忽然有哨兵高喊："起火了！"同时噼噼啪啪的闹声响成一片。警卫员惊醒起来一看，周副主席睡的房子已经被火光包围，烟火往房内直喷。警卫员顺手提着一条军毯，冲进房内。周副主席正在向外摸。警卫员把军毯蒙在副主席头上，把他拉出门外来，才脱离了危险。

　　这火灾从何而来？为什么几处同时起火？几天都没有找到答案。有一次火势初升，就发现有人从火里跳出来，不像当地的老百姓，而是短装剽悍的、面容凶恶的汉子。我们抓了几个这样的坏人，经过查问，他们不得不承认是他们放的火。这些人原来是民团（地主武装）的团总挑选派遣，混进我们驻地来的，主要就是来放火。他们这样做有三个目的：第一，破坏红军与群众的关系；第二，制造所谓"共匪杀人放火"的"事实"；第三，扰乱红军部队不得休息，甚至烧死我们。他们的意图是十分恶毒的。我们捉到了这样的坏人，都是就地召开群众大会，大家来审问，最后让群众讨论该怎样处理。群众莫不气愤，这些地主走狗平时也一贯欺压老百姓，无恶不作，群众就一致通过把凶手枪毙了。

［选自成仿吾著：《长征回忆录（修订本）》，人民出版社 1987 年版。本文标题为选入时本书编者所加］

踏上长征路（节录）

⊙康克清[①]

抢渡湘江

1934年10月中旬，天气晴朗，秋高气爽。但我总觉得空落落的，好像悬浮在空中。

处理完杨世坤的事，三天后我们在于都县境内追上了大［部］队。

这是一次大规模的行军，人数之多，前所未见。为防敌人空袭，行军全在傍晚和夜间。那天到达于都河边，天已经黑了。于都河离于都城外不远，接近中央苏区西南部边界，是多路突围大军必经之道。沿河用木船搭起几座浮桥，被两岸无数的灯笼火把照得通明。浮桥上每只船的两头都悬挂着一盏马灯，远远看去，倒映在闪光的河水里，像是一座闪光的金桥。

每座桥都有几路红军队伍拥来，在这里形成一个喇叭口。每个队伍来到桥边都要停下，按照过桥指挥部的命令过河。浮桥两头的河堤上，给红军送行的老表乡亲人山人海。有的想看上自家亲人一眼，有的表示慰劳，送茶水，送鸡蛋，送花生、瓜子，还有自家做的粗点心。

浮桥指挥部的人认出我们是军委第一野战纵队的，立即命令正在过桥的红军停下，让我们先过。这时，老表乡亲们拥了上来。他们动作迅速，等发现兜里［被］塞了东西，赶紧掏出来，却再也找不到塞东西的人了。一批人退下，一批人拥上来，许多人大声叫着说：

"红军同志，狠狠打白狗子，替我们报仇！"

---

① 作者在长征时任中国工农红军总司令部政治指导员。

有的深情地叮咛：

"红军同志哥，多多保重，早日打胜仗回来啊！"

有的战士边走边回答：

"放心吧！老表乡亲，我们一定会消灭白狗子，胜利回来的。"

过于都河的那晚，我一辈子都忘不了，当时心里充满了留恋和不安。

连续不断地行军，道路弯弯曲曲，左转右拐，像穿梭阵一样，不知道部队要到哪里去。有一点是清楚的，我们一直朝着太阳和月亮落下的地方前进，那就是说，我们在向西走。不断听到炮声和机枪声。前面传来的是红军先头部队在突破敌人的封锁线，后面是红军殿后部队在同追击的敌人战斗。我们前面、后面和左右两边都有红军部队掩护，我们在红军为我们开辟的不断向西移动的甬道中行进。庞大的队伍，前不见头，后不见尾，浩浩荡荡。

很快就发现了问题。行军速度越来越慢，一天走不了二三十里就要停下来休息。四周的枪炮声告诉我们，行军速度越慢，可能遭到的危险就越大。有一次我们同后勤运输队走到一块，发现他们竟然带了那么多的笨重东西。除了作战需要的军械军需外，还有许多印刷机、缝纫机、车床，各种医疗器械……

我们野战纵队一万多人，光挑担就有一千多副。还有那些卸不开的笨重家伙，需要二〔两〕个人、四个人，甚至八个人抬。几百斤的重担压得他们气喘吁吁，一个个汗流浃背，走不远就要停步换肩，前面一停，后面就要停下一大串。前面的换过肩起身走了，后面的半天还动不了窝。看着这些真叫人心焦。

过了敌人的第三道封锁线，部队走得更慢了。这时得到消息，最前面的红军已经突破敌人的第四道封锁线，并在湘江西岸控制了六十多里长的渡江地段，急等中央、军委野战纵队赶到那里渡江，这是一个十分有利而又急迫的时机。因为在 11 月中旬，蒋介石已察觉红军大规模突围，调动大批军队追击和堵截红军。但是中央、军委野战纵队离湘江前线还有整整一百六十里。一个多月长途行军跋涉，部队走得十分疲劳，那些笨重的运输队拼命赶路，也要四天。几十万敌军正在疯狂地朝湘江渡口扑来。人人心急如焚，而首脑机关只能蹒跚而行。湘江两岸炮声连天，持续了好几个昼夜。

到了 11 月 29 日夜里，军委野战纵队好不容易来到湘江边上，已是两岸红军同敌人血战的第三天。为了迅速过江，一部分人员和物资乘船，其余人马在查明的地段涉水。红军拦击着两岸逼近来的敌人，我们就在那剩下的不多的通道中渡过了湘江——敌人的第四道封锁线。四周枪炮声不绝，曳光弹不时照亮江水。因为是在夜间，敌人未能发觉。但是在我们身后还有一大串拖拖拽拽的笨重运输队，真不知他们该怎么办？

后来听说，运输队在两军厮杀中，许多人被冲散了，许多东西被丢掉了，器材、衣物、图书、资料……到处可见，"标"出了一条红军行军的路线。有些笨重的东西费尽九牛二虎之力，虽然抬到了湘江边上，但却无法过江。在战况紧急时，有的丢弃在岸边，有的沉没到湘江的波涛中。

到了12月1日上午，中央、军委的野战纵队在极其艰难的情况下，渡过了湘江。但是担任掩护的红军有好几个师、团被敌军包围在湘江南岸，全部壮烈牺牲。刚由新兵组建起来的第八军团，也不复存在了。过了江的红军，也在惨烈的拼杀中遭到重大伤亡。从苏区出发时，红军八万六千多人，经过这场恶战，只剩下了三万多人。

渡过湘江，进入老山界，地图上叫越城岭。这里高山峻岭，森林茂密。敌军被甩在后面，敌机难以侦察，可以稍事休息。一个多月的紧张奔波，总算可以喘口气了。

红军的严重失利，使大家认识到"左"倾领导者一意孤行造成的损失，到处议论纷纷。他们这时不得不同意朱老总提出的"丢掉坛坛罐罐"。朱老总召集各部队领导干部，做了轻装行军的动员和布置。我们司令部迅速行动，我清出一大包东西，有蚊帐、鸭绒被和非急需的衣物，叫潘开文拿去送给当地老乡。他说："这些都是有用的东西，你和老总都有牲口，又不是带不了，眼看天冷了，我看还是留下来带着，免得到时没处找。"

他是一片好心，我说："老总讲的是轻装，只带最急需的东西，我必须执行，你不去，我自己去。"说着，就抱起东西往外走，潘开文飞快地抢了过去。

"那还是我去吧！"他一面走，一面嘀咕，"都送走，等天一冷，准得后悔！"

经过这次轻装，我们行军轻快多了。

这里是苗族和瑶族的聚居区，他们大部分都能听懂汉话，不少人还能讲几句。他们对红军热情友好，收到送给他们的东西，又不要钱，都高兴万分，把家里最好吃的东西纷纷拿出来招待我们。

老山界全是羊肠小道，一会向左，一会向右，一会上坡，一会下坡。左转右转，有时走着走着，又像走回去了。山路崎岖难行，有些地方山虽不高，却十分陡峭，爬上去很吃力，往下走更加困难。夜里行军，上半夜有火把照明还好些；下半夜火把点完了，摸黑行军，谁也不敢快走。阴天夜间，伸手不见五指，行军尤其困难。走走停停，停停走走，有时一夜只能走十几里。遇到狂风暴雨，走在陡峭的山路上十分危险，有人就是这样掉下了深谷。有一处地方叫"雷公岩"，是在悬崖上开凿出几乎垂直的石级道路，只有一尺多宽，要十分小心才能爬过去；担架到了这里，只能由躺在担架上的人自己挣扎着爬过去；骡马走过，更要格外留神，前有人拉，后有人推。就是这样，仍有几匹牲口掉下深渊，有的把人也带了下去。爬过"雷公岩"，大家都说："真像过了一道鬼门关！"

行军途中的毛泽东

我们在龙胜县龙平镇宿营时，半夜里突然起火，我被惊醒后，急忙披衣跑出，只见红军总政委周恩来的房子被大火包围，几个人正在泼水救火。周恩来的警卫员范金标顶着一床泼上水的军毯冲进大火，看见正在寻找出路的周恩来，立即把军毯蒙在他头上，拉着他从火海里冲了出来。取下军毯，大家看见他安然无恙，这才放了心。

天亮以前，把火扑灭了，周恩来的两个公文箱总算抢了出来，其余的东西全被烧光，那家老乡的房子也被烧去一半。为照顾群众的困难，司令部赔偿房东二百块银元。

下午，接到总卫生部的消息，他们住在广南寨，村子里几处房屋同时起火，总卫生部长贺诚命令警卫连包围村子进行搜查。在村民帮助下，抓住七个穿红军衣服的广西人。经过审问，都是广西地方军阀派来的特务。每人每天赏银二元，冒充红军放火抢劫，挑拨当地人民反对红军。龙平镇上也是他们放的火。

老总立即向红军发出命令，要求提高警惕，严防敌特放火。后来又抓到几个放火犯，召开群众公审大会，就地把他们处决了。

过了老山界，经常下雨，有时大雨倾盆，有时细雨蒙蒙。好在都有斗笠和挡雨的油布，阴雨天可以放心地在白天行军，只是山路泥泞难走。新打的草鞋，走不了两天就坏了。许多人索性打赤脚。一路上经常有人摔跤。

每次行军总有人掉队。为做这些人的工作，每天走完一半路程后，我就留在最后，收容掉队的人。帮他们背枪，背背包。起先，他们不肯让我背，但经不住长途行军的劳累，当我再一次从他们一瘸一拐咬牙走路的身上拿下枪和背包时，已无人再同我争了。我的身体壮实，从小受过磨炼，这样做也不觉困难。

同志们看着我这个女同志还能吃苦耐劳，都受到鼓舞，打起了精神。

出了老山界，来到湖南境内，不久走到通道县的一个村子里。这里正好在湖南、广西和贵州三省交界的地方。早晨，公鸡啼叫，三个省的人都能听到。中革军委在这里临时开会，研究下一步红军行动的计划。这是个十分重要的会议。在群众的强烈呼声、老总和周恩来的推动下，会议破例请毛泽东参加。他在会上分析形势做出判断，提出改变红军原定北上湘西北同二、六军［团］司令部会师的打算，避开敌人给红军设下的口袋阵，向西进入敌人兵力薄弱的贵州，争取红军有个喘息和整顿的时机，而后再定行止。他的意见得到与会同志一致赞成，博古和李德也没有反对。从此，红军危急的处境有了转机。这次会议，为以后的遵义会议打下了第一块基石。这一情况，我是后来得知的。

因为红军人员大大减少，部队开始合并。到了贵州省黎平县，把中央军委机关的第一、第二野战纵队合并成一个“军委纵队”。后来在行军中，我［因］为收容掉队的人，常常遇到随中央机关行动的一些领导同志。

遇到比较多的是毛泽东。有一次，他笑着对我说：“现在无官一身轻，好不自在哟！”

他的话使我感到别有一种滋味。心中想着：“只要有毛泽东，我们总会有希望的。”

他的头发很长，留着大背头，人显得清瘦，穿的［是］战士服装，只在早晚天冷时，才穿上军大衣。他的马总是由马夫牵着远远地跟在后面。很少见他骑马，更没见他睡过担架，总是同几个战士有说有笑地一块步行。他看见我，有时就问：“这两天部队的情绪怎样？指导员同志能谈点情况吗？”

他最关心战士的思想情绪、体力状况，干部们有什么想法和议论。我就尽我所知，一五一十地告诉他。他十分认真，不时地提问题，问个究竟。我常常答不上来，他就帮我打圆场说：“哦，哦！这不怪你，只怪我想要知道的太多啦！你看，要是方便，下回等你知道了，再告诉我吧！”

接着，他又有说有笑地谈起古今来。我们进入贵州省，他讲了许多有关贵州省的掌故，“天无三日晴，地无三里平，人无三分银”啦，“黔驴技穷”啦，“夜郎自大”啦……他说夜郎是古代的一个小国，国王不知天下之大，竟然问汉朝派去的使臣：“汉朝大，还是夜郎大？”说完，他用手指着西北对我说：“那个夜郎国就在贵州省的西部，离这里不远了。”我很喜欢同他走在一起，在他的说笑当中，我增长了不少知识。

每天总能听到隆隆的炮声，那是红军在同敌人战斗。有一天近处传来枪炮声，我催他骑马快走。

"怕什么？这是小股敌军骚扰，不会那么快追上来。指导员同志，我知道，你要赶快去照看队伍。我这里，你放心，决不会有问题。"

他胸有成竹，语气肯定，使周围的人也增添了信心。我不放心，叫几个警卫员陪着他，自己到后面去了解情况，果然是小股窜扰的敌人，已经被后卫的红军部队赶走了。

宿营的时候，毛泽东总是找当地的祠堂住，他有两只盛书和文件的铁皮箱，一个挑夫挑着，总跟他紧随不离。没有桌子，把两只箱子摞起来，就成了他的"临时办公桌"。

他同张闻天、王稼祥常常结伴，三个人行军、宿营都常在一起。王稼祥在〔第〕五次反"围剿"中敌机轰炸时负伤，一直未好，至今还躺在担架上。不知何时起，大家把他们三人称作"中央队"。一提"中央队"，都知道指的是他们三人。

张闻天和邓小平、李富春也常走在一起。邓小平这时是党中央的秘书长，也是红军总政治部的秘书长兼《红星报》主编。有一次，我见他们同博古走在一起。听人说，博古在渡湘江后，曾举起手枪要自杀，被人拦住了。他现在同过去已有很大的不同，失去了那种专横的神气。

路上比较热闹的是同女同志们走到一起。蔡畅、刘英、李伯钊……总是说说笑笑，她们说，这样可以减轻行军中的疲劳。

（选自《康克清回忆录》，解放军出版社 1993 年版）

中央教导师^①长征过广西

⊙裴周玉^②

　　教导师渡过潇水后，就由湘南的重镇之道县出发进入广西省之灌阳县文市。这时又接到刘总参谋长指示，令我师担负阻击自灌阳方向向我侧击之敌。师首长决定，着令第二团担负防守掩护任务。这一天正是下雨，道路泥泞，行走不便，但部队还是按时赶到防守阵地，占领广西灌阳以北阵地后，迅速构筑工事，准备阻击向我侧击之敌。当我二团正在构筑工事时，敌人就赶到阵地前沿，并向我阵地发起冲锋，经过一天的战斗，打退了敌人四五次冲锋，击毙敌军一百余人，缴获了十余支步枪，我师胜利完成了掩护任务，又受到了刘总长的奖励。由于敌人凭借湘江的天然屏障，在沿河两岸构筑了钢筋水泥碉堡工事，麇集了七个军二十多个师三十多万人进行顽抗防守与左右侧击。湖南军阀何键将他的指挥部从长沙移到衡阳。第二路薛岳的四个师进驻黄沙河。广西白崇禧将指挥所移到桂林，把他的五个师和反动民团配置在全州、界首、灌阳等地。而蒋介石的嫡系周浑元的四个师和李云杰的两个师，则从红军的背后像拉网似的压过来。经过红军坚决勇敢的战斗，击退了敌人阻击与左右侧击，夺取了湘江渡口，粉碎了敌人负隅顽抗的企图，红军主力胜利通过了这道封锁线，但红军也遭受了重大损失与牺牲。如三军团第五师十四、十五团，在广西灌阳县西北的新土街^③附近，为了掩护笨重的军委纵队与主力通过第四道封锁线——湘江时，堵击广西军阀由南向北对我军的侧击，经过三天三夜的浴血奋战，虽然阻击了

---

① 中央教导师在 1934 年 10 月至 12 月编为中央第二野战纵队第一梯队参加长征。师长张经武，政治委员何长工，参谋长孙毅，政治部主任陈漫远。
② 作者时任中革军委直属教导师特派员。
③ 新土街，应为"新圩街"。

敌人，使敌人遭受了极大伤亡，保证了主力与军委纵队胜利通过了湘江，但是我第五师遭受了很大损失，师参谋长胡震同志牺牲了，两个团的团长、政委或牺牲或负伤，营连指挥员也剩下不多了，一个团伤亡五六百人。而且红五军团三十四师接替五师又继续掩护后尾八军团通过，不料八军团走错了路，拖延了时间，使三十四师坚持抵抗两三天后，遭受敌人包围，突围中师的领导干部除政治部主任朱良才同志负伤早已离开部队随五军团行进外，其他如师长程树湘①、政委程翠林及参谋长都牺牲了，部队被敌截断冲散，没有渡过湘江。有的回到家或就地隐蔽当了老百姓，或被敌军所俘。后任北京军区副司令员［的］韩伟同志就是被冲散后，到处讨饭，回到武汉亲友家中被敌特侦察发现逮捕。抗战后，周恩来副主席［是］从敌人监狱中将韩伟同志要回到延安的。

我师在湘粤边与桂边之西延山区，即越城岭中行军，其中有老山界、猫峰（即猫儿山）都是几百里的崇山峻岭，一天走到晚见不到一个村庄，有的村庄也多是十来户人家的小村。我这个出生在湖南平江山区的人，参加红军后又转战湘、鄂、赣及闽赣的大山中，可是也没有遇见过这样一层接一层、一座接一座连绵不绝如此之多的大山。有的大山我师战士们挑着笨重的担子，爬了一天一夜，才爬到山顶上，可是前面第二、第三座崎岖的大山，又在欢笑地等待着我们向它奔驰。站在这些山顶上，看到四周一望无际的丛林，大海波涛翻腾一样的美丽景象，真是悲喜交加惊叹着：总是盼望有喜鹊为我们架桥，渡过这些美丽的山河绿海。我记得在猫峰爬到一个大山顶后，前面又是成片的山梁与悬崖。有一座名叫虎背山，东西长十几里，山梁最狭窄处只有几十米，其中北边是一条似巨斧劈开的，十几米宽、五六百米深的山沟，名为一线天，山沟的中间有一条咆哮奔腾、由东向西、几米宽的河流，两边的悬崖陡峭，两座山崖之间最狭之处只有十几米。我们从这个山梁上通过时，大家都紧紧拉着骡马，挑着担子，背着行李，捏着一把大汗，小心谨慎地通过这座虎背山，在山梁最狭小处通过时，谁也无暇去欣赏两边山沟峭壁悬崖一线天的美丽景色。当我们通过这座虎背山时，大家议论着说，这样的天险"一夫当关，万夫莫开"，可是红军战士没费吹灰之力就驱走了白狗子，夺取了这些要隘，并顺利通过这些天险。

在山区夜间行军时，多是找干竹片或松枝捆扎火把照着部队行进。大部队

---

① 程树湘，应为"陈树湘"。

点着火把行进非常壮丽可观，过山岗、穿树林、过桥梁时，宛如一条长龙，金鳞闪闪；如火龙钻洞，红光照天。从山顶回头一望，则山脚下火光万道，一线一线、一股一股向前奔腾，好似大海的惊涛骇浪与泰山日出一样壮观。下雨行军时，道路泥泞，山坡陡滑，挑着担子走路，一不小心就哗啦一声跌倒在泥巴里了，两腿朝天，躺下不能动，或者下坡路滑时哗啦一声就连人带背包滑下几十米，肩挑的担子一下滚到山沟里，名为"坐飞机"。有的战士取笑说："广西好地方，走路坐飞机。"这种下雨天的夜行军，个个淋湿，淋成了落汤鸡与泥菩萨一样，特别晚上通过又陡又滑的悬崖陡坡时，总是千方百计解决光照问题，找不到扎火把的材料，就找其他代用品；有的点着半根白蜡，放在茶缸里既避风雨，又同手电一样照得较远；有的划着根火柴，照着大家通过；有的用身上的日记本撕下或破手巾扯细卷成小纸条或布条，当作火把点起照着行进。大家都是手拉手，小心翼翼地通过这些险要地段，就是这样谨慎，也还有个别同志与骡马稍有不慎而掉到了这些悬崖下丧失了生命。瑶族兄弟告诉我们说："你们通过的这条路，名叫'鬼门关'，我们一个人从来不敢通过，可你们挑着担子，拉着骡马顺利过来了，真是有老天爷保佑。"

教导师挑着笨重的担子，比其他部队行军速度慢得多，特别通过湘粤与湘桂边境时，曾有十多天都是白天晚上赶路，没有进村宿营睡觉。每天只有三四个小时的大休息，或名曰到达每日应赶到的宿营地，做一顿饭吃，部队就利用大休息的这三四个小时，在大路边、森林里、山梁上躺下舒舒服服地睡两三个小时的好觉，就感觉万分荣幸愉快。否则，全靠行军中部队休息的几分钟或停留片刻的机会坐着或站着打一个盹，就算是一次睡觉好时刻，所以大家学会一边走路，一边睡觉打盹的本领，有的站着睡觉还做梦说梦话，高呼"快走！前面做了饭菜等我们……"因此而惊醒了旁边打盹的人乱蹿而跌到山沟的；有的因站着睡觉而造成部队失掉联络和多走冤枉路的现象。所以夜间通过封锁线，或有紧急情况而部队走不动，或前面部队休息时，领导干部总是跑前跑后进行察看，以防止战士自行睡觉而造成部队失掉联络的现象发生。

在山区行军，因为几十里看不到一个村庄是常有的事，买不到粮食，几天吃不上一顿饱饭，甚至几天见不到一颗粮食。这时候大家的精神状态是又饥又饿，疲劳极了，能够啃上几口干粮，喝上一碗热开水，睡上一个小时的安稳觉，就是极香极美的享受了。没有粮食，就靠大家动手找野菜、树叶、草根熬上一锅稀汤，加上一把大米煮成稀饭，每人吃上一两碗就算很美味的佳肴。我是师特派员，有一匹马，除了经常驮病号外，就多带了十来斤干粮，每到一缺粮地，就要将干粮分给两个干事，每人一碗充饥，有时还要分给有病掉队的同志半碗充饥，使他们很快跟上部队行进。所以在艰苦岁月中，同志之间互相支持的阶级友爱情，是战胜困难的巨大力量。曾有这样一件奇事，即前面六团的侦察部队在白沙里摸进敌驻地，看到伙房里有盆热气腾腾的鸡肉，大家肚子都饿得呱呱叫，本想动手抓一块肉或喝一碗汤，但又要假装镇静不轻易动手。而敌人的伙夫一见这两个陌生人，就斥责说："这是给长官做的鸡，黄狗还想吃天鹅肉吗？！"但红军战士还是忍着饥饿与伙夫的责骂，殷勤地帮助烧火做饭。当红军的先头部队一个团赶到了，在侦察员的带领下摸进敌人的团部，缴了敌人的枪支。他们还认为是自己人开玩笑，并骂着说："这是团长，你们也敢乱来吗？还不快解开绳子向团长赔礼。"而他们万万没有料想到这些开玩笑的人，就是红军。当部队完成歼敌任务后，大家才痛痛快快地放开肚皮吃饭，满足很久盼望吃一顿饱饭的愿望。当我们赶到这个地方时，所有大米都被吃光或带走，仅剩下几百担稻谷。大家见到这些稻谷，也好似骆驼见柳一样，恨不得马上煮一锅稻谷啃着吃一顿撑饱肚子。于是人人动手，用石磨、碾子、水臼，甚至用砖块、石板等将稻谷碾成细米，而后就连糠带米熬成一锅稠粥，也比吃野菜稀汤强得多。吃完了，大家还带了一碗稠粥，补充了一些干粮，又浩浩荡荡出发赶路了。

在行军中，炊事员同志是最累最苦的，他们不仅同大家一样白天晚上都要背着行李挑着炊具赶路，进村宿营还要挖土坑，垒锅灶，安锅造饭；没有烧的，自己还要砍柴割草；没有粮食，就自己拔野菜、找树叶、挖草根熬稀汤，使大家能喝上热汤，或者烧一锅开水供大家啃干粮；吃完饭后，炊事员们还要马上收拾锅盆、油盐担子同队伍一道前进，否则就有掉队的危险。由于军情紧急，炊事员有时几天几夜都不能睡一次好觉，只能靠一边走路、一边打盹的本领来弥补失去的睡觉时间。战士们体谅炊事员辛苦，经常帮助炊事员背锅、挑油盐担子、打柴找草、挑水烧火做饭，以便减轻炊事员同志的负担。

饲养员也很辛苦，他们每到宿营地都要安马厩，找草料，寻铡刀，将马草铡细喂饱骡马。遇上途中露营或休息时，还要卸下驮子，给骡马放青，否则牲口饥饿，也不能继续驮运物资。饲养员经常睡不好觉，吃不饱饭，更吃不上热菜热饭。饲养员热爱骡马的责任感，宝贵高尚的品德，是我们学习的榜样。

部队进入贵州后，追击红军的蒋介石主力部队被我军抛到了一边，红军行动便有了自由。白天行军多了，军委纵队与本师在一、三军团之间单独走一条行进路线，部队能腾出时间参加打土豪，没收地主的财物，能够分到肥猪、鸡鸭及大米来改善生活。同时，红军刚进入贵州，有的县区政府与保安团队、土豪劣绅，认为红军还未过湘江，更不会进入贵州，所以他们一不逃跑躲藏，二未分散隐藏财物，三不放警戒。甚至团防队、警察还整队欢迎我们。剑河县南哨镇区长、镇长"大人"、团总"老爷"与商会会长、地主老财，还走出该镇，将我们奉为"国军"迎接；许多太太、小姐，穿上最华丽的服装，佩戴最漂亮的首饰，迎接"国军"来到，认为"国军"一来，他们就化险为夷，可做梦也没有想到，他们欢迎的就是打土豪、分田地，为穷人求解放的红军。因此，部队走到这些地方，能够没收大地主与官僚军阀的财产，但小地主、富农、商人资本家都受到我军的保护，商人可以照样营业，商会会长还能动员商人支持红军。这些地区的大老财，粮食很多，每家饲养几十头肥猪，成群的鸡鸭，有的熏了许多腊肉、腊鱼、腊鸡。这些东西没收后分给部队改善生活。我记得从湖南进入贵州一个陇镇，通过调查与群众揭发，发现有一家"书香门第，官宦世家"的大财主，在省城内还开有当铺、商店，并担任省内的什么厅长。我们没收他的家产、粮食几千担，肥猪几十头和成群的鸡鸭等；罚他交大洋两万多元；搜出许多玉佩、翡翠、珍珠、玛瑙及绸缎衣服；另搜出一把宝剑，柄上镶有七颗豌豆大小的宝珠，取名"七星宝剑"，剑面每边还镶有一颗祖母绿宝珠，据说要值四百两银子。没收的衣服、用具、粮食等堆集成一座小山一样。而后由师政治部召开了几百人的群众大会，宣布这个地主的罪恶，将没收的财物分发给贫苦群众，并由群众选派代表进行分配，差不多每人都分到一两种东西。群众分到衣服、被褥后，兴奋地欢呼："红军万岁！""红军是穷人的救命恩人！"

教导师从开始长征起，经过两个月，就拖得精疲力竭，胖的拖瘦了，瘦的拖垮了，一个七千多人的大师拖得只剩两千余人，但大家为了人民的解放事业，革命意志没有消沉，途中的歌声、口号声，此起彼落。部队经常喜欢唱的歌是《胜利反攻歌》：

战士们高举着鲜红的旗帜，奋勇向前进。
配合那全国红军，要实行总攻。
创造新的革命根据地，大家要努力。

当遇到情况紧张时，只要稍加动员，全体同志的情绪又马上振作起来，主动请求担负最艰难的任务，赴汤蹈火，在所不惜。这同我军有优良的政治思想工作的光荣传统是密切相关的，那时部队物质条件很差，又每天挑这样重的担子，一天走六七十里，吃不饱，穿不暖，上有飞机侦察扫射，下有追兵堵击，但红军战士不怕一切牺牲，还有那样强大的战斗力，就是因为红军每个战士都知道"为什么当红军"，他们懂得，"为了苏维埃新中国"，"只有共产党才能救中国"等这些简单道理。正如斯大林同志所说，"知道自己为什么而斗争的军队是不可战胜的"。红军长征中没有这些有高度革命觉悟的共产党员、共青团员和红军战士，就不可能有长征的胜利和中国革命的胜利。

（节选自中共广西区委党史办公室编：《广西党史研究通讯》1986 年第 7 期）

跟随毛主席长征过广西

⊙吴吉清[1]

红军挺进湘江，吓坏了蒋介石匪帮，他急调其中央军薛岳、湖南军阀何键、两广军阀李宗仁和白崇禧各部，兵分三路，于湘江一带企图对红军进行围歼。由于敌人内部存在着尖锐矛盾，李宗仁和白崇禧怕红军在他们的追截下转戈南下，深入广西，便放弃了兴安、灌阳一线的布防，将兵力南移到恭城、富川、贺县一带。红军随即到达湘江东岸，与湘江守敌展开激战，经过七八天强行的渡江战斗，虽然突破了蒋介石匪军的第四道封锁线，但是红军却遭受到惨重的损失。就这样，中央苏区的第五次反"围剿"，在王明"左"倾机会主义路线的领导下，终于失败了。

然而，第五次反"围剿"的失败，并没有吓倒中国共产党人。我们紧跟毛主席继续前进。我牢牢地记住主席对我讲的那句话："我们的路，只有前进的路。不这样就不能战胜敌人！"

1934年11月下旬，红军突破蒋介石反动派在湘、桂边境的最后一道封锁线，渡过了湘江。然而，红军却付出了巨大的代价，八万多人渡江之后，只剩三万多人了！

红军遭受了这样惨重的损失，深刻地教育了党的广大干部。他们眼看着第五次反"围剿"以来屡次失利，现在又几乎濒于绝境，与前四次反"围剿"的情况对比之下，已逐渐觉悟到，这是王明"左"倾机会主义路线排斥了以毛主席为代表的正确路线的结果。因而部队中长期以来的怀疑和不满情绪，到此发展到了顶点，积极要求改变党的最高领导。

---

① 作者在长征时任毛泽东的警卫员。

王明"左"倾机会主义路线的代表者在湘江战役后，依然一筹莫展，只是命令红军硬攻硬打，企图夺路突围，把希望寄托在与二、六军团的会合上。当时，二、六军团为了策应中央红军，在川、黔、湘边界发动了猛烈攻势，正包围常德，威胁着岳阳、长沙。可是蒋介石为了阻挡红军会师，很快就在二、六军团与中央红军之间的武冈、城步、绥宁、靖县、会同一线，集结了三四十万兵力，准备堵拦；同时命令广西军阀向西延、龙胜一带追击，企图围歼红军。在这种情况下，如果红军不放弃原来的意图，就势必要和七八倍的强敌决战。然而部队的战斗力已空前减弱，要是仍采用正面硬顶的笨战法，那么所剩三万多红军的前途，显然有覆没的危险。

在这危急关头，毛主席、朱总司令和周副主席、刘伯承总参谋长等，在行军中研究了情况。主席建议放弃与二、六军团会合的计划，改向敌人力量薄弱的地方——贵州前进，以便争取主动，打几个胜仗，使红军得以稍事休整。他的主张，像风雨夜中的一座灯塔，给红军指明了方向，也受到了广大干部的拥护。不少曾经犯过"左"倾机会主义错误的同志，在这近一年的第五次反"围剿"战争和退出中央根据地的过程中，受到严酷事实的教育，现在也开始觉悟过来，认识到毛主席路线是正确的。

红军按照毛主席的正确主张，穿过蒋介石在湘桂边界重兵防线的间隙，改向贵州进发，来到了老山界，进入了苗族地区。

老山界山峦重叠，高入云霄，林木茂密。这里的山与我们江西苏区的丘陵山不同，它巍峨矗立，到处是悬崖峭壁，茂密的树木长在悬崖峭壁的石缝上，通往各处的路大都是石梯相连。在下面远远看去，十分壮观。

在山脚下，没有看到住家、村寨。傍晚，当我们顺着石阶梯路朝上走，快到山顶时，看见山顶上同山壁互依互靠的有许多用毛竹、板子、茅草做的房子，格式与汉族的不同。

毛主席带领我们走进苗寨时，天渐渐黑下来，前面是更高的山，只有在这里宿营了。寨里的苗民见我们不做饭吃，猜到我们没有粮食了，没一会儿，就给我们送来了一袋又一袋的包谷。主席看到这情景，叫胡昌保通知负责后勤的同志：这一带苗民很贫苦，苗民送来的包谷要按价购买。

有了包谷，我们便忙着做饭。强渡湘江时，我们的锅子也丢了，现在要做饭，没有锅，只好用脸盆、缸子烧饭吃。我用竹筒子装上包谷，加好了水，放在火上去烤。饭做好后，拿给主席，他笑着说："吴吉清，第一次吃包谷，不习惯吧？"

我说："几天没好好吃顿饱饭了，今天吃这新鲜东西，满〔蛮〕香甜呢！"

吃过晚饭，主席和寨里的苗民一起坐在篝火边谈心。寨里的苗民很热情地告诉主席，前头过去的部队不拿苗民一针一线，红军真好！又告诉主席，再往前，山高路险，尽是悬崖陡壁，很难走。

天一亮，我们告别苗民后，在苗民向导的指点下，又开始翻越山岭了。一路全是上坡，而且越往上走越艰难。上山的小路只有二尺多宽，贴在山壁上，另一面是几十丈深的山涧，爬不了几步，就累得人喘粗气。从苏区出来时，王明"左"倾机会主义路线的代表者由防御中的保守主义变成了退却中的逃跑主义，他们又舍不得丢掉坛坛罐罐，差不多把所有能带的东西都带出来了，有些东西要十几个人才能抬着走。在这陡峭的山上，抬的抬，背的背，担的担，负担沉重，行军十分艰难，队伍在山谷中行进缓慢。整整一上午，才爬到山顶上。由于山顶风大，不能休息，只得立即下山。下山虽没有上山时坡度那么陡，可仍是石梯路，也只有二尺多宽。所以还是很难走。常言说："上山容易下山难。"刚下到半山腰，天空的云彩已把山顶遮住了，随之而来的是大风夹着雨星。这是在告诉我们，大雨马上就要来了。

没一会儿，狂风卷着暴雨迎面扑来。因为风狂雨大，山陡路滑，雨伞根本不能用，否则就有被风吹到悬崖底下去的危险。没有其他雨具，主席和我们一样，只好顶风冒雨，一步一步往下走。风太大了，主席就让我们互相拉着，贴在山壁上，等风小一些再走。天黑时，才到了山脚下。

我和班长胡昌保先主席一步，赶到部队宿营地。在一个山林草丛之中的小村子里，找到设营队的同志们给主席号下的房子，我们便忙起来。本来一到这里，按照往常的习惯，首先应该给主席把办公的地方弄好，但因为我想到：自渡过湘江后，主席已经有两天没好好吃饭，今天又淋了大雨，我就和班长商议好，破例地先给主席用门板在地上搭好了床铺；因为天黑找不到干柴，又跑出老远借用部队炊事班的灶火，给主席煮好了稀饭。心想，主席一到，就有热饭暖身，又有休息的地方了。

天色已经很晚了，主席和首长们研究完工作后才来到住处。一见面，主席就问我们："怎么还不准备办公用的东西呀！"

班长一听，就知道做错了，但还是按照我们商量定的想法说："主席，您先休息一会儿吧！您已经两天没有好好吃饭了。今晚我们先给您准备了吃的东西和休息的地方。"

我也补充说："今天您又淋了大雨！"

主席像没听见我们的话似的，继续认真地说："没有好好吃饭也罢，淋了大雨也罢，最重要的是工作。你们知道，现在我们的几万红军处在非常不利的境地，这是决定革命向哪里去的关键时刻呀！"说得我们两个连一点理由也回答不出来。

主席见我们默默地站着，就走近一步对我们说："一到驻地，首先要想到工作。不要看着我累了一点，就先搞其他的事情。"说着，主席就自己动手去取办公用具。

我看主席这样着急，心里很后悔，虽然主席再没有说什么，但这对我们已经是严厉的批评了。班长迅速地打开文件箱。我也急忙取出地图来，往墙上挂，不料，因为屋顶漏雨，墙壁上水淋淋的，地图怎么也钉不住。

主席一见到这情景，就从窗台上端起小油灯，走到床铺跟前说："挂不住，就先放在床上吧。"

等我把地图放在他面前，他就一手端着小油灯，一手拿着红蓝铅笔，在地图上画来画去，开始工作了。这时，我紧张的心情，才稍稍平静下来。可是，当我看见主席还是穿着湿衣服的时候，又担心起来了，便拿定主意，再到炊事班跑一趟，找一些干柴来，好给主席烤烤衣服，热热稀饭。我又跟班长商量了一下，请他把那个破灶台收拾好。

约莫过了半个小时，我走过三个炊事班，搜罗了一捆干柴回来，班长已经把塌了半截的灶台搭架好了，正在给主席磨墨。他一见我进来，就做了个手势，示意叫我轻轻地把干柴放在地上，免得惊扰了主席的思路。

其实，主席早听见我那沉重的脚步声了，他回过头来体贴地说："这几天，爬山、行军，你们也够辛苦了，把要做的事快点做完就休息吧！明天还得行军。"

于是我们赶紧生着火，热好稀饭，给主席盛了满满一饭盒。可是主席因为忙着批阅文件，只吃了几口，就把饭盒放在一边。主席没有吃多少，倒是让我们一定要吃得饱饱的。

我们吃过饭后，已是半夜光景，班长按照主席的吩咐，把那张标明了红军进军路线的地图，送到了军委参谋处。回来后，他觉得很累，我就劝他先去休息。可是我呢，却没有一点困倦的感觉，直到给主席烤干了换下来的衣服，整整齐齐叠好放在一边，还是没有睡意，就索性坐在温暖的灶边想心事。

看着主席，我心里翻腾得很厉害，想到许许多多事情。自从长征以来，主席和战士们一样，每天行军总在百里左右，可是一住下来，当别人休息时，他却在灯下看着、写着、想着，计划着红军的行动，指引革命的前进方向。多少年了，他就是这样日以继夜地工作，从来没有睡过一个整夜觉。这期间，有多少同志和我一样，受过主席亲切的关怀和爱抚呀！上自首长，下至炊事员，这是没有办法计算的。就说傅连暲同志吧，他的工作本来是为保护同志们健康的，可是他的身体，主席也时时刻刻地关怀着。特别是对于伤病员，主席的照顾更是无微不至。这路上，组织上给他配备的担架和乘马，他不是让给伤病员坐，就是让给体力弱的同志骑。而他自己，常常是跟在担架或乘马的旁边，嘱咐这些同志要注意天气的冷热，一早一晚多加些衣服；嘱咐那些同志注意伤势病情的变化，要听医生的话，不要吃刺激性的东西……我就是这样想着，想着，进入了梦乡。直到主席在曙光中吹熄了小油灯，收起了笔，站起来，张着两臂伸腰的时候，我才醒来。睁眼一看，天已大亮，知道又该出发了，便急忙去叫同志们。

我们刚收拾好，部队的集合号从四面八方响了起来。

主席听着那雄壮而紧促的号声，对我们说："按照计划，今天就要进入贵州了。"

根据毛主席的建议，红军进入贵州，一举攻克了黎平。在这里，党中央政治局召开了会议，按照毛主席进军贵州的建议，做了决定，部队也进行了整编。由于先遣红军曾经过这里，给苗汉两族人民留下了纪律严明、爱护百姓的深刻印象，由于坚决执行了毛主席提出的民族政策，所以红军在西进的路上受到群众热烈的欢迎。虽然行军速度和作战情况还一样紧张，但因在主席正确路线指导下，红军继攻克黎平之后，又接二连三地占领了锦屏、剑河、台江、镇远、黄平、余庆、瓮安等地，不仅甩开了尾追在身后的薛岳、周浑元、吴奇伟的三个纵队，而且把贵州军阀王家烈、侯之担的几个师，打得七零八散，直败到乌江北岸。因此，部队情绪大振，所向步步顺利，一路缴获和购买布匹很多，使全军的服装焕然一新。那种强渡湘江前后的疲劳状态，早已消失到九霄云外去了。

（选自吴吉清著：《在毛主席身边工作的日子里》，江西人民出版社1983年版。本文标题为选入时本书编者所加）

跟着朱总司令长征过广西

⊙潘开文 [1]

红军过广西的情况已经记不起了，因过广西的时间短，老不停地走路，过了就完了。过湘江和老山界还记得起来，记得过湘江前我们住在离界首二十多里的地方，那天黄昏赶到界首过浮桥，过完浮桥天就黑了。过了浮桥一直往前赶。不走不行，因为是抢渡，不走就会被敌人围住。这样紧赶，还是有个师没过河，丢掉了。

过了湘江开始进山，才点马灯走路，在界首我们没有住，所以你们说朱总在界首住了三天，那是没有的，朱总和周副主席、刘总参谋长总是在一起，遵义会议前没有分开过。总司令一人留在界首住了三天，哪有此事？一天他们也没分开过。我是朱总的参谋，每天都跟着朱总，如住过我是知道的。

在界首谁指挥过江呢？当时是红四师先到界首，控制界首渡口，如果界首有指挥部，那也可能是四师的指挥部。

过老山界印象较深，那天我们离老山界大约还有三十里，天就快要亮了，当时过条河，有百把米宽，水有腰深，没有桥，河中有很多石头，我们从一个石头跳到另一个石头。天没亮，警卫员点盏马灯，我走在前，朱总走在灯后。一不注意，我滚到河里了，水又冷，冻得受不了，赶到山脚下有个村，很多人都湿了衣服。我叫康克清同志和朱总先进村，我在村边找了些柴火，脱下衣服烘干才进村。当天在那个村休息，下午才爬老山界，爬了一天，第二天才下山。有条山沟，有块平坝，在山洞里我们还找到不少腊肉吃。

（据潘开文回忆讲话整理。原载《红军长征过广西纪实》，广西人民出版社2006年版。本文标题为选入时本书编者所加）

---

[1] 作者在长征时任朱德的特务员兼军委总司令部特务班班长。

老山界

⊙陆定一[1]

听说要爬一个三十里高的瑶山，地图上叫越城岭，土名叫老山界。

下午才开始走，沿着山沟向上。前面不知为什么走不动，等了好久才走了几步，又要停下来等。队伍挤得紧紧的，站得倦了，就在路旁坐下来，等前面发起喊来了"走走走！"于是再站起来走。满望着可以多走一段，但不到几步，又要等下来。天色晚了，许多人烦得骂起来、叫起来。

肚子饿了，没有带干粮，我们偷了一个空，跑到前面去。

地势渐渐更加倾斜起来，我们已经超过了自己的纵队，跑到"红星"（当时中央一级机关纵队的代名）纵队的尾巴上，要"插""红星"军的"队"，是著名的困难的。恰好路旁在转弯处，发现了一间房子，我们进去歇一下。

这是一家瑶民，住着母子二人，那男人大概因为听到过队伍，照着习惯，跑到什么地方去躲起来了。

"大嫂，借你这里歇一歇脚。"

"请到里面来坐。"她带着一些惊慌的神情。队伍还是极其迟慢地向前行动。我们便与瑶民攀谈起来。照我们一路上的经验，无论是谁，不论他开始怎样怕我们，只要我们对他说清楚了红军是什么，无不转忧为喜，同我们十分亲热起来。今天对瑶民，也要来试一试。

我们谈到红军，谈到苛捐杂税，谈到广西军阀禁止瑶民信仰自己的宗教，惨杀瑶民，谈到她住在这里的生活情形，那女人哭起来。

她说：她曾有过地，但是，从地上给汉人的统治者赶跑了，现在住到这荒

---

① 作者在长征时任军委第二野战纵队政治部宣传干事、《红星》报主编。

山来，种人家的地，每年要交特别重的租。她说："广西的苛捐杂税，对瑶民特别的重，广西军阀特别欺辱瑶民。你们红军早些来就好了，我们就不会吃这样的苦了。"

她问我们饿了没有。这种问题提得正中下怀。她拿出仅有的一点米来，放在房中间木头架成的一个灰堆——瑶民的灶上，煮粥吃。她对我们道歉，说是没有米，也没有大锅，否则愿意煮些给部队充饥。我们给她钱，她不要。好容易来了一个熟识的同志，带有米袋子，内有三天粮食。虽然明知前面粮食困难，我们还是把这整个的米袋子送给她。她非常喜欢地接受了。

知道部队今天非夜行军不可，她的房子和篱笆，既然用枯竹编成的，深怕有些人会拆下当火把点。我们问了瑶民，知道前面还有竹林，可做火把，就写了几条标语，用米汤贴在外面醒目处，要我们的部队不准拆房子篱笆做火把，并派人到前面竹林去准备火把。

粥，吃起来十分鲜甜，因为确实饿了。我们也拿碗盛给瑶民吃。打听前面的路程，知道前面有一个地方叫雷公岩，很陡！上山三十里，下山十五里，我们现在还没有到山脚下呢。

自己的队伍来了，我们烧了些水给大家吃干粮，一路前进，天墨黑才到山脚，果然有很多竹林。

满天是星光，火把也亮起来了，从山脚向上望，只见火把排成许多"之"字形，一直到天上与星光连接起来，分不出是火把的火光还是星光。这真是我平生未见的奇观！

大家都知道这座山是怎样的陡了，不由得浑身紧张，前后发起喊来，助一把力，好快些把山上完！

"上去啊！"

"不要掉队啊！"

"不要落后做乌龟啊！"

一个人的喊声：

"我们上天了！"

大家听了笑得哈哈的。

在"之字拐"的路上一步步上去。向上看，火把在头顶上一点点排到天空；向下看，简直是绝壁，火把照着人们的脸，就在脚底下。

走了半天，忽然前面又走不动了。传来的话说，前面有一段路，在峭壁上，马爬不上去。又等了一点多钟的光景，传下命令来，就在这里睡觉，明天一早登山。

就在这里睡觉，怎么行呢？下去到竹林里睡，是不可能的。但就在路上睡么？路只有二尺宽，半夜里身体一个转侧不就跌下去么？而且路上的石头又是非常的不平，睡一晚准会痛死人。

但这是没有办法的，只得裹了一条毯，横着心睡倒下来，因为实在疲倦，竟酣然入梦了。

半夜里，忽然醒来，才觉得寒气凛冽，砭人肌骨，浑身打着战，把毯子卷得更紧些，把身子蜷曲起来，还是睡不着。天上闪烁的星光，好像黑色幕上缀的宝石，它与我是这样的接近啊！黑的山峰，像巨人一样，矗立在面前，在四周，把这个山谷包围得像一口井。上面和下面，有几堆火没熄；冻醒了的同志们正在围着火堆幽幽地谈话。除此以外，就是静寂，静寂得使我们的耳朵里有嘈杂的，极远的又是极近的，极洪大的又是极细切的，不可捉摸的声音，像春蚕在咀嚼桑叶，像马在平原奔驰，像山泉在呜咽，像波涛在澎湃。不知什么时候又睡着了。

黎明的时候被人推醒，说是准备出发，山下有人送饭上来，不管三七二十一，"抢"了一碗来吃。

又传下命令来，要队伍今天无论如何越过这座山，因为山很难走，一路上必须进行鼓励，督促前进。于是我们几个人又停下来，立即写标语，分配人到山上山下各段去喊口号、演说，帮助病员和运输员，以便今天把这笨重的"红章"纵队运过山去。忙了一回，再向前进。

过了不多远，看见昨夜所说的"峭壁上的路"，也就是所谓"雷公岩"，果然陡极了，几乎是九十度的垂直的石梯，只有尺多宽。旁边就是悬崖，虽不是很深，但也是怕人的。崖下已经聚集着很多的马匹，都是昨晚不能过去，要等今天全纵队过完了才过去。有几匹马曾从崖上跌下去，脚骨都断了。

很小心地过了这个石梯，上面的路虽然还是陡，但并不陡得那么厉害了。一路走，一路检查标语，我慢慢地掉队，顺带地做些鼓动工作。

爬完了这很陡的山，到了平梁，我以为三十里的山就是那么一点。恰巧来了一个瑶民，坐下谈谈。知道还差得远，还有二十多里很陡的山。

昨天的晚饭，今天的早饭，都没有吃什么。肚子很饿，气力不加，但必须假余勇前进。一路上，看见以前送上去的标语已经用完，就一路写着标语贴。疲劳得走不动的时候索性在地下躺一会。

快要到山顶，我已经落得很后了。许多运输员都走上了前头。余下来的是医院和掩护部队。医院这一部分真是辛苦，因为山陡，病员伤员都要下了担架走，旁边有人搀扶着。医院中工作的女同志们，英勇得很，她们还是处处在慰问和帮助病员，一点也没有疲倦。极目向来路望去，那些小山都成了矮子。机关枪声音很密，大概在我们昨天出发的地方，五、八军团正与敌人开火。远远的，还听见飞机的叹息，大概在叹息自己的命运：为什么不到抗日的战线上去显显身手呢！

到了山顶，已是下午两点多钟。我忽然想起，将来要在这里立个纪念碑，写着某年某月某日，红军北上抗日，路过此处。我大大地透了一口气，坐在山顶上休息一回。回头看看队伍，没过山的，所余已经无几，今天我们已有保证越过此山。我们完成了任务，把一个坚强的意志，灌输到整个纵队每个人心中，饥饿、疲劳，甚至伤病的痛苦，都被这个意志所克服，不可逾越的老山界，被我们这样笨重的队伍所战胜了。

下山十五里，亦是很倾斜的。我们一口气跑下去，跑得真快。路上有几处景致极好，浓密的树林中间，清泉涌出像银子似的流下山去，清可见底。如果在此筑舍避暑，是再好也没有的了。

在每条溪流的旁边，有很多战士们，用脸盆、饭盒子、口杯煮稀饭吃。他们已经很饿了。我们虽然也是很饿，但仍一气跑下山去，一直到宿营地。

老山界是我们长征中所过的第一个难走的山。这个山使部队中开始发生了一种习气，那就是用脸盆、饭盒子、口杯煮饭吃煮东西吃。这种习气直到很久才把它革除。

但是当我们走过了金沙江、大渡河、雪山、草地之后，老山界的困难，比起这些地方来，已是微乎其微，不足道的了。

（选自《陆定一新闻文选》，新华出版社 1987 年版）

红色干部团长征过越城岭山区

⊙蒋耀德①

当红军向道州湘江逼近时，有一天，敌机又在空中盘旋扫射，我红五师十三团战士怒不可遏，组织好机枪火力，一齐猛射。霎时间，敌机发出了怪声，往地面冲下来，哗啦一声，就栽在草坪上。

这时三四十万敌军从四面八方来尾追堵击我们，空中还有敌机不断扫射轰炸。他们企图凭借湘江天险，在广西的全州与灌阳、兴安之间，建立第四道封锁线。

这时，"左"倾机会主义又变为逃跑主义，他们只顾夺路突围，命令一军团往前冲，三、八、九军团在两侧，红五军团作后卫，拼命地把敌人顶住，来掩护中央纵队通过，边打边走。由于红军英勇作战，使中央纵队安全地渡过了湘江，突破了敌人的第四道封锁线。但是经过一周激烈的浴血战斗，红军遭受到惨重的损失。

跨过湘江后，部队以急行军速度向西行，夜渡齐腰深的汉水，跑步向西延山脉越[城]岭前进。接着就爬一座听说有三十里路程的苗山。我们沿着山沟往上爬，走几步，停一停，停停走走，后面队伍挤上来了。站久了，就在路边坐下来，一直等到有人喊"走、走、走"，这才又站起来走，眼看着就要天黑了，肚子饿慌了，又没有东西吃。有人向居民问问前面的路程，才知道前面还有一个很陡的高山，上山三十里，下山二十里，这里还是山脚下呢！天黑了，山中小道实在难行，就点起火把来。从山下向上眺望，真像万家灯火，一直和天上的星光连接起来，又像火龙绕山腰游动。队伍又停下来了，传下话来说山坡太陡了，牲口爬不上去。过了半个多钟头，司令部传下"就地宿营，明天拂晓再

---

① 作者在长征初期任中央干部团卫生队队长。

上山"的命令。于是每个人披上毯子，顺着山坡躺下，身体太疲倦了，一合眼就入睡乡。一觉醒来，浑身又凉又湿。黎明前，山下挑饭上来。急忙吃了饭，又继续往上爬。走不多远，果然遇到一段陡岩，垂直突出面前，上有尺多宽的石梯。纵队很多牲口都集在岩下两旁，让路给人通过。大家很小心地爬过这段石梯，上面的路不那么陡了，很快就到了一片平地，大家都认为快到山顶了。据山顶上来的瑶民说：还远哩！还有一段二十多里陡坡山。到达山顶，太阳快落西山了。

跑下山来，队伍进入宿营地，已是黄昏时分，大家跨过的这座老山界，是我们长征初期通过的第一座高山。

越过老山界后大约十多天的时间，我干部团进入广西境内①。在那里遭遇到很多困难，最主要困难之一，就是反动民团的头目派遣恶棍混进红军驻地来，放火把驻地的房子和粮食等烧掉。他们企图制造所谓"红军放火"的事实，破坏红军与群众的关系，并扰乱红军部队不得休息，甚至烧死红军。一次，即我干部团越过老山界进入苗山苗民区域的第四天，部队在尖顶苗区宿营，团卫生队与迫击炮连共睡在苗民房二层楼上。刚刚入睡，忽然外屋有人喊："失火！"顿时火光冲天，照似白昼。大家被火惊醒，急忙跳楼而下，奋力救火，经过一个多小时的抢救，总算把这漫天大火扑灭了。这场火烧了三间半屋子，我们送给群众一百多块现大洋。群众很感激红色干部团。离尖顶第三天到达四五百户壮族人民的龙坪镇，镇里虽都是木房，但比较高大。吃过晚饭，正准备休息，忽然全镇四五处起火，火势比尖顶更猛，映得满天通红。镇子离水很远，无法扑救，团部要三营派一个连到对河警戒，其余队伍全集结到山上空地待命。不到一小时的时间，全镇几百家木房大部化为焦土。干部团又送给群众一些大洋。我们捉到三个纵火者，后来跑掉了一个。给群众看看国民党的罪恶！这些恶贼，丧心病狂，到处放火，人家说我们共产党红军杀人放火！而我们的同志都太诚实，捉到这样的敌人，还让他跑了。

（节选自蒋耀德：《长征中的红色干部团》，载中国人民政治协商会议全国委员会文史资料研究委员会编：《文史资料选辑》第72辑，文史资料出版社1980年版。本文标题为选入时本书编者所加）

---

① 作者此处回忆有误。中央红军长征过广西时，军委纵队翻越老山界的时间在1934年12月初，距进入广西境已过十来天了。应是先进入广西境，突破湘江，然后才越过老山界。

放火者

⊙陈　明[1]

到苗山

　　长征的铁流，冲破了敌人第四道封锁线（汉水与湘水之间），胜利地渡过湘水后，继续向西北运动，进入越城岭山脉，越过有名的高山——老山界后，进入苗山苗民区域。

　　苗山就是南岭山脉，它由云南东来，沿广西、贵州二省之间，东向湖南、广东二省交界，出江西、福建。在广西、贵州、湖南这一带又名越城岭，山峦重叠，树木茂密，东西延长六百余里，南北二百余里。苗民被汉族的统治者从长江流域的平原驱逐至这丛山中栖止，所以又名苗山。

　　苗人聚居此山，因树木茂盛，多以树木板片沿山架屋，互相接连，很多由山脚下一直接连到山顶。这种屋子，一经着火，如无新式防火工具的消防队，简直无法挽救，只有任它完全烧毁村庄了！所以我们开始进入苗民区域，就有了相当注意，在开始的几天来，也没有发生什么大的火灾。那些小的火灾，如塘坊边唐洞山底木桥的着火等，经灌救后，也就没有什么问题，所以"火"还没有使我们发生恐怖。

尖顶的火

　　越过老山界的第四天，我们中央纵队到了山坳，干部团还要前进五里路，到一个叫作"尖顶"的苗人庄子宿营。那天我们走了一百里路，而且是当后卫，

---

① 作者在长征时任中央干部团政治教员。

所以到达山坳时，天就昏黄，再走到尖顶时，天已完全昏黑，只知道从这山顶上去再下山的半里路后，就进入庄子，而这庄子是在半坡上。团部住在进口的房子，其他各营和上干队是还要下去，至于整个村庄的形势，是不知道的。

疲劳迫着我们，并且明天一早还要前进，所以我们打好铺，洗脚吃饭后就准备睡觉。忽然屋外有人在喊："失火失火！赶快救火！"我们赶快跑到屋外一看，在我们住房下边的第五个房子着了火，火光冲天，照耀全村。看见我们这庄的屋子，是建立在山窝的半山上，屋子是从半山脚架起，一直接连到山顶上的一片木屋子，这火可以一下子把它全部烧完，而且从下向上烧是很快的，火从这一屋子很快地就跳到那个屋子。这给了我很大的恐慌和威吓：因为第一如果把庄子烧完，我们将怎样赔偿群众这巨大的损失，而给敌人以红军杀人放火造谣诬蔑的借口；第二要使我们马上没有地方宿营，而且会使部分的同志被火烧死。所以我们当前的任务是马上就跑下去，喊叫大家来救火。

但是救火，第一要水，第二要有工具，把水运到屋上去。刚好离着火屋子三十米远地方有一水池，但木桶很少，经大家分头找寻后，找至十几个木桶，把人分路排队，由水池一直到着火处，一个传一个递上去，但杯水车薪，不能把这样凶猛的火扑灭下去。救火是我生平第一次的工作，是毫无经验的，但我们是马上学会了，要扑灭这猛火，使不致蔓延，不仅是靠水，而主要的是要把可能蔓延到的地方预先截断，使火无法蔓延，而以水扑救火势不大的地区，才能奏效。我们采用这种办法后，经过差不多一点钟的时间，群众集体的努力，才把这漫天的恶火扑灭下去，把这庄子从火灾里救出来。共只烧了三个半屋子，赔了群众一百多块大洋，到 12 点钟以后，大家才得睡觉、休息，而且还把火的恐怖，带到梦里去。

防　火

谁是放火者？这是我们要追究和考察的。首先起火的地方是五连三班学生隔壁的空房子里，当时学生已入睡，空房子无人住，怎么会起火呢？一般的老百姓都不在家，是谁放火呢？是我们红色战士失慎呢，还是有个别反革命分子混在我们队伍里捣乱呢？当时是找不到真正原因，但无疑的这火不是"天火"，是人放的。从此我们对防火的戒备是加紧了。我们把防火的工作提到政治的水平，我们从干部和全体学员中宣传火对于我们的危险和严重性，我们要以最高度的政治的阶级的警觉性来对付放火者。我们采取专门的严密的组织，使火不能发扬它的威力成为火灾。如每连指定一排为救火排，每营组织救火队，排和班中组织运水组、挖拨组，每到宿营地，首先就要提积必要的水和水桶，火把不准拿进房子去，晚上以营为单位组织巡查消防队等。所以当时把火当成为我们的主要敌人，防火是我们的中心工作，把我们的注意力集中去对付火。我们的上级干部队，除了背枪外，还背一个救火的工具——水龙。

龙坪的火

离尖顶的第三天，我们到了龙坪。龙坪还是苗山区域，是广西龙胜县管的一个镇，有四五百人家，是苗民的另一种——僮民[①]。僮民比其他苗民看来要进步些，道路是用很平滑的花岗岩石铺的，快进村的道路两旁有很多的水车磨面、碾谷子，田坝子也比较宽大，房子虽然同样是木房，但比较高大。这地僮民据说就是从江西吉安搬来的，语言和生活的样子，与汉人无大异，不知这种僮民是明朝人避清朝的压迫屠杀跑到这里来的，还是同其他苗民一样被汉族统治者赶来的？

那天我因领导一个突击队，到第三营突击整顿纪律。第三营是先头部队，所以我到下午2时左右就到了龙坪，住在村口的几排大房子里，团部和军委直属队是住在那边镇上，因为开会检查纪律和进行各种的防火工作，虽然是很早到达宿营地，也没到镇上去。下午傍晚时，当后卫的团部和各营队伍已经到达，我们才吃完晚饭，忽然听到外面喊叫："救火救火！"我跑到外面一看，看见左边镇上烟焰冲天，映得满天通红。我即喊三连学员除留一部警戒外，一部过去帮助救火。我赶到那边镇口城门边时，火已到城门边，全镇有四五处起火，火势比尖顶更凶猛，蔓延很快，而且离水很远，我又不明了镇上街道位置情形，所以当时茫无办法。忽碰到团部的人，说火势猛烈无法扑灭，要第三营派一连到对河警戒，其余人员集结到山上空地待命。火势益狂，满天通红，不到一点钟时间，全镇几百家木房大部化为焦土！赔了群众几千块大洋。火对于我们的恐怖达到极点。

---

① 原文如此。按照现代民族学观点，壮族、苗族属不同民族。"僮"今写作"壮"。

放火者

谁是放火者？据目睹者说：起火是在工兵连隔壁的无人住的草房子里，接着有其他几处同时起火。当这些地方火起时，即有人从火内跳出来。这些人不像平常住家的老百姓，而是短装凶悍的恶汉，所以当时给我们捉到几个。经审判后，他们承认火是他们放的，他们受了团总和广西敌人收买派送〔遣〕，有计划地来放火。他们的目的：第一要制造他们所说的"共匪"杀人放火的事实材料；第二破坏红军与居民的关系；第三扰乱红军使不得安定休息，甚至烧死我们。这是何等毒辣的阴谋呵！阶级斗争的残酷，更引起全体战士对敌人的高度愤怒。被我们捉到的三个放火者，在黑夜行军中曾被跑脱一个。第二天，我们的朱总司令听到这事时，余怒未息地说：

"为什么让这些恶贼跑了，不留着给群众看清楚国民党的罪恶！这些恶贼，丧心病狂，甘心受人利用，胆敢到处放火，不杀了他们做什么？人家说我们共产党红军杀人放火，而我们的同志都太过诚实，捉到这样的敌人，还让他跑了！"

（选自《中国工农红军第一方面军长征记》，人民出版社 1955 年版）

严惩放火者

⊙魏国禄 [1]

1934 年 11 月 [2]，长征的红军进入广西苗族居住区。

奇怪得很，自从进入了少数民族地区，十几天以来，晚上经常有红军驻的地方着火，加上苗族弟兄的房子又都是草和木头盖起来的，所以，一烧一大片。火，成了我们当时很危险的敌人，因为它不仅威胁着我们红军的安全，而且在政治上也给我们红军带来一些影响，给苗族兄弟造成了重大损失。为了对付这些奇怪的火，部队和机关组织了许多人员做防火、救火工作，把人们精神上搞得很紧张。这些情况引起大家提高了革命警惕性，对敌情进行调查。

有一天，我们在龙坪镇宿营。龙坪镇是一个不小的村镇，房子、街道都很整齐。在这个镇子上居住的都是僮族 [3]。

这天晚上，周副主席是长征以来少有的休息比较早的一个晚上，照顾首长吃饭、休息以后，我们也就很快休息了。经过一天的长途行军，已很疲劳，躺下很快就进入了梦乡。

夜间 12 点左右，我睡得正香甜的时候，被哨兵的叫喊和"辟辟啪啪"的着火声惊醒，爬起来跑到门口一看，哎呀！周副主席住的房后边火光冲天！火势蔓延很快，团团黑烟和股股火舌从周副主席的房门口、窗口往外直窜。我这一惊非同小可，顺手抄起一条毯子就窜进了首长的房子。这时，房内已成了烟和火的世界，根本睁不开眼睛，周副主席已经起床了，我不顾一切地领着他从房内跑了出来。不一会，这间房子便被熊熊的大火吞没了。

---

① 作者在长征时任周恩来的警卫员。
② 1934 年 11 月，应为"1934 年 12 月"。
③ 僮族，今写作"壮族"。

周副主席刚出来，马上就派我们去看望其他首长，并了解部队的情况。正在这个时候，其他几位首长急促地赶来，看样子他们也正在为副主席的安全着急。首长们到一块，立即研究失火的问题，要部队提高革命警惕性，打击阶级敌人的破坏活动。

这时候，街上人来人往，川流不息：有救火的，有找人的，有搬东西的，有帮助老百姓从火中往外抢东西的……不时还听到人们对于今晚失火问题的议论。

黑暗中不知是谁说："是哪一个不小心，引起了这样一场大火？"

另一个人说："我看这火很可能是敌人放的。"

这时周副主席走过来，叫我去找作战参谋，告诉他命令部队提高警惕，加强岗哨，把没有事情的人员集合起来，待命行动，不要乱跑。

我从参谋同志那里回来以后，看到几位首长，还有国家保卫局邓发同志，他们正在露天下站着开会。周副主席在会上说："……是的，可以肯定这火是敌人放的。万恶的反动派企图用这种卑鄙手段来证实他们那种'共产党杀人放火'的无耻谣言，来挑拨、破坏我们与群众的关系。……我们一定要把放火者查出来，彻底揭穿敌人的阴谋！"

会后，当天夜里在龙坪镇就查出来三个坏家伙，一个个贼头贼脑，看样子就不是好东西。经过保卫部门审讯证实，他们是被国民党收买派遣的特务、地痞和流氓，伪装成红军，专门混到我们红军宿营地，乘人不备时放火的。

查出了着火原因，抓到了放火者，第二天国家保卫局在龙坪镇召开了一个群众大会。在这个大会上，向群众宣传、讲解了红军的政策，彻底揭穿了敌人的罪恶阴谋。当群众了解了事情的真相之后，无不义愤填膺。根据群众的要求，当场就将这三个坏蛋枪毙了。同时，周副主席还责成供销部调查并且给受难的群众以适当的救济。

从此，敌人这条放火的毒计，彻底破产了。红军战士在长征的道路上，更加提高了革命警惕性。

（选自魏国禄著：《随周恩来副主席长征》，中国青年出版社 1976 年版）

广西瑶民——山瑶

⊙郭滴人 [①]

山 瑶

从湘南转入广西的灌阳、兴安了。几天来,我们见了不少背着索网的袋子、穿着草鞋、赭赤的脸、黑的手脚的人。

他们在那"羊儿站不住脚"的壁立似的山上耕种着。

蜿蜒的"蛇"路,竖梯般的岭,他们不喘气地飞跑着。

深远的山上,矮小的木房子门口,男的女的大的小的……在那里凝神地俯视山脚下奔流的人群。

奔流的人群中,发出粗大的呼声:

"瑶家弟兄,下山来打李家粮子 [②] 去!"

"分汉家团总的东西去呵!"

山上耕地的人伸直脊骨了,梯子岭上走路的人回首了,木房子门口的人也浮动着——但是没有回音。

我们的同志起兴了,跑向山上去找他们。

到宿营地不久,找来了一个瑶人,深圆的眼睛,短阔的下颚,赭赤的脸,粗黑的手脚,挺露着肋骨可数的胸。

同志们殷勤地请坐请吃茶,从衣袋取出纸烟请吃烟,但他不回答,也不接受,沉默地把背后的木烟斗抽出来,从容地装上烟,燃烧着,坐在门边的石

---

① 作者在长征时任红三军团政治部地方工作部部长。

② 李家粮子,指国民党桂系军队。"李家"指李宗仁。

头上。

"我们是红军，不是李家粮子，不怕！"一个同志首先发言。

他鼻孔里出烟雾，点着头。

"你懂得汉话吗？"

"不懂得汉话，我就不得下市镇去买东西。"他打着相似湘南腔的汉话。

"你的衣服同汉人差不多。"

"没有穿这衣服，我们就不得到市镇上来。"提了一下他的蓝短衫。

"是的，我刚才看了一张团总的布告：'照得山野瑶民，风俗鄙陋，往往奇装异服，走入村镇，实属有碍风化，以后瑶民，走入村镇，须穿汉服，违者拘缉。'"那个找他来的同志这样背书式替他证明。

小同志端着饭来了：

"瑶家兄弟请吃饭！"

他不客气地接过去就吃。

周围的人，凝神看他吃饭的动作。小同志耐不住地发问了：

"你家里吃什么？"

"吃包谷！"

"为什么不吃大米呢？"

"山上种不得！"

"为什么不到村镇上种田呢？"

他嚼着饭，眼盯在小同志的身上，露着惊异的苦笑。

红　瑶

这天我们在中洞附近休息。我到村庄的角落，走进木房子去。一个老年的瑶人，在地板中间的火盆旁烤火，口里吸着旱烟管，浓浊的烟气，和着房子里另一种气味，在寒冷的空气中，紧围着我们。老人很和蔼地招呼我们一齐烤火。

"我是红军，要来找你们做朋友的！"

"是的，我很早就听说红军要来。红军同李家粮子不同，不杀人、不派款，好得很！"

"为什么镇上有些人跑走了呢？"

"这里的团总、保甲长要我们跑，说不跑的就是通红军，他们回来后这些人全家都要杀……我们家里人这几天也不敢下村镇来看你们，恐怕他们说我通红军。"

老人说着，随又回转头向隔着木板的小房子内叫唤泡茶。不一会一个青年少妇端着一碗茶送过来。

莹耀的眼，红润的脸，丰满的肌肉，穿着边上多种颜色的宽大的衣，团团围叠的裙，打着赤脚……呵！瑶婆姨，山村的美妇人呵！……

（选自刘统整理：《亲历长征——来自红军长征者的原始记录》，中央文献出版社2006年版）

苗人的神话

⊙彭加伦[①]

今天队伍没有动，在此休息，此地是广西全州的文市[②]，地方不很大，有几十家店铺，东西也不很多，早被前面的部队买光了，走遍了全街，没有买到一包纸烟。

刚吃过早饭，卫兵带来了一个老百姓，说是来找"红军大人"的。此人不很高，身体肌肉很饱满，脸部稍带黑色，眉毛很粗，头发差不多生到了眉毛边，眼睛又圆又大，上边遮满了一线睫毛，嘴唇红红的，露出一排黄色的牙齿，一个大辫子盘在头上，上身的汗衣打上了几块补丁，肩上一个大洞，露出他的肌肉，下身裤子白的，变了黄色，还溅上了不少的泥浆，脚是赤着的，手里拿着一个斗篷。

他一进门就深深作了一个揖，笑容满面地连声喊"红军大人"。我们小勤务员倒茶给他吃，［他］也很恭敬地作揖，也照样地喊"红军大人"。他开始说明来意了：

"听说红军大人来打富救贫，替天行道，我们苗家弟兄非常欢喜。我们天皇特派我送一道公文来，愿同你们联合。你们也是红家，我们也是红家，大家都是一家人，哈哈哈哈！"

说完，他从口袋内掏出一张黄纸来。这纸是像和尚的表率一样，开头是写了一路大字："太上天皇××××致红家弟兄……"大概内容是说时代不好，奸贼当朝，人民痛苦，已达极点，只有大家合作同心，打倒压迫人的人，百姓才能解放，天下始可太平。特别是说他们苗家的痛苦，受尽了汉官财主的压迫，

---

① 彭加伦，即彭嘉伦，在长征时任红一军团第一师政治部宣传科科长。

② 文市在灌阳，不是在全州。

要求红军帮助解放他们一类的话。文字是汉文,词句多土话,后面还有很多符咒,都是用朱笔写的。

我们很诚恳地向他表示愿意和他们联合,说明了我们的主张,指出他们苗家的出路,说明我们是来帮助他们打倒汉官财主,替他们求解放的。他听了更加喜欢,同时又叨叨〔滔滔〕不绝地告诉我许多他们的情形。他说:

"我们天皇在几岁的时候,有一天满天红光,金光万道,忽然一面大旗由半空中掉下来,掉在天皇门口,旗杆插入土中很深,很多人去拔,拔不起来。天皇跑去,不费一点力气,就拔起来了。这旗和你们的一样,都是红的。不过中间的花不同,你们的是黄花,有五个角,我们的是一条黄龙。我们都是一家,也是这个道理。后来天皇去看牛,忽然一座石山崩裂,出现一座大屋子,天皇跑进去,一个百多岁的老人,授给他一套兵书、宝剑。天皇出来后,石山又合拢了。所以后来天皇能知过去未来。当你们还在广东边界时,天皇就算到你们会到这边来,算定了我们苗家出头的日子到了;当你们快要来的时候,汉家财主来向我们要租要债,衙门里也来要款,我们等拢了几个人,和他们打了一架,我拿起一把单刀,杀了他十来个,现在他们不敢到我们庄子上来了。说来真气人,我们的田地都被他们占去了。派款,我们苗家特别的多,修碉堡、派差事,也总是我们苗家吃亏。这样的世界,再不拼命,也是不得了的。我们下了决心,联合你们去干!"他的笑容是收起了,表现出满腔仇恨,咬牙切齿地诉着。

我们给了他一番解劝,写了一封回信,办了很多菜,请他吃了饭,并送了很多礼物给他带回去,他又笑容满面地作了无数个揖,欢天喜地回去了。

苗民的痛苦,确是到了极点,受尽了汉族豪绅地主军阀官僚的压迫,他们进行了不少原始式的反汉官军阀的斗争,但总得不到援助,以致终归失败。他们虽然迷信很深,对红军没有正确的认识,可是他们总知道红军是替民众谋利益的,是他们的救星。他那知识的闭塞,虽然可怜,但他那天真烂漫忠诚英勇的精神,确值得佩服。少数民族的工作,是怎样值得我们注意呵!

[选自彭加伦著:《彭加伦文集》(《奉新文史资料》第 6 辑),江西人民出版社 1992 年版]

再也不能去寻找部队了

⊙罗金党①

我原是福建省平和县长乐乡秀山村湖洋屯人，于1930年2月在平和县苗河浦参加红军，编入地方红十一军四十八团独立营，任营部小通讯员。当时营长叫罗世年，所属的三个连连长分别叫罗绍凡、杨福法、罗正阳。

1931年11月，部队在汀州河田改编，我又编入一〇〇团第二连任司号员，当时的团长是韩委②，二连的连长叫詹合。

1932年3月，部队开往永定，进上杭的峰永市（镇）时，团长韩委就调永定、上杭任第一军分区司令员兼独立第八师师长，一〇〇团的团长由三十六师的肖克伟接任。

1933年5月，独立第七、八、九师合并为十九军，韩委任第八师师长。当时，我在军部司号班任班长。

1933年6月，十九军又改为三十四师，师长叫作周子坤③，谭震林兼政委，韩委转任一〇〇团长，当时，我在师部司号班并代理司号长。

同年7月，部队配合东方军在连城打十九路军，11月撤回江西，途中又与国民党的十一师在八角屯遇战，后转入泥川④。这时，师长周子坤调走，我也调到韩委率领的一〇〇团任团部司号长。当时的团政委叫范世英，参谋长叫张良，团长的警卫员叫陈再平。从此以后，我就一直跟随韩团长转〔直〕至负伤掉队。

---

① 作者在长征时任红五军团第三十四师第一〇〇团团部司号长。
② 韩委，应为"韩伟"。下同。
③ 周子坤，应为"周子昆"。下同。
④ 泥川，应为"黎川"。下同。

1934 年 10 月，部队由江西兴国县出发，开始长征，经益都、信丰、南康、重义、莲花、南山、加河、新田、泥源、道州、将家岭、龙虎关①到达广西的灌阳县境内，一路上遭到敌人的围、追、堵、截。

同年 12 月下旬②，部队在灌阳县大原口的马头山与追敌廖磊的部队遇战，在这次战斗中，我的右脚被敌人的枪打伤，无法跟随部队突围，也不知道团长的去向与下落。

战后，因负伤过重，我就躺在附近的苦马店一个名叫夏后田的［人］家养伤。一个多月后，又转移到梁家村的梁柏玉家养伤半年多。伤愈后，脚已残疾。1936 年 7 月，我在兴安县九里田下村的王本先家看见韩团长的公文包和一颗烧了上半节的私章，才知团长的去向。但那时由于残疾，行走不便，再也不能去寻找部队了。此后，便［不再］出头露面，开始隐藏身份过流浪生活至解放。

（节选自 1988 年罗金党给韩伟将军的信。本文标题为选入时本书编者所加）

---

① 益都、重义、南山、加河、泥源、将家岭，应分别为江西"于都""崇义"，湖南"蓝山""嘉禾""宁远""蒋家岭"。

② 12 月下旬，应为"11 月下旬"或"12 月上旬"之误。

我就在这里住了下来

⊙江树祯[1]

我于1916年（民国五年）6月出生于福建省上杭大杨坝[2]屋子生（现叫星聚乡西福坑）。在我十一岁那年，毛泽东、朱德带着游击队来到我们家乡[3]，组织了农民协会，下设三个组织：一是赤卫队，二是少年先锋队，三是儿童团，我任儿童团小队长。

1929年秋在汀州模范比赛大会上听到毛主席讲话。

1932年4月，红军第四军在上杭县梅花十八峒与国民党上杭县长付白粉[4]打了一仗，仗后组织老百姓搬运战利品，我在白砂参加了红军，先在福建军区无线电训练受训一个多月。后调到四都医院分院当看护生。一年后调到红五军团三十四师当卫生员（师长陈仰[5]）。在清原、太宁、建宁、归化[6]守炮楼几个月，后到三十四师一百团（团长韩卫[7]），后调三十四师师部卫生部当代理司药。

1934年冷天，我部从江西兴国、［江西］会昌、广东、湖南道县到灌阳水车住了一夜，第二天麻亮起身，在青公坝松树山被飞机震聋了耳朵，中午到

---

① 江树祯，后改名为陆天喜。红军长征时任红五军团第三十四师师部卫生部代理司药。本文是1977年10月19日由陆天喜口述、黄革胜记录整理，1982年7月21日由陆细述抄录。

② 大杨坝，今福建省上杭县溪口乡大洋坝。

③ 1929年毛泽东、朱德率红四军首次入闽时，江树祯应为十三岁。

④ 付白粉：查1993年版《上杭县志》卷十九《政权·政协》，上杭民国时期无傅（付）姓县长，此处"付白粉"应指傅柏翠，其于1931年率部分地方武装脱离革命队伍后，所部曾与红军发生交火的"古蛟事件"。傅柏翠抗战期间曾任永定县长、宁化县长等职。

⑤ 陈仰，应为"陈树湘"。陈树湘1934年3月任红三十四师师长。

⑥ 清原、太宁、归化，即今福建省清流、泰宁、明溪。

⑦ 韩卫，应为"韩伟"。

洪水箐，晚上到楼梅箐找到点玉米。天未亮又上界，下来到唐家、板桥铺，又到沾水，天大亮了，走到乌石江上岭、牛埠源、流溪找点米吃，后走到宝界山梭子坪睡了一夜，无米吃；次日翻过宝界山，到建乡青龙山与全州发老胡子[1]打了两个钟头。在白鹿源住了一夜，吃了一餐饱饭。第二天又翻宝界山、扁担山，到深埠源。晚上行军又冷又黑，我走大湾里滑下石坡，被竹尖划破了脚，同志们把我救上来后，我自己包上药，但由于脚痛，到新圩解放跳塘掉队，只好问当地老百姓有没有要看牛、砍柴的。后来人家介绍我跟着一个叫陆英勇的老人家。他只是老两口，单家独户地住在山腰的茅草屋里，后备队（队长唐炳煌，白竹山人）去搜查掉队的红军。我白天只好躺在大石头岩里，晚上提心吊胆地回来睡，后来被查着。他们问我要枪，他们把我注射器和药水拿去（只剩下一个装注射器的锑盒已交给县文化馆）。后来老百姓帮我求情，方未杀我。

于是我就在这里住了下来，改名陆天喜。陆英勇于1941年去世。

和我一起掉队的有三四个，有一个听说在沙罗源，其余的可能回去了，不详。

（节选自韩京京提供的《访问原红军江树祯记录》。本文标题为选入时本书编者所加）

---

[1] 老胡子，"土匪"的俗称。

找不到部队了

⊙兰金甫[①]

红军长征时，我随军委保卫局特派员刘鹏去三十四师，刘担任保卫科长，我搞保卫工作。三十四师是全军的后卫，1934年农历十月的一天，由湖南蒋家岭进驻灌阳水车的夏云村。第二天早上在水车过灌江，踏上桥不久就遭到敌机轰炸，我跟刘鹏跳到沟里去躲，炸弹翻起的土把我们埋住了，但没有受伤，爬出来又走。那次我们被敌人炸死了几百人。后经大塘、苗源到洪水箐，在那里住了一夜。我们住在师部隔壁。晚上，领导派人在附近埋了几担枪和两担光洋，因为怕别人挖去，就在枪和光洋的上面埋了一个刚[被]杀死的特务。埋枪我没有去，但在隔壁听得清清楚楚，他们去了一个多小时就回来了，解放后我去找了好几次都没有找到。

下了洪水箐，我们经龙桥、湛水、大龙，往宝界山去。山里住家的少，部队搞不到东西吃，又饿又累，减员很大。军团首长来电催我们快走，说不然就会被包围。我们过了宝界山，与前面堵截的敌人打了一仗，知道湘江被敌人封锁了。用无线电请示怎么办，首长回答说，过不了湘江就返回湘南打游击。于是，我们只好退回灌阳。在梓木塘、龙桥等地到处遭到敌人袭击，我们再次爬上洪水箐，往湘南退。在洪水箐，清早就被敌人包围了，我们赶快占领山头，与敌人展开战斗，在那里足足打了一天。到了夜里，师、团失去了联系，只好各自为战，分散突围。我们武器差，子弹少，不然的话，那些民团哪里是我们的对手。

分散突围后，我跟刘鹏及通信员三人在一起。我们在龙母箐被一伙敌人追赶着，只好躲到一座小桥下面进行还击，打死了他们几个。敌人越来越多，我

---

① 作者原名兰祖龙，又名兰金龙，长征时系红五军团第三十四师保卫员。红军过灌阳时因掉队留在灌阳成为当地村民。

们被迫边打边退。在山里什么东西都捞不到吃，只好捡红薯根充饥。为了预防万一被敌人捉住，刘鹏将他装公文的皮包也埋了。几天后的一个晚上，我们从先公坝过[灌]江，坝上堆满了战友们的尸体，很多已腐烂发臭。看到这种情景，我们边走边流泪。

　　几经周折，我和刘鹏到达湖南道县。由于找不到部队，只好暂时在地主家打工。后来，刘鹏认为自己是共产党员，是革地主的命，帮他们打工不像话，就去国民党部队当兵。在他看来，国民党军队总要跟红军打仗，到时可以乘机跑到红军那里去。刘鹏现不知在什么地方，也许早已改名换姓或牺牲了。

　　（据兰金甫访谈记录整理。原载《红军长征过广西纪实》，广西人民出版社 2006 年版。本文标题为选入时本书编者所加）

失散星火落桂北

⊙陆献兑①

　　1931年，我十八岁，参加了红军，天天去打土豪劣绅，捉拿反革命。这年九、十月间，我随红军到瑞金县的沙仙执行任务。不久调到建宁学习一个月军事，之后调到团部当通信员。一次，我们准备攻打泰宁，分三路进攻。在路上碰到敌人，敌人毫无准备，想退退不了，我们很快包圈了他们，消灭他们一个营。战斗结束后，部队转到洛江休整，扩充红军队伍。这时我调到红五军团三十四师一〇二团二连当膳食管理员。这段时间几乎天天和敌人打仗。一天，敌人调来广东部队进攻我们，我们在阳平得到敌人来攻的消息，登上山头，占领有利地形，经过一整天的激烈战斗，缴获敌人很多枪，捉到了许多俘虏。

　　一个月以后，红军大部队集中在兴国，动员长征，北上抗日。我们部队开到于都县，每人带粮三斤，开始长征。经广东、湖南，多次突破敌人的围追堵截。部队在湖南蒋家岭住了一夜，第二天进入广西的水车，并在水车街头宿营。次日清早出发，过灌江浮桥，到山燕头陶器厂时，太阳蛮高，突然来了三架敌机，向我们丢下三颗炸弹，我们十八个同志牺牲。我们掩埋好战友的尸体，继续前进，经大塘、苗源，到椅子坪宿营，师部［驻］扎在一座茅屋里。次日爬上观音山，在山上休息一天，傍晚下山到板桥铺，露宿在村外田角、地头、路边，我睡在一个石圈墓旁。第二天，又经湛水、乌石江到达流溪源。一路上，战士们没吃上一顿饱饭，没睡上一晚好觉，饿了就喝点水，或捡点红薯根生嚼充饥，甚至在潲缸内摸潲渣吃。往前走又是爬大山，这个山名叫宝界山，山高岭陡，杂草丛生，树木遮天。半山腰只有一条羊肠小道，又值夜晚行军，比较困难，我们

---

① 作者原名钟光邦，长征时系红五军团第三十四师第一〇二团事务长。红军过灌阳时因掉队留在灌阳成为当地村民。

就边走，一边丢行李，马匹上不去，丢的丢掉，跌的跌死，枪械弹药只好靠人扛。翻过宝界山，往界首方向去。到了兴安县的九块田时，听说有国民党军队在那里，便往北折回到桐木江，在建乡与民团打了一仗，去路被堵，部队只好从焦江往宝界山回来，一〇〇团往东出流溪源，一〇一团向石塘方向去，一〇二团出深浦源经全州上刘家到石塘。我在一〇二团，师部随我们团走，到深浦源的鱼湾住下，师部设在鱼湾，我们连住在温水塘。听说群众的房子起了火，我们赶去救火，火扑灭了，人也困了，就坐下来休息。

此时，团部传达师部来电，说军团来电催我们快走出去，国民党军队很快就要把我们围住了。这时我生病了，怕跟不上队伍，心里很着急，连长安慰我，叫我和几个受伤的战友跟在部队后面前进。到跳塘时，我们感到很吃力，实在走不动了，就在群众家门口休息。天亮队伍走远了，我们不顾伤病和饥饿，坚持追赶部队，决心爬也要爬出去。走到黄泥田，天就黑了，便倒在一个叫陆仲新的群众家门前。他把我们接到家里，给我们饭吃。后因国民党搜查红军的风声很紧，扬言谁家窝藏红军，全家财产充公，陆不得已把我们送走，并为我们准备了干粮，将我们化装成叫花子。走到下棚时有一伙人拦住我们问要枪，实际上我们的枪早已交给红军队伍了。他们打了一枪，打枪的是苏官源的陶麻子。此时又来了一伙亡命之徒，不分青红皂白，拳打脚踢，把我们打倒在地，并横蛮地剥了我们的衣裤。当时最凶恶的是一个二十多岁、后颈长了一个肉包的人，另一个叫陆跃军。他们还从我们身上搜去三个银毫和几十个铜板。我们只穿着内裤，时值大霜天，冷得全身发抖。我们逃过小江，躲进山里。

我们到了〔大龙〕擂鼓岭，一个叫陆德辉的群众，带我到他家吃了饭，另外两个战友在陆一坤家。后来大龙来了一个叫"鲤鱼婆"的，恶狠狠地要拉我们走，陆德辉把我藏在他家，另两个战友被拉走了，至今音讯全无。这时我的病更严重了，全身发肿。陆德辉请来一个草药医生陆佑年给我医治七个月，病才好了。我无路可走，就在他家住下。

1944年3月，一个叫陆伯豪的大伯，他的大儿子死了，把我留在他家做儿子，并把大儿媳许配给我。1947年11月，我被国民党抓去当兵。国民党杀害了我们那么多红军，我哪能替他们当炮灰？我设法逃出了国民党军队。此后我在大龙擂鼓岭村落了户。1958年加入中国共产党。

（据陆献兑访谈记录整理。原载《红军长征过广西纪实》，广西人民出版社2006年版。本文标题为选入时本书编者所加）

幸存者

⊙刘来保[①]

我们是奉令到新圩打阻击的，经仙子坪到枫树脚村后守山头，在那里打了一天一夜。第二天天刚亮，敌人就冲上来了，把我们前面的一个排全部搞掉了，我们被迫后退到杨柳井山上死守，同时抓紧时机冲下去打了几次反攻。我们子弹越来越少，连长下令不准乱打，要保证一颗子弹消灭一个敌人。敌人攻不上，就派飞机和大炮对付我们，我们伤亡很多，一个排只剩下七人。尽管这样，在没有接到撤退命令以前，我们仍在那里死守不动。后来我们排只剩下四个人。大股敌人从苏东方向冲上来了，连长带我们撤到楠木山。师部设在仙子坪，无线电就安在那里。到楠木山后，敌人增兵不断拥上来，连长负伤，副连长牺牲，我们连只剩下几个人，只好到另一个连去。不一会，我背上负伤，全身是血。我们的队伍退了，敌人追上来了，我只好爬到路边去躲起来。我看到自己的同志负伤后来不及抬走，山上、路边到处都是，心里很难过。我渴得难受，想下山找点水喝，刚到田边遇到新圩一个地主扛着锄头跑过来。他一把抓住我的胸口，问我要不要命。说着动手把我的衣服脱掉，还叫我把短裤也脱给他。我光着身子，冷得直发抖，沿着马路往下跑，跑到一个庵子附近，有个女老人家向我喊："毛毛，毛毛！快往这里跑，不然他们会打死你的。"我听不懂"毛毛"是什么意思，看到她向我招手，我明白了，赶快往那里跑。刚到不久，扛锄头的那个家伙就来了，他举着锄头，咬牙切齿地道："你们打土豪，打土豪，老子锄头挖死你！"屋里一个男老人家赶快出来求情，我才免得一死。

这两个老人家对我很好，他们一面烧火给我烤，一面拿衣服给我穿，还用

---

① 作者原名刘炳煌，长征时系红三军团第五师第十四团第三营第二连第三排战士。红军过灌阳后留在灌阳成为当地村民。

热水帮我洗伤口。那个男老人家说："可怜啊，怎么打成这个样子？"他叫我不要出去玩，说有饭给你吃就行了。他们用草药给我敷伤口。几天后，伤口发臭了，就改用粉子药给我治，一个多月后，我的伤口才好。以后我就给他们做儿子，他们给我取名叫"来保"，并给我找了爱人。就这样，我在灌阳安家了。

我们在新圩作战的时候，有一百多个重伤员被安置在下立湾祠堂里，他们都不能行走，部队撤退时来不及运走。地主蒋成勋、蒋连勋组织一些人，用棕绳捆住伤员的头和脚，用木杆子抬到酒海井，一个个丢下去，好几天后，井里还有人在喊叫。前几年天旱，用抽水机把井水抽干了，发现井底还有红军的骨头和捆绑红军的绳子。

（据刘来保访谈记录整理。原载《红军长征过广西纪实》，广西人民出版社2006年版。本文标题为选入时本书编者所加）

失散在广西的异乡人

⊙陈新州[①]

1934 年长征时，我调到军委总供给部运输队管理科。运输队有一百多人，每个人挑一千块光洋，跟总司令部走。在古亭过夜。第二天夜里进入湖南桂阳。又从临武、蓝山，到道州，也是夜间行军。再从寿福闹子[②]，过蒋家岭，在新圩翻大山到蕉江过万板桥。第二天从万板桥又翻过大山到界首，过浮桥，到列水桥、鲁塘祥寿寺，村里群众放爆竹杀猪欢迎。部队正准备休息，又接到命令，马上走过山口进洛江，翻三千界，到护卫煮早饭，吃过饭到中峰沙洲坪石田村。我们准备洗澡时，上级又命令我们往回走，到余家田后面的松林里休息了半天。吃过晚饭又出发，从枫木到社岭翻老山界，我脚痛掉了队。第二天天亮部队都走远了，我碰到一个姓肖的瓦匠师傅（湖南永州人），他说桂军追来了，叫我躲到高山里去。桂军一个连追到半山腰就回去了。我在山上躲了一天一夜，后下山到肖师傅那里学［做］瓦匠，碰到湖南祁阳的陈开兵，他说我们是家门[③]，我就跟他们走到兴安冷水岭（瑶山里）扛木料子，过牛塘界到油榨坪。第二年就散伙了，我又到龙溪帮工，在粟传祯家里帮了三年工。朱镇中、廖排长他们也在帮工。第二年他们就回去了。1949 年，我又参加了游击队活动。现在在全州石枧林场工作。

（据陈新州访谈记录整理。原载《红军长征过广西纪实》，广西人民出版社 2006 年版。本文标题为选入时本书编者所加）

---

① 作者长征时在中革军委总供给部运输队管理科。
② 闹子，当地对菜市、圩厂之俗称。
③ 同姓的人称"家门"。

青山绵绵情意长

⊙朱振中①

　　我有个习惯，总喜欢亲自缝洗红领章。每当我抚摸那红彤彤的领章时，心情总是久久不能平静，总要联想起那艰难征途中千千万万冲锋在前、血染国土的革命先烈，以及在死亡线上想方设法救护我的战友和亲人。随着年岁增大，思念先烈和战友、亲人的情感愈益强烈。其中，使我更加难以忘怀的是长征途中救护过我的亲人——铁匠粟传亮一家。

　　那是 1934 年 12 月②，中央红军长征途中发生的事。为突破国民党反动军队的第四道封锁线，12 月 5 日，红军在广西全州同敌军展开激战。当时，我在红一军团一师三团八连当班长。那天，红军面临数倍敌军的包围，但红军战士临危不惧，个个顽强冲杀。在一次冲杀中，敌军的子弹打穿了我的左脚踝，鲜血直流，使我失去平衡突然摔倒在地，当晚被转送到救护站后便昏迷过去。第二天清晨，我被枪声惊醒，才发现部队已经转移，我们一百多个重伤员被留下了。情况危急，我们不能等着当敌人的俘虏，只好各自分散行动。我拖着肿得发木的左脚，咬紧牙关，爬行在山路上，寻找部队。傍晚时，我爬到一座大青山脚下，这时左腿已经肿得老粗，再也爬不动了。正好碰到一个后卫部队的炊事员，他给我吃了点东西，又找了两个老百姓临时做了一副简易担架，请他们把我送到前面部队去。我一上担架就昏睡过去了。哪知这两个［人］原来是歹徒，他俩把我抬到山腰后，趁夜晚无人，用草绳死死地勒住我的脖子，我惊醒过来，挣扎了一阵又昏迷过去了。他们以为我死了，把我身上的一点钱和背包抢劫一空，

---

① 作者在长征时任红一军团第一师第八团第八连某班班长。

② 此处"12 月"及下文"12 月 5 日"有误。据中央红军红一军团过湘江时间推断，此处"12 月"应为"11 月"，下文"12 月 5 日"，应为 11 月 27 日至 12 月 1 日的某一天。

就跑掉了。大约半夜，寒风使我苏醒过来，这才发现，我是孤零零的一个人躺在崎岖的山路上。怎么办呢？能躺在这儿等死吗？不，决不能！革命战士绝不能向困难低头，只要还有一口气，我就要去赶部队。我忍着剧痛，拖着疲惫无力的身子，艰难地向山顶爬去。

12月8日下午，经过两天多的搏斗，也不知摔了多少跤，流了多少血，总算翻过了大青山，爬到山脚的一座桥头边。我正想喘口气，忽然发现桥板上写有"建昌"二字。这是我们部队的代号，我高兴得忘记了脚伤，一下子站起来，想跑上桥去，可是伤脚支撑不住，使我又摔了一大跤。伤口的血水和着脓水往外冒，钻心的疼痛使我几乎昏过去，我强忍着剧痛爬到桥对面一棵树下，又一次昏迷过去了。不知过了多久，我迷迷糊糊地听到声声呼唤："共产党伢仔"，"小把戏"……睁眼一望，只见一个两手黝黑、红黑脸膛上带有铁末灰、四十多岁的汉子，和善地蹲在我的身旁。他见我醒过来，连忙扶我坐起。我看出他是个铁匠，是个好人，急忙问他："老乡，我们部队开到哪里去了？"这个汉子悄悄地说："离开大青山，过老山界往贵州高头去哩，已经走了三天啦！"不会轻易掉泪的我，一听说部队已走远，顿时就像娃娃失去爹娘一样，禁不住失声痛哭起来。他坐在我的对面，用手抚摸着我血糊糊的伤脚，劝慰说："哭个么，伤成这个样子走不得了！"又问："你这个共产党伢仔多大？哪里人？在队伍里干么事？"面对这个心地善良的老乡，我感到有了希望，有了力量，便告诉他："我十八岁，江西瑞金人，父母都去世了，家中没有人，在队伍里干个勤务兵。你是个打铁师傅吧？"他欣喜地拍着我的肩说："小把戏，真聪明，被你猜准了。我听说你们红军是好人，专帮穷人打富豪。你把伤养好了再去找部队，要得不要得？"铁匠沉思了一会，怪心疼地对我说："真作孽啊，你的腿那个样子不能远走啦，趁现在没人看见，跟我走吧。"我抬头眼看重重叠叠高入云霄的山峦，心想眼下拖着这么一条负伤化脓的腿，怎么也翻不过座座高山追上队伍了，倒不如跟着这个善心的铁匠走，等养好伤再去找部队。就这样，我同意了。

铁匠不容我说二话，弯腰把我背起，一口气走了两三里路，把我背到粟家园子（现名龙溪村）一个荒废的菜园的草堆下隐蔽起来。他抽出许多稻草为我打了一个铺，然后跑回家去拿来了一床棉被和一些吃食，嘱咐我先安心在这过一夜，等他回村看看风声再说。我感动得不知说什么才好，想到这是敌占区，不能拖累他，忙说："老乡，太谢谢你了！我在这里休息一夜，明天再摸进山找部队去。"铁匠连连摇头："你跟不上了，我会去找医师给你治脚伤的，等着吧！"

这天晚上，偏僻荒废的菜园忽然热闹起来，粟家园子的老乡不断地来看我。看来风声不很紧，铁匠没有对乡亲们保密。来的人中有的是看稀奇的，大部分人是想打听红军的情况和关心我的伤势。老人们叹息说："小把戏造孽，三爷吃斋哟。"我从群众口里得知，铁匠在家排行第三，在乡亲们中威望很高，粟家园子的人都称他为"三爷"。群众走后，为了防止意外，我换了个地方躺下。盖着厚厚的棉被，想着好心的铁匠，我深深感受到红军和人民的鱼水深情，几天的伤痛和疲劳好像跑掉了一大半。入睡不久，我忽然被一阵狗叫声惊醒，正在惊疑不定的时候，只见铁匠披着衣服走了过来："伢子，你一个怪孤单的，我来给你做伴，明天就接你到家去住。"我说："明天我还是进山找部队去。""这怎么要得，你们的部队早打到贵州高头去了，那儿离这里远得很哟，中间又没得人家，没得吃的，还有土匪，你又不能走路，爬到半路不饿死也会被土匪害死。你就安心在我这儿把伤养好，天一亮我就去请草药医师去。"说着，铁匠就在我的铺边坐下和我聊起天来。看起来，铁匠对红军的事情很感兴趣，我便利用这个机会向他做起宣传来了，给他讲了我的家乡瑞金是怎样打土豪分田地的，讲了我是怎样当红军的，讲了红军的好处。铁匠越听越爱听，连连称赞说："要得，要得，红军可［真］好。红军在这里过了三天，不拉夫，不抓丁，不抢百姓东西，真是个好队伍，好队伍。红军不走，在这里打土豪、分财主的田有多好！"半夜的交谈使我和铁匠的心贴得更近了。

第二天午饭后，铁匠从十五六里外的山里请来了一位打猎的老人。老汉背着猎枪，后面跟着一条猎狗。一到草堆边，铁匠就说："伢子，这个医师要得的，他的药一敷上，没得出来的子子（子弹头）都能跑出来，很要得的。"猎人仔细地检查了我的伤口后，就从褡裢里掏出一把草药，放到嘴里嚼了一会，吐出来给我敷在伤口上，然后用一块干净布包扎好。猎人交代铁匠说："这副药是管消肿止疼的，两三个小时内开始见效就有用，不行的话，明天下午再给他换一种药。"铁匠连声答道："要得，要得。"说着掏出三块大洋交给了猎人，一边送他走一边说着感谢的话，还说要请他再来看几次。铁匠刚转回来就问我："这药要得不要得？"我告诉他："这药要得，敷上后疼痛就轻多了。""吃斋呀！过两天再请他来。"铁匠为我治伤花了这么多钱，我十分过意不去，便说："不要再请了，不要再请了，我会好的，会好的。"

第二天晚上，铁匠带着一个近四十岁的女人来，向我介绍说："这是三娘。

伢子，风声还不打紧，住到我家去吧。"边说边把被子卷起来给三娘抱着，他把我背上，一直背到家里。他们全家都在堂屋里迎着我。铁匠依次向我介绍："这是奶奶，这是家赞（大儿子），这是矮子（二儿子），这是老满（三儿子），这是妹子（女儿）。"并叫他的孩子叫我大哥，我也亲热地跟着叫"奶奶"，就像是回到了自己的家里一样。铁匠一家人待我都很好，特别是奶奶，对我尤其疼爱，她含着眼泪说："伢子造孽，要吃斋哟。"为了给我治好伤，她真是把心都掏出来了，她听说南瓜瓢子可以消肿止疼，就把家里的瓜瓢全都掏出来，亲自给我敷上，过一会瓜瓢发热了，又换新的；家里的瓜瓢用完了，就出去向别家讨。乡亲们知道后，有不少人主动送来。听说茶叶可以治伤，奶奶天天用浓茶水给我洗伤口，用嘴把茶叶嚼烂给我敷伤。三娘总是专门做些好吃的给我补养身体。在铁匠一家人的精心护理下，两个多月之后，我的伤慢慢地好了，不久，便丢掉了拐棍，慢慢锻炼走路。为了给铁匠家减轻负担，我尽量帮助他们干些力所能及的活。开始是放牛、砍柴，后来就下地干些农活或进山挖些蕨菜和其他野菜。可是铁匠家人都很关心我，说什么也不让我干重活。有一次，我上山砍柴，试着挑一担回家。三娘知道以后，赶紧跑去接我说："你这个老表，怎么挑这么多，累坏了怎么要得？"此后，她再也不让我挑柴了。春天到了，广西的春天比较热，我还穿着过冬的衣服。奶奶对铁匠说："你不知道这伢子没得衣服穿呀？"铁匠马上说："晓得了，我打算把几支鸟枪卖了，给他做身衣服。"我说："你们家也很困难，不用做了，我把这身衣服改成单的就行了。"事后铁匠还是卖了鸟枪给我做了新衣服。春耕大忙时节，正是青黄不接的时候，铁匠家断了粮，只好向地主家借。但利息很高，春借一担秋还三箩（一箩五十斤）加二十斤，借来的粮食主要是给我和临时请的一个短工吃，铁匠一家人基本上吃野菜及蕨根做的粑粑。他们听说这些东西吃了容易引起伤口化脓，就一点也不让我吃。我实在没有办法，就故意少吃，每餐吃一碗饭就不添了。奶奶和三娘看出了我的心事，就把我的碗抢去再满满地添一碗，我还是不吃。三娘就说："伢子，我们家就是饿死，也不能把你饿坏了，不能让你这个红军小把戏再造孽啊！"听着这慈母般的话，我感动得热泪盈眶。

可是，随着时间的流逝和伤口的痊愈，我越来越想念部队了，我想赶紧去找部队，但又难于对铁匠启口。一天，我路过一个地主家，地主婆把我叫进去，花言巧语，要我给她当儿子，并答应把使唤丫头嫁给我，要我搬到她家去住，给她干活，被我严词拒绝。那天铁匠一回来，我就把这件事告诉了他。铁匠思索了一会，对我说："伢子你做得对。你出来是为了打土豪的，她家就是土豪，她是黄鼠狼给鸡拜年——没安好心。我早想过了，你不能在这久住下去。虽然上面暂时没有追究，但时间长了，他们这些财主也会害你的。我打听了好多人，都不知道你们部队的消息。我看，你是不是先回江西老家去？你要愿意，一到秋收我就送你走。"铁匠的话使我高兴得心都快跳出来了，原来铁匠和我想到一处去了。铁匠让我回江西，更使我的心里一亮：对，回江西找部队去。大部队到哪里去了，现在打听不到，江西苏区总还有红军的，那里人熟地熟，一定能找到。

秋收后的一天，我把五个失散在龙溪村的红军战士邀到一起商量找部队的事情，确定了回江西的行动计划。第二天，我把回江西的打算告诉了铁匠。他一口答应，只要求我等两天再动身，说要给我筹点路费。他的心思我很清楚，原来说秋后送我走，就是想卖点新谷，好给我一笔路费。我坚决不同意他这样做。

离别那天，铁匠一家准备了丰盛的酒菜给我送行。铁匠一筷接一筷地给我夹菜，奶奶、三娘的眼泪直往下滴，三个弟弟和妹子也哭了，都舍不得让我走。铁匠含着眼泪对我说："伢子，一路上小心，到家后写个信来以免我们想念。胜利了，有机会来玩……"

我流着激动的泪花说："奶奶、三爷、三娘，我永远忘不了你们……"

经过长途跋涉，我们终于回到了瑞金，以后又经过多番周折终于找到了在江西坚持斗争的红军游击队，回到了党的怀抱。我们部队在 1938 年初正式改编为新四军。从那以后，我随着部队南征北战，一直没有得到粟铁匠的消息，我心里经常想念他。

广西一解放，我就写信去寻找铁匠，终于联系上了。1956 年，我请铁匠到了我家做客，彼此畅叙了解放前后的巨大变化和我们之间的鱼水深情。1962 年，我特意去看望粟铁匠一家和龙溪村的父老兄弟姐妹，共叙这段同生死共患难的革命友谊。"文化大革命"期间，组织上审查我这段历史时，粟家园子的一个坏分子乘机造谣诬蔑，还一再逼迫铁匠写材料陷害我。在那是非颠倒的年月，粟铁匠不怕高压，不怕受折磨，顶住了各种压力，坚持正义，坚持讲真话，用事实驳斥了坏人制造的谎言。打倒"四人帮"后，组织上再次对我这段历史进行复查，实事求是地平了反，恢复了历史的本来面目。

……

青山绵绵情意长，阶级友爱永不忘。几十年来，大青山下这位普通铁匠及其一家的形象，一直如巍巍青山耸立在我的心间。他们冒着生命危险救护、倾注全部心血关怀的不是我一个人，而是我们这支与人民血肉相连、生死与共的革命军队；他们爱的不光是我一个人，而是共产党领导的整个红军和革命事业。他们是广西各族人民的好榜样。

　　粟家园子的三爷、三娘、奶奶和所有亲人们，我永远敬佩、怀念你们！

　　（选自中共广西壮族自治区委员会党史研究委员会编：《广西革命斗争回忆录》第二辑，广西人民出版社 1984 年版）

从湘江战役到遵义会议

从长征开始到遵义会议

⊙陈伯钧[①]

严格地说，长征是没有什么准备的。教条主义者自己的想法是有一点准备的，如长征以前（7月间[②]）派六军团（弼时同志带着）从湘赣苏区永新出发，到湖南、贵州与贺龙同志会合，建立湘鄂川黔根据地。事实上这就是一个先遣部队，利用在与贺龙同志会合的过程中勘察一下路线，搜集些情况，提供些资料，以便中央主力红军长征。此外，长征前也补充了一些新兵，动员了一些人等。长征开始准备由中央苏区撤出，与二方面军会合，但是结果没有做到，因为有几项最基本的工作没有搞。

首先，在政治上没有准备。在准备工作中没有政治动员，行动完全是秘密的，可以说是军事上的被迫。党内党外都没有深入动员，行动计划只传达到师一级的干部。那时五军团是由陈云同志（五军团的中央代表）受中央的委托给我们传达的。那样大的行动，没有政治动员就是最大的错误，就没有了精神准备，官兵的积极性就没有办法发挥到最高，一遇到困难不但不能克服，反而会产生各种各样的倾向。如果早就做了政治动员，各种倾向就会防止和容易纠正。

其次，在军事上准备也极端不够。必要的训练、休息、补充工作都没有好好地搞。第五次反"围剿"时，我们光搞阵地战，不搞运动战，也不打遭遇战，没有运动、进攻、遭遇、抢隘口、抢河川、突破等必要的训练准备。主力没有得到好好的休息。1934年10月10日退出兴国，10月17日就走了。在补充工作上，本应该补充主力，但相反却成立了新的兵团。主力师是四五千人，而教导师、新兵师却都是六七千多人。八军团、九军团都是新的番号，除了第三师

---

① 作者在长征初期任红五军团第十三师师长，1934年12月夏任红五军团参谋长。

② 六军团西征出发的时间是1934年8月上旬。

以外，其他的二十一、二十二、二十三师都是新成立的，不是老部队扩大起来的，干部大都是红军学校的学生，因而战斗力比较弱。如果一个老的团扩大成为两个团，那就不同了。为什么新的部队战斗力弱呢？就是因为新的部队还没有经过很好锻炼，没有一个历史的传统作风。他们走路、吃饭都成问题，更不要说别的了。在大庾北稳下村时，广东敌人出来一个营，就把我们教导师的一个团打散了，跑得两面山上都是。后来八军团在贵州整编时，只剩下一千二百人，编了一个团给我们。所以，虽然组织了很多新的兵团，但作用不大。只是搭起了一个架子，走起路来，一、三军团为左右先锋，八、九军团打接应，后面由五军团担任掩护，中央军委直属队在中间，坐的是"五个人抬的轿子"。搭的架子很大，但没有发挥主力的最大作用，新的部队也没有起到作用。

　　长征时，不仅是基本准备工作没有做，而且对敌人的估计也是十分错误的。当时领导上为什么敢于采取这种方法？就是因为误认西南（广西、贵州、湖南）的敌人装备差，而没有估计到西南敌人的战斗力是很强的。教条主义者在中央苏区作战时，由于遭受到严重的失败，把当面敌人的战斗力夸大了，害怕蒋介石，却轻视西南的部队。这种估计是错误的。长征的实践证明：蒋介石的部队倒还好打，红军和他们是老对手了，只要被我们一包围，他们就集合缴枪；而西南的部队却不好打，有时费了很大的力气也搞不到他们的人和枪。他们也采取游击、袭击的办法搞我们。

　　由于以上原因，所以长征开始是搬家式的，以后是退却逃跑式的，不是积极的战略移转。那时不但不把各主力部队扩大，反而把直属队扩大，每一个军团成立有后方部，有的有一千副担子，有的有八百副担子，我们的军团就有一千副担子，什么东西都挑上。军委总队更吓人，约三万人的庞大机关，还要部队掩护。供给部、卫生部人很多，连一个石印机都带上。野战医院还以为就在附近苏区打仗，所以连屎盆、尿盆都带上了。

　　当时整个部队连新兵、老兵、民夫、担架加在一起，有七八万人，其中战斗部队加上直属队还不到一半。这样就没有办法打仗，结果所有的战斗部队都成了掩护部队。一碰到敌人，也不想办法去积极进攻，只是打掩护，只是跑。跑也应该跑得快，在战术上必须脱离敌人，跑到有利的地方，占领阵地，抵御敌人，但没有做到。战略上也要走得痛快，但也没有做到。那时候，如果平均一天走五十里路就可以抢到敌人前面了。因为我们从古陂圩突围的时候，敌人有一个错觉，以为我们会从赣江左岸打吉安，所以周〔浑元〕、薛〔岳〕纵队赶快从苏区撤出来，在吉安、永新一直到井冈山一线布了防，并且等了一个礼拜。以后他们发现我们到了湖南，知道不是打吉安，才又把队伍集合起来追我们。如果我们那时一天走五十里路，就能走在敌人前面了。

照例说，战役应该选择道路，控制要点，压迫敌人在不利的道路上，我们在有利的道路上。可是恰恰相反，我们在长征中走的是山路小道，敌人走的是大马路。我们沿着五岭山脉在大庾岭、骑田岭、越城岭上转来转去，走得很不痛快，而且是夜行军，一下雨，路就相当滑，加上好多笨重的行李，就更困难。曾经有这样的事：一个夜晚就是从小山这边翻到小山那边，总共不到十里路，坐一下，走两步，行动十分迟缓。敌人走大路，我们走小路；敌人走得快，我们走得慢，所以丧失了很多机会，结果敌人就跑到了我们的前面。长征开始是摆起架子搬家，但碰到敌人一打就拼命退却逃跑。口头上天天喊"备战"，实际上天天在"避战"。敌人来了打一下，赶快转移，而不想办法消灭敌人。这种方法，毛主席形容为"叫花子打狗，一边打一边走"。叫花子一边走，一边打狗，狗咬不着就行了，也不准备把狗打死。

长征的时候，前面先锋部队虽然打得好，但是后面走不动。前面打到一个地方就要守起来等，等后面部队到了再走。因为走不动，所以丧失了很多有利的机会，完全处于被动，处于消极逃跑的状态，而不是积极战斗的战略转移。如果是积极的战斗的战略转移，首先就可以在湘南停下来。湘南过去搞过暴动，以后二十九团的人又回过去一些。在湘南过路时，有一个黄茅山，山上还有游击队。如果我们在那里停下来，把伤员和拿不动的东西给他们，打一下周、薛纵队，可不可以？完全可以。但是没有采取这个办法，在湘南不停，继续走。一过湘江、漓水，那时就很恼火了，广西敌人来了，湘南敌人也来了，周、薛纵队又追来了。这时一军团在全州打了一个礼拜，三军团在灌阳、兴安打了一个礼拜，完全是掩护战斗，消耗很大。过湘江的时候很危险，几个军团的队伍都搞乱了，有的在全州附近打得很苦，有的没有赶上，中间的赶上了又走不动，后面的敌人又打来了。五军团十三师在没有到湘江的时候，在灌阳以北的隔壁山就被敌人切断了。后面文市的敌人又追上来，我们在夹击中打了一天，才掩护八军团渡过江来，但是八军团的三十四师①被丢掉了。我们转移的时候，军团参谋长刘伯承同志派了一个科长来找我们，带来陈云同志写的信，说这是紧

_____

① 三十四师属五军团，不是八军团。

急关头，关系中国革命的前途，希望你们下最大的决心，赶快拉过湘江。那时拉过多少就是多少，拉不过去就丢掉了。

过了湘江以后，有一个命令：各军团自己收容部队，不管哪个部队的，都收容起来编在自己的军团里。当时就搞得那么紧张、狼狈。这也是教条主义者在军事上指挥错误、路线错误的总暴露。

在长征这一阶段，过了几个要害的地方，一个是过湘南，一个是过湘江。由于没有远大的战略眼光，没有高明的战役指导，结果部队减员很多。夜行军搞多了，味道也不好受。那时弄得疲惫不堪，部队有很大削弱。

过了湘江以后，本来还想向北转到二方面军那里去，结果城步、武冈都到了敌人，把去路给堵住了。没有办法向北，只好向西。又由越城岭向西过苗岭，完全在山里转。这时广西的敌人袭击我们，还搞了一些特务，在我们刚到宿营地的时候烧房子，使得我们没有房子住，同时把我们和老百姓的关系搞坏。这样一搞几个月，弄得很疲惫。夜间行军行得久了，消耗很大。特别是到天快亮的时候，最容易打瞌睡、掉队，发生问题。以后形成了一个规律，就是晚上行军，天亮后宿营，中午敌人追上就打几个钟头，等到黄昏就走。第二天又是这样。这样一搞，体力消耗很大，部队有很大的削弱。新兵和民夫不习惯这样的生活，很容易掉队。所以有很多人不是［被］打死的，而是拖死的、累死的。

我们五军团走在后面，就更伤脑筋，前面走的还可以弄到些东西吃，我们走在后面的就没有了。有的同志疲劳到这样的程度：在山路上靠着休息一下，一坐下来就再也起不来了。又饿，又累，又疲劳。在这样的情况下，军队大量削弱。在数量上，不到三个月的时间，差不多去掉了一半以上，而且战略目的没有达到。所以陈毅同志说：走死、饿死和战死的味道完全不一样，与其走死、拖死，不如战死。如果真正以这样大的牺牲来进行战斗，那要打多少漂亮的仗，要消灭多少敌人！

……

到黎平休息两天以后，改编了军委纵队，其他的军团也整顿了一下，这样才过乌江。到1935年1月进入遵义，接着就开遵义会议。

遵义会议是一个很大的关键，这次会议是政治局扩大会议。毛主席事先做了很多工作。他在中央苏区就看到不对头，在行军过程中又看到这些情况，所以写了一个东西，预备了一下，在长征过程中就和一些同志商量，事先酝酿。在下面大家也对领导上有一些意见，因为客观事实就是中央苏区丢掉了，长征中红军削弱了，仗没有打好，大家对这些事情都不满意。到遵义休息了十一天，就把这些事情清算了一下。基本上是清算军事路线，从［第］五次反"围剿"失败搞起，一直到长征，把冒险主义、拼命主义、保守主义，最后是退却逃跑这些问题都好好地清算了一下，这是惨痛的血的教训，最后才取得了遵义会议的胜利。

（节选自《中国第二次国内革命战争历史情况的回忆》，载陈伯钧：《陈伯钧日记·文选》下卷，中国财政经济出版社 2001 年版。本文标题为选入时本书编者所加）

关于通道转兵的一些情况

⊙罗　明[1]

1934 年 11 月下旬，红军长征至湖南，一路上，敌人调集了强大的兵力，对我们进行前堵后追。我们已经突破了敌人的三道封锁线。湘江是敌人对我们设置的第四道封锁线。经过激战后，我们虽然渡过了湘江，但却遭到了极其严重的损失。12 月中旬，我们到了通道县。

当时我在叶帅指挥的后勤纵队司令部的政治部当宣传员和联络员，在罗迈（李维汉）同志的领导下工作。我经常在队伍后面做收容掉队病员的工作。有时也与中央党校学员的干部联系。由于红军在这次作战中受到了严重损失，干部们对军事指挥有很多意见。

我到通道县第二天，就去看望毛主席，并想顺便从傅连暲同志那里拿点急用的药品。我到毛主席的住地（像学校，也像教堂，不像住家房舍）后，警卫员带我见到毛主席。傅连暲同志刚给毛主席注射针药完毕。毛主席见我来了，很高兴。他说他们正在商量军事问题，要我和傅连暲同志谈谈。这时，毛主席进到大厅与洛甫同志谈话，傅连暲同志和我便在大厅前面的石板上坐着谈话。毛主席和洛甫同志在大厅里面谈话，因为距离很近，我们听得很清楚。洛甫同志先谈红军通过敌人第四道封锁线时激烈战斗和渡湘江受到严重损失的情况。他说，敌人已发现了我们去湘西与二、六军团会合的意图，调集了相当大的兵力企图包围我们，现在处境极其困难。今后应该怎么办？还想不出好的办法。洛甫同志谈了很多，如实地摆出了当前的困难情况。我和傅连暲同志听了都感到问题很严重。接着听到毛主席讲话，声音很洪亮。他说：1933 年冬第五次

---

① 作者在长征初期任中央纵队政治部宣传干事。遵义会议后任红三军团政治部地方工作部部长。

反"围剿"不久，发生福建事变。福建的第十九路军准备成立福建人民政府，派代表来中央苏区和我们订立反蒋抗日协定。我主张红军主力要突进到江浙地区，迫使敌人回援。这时，我们〔应〕与十九路军配合，共同打击蒋介石的进攻，趁机消灭一部分敌人，粉碎敌人的第五次"围剿"。当时你们不实行出兵。敌人打败了十九路军后，又回来向我们根据地进行"围剿"。敌人继续采用步步为营的堡垒政策。后来我又提出红军主力……向湖南中部地区前进，调动江西的敌人到湖南地区予以消灭，你们又是不听。现在我们突破敌人的第四道封锁线，受到了严重的损失，无论如何不能照原计划去湘西与二、六军团会合了，因为敌人已调集了三四十万兵力，部署在我们前进的道路上企图消灭我们。我主张现在应坚决向敌人兵力比较薄弱的贵州前进，才能挽救危机，争取主动，开辟北上抗日的道路……我和傅连暲同志一起听了一个多小时。听了毛主席的谈话，感到红军前进有了正确的方向而极为高兴，随后我们就走了。

当红军向贵州地区前进后，我听说中央军委在通道开了会议，但会议的具体情况我不清楚。

（选自中共中央党史资料征集委员会编：《中共党史资料》第九辑，中共党史资料出版社 1984 年版）

打开遵义

——中央召开政治局扩大会议

⊙聂荣臻[①]

　　渡湘江之后，我的脚化脓了，住在一家壮族老百姓家里，由前面提到的那个外号叫"戴胡子"的医生给我开了刀。这样，我行军就得坐担架。坐担架行军，对频繁作战的军团来说，不免增加累赘。于是，我有时就跟着中央军委纵队行动。

　　坐担架给了我思考问题的机会。显然，自从1931年1月，我党召开六届四中全会以来，王明跃居中央最高领导的地位（当时名义上的总书记仍是向忠发）之后，王明路线越来越占上风。王明这个人，大革命时期在武汉我就认识他。他那时给共产国际派来的米夫当翻译。此人爱夸夸其谈，傲慢得很，教条气十足，我那时就讨厌他。但从路线上认识他，也经历了一个过程。从白区到中央根据地，越是深入群众，深入实际，就越是感到王明等人推行的这条路线是错误的。逐步形成了我的坚定认识：只要毛泽东同志的主张得势，革命就大发展，反过来，如果王明路线占上风，革命就受挫折，红军和根据地老百姓就遭殃。事实都是摆在那里的。中央根据地三次反"围剿"以前，红军几乎是连战皆捷，根据地得到大发展。到第四次反"围剿"，运用毛泽东同志的战略战术，仍然取得了伟大的胜利。可是，第五次反"围剿"就不行了。第五次反"围剿"固然敌情发生了很大变化，但是，从对敌斗争来说，根本问题还是个领导问题、路线问题。1933年初，临时党中央从上海迁到了中央根据地，军事顾问李德1933年9月也进了根据地，一切指导思想、战略方针都变得一反常态，变得特别"左"，特别不切实际。尤其是1934年六届五中全会以后，王明"左"

---

① 作者在长征时任红一军团政治委员。

倾路线在中央根据地占据统治地位，毛泽东同志在中央已经几乎没有发言权。"左"倾冒险主义者甚至胡说，第五次反"围剿"的斗争"即是争取中国革命完全胜利的斗争"。他们胡搞八搞，使红军蒙受巨大损失。渡过湘江，中央红军只剩下三万多人。这都使我深为焦虑不安。我躺在担架上冥思苦想，为什么不能让毛泽东同志出来领导？黎平会议虽然开始转变了我军战略方向，不再往敌人布置好的口袋里钻了，但领导问题不解决，我军就难以彻底地由被动变为主动。这不只是我个人思考的问题，也是当时广大红军指战员思考的问题。这些问题已经提到中国革命的议事日程了！后来知道，由于从湘南起，毛泽东同志对李德以及博古同志的错误做法不断有所斗争，为了解决党内意见分歧，黎平政治局会议已经决定在适当时候召开政治局扩大会议，以便审查黎平会议的决定和总结第五次反"围剿"以及长征以来军事指挥上的经验教训。

那时，王稼祥同志（总政治部主任）因为在中央根据地第四次反"围剿"后，被飞机炸伤，也坐担架，我们就经常在一起交换意见。认为：事实证明，博古、李德等人不行，必须改组领导。王稼祥同志提出，应该让毛泽东同志出来领导，我说我完全赞成，我也有这个想法。而这个问题，势必要在一次高级会议上才能解决。

1935年1月初，我军渡过乌江，借着打开遵义，为召开这样一次会议创造了条件。打遵义，二师六团是攻城部队。渡过乌江以后，六团团长朱水秋、代理政委王集成同志就接受了攻取遵义的战斗任务。他们把一切攻坚的准备工作都做好了。这时，总参谋长刘伯承同志赶到了他们部队，他当时对干部讲："现在，我们的日子是比较艰难的，既要求仗打得好，又要伤亡少，还要节省子弹。这就需要多用点智慧啰！"后来随着情况的发展，这次攻打遵义的战斗，实际上变成一次智取遵义的战斗。

1月6日，六团离遵义还有半日行程。侦察员来报告说：离遵义三十里地，有敌人的一个外围据点。刘伯承同志指示六团，要先歼灭这股敌人，而且要保证不准有一个漏网，否则就会影响打遵义。于是当日下午3点，六团一营就以迅雷般的动作，冒雨对这个据点展开了奇袭，全歼了这股敌人，果然做到了无一漏网，并立即对俘虏兵做好了争取工作。由一营营长曾宝堂带着团侦察排，全部换成俘虏的衣服，化装成敌军，由俘虏兵带路，全团跟在他们之后，向遵义前进。当时六团做了两手准备：争取诈开城门，如诈不开城门，就强攻上去。结果敌人真以为是从外围据点败退回来的自己人。1月7日凌晨我们二师进了遵义城，取得了智取遵义的胜利。

打开遵义以后，我随军团部紧跟二师进了遵义城。遵义是黔北的首府，是贵州第二大名城。这里是黔北各种土产的集散地，是汉、苗、黎各族商旅云集之所，市面十分繁华，既有新城，又有老城，一条河流从中间穿过，是红军长征以来所经过的第一座繁华的中等城市。

我和刘伯承总参谋长步入这座城市时，看到二师的部队已经在准备宿营了。这可不行，军委命令我们，乘胜追击由北门逃跑的黔敌三个团，直到占领娄山关、桐梓，就是说任务还很重！六团昨天是比较疲劳了，四团这个主力团还未怎么使用哩。于是我们与二师领导商定，使用四团为先头追击部队。

当刘伯承参谋长给四团明确任务，要他们立即出发去占领娄山关和桐梓时，他们虽然满口答应，却可以看出面有难色。这也不难理解，他们刚到遵义城，屁股还没有坐热又要出发了，政治思想工作的确难做哩。

我对四团政委说："杨成武同志，你是政委，要向同志们说清楚：任务紧急，不能在遵义停留。早饭也不能在这里吃，到路上去吃干粮，完成任务后，再争取时间好好休息。"

杨成武和该团团长耿飚都一致保证坚决完成任务，立即吹集合号，把部队集合好就出发了。

四团朝着去四川的孔道、兵家必争之地的娄山关前进。1935年1月10日，四团快进到娄山关时，他们偷听敌人的电话，知道了敌人在娄山关一带的部署，就派了一支部队，从板桥镇绕小路插到了娄山关的侧后，攻占了娄山关。紧接着又打开桐梓县城。一军团的部队集结在桐梓一带休整。少共国际师即第十五师，这时撤销番号并入了一军团。这之后，四团又向前伸，先占领了牛栏关，14日在新站与敌人遭遇，击溃敌人两个团，乘胜追击，16日又占领了松坎。

中央军委纵队9日进入遵义城。由刘伯承同志兼任遵义警备司令。我和林彪奉军委指示，从14日开始，将部队的日常工作，交给参谋长左权和[政治部]主任朱瑞，专心致志地去参加中央政治局扩大会议了。由于我军突然转向遵义，一下把十几万"追剿"军甩在了乌江以东和以南。何键虽仍为"追剿"军总司令，但他率领二十个团到常德地区与二、六军团作战去了。四川刘湘的部队摆在长江南部一线，搞不清虚实，不敢轻进。蒋介石虽然命令粤桂军队赶快北上遵义，但贵州不是他们的地盘，显然不积极，仍滞留在黔南榕江等地。黔敌不经打，一触即溃。只有蒋介石的嫡系薛岳、周浑元纵队比较积极，但被阻隔在乌江以南，也难以很快采取行动。这为我们召开遵义会议提供了可贵的时机。

会议召开之前，经过了紧张的酝酿。毛泽东同志亲自在中央领导集团中做了一些思想工作。先是王稼祥通了。前面说了，我和王稼祥一路走，一路扯。他和我的意见是一致的，坚决主张请毛泽东同志出来领导。他说，他参加第二次、第三次反"围剿"，两次都取得了那样大的胜利，完全是毛泽东同志采取诱敌深入、隐蔽部队、突然袭击、先打弱敌、后打强敌、各个击破等一系列战略战术原则指挥的结果。他赞成毛泽东同志出来统帅部队。对博古、李德，王稼祥同志十分不满，用他自己当时的话来说："到时候要开会，把他们'轰'下来！"周恩来同志是个好参谋长，他那个时候行军时往往在担架上睡觉，一到宿营地，不管白天晚上赶快处理电报。他从长期的实践中，已经认识到毛泽东同志的见解是正确的，也赞成毛泽东同志出来领导。周恩来、王稼祥同志他们两个人的态度对开好遵义会议起了关键的作用。

听说要开会解决路线问题，教条宗派主义者也想争取主动，积极向人们做工作。会前和会议中，凯丰——即何克全，当时的政治局候补委员、共青团书记——三番两次找我谈话，一谈就是半天，要我在会上支持博古，我坚决不同意。我后来听说，凯丰向博古汇报说，聂荣臻这个人真顽固！

会议还是开得很紧张的。除了个别同志处理作战指挥方面的事，临时告假以外，一律到会。那时，我的脚还没有好，每天坐担架去。

会议的名称就叫遵义政治局扩大会议，共开了三天，出席会议的，除了政治局委员和候补委员毛泽东、周恩来、王稼祥、张闻天、朱德、刘少奇、陈云、博古、邓发、凯丰同志以外，还有刘伯承、李富春、彭德怀、杨尚昆、李卓然、邓小平同志，我和林彪也出席了会议。李德也列席了会议，伍修权同志给他当翻译。会议由博古同志主持——他既是会议的主持人，同时在路线方面，又处于被审查的地位。博古在会上做了主报告——关于第五次反"围剿"的总结，他一再强调客观原因，强调不可能粉碎这次"围剿"。副报告是周恩来同志做的，因为他是军委主要负责人。

在会上，多数人集中批判了王明的先是"左"倾冒险主义，以后又发展为右倾保守主义，以及在长征中消极避战，只顾夺路去湘西的错误军事路线；集中批判了王明路线在中央的代理人博古的错误。这方面遵义会议的决议已经讲得很清楚。毛泽东同志是批判他们的第一个发言人，王稼祥紧接着站起来发言支持毛泽东同志，所以毛泽东同志在"文化大革命"中说，遵义会议王稼祥投了"关键的一票"。会上大多数人拥护毛泽东同志出来领导，只有博古、凯丰出来反对。博古同志后来做了检讨，但没有彻底地承认错误。凯丰甚至很狂妄地对毛泽东同志讲："你懂得什么马列主义？你顶多是看了些《孙子兵法》！"并且对会议表示保留意见。李德是列席的，遵义会议文件中的"华夫同志"，指的就是他。他没有正式座位，坐在屋里靠门口的地方。经常一言不发，只是一个劲地抽烟，情绪十分低落，但对会上大家对他的指评，他在发言中，一概不承认自己有错误，态度十分顽固。我在会上一提起李德的瞎指挥就十分生气。他对部队一个军事哨应放在什么位置、一门迫击炮放在什么位置——这一类连我们军团指挥员一般都不过问的事，他都横加干涉。我记得在会上，林彪没有发什么言。

对于今后行动方向，伯承同志和我在会上建议，我们打过长江去，到川西北去建立根据地，因为四川条件比贵州要好得多。从我到贵州看到的情况，这里人烟稀少，少数民族又多，我们原来在贵州又毫无工作基础，要想在这里建立根据地实在是太困难了。而到四川，一来有四方面军的川陕根据地可以接应我们；二来四川是西南首富，人烟稠密，只要我们能站稳脚跟，就可以大有作为；三来四川对外交通不便，当地军阀又长期有排外思想，蒋介石想往四川大量调兵不容易。会议接受了我们的建议。只是后来由于川军的顽强堵击，张国焘又不按中央指示，擅自放弃了川陕根据地，使敌人可以集中全力来对付我军渡江，这个设想才未能成为现实。

会议选举毛泽东同志为中央政治局常委。会后，在常委分工上，由洛甫同志代替博古负总责，主持党中央的日常工作。在行军途中，又组织了由毛泽东、周恩来、王稼祥三同志组成的军事领导小组，负责指挥军队。

关于遵义会议的传达，由于经常处在军情紧急状态，我们只能先用电报或个别告诉等形式向团以上干部打招呼，正式传达是在二渡赤水回来，第二次攻克遵义后，在遵义由中央召集团以上干部开会传达的。会上，张闻天、周恩来同志都讲了话。一些过去受过王明路线打击的干部，一提起过去的错误领导和它给革命带来的损失时，就气得又捶桌子又打板凳。我给连以上干部传达，是在仁怀县一个叫什么场的镇子里，在一家地主的场院里传达的。传达的那天正下着小雨，谭政同志还帮我撑着伞。干部都很集中精力听，传达几小时无人走散避雨的。大家都拥护毛泽东同志出来领导。

遵义会议是我们党历史上具有最伟大意义的一次会议，它不仅纠正了党的错误的军事路线，为日后从政治上彻底清算王明路线打下了基础，而且从组织上改变了党的错误领导，从此在实际上确立了毛泽东同志在全党全军的领导地位，使中国革命走上了正确发展的道路。自然，由于军情紧迫，时间短促，以及条件尚未完全成熟，在遵义会议上还只能首先解决军事路线问题。但这却是一个伟大的历史转折，万分危急的中国革命已经从此得救了。

（选自聂荣臻著：《聂荣臻回忆录》上册，战士出版社 1983 年版）

遵义会议前后

⊙李聚奎 [①]

红一方面军渡过湘江之后，广大指战员眼看部队损失惨重，人员骤减，无不痛心疾首。

那时我们的心情，正如刘伯承同志在《回顾长征》一文中所描写的："广大干部眼看反［第］五次'围剿'以来，迭次失利，现在又几乎濒临绝境，与反四次'围剿'以前的情况对比之下，逐渐觉悟到这是排斥了以毛泽东同志为代表的正确路线、贯彻了错误的路线所致，部队中明显地滋长了怀疑不满和积极要求改变领导的情绪。这种情绪，随着我军的失利，日益显著，湘江战役，达到了顶点。"

红一方面军一渡过湘江，国民党蒋介石就觉察到我红军要到湘西去和红二、六军团会合的意图，于是他一方面调集刘建绪、薛岳两部主力十多万人，配置在湘西城步、绥宁、靖县、会同、武冈一带，布成一个大口袋，等着红军往里钻。一方面在我军前进的道路上，构筑碉堡，设置新的封锁线，全力堵击红军北上。

与此同时，地处湘鄂川黔边的红二、六军团，为策应中央红军北进，在贺龙、任弼时、萧克、王震等同志的率领下，虽然曾向敌人发动强大的攻势，并消灭了敌军两个师，占领了澧州、桃源，威胁常德，但因城步、武冈已被敌军占领，中央红军同红二、六军团会合的道路被堵了，要实现原来的计划已经成为不可能。

面对这种不利情况，王明"左"倾冒险主义者仍把希望寄托在与红二、六军团的会合上。一方面继续电令贺龙、任弼时、萧克、王震同志由湖南常德地

---

① 作者在长征时任红一军团第一师师长。

区向湘西北发展；一方面强令中央红军北上，硬要往敌人的"口袋"里钻，我军处境十分险恶。

12月11日，中央红军占领湖南通道。这时，中央领导同志开了一个临时会议，讨论进军方向问题。会上，毛泽东同志深刻分析了敌我形势，坚决主张中央红军转向西南，到敌人兵力薄弱的贵州去，以摆脱湘西之敌，争取主动，使已经跋涉千里、苦战两月的部队得以休整，恢复体力，提高士气。毛泽东同志这一主张，得到了大多数同志的赞成和支持。但仍未能说服博古及李德等人。

12月中旬，大概是在通道会议的一周之后，我一军团先头部队向贵州黎平前进。当时黎平有贵州军阀王家烈部周芳仁旅一个团驻守，但他们在我先头部队未到达之前就弃城而逃，溃兵退到十万坪，驻十万坪之敌也跟着向后逃跑，一直退到五里桥。贵州敌军这种望风披靡、狼狈逃窜的情形，同湖南、广西军阀及蒋介石的嫡系部队的情况形成了鲜明的对比。这些情况，引起了到达黎平的中央领导同志的重视和很大的兴趣。

接着，中央领导同志又进一步了解到，贵州军阀王家烈、犹国材①、侯之担、蒋在珍四个派系名为统一，实则各据一方，时常内讧。王家烈虽名为国民党贵州省主席兼二十五军军长，主持贵州军政，但实际上能够由他指挥的部队只有两个师而已。还了解到，贵州的统治者为了开辟财源，中饱私囊，除立下名目繁多的苛捐杂税之外，还公开宣布开禁鸦片烟。种罂粟、吸鸦片烟到处可见，富人靠鸦片烟发财，穷人抽鸦片烟倾家荡产，卖儿卖女卖老婆，贫富悬殊，矛盾极为尖锐。特别是军队也抽鸦片烟，被称为"双枪兵"（一杆步枪加一杆烟枪），战斗力较差，比较好打。

就在这个时候，党中央在黎平召开了政治局会议。会议充分肯定了毛泽东同志关于进军贵州的正确意见，做出了在川黔边建立根据地的决议，正式决定中央红军改向以遵义为中心的川黔边区前进。这是在王明"左"倾路线领导者排斥毛泽东同志之后，党中央在重大战略决策的问题上，第一次接受了毛泽东同志的正确意见，它也可以说我们战略转变的开端，是尔后遵义会议得以胜利召开的基础。

不过，我们红一师的领导干部得知这次会议精神是在我们离开黎平以后的行军途中。一天，我们红一师正在一个小镇上休息，恰遇中央纵队的前梯队从

---

① 犹国材，应为"犹国才"。

这里通过。听说我们红一师师部在这里，前梯队也停了下来。这时，毛泽东、周恩来、朱德同志，记得还有王稼祥、张闻天、博古等中央领导同志，一起来到我们师部。那天，我们司令部炊事班刚好宰了一口猪，我们师的几个领导，一面让炊事班准备饭，一面向中央领导同志汇报情况。在我们汇报的过程中，几位领导同志互相插话，笑声不断。其间，毛泽东同志说话最多，他关切地询问我们部队吃得怎么样、病号多不多、休息得好不好、恢复疲劳没有。他们谈话后，接着就是吃饭。那时招待领导同志吃饭，只要有点肉，就是好饭了。他们见炊事班一下子端上来了好几盘肉，高兴得很。记不清是谁了，见上来了肉，竟喊了起来："嗬，还有这么多肉呀！"饭桌上他们边吃边谈，笑语不断，连半个多月来愁眉不展、束手无策的博古同志，此时也活跃起来，说话很多。中央领导同志们如此兴高采烈，是我们长时间没有见过的。我们猜想，一定是在什么重大的战略决策问题上，他们已取得了一致的意见。但由于他们谁也没有向我们提起，所以我们也不便于发问。

中央领导同志吃完饭正出门时，碰上李德进来。毛泽东同志用手往后一指，告诉李德说："里面有饭，快去吃吧！"

毛主席对李德说的这一句话，本来是一句很平常的话，可是后来人们把它变成了"毛主席说李德是饭桶"的笑话。我们觉得这样说不太好，但一下也纠正不过来。这也难怪，因为那时大家对李德确实很反感，特别讨厌他那一套论调：什么中华苏维埃共和国有三十多个县，十万军队，是一个国家呀！什么作为一个国家的军队就是正规军，应该打正规战，应该御敌于国门之外、寸土必争呀！还有什么短促突击呀！什么以堡垒对堡垒、积小胜为大胜呀！记得在第五次反"围剿"开始不久的时候，他在一军团的师、团长会议上，给我们讲"短促突击"的战术课，从头一天晚饭后，一直讲到第二天早晨。更加讨厌的是他完全凭地图指挥部队打仗行军，至于地图准确不准确、部队吃上饭吃不上饭、有没有睡觉休息的时间，这些他都全不考虑。所以，广大指战员把第五次反"围剿"的失败和长征以来的失利归咎于他，也是可以理解的。

12月20日左右，一军团在向剑河前进途中，接到了中央政治局黎平会议《关于在川黔边建立根据地的决议》，当即由军团政委聂荣臻同志向我们师以上干部进行传达。当我们听到"鉴于目前所形成的情况，政治局认为：过去在湘西创立新的苏维埃根据地的决定，在目前已经是不可能并且是不适宜的"，"新的根据地区应该是川黔边地区，在最初应以遵义为中心之地区"时，大家高兴得鼓起掌来。当我们听到"在向遵义方向前进时野战军之动作，应坚决消灭阻拦我之黔敌部队，对蒋湘桂诸敌应力争避免大的战斗"时，我们又会心地笑了。因为大家感到毛泽东同志在中央根据地那一套"打得赢就打，打不赢就走"的克敌制胜的战法又回来了。

随后，红军按照中央军委的命令，分两路挺进。一路上连战皆捷，进军迅速。12月底，全军部队逼进乌江南岸。当时中央军委授命一军团先渡乌江。我红一师在军团长林彪、政委聂荣臻的指挥下，于1935年1月1日进抵回龙场渡口。时值新年，但部队指战员没有举行联欢，而是组织讨论如何完成突破乌江、拿下遵义的战斗任务。

这时贵州军阀的军队在沿江各渡口构筑江防工事，妄图凭借乌江天险，阻拦红军于乌江南岸。国民党中央军吴奇伟、周浑元两个纵队，在尾随我军进入贵州后，也已到达黄平、三穗、镇远一带。因此迅速强渡乌江，就成为红军的头等紧迫任务。

我师在回龙场组织强渡时，由一团任前卫。1月2日，指战员们不顾风雨交加，在团长杨得志、政委黎林同志的带领下，一方面用火力压制对岸敌人，一方面组织十几名勇士，选择下游水势较缓的地方强渡。3日上午强渡成功了，全师及后续部队安全渡过乌江。与此同时，红二师也在江界方向经过同敌人的激烈战斗之后，于3日渡过乌江，随后又占领了遵义城。

1月15日，具有伟大历史意义的党中央政治局扩大会议——遵义会议就在这里胜利召开了。

（选自李聚奎著：《李聚奎回忆录》，解放军出版社1986年版）

参加遵义会议

⊙李卓然 [①]

1934 年的 8 月、9 月间，由于王明"左"倾冒险主义错误的指导，第五次反"围剿"失利，红军部队受到损失，中央革命根据地也遭到极大破坏。在这种形势下，中央被迫决定撤出根据地，冲出敌人的包围。于是，便开始了举世闻名而又艰苦的二万五千里长征。

当时，我们并不了解突围前中央内部的斗争情况，只知道李德、博古等人采取"短促突击"的战术"御敌于国门之外"，致使我军丧失了消灭敌人有生力量的主动性，陷入重围。

突围前，我在红一军团当政治部主任，由于工作上的需要，周恩来副主席要我和当时在红五军团工作的朱瑞同志对调。于是，我便于 1934 年 9 月带了两名警卫员赴五军团去任政治委员。军团长是董振堂同志，他是 1931 年宁都起义的著名将领，为人耿直，作战身先士卒，很会带兵打仗，我们一直合作得很好。可惜，1936 年 12 月 [②] 他不幸以身殉难于高台城。

1934 年的 9 月 [③]，我们从江西的兴国出发。中央在兴国召开过一个会议，具体内容我记不太清了，只记得会议决定红五军团担任长征的后卫任务，主要是保证前面中央机关的安全和阻截后面的追敌。红五军团的成员大部分是宁都暴动的官兵，很能打硬仗，既能打阵地战，又能打攻坚战，能攻善守，所以我和董振堂同志带领的红五军团，从长征开始后一直在后边打阻击战，与中央相距着有一两天的路程。中央用电报指挥军事行动路线，部署军事行动。离开兴

---

① 作者在长征时任红五军团政治委员。
② 董振堂同志牺牲的时间应为 1937 年 1 月。
③ 9 月，应为"10 月"。

国，我们边走边打，有时刚到宿营地，敌人就追上来了，甚至冲到了军团部里，仗打得相当激烈。湘江战役是撤离中央根据地冲破敌人包围的最后一次硬仗。红五军团保卫中央机关和其他红军部队安全撤离湘江后，立即组织部队过江。但由于敌人炸毁了湘江〔浮〕桥，我们有一个师没有过来，折损了整整一个师的兵力。

10月[①]，我们后卫部队打到了湖南境内，先头部队和中央机关已先到达那里。之后，我们又从湖南打到贵州。至此，红军长征已经两个多月了。两个月来，由于王明"左"倾错误仍然在党内、军内占统治地位，尽管指战员们英勇顽强，浴血奋战，我军还是连连失利，甩不掉蒋介石的飞机大炮。加之部队所带的辎重过多，道路又难走，我后卫部队有时一天一夜只行军几里地。指战员们怨声载道，责怪中央领导不力，就在这个关键时刻，1935年1月，我先头部队攻占了贵州的遵义城，中央立即在那里召开了政治局扩大会议。

记得那是在1935年刚过了旧历年的第三天，红五军团到了贵州的桐梓一带，在那里集结待命。到达的当晚，我就接到了周恩来副主席发来的电报，要我迅速赶到遵义城去参加政治局扩大会议。我记得电报是发给我和刘少奇同志的。少奇同志当时是中央驻红五军团的代表，董振堂同志的宿地和我不在一起，我记得他没有去参加遵义会议。……我接到中央的电报后便从桐梓出发了。当我带着两名警卫员日夜兼程赶到遵义城时，会议已经开始了。开会的两层小楼坐落在遵义城内一个比较高的山坡上，山坡下面是环城的小街道。参加会议的人都分住在小楼里。记得我和少奇同志住在一间房子里。

我到遵义的当天，毛泽东同志就在他的卧室里接见了我。当时他正患感冒，头上裹着一条毛巾，尽管是在病中，但他仍然专注地倾听我的汇报。当我谈到部队已经怨声载道时，他笑笑说："怨声载道啰，对领导不满意啦？"我说："是的。"他又说："那你明天在会议上讲一讲，好不好？"毛泽东同志肯定了我反映的情况很重要，并要我在会议上发个言。

在第二天的会议上，我发了言，其他同志也讲了讲。我们的发言，实际上是对王明"左"倾错误的批判。

当时，红五军团的参谋长陈伯钧[②]同志因脚负伤在军委卫生部治疗。会议

---

① 10月，应为"12月"。

② 陈伯钧是在遵义会议后才复任红五军团参谋长，此时仍是第十三师师长。

期间，我曾到医院去看望他。会议结束后，我在遵义城还见到了董振堂同志，他是奉命带领担任后卫的红五军团抵达遵义的。

遵义会议着重从军事上纠正了王明的"左"倾冒险主义错误，从而确立了毛主席在红军和党中央的领导地位，使红军和党中央在极其危急的情况下得以保存下来。这是一次具有重大历史意义的会议，是我党历史上一个生死攸关的转折点。从此以后，红军转败为胜、转危为安，胜利地完成了长征。

（选自《星火燎原》丛书之二，解放军出版社 1986 年版）

从福建事变到遵义会议（节录）

（1943年12月16日）

⊙张闻天[1]

  然而政治上的分歧[2]终究开始发生了。首先关于三条件的了解（1933年1月17日）[3]，我们一开始即有区别。博古说，三条件只是宣传的号召，只对下层士兵与广大工农群众讲的。我说，三条件是宣传的，也是行动的号召，也是对上层军官说的。对于十九路军的策略，他完全采取开玩笑的态度，在军事行动上完全不配合，我则主张慎重其事，在军事上主张积极配合。但这种不同的意见，没有在正式的会议上发生过公开的争论。虽是关于十九路军问题，我曾经在《斗争》报上发表过一篇文章[4]，主张在这个问题上的两条战线斗争（请参看《斗争》36期，1933年11月26日）。

  其他关于经济政策也曾经有过个别的不同意见。他曾经写了一篇文章《关于苏维埃的经济政策》[5]（没有写完），暗中是驳我的个别意见的。我总感觉到，他在无论什么问题上总比我"左"些。我在反右倾机会主义斗争中，在个别问题上也反对过"左"，如关于劳动政策上的"左"，同十九路军统一战线上的"左"，

---

① 作者在长征时任中共中央政治局常务委员、书记处书记。

② 指遵义会议前同博古之间的分歧。

③ 中华苏维埃临时中央政府和工农红军革命军事委员会1933年1月17日发表了《为反对日本帝国主义侵入华北愿在三条件下与全国各军队共同抗日宣言》。三条件：（一）立即停止进攻苏维埃区域；（二）立即保证民众的民主权利（集会、结社、言论、罢工、出版之自由等）；（三）立即武装民众，创立武装的义勇军，以保卫中国及争取中国的独立统一与领土完整。

④ 指《关于苏维埃政府的宣言与反机会主义的斗争》。

⑤ 参见《斗争》第16期（1933年6月25日）。

党内斗争中的"左"，在上海时我曾经反对过河北高阳、蠡县暴动中的"左"（见上海《斗争》报）①，但是我却从来没有一次见过博古反对过任何问题上的"左"。相反的，他的拿手好戏，就是把你的反对"左"，曲解为右而加以打击。我平时就怕他这一点，怕他找到我的"右"打击我。所以我的反"左"，常常是胆怯的，在反右倾中附带说及的，或者反一下"左"，赶快转过来说要反右。我现在反省，这主要的还是由于我的思想基本上没有转变的关系，但他的极"左"态度摧残着一切新思想的生长这一事实，是无可怀疑的。

会议上，我同博古同志的公开冲突，是在关于广昌战斗的一次讨论。我批评广昌战斗同敌人死拼，遭受不应有的损失，是不对的。他批评我，说这是普列哈诺夫反对 1905 年俄国工人武装暴动的机会主义思想。我当时批驳了他的这种诬蔑。我坚持了我的意见，结果大家不欢而散。其他到会同志，没有一个表示意见。

从此时起，我同博古的矛盾加深了，他有一次似乎是传达李德的意见，说："这里的事情还是依靠于莫斯科回来的同志。"意思似乎说，我们内部不应该闹摩擦，当时，我没有重视这句话，现在想起来，倒是很有意思的。

由于这些矛盾的发展，博古开始排挤我。五中全会后，我被派往中央政府工作，就是把我从中央排挤出去的具体步骤。②后来又把我派到闽赣做巡视工作（项英从闽赣巡视才回来后），实际上要把我从中央政府再排挤出去，而把中央政府的领导交给别人。在我不在中央政府时期，博古等公开批评中央政府的文牍主义，在背后攻击我。直到快要出发长征以前，我才从闽赣回来，当时关于长征前一切准备工作，均由以李德、博古、周恩来三人所主持的最高"三人团"决定，我只是依照最高"三人团"的通知行事。我记得他们规定了中央政府可以携带的中级干部数目字，我就提出了名单交他们批准。至于高级干部，则一律由最高"三人团"决定。瞿秋白同志曾向我要求同走，我表示同情，曾向博古提出，博古反对。

在出发以前，最高"三人团"要把我们一律分散到各军团去（后因毛泽东同志提议未分散）。我当时感觉得［到］我已经处于无权的地位，我心里很不

① 指《关于河北高阳蠡县游击战争的错误的批评》（《斗争》第 28 期，1932 年 10 月 13 日）。
② 张闻天同志同一笔记的另一处曾说，派他去担任人民委员会工作对于博古等人来说，"是'一箭双雕'的妙计，一方面可以把我从中央排挤出去，另一方面又可以把毛泽东同志从中央政府排挤出去"。

满意。记得在出发前有一天，泽东同志同我闲谈，我把这些不满意完全向他坦白了。从此，我同泽东同志接近起来。他要我同他和王稼祥同志住在一起——这样就形成了以毛泽东同志为首的反对李德、博古领导的"中央队"三人集团，给遵义会议的伟大胜利放〔打〕下了物质基础。

我现在反省起来，我同毛泽东同志〔之〕所以能够在长征出发前即合作起来的原因，除了我前面所说的种种原因外，我对他历来无仇恨之心。我一进中央苏区，不重视毛泽东同志是事实，但并无特别仇视或有意要打击他的心思，也是事实。在我未当人民委员会主席以前，我曾分工管理过政府工作，同他关系也还平常，他的文章我均给他在《斗争》报上发表。但究竟他是个什么人，他有些什么主张与本领，我是不了解，也并没有想去了解过的。

此外关于军事系统方面、青年团系统方面、保卫局系统方面，我知道很少，所以也说不出什么来。

关于博古如此纵容李德、信任李德，把他捧为"太上皇"，这件空前奇案确有值得好好研究的必要。我在十九路军事变时，觉得李德把军队西调不对，广昌战斗中把军队硬拼受损失不对，其余我知道很少。

长征出发后，我同毛泽东、王稼祥二同志住一起，毛泽东同志开始对我们解释反〔第〕五次"围剿"中中央过去在军事领导上的错误，我很快地接受了他的意见，并且在政治局内开始了反对李德、博古的斗争，一直到遵义会议。

遵义会议在我党历史上有决定转变的意义。没有遵义会议，红军在李德、博古领导下会被打散，党中央的领导及大批干部会遭受严重的损失。遵义会议在紧急关头挽救了党，挽救了红军，这是第一。第二，遵义会议改变了领导，实际上开始了以毛泽东同志为领导中心的中央的建立。第三，遵义会议克服了"左"倾机会主义，首先在革命战争的领导上。第四，教条宗派开始了政治上、组织上的分裂。这个会议的功绩，当然属于毛泽东同志，我个人不过是一个配角而已。

对于我个人说来，遵义会议前后，我从毛泽东同志那里第一次领受了关于领导中国革命战争的规律性的教育，这对于我有很大的益处。

但因遵义会议没有提出过去中央政治上的路线错误，而且反而肯定了它的正确，使我当时对于我自己过去的一套错误，还很少反省。这在毛泽东同志当时只能如此做，不然我们的联合会成为不可能，因而遵义会议不能取得胜利。为了党与革命的利益，而这个利益是高于一切的，毛泽东同志当时做了原则上的让步，承认一个不正确的路线为正确，这在当时是完全必要、完全正确的。这个例子，可以作为党内斗争一个示范来看。

在遵义会议上，我不但未受打击，而且我批评了李德、博古，我不但未受处罚，而且还被抬出来代替了博古的工作①。这个特殊的顺利环境，使我在长久时期内不能彻底了解到自己的严重错误。

［本文是张闻天延安整风笔记的摘录。选自中央党史研究室张闻天选集传记组编：《张闻天文集》第三卷，中共党史出版社1994年版（2012年修订）。本文标题为原书编者所加］

---

① 张闻天同志在笔记的另一处说："当时政治局许多同志推荐我当书记。"

历史性的遵义会议（节录）

⊙伍修权 [①]

会议的酝酿和准备

　　李德等人的所作所为，以及由此造成的严重后果，迫使人们苦苦思索面临的问题：为什么在临时中央和李德来到根据地以前，中央红军在毛泽东同志指挥下，能够以三四万人的兵力，粉碎了敌人［第］一、二、三次"围剿"，还扩大了根据地，发展了红军。周恩来等同志指挥的第四次反"围剿"，继续按照毛泽东同志的军事思想作战，也取得了胜利。到第五次反"围剿"时，中央红军已发展到十万人以上，中央根据地更加扩大和巩固了。但是，在李德等人的指挥下，红军苦战一年，结果反而是"兵日少地日蹙"，最后来了个大搬家，丧失了整个中央根据地不算，八九万大军只剩了三万来人，使党和红军面临险境。惨重的失败，险恶的环境，使人们对李德那一套由怀疑到愤怒，许多指战员忿忿地说，过去几次反"围剿"，打了许多恶仗，不但没有这么大的消耗，还壮大了许多倍，现在光挨打，真气人！他们痛心地问：这样打下去，结果会怎么样呢？长征开始后，彭德怀曾经气愤地说："这样抬着'棺材'走路，哪像个打仗的样子？"他批评李德等人"把革命当儿戏，真是胡闹！"事实教育了人们，王明等人自称"百分之百"的正确，却打了败仗，被他们批判排斥了的毛泽东同志的主张，却越来越被事实证明是正确的。人们在胜利时认识了毛泽东同志，在失败中又进一步地认识了毛泽东同志。

　　中央的领导同志，包括曾经犯过"左"倾错误的同志，也陆续有了觉悟。早在第五次反"围剿"开始不久，在一次军委会议休息时，当时任中央政治局

---

① 作者在长征时任共产国际军事顾问李德的翻译。

委员、苏维埃人民委员会主席的张闻天同志跟我说："这样打下去，我们能有胜利的前途吗？"这表明，他当时已经对李德的军事指挥产生了怀疑。到广昌战役后的一次讨论会上，他就提出"不该同敌人死拼"，结果同博古同志闹翻了。李德对这件事显得很"关切"。他要博古向张闻天同志转达他的意见："这里的事情还是依靠莫斯科回来的同志。"意思就是说，博古和张闻天这些从莫斯科回来的同志之间不应该闹摩擦。张闻天同志根本没有理会李德这个"劝告"，也不怕他们排斥打击，仍然坚持自己的观点。这次大搬家后，他对李德等人的错误看得更清楚了。

王稼祥同志也早就觉察到李德等人的军事错误。他那时是军委副主席、红军总政治部主任。在第四次反"围剿"时他负了重伤，长征开始后就坐担架随队行动。当时毛泽东同志也因病坐担架，经常同王稼祥同志同行。他们就天天一边行军一边交谈，商谈了许多有关党和军队前途的问题。王稼祥同志向毛泽东同志坦率地表示了自己对当时形势的忧虑，认为这样下去不行，应该把李德等人"轰"下台。毛泽东同志很赞赏他的想法，并针对现实情况，谈了马列主义的普遍真理必须与中国革命实践相结合的道理。这给了王稼祥同志很大的启示，也更加坚定了他支持毛泽东同志的决心。这时，他们就商谈了准备召开中央政治局会议，解决面临的严重问题。

周恩来同志当时也是军委副主席，在第五次反"围剿"中同李德接触较多，曾经与李德进行过多次争论，表示不同意李德的某些军事主张和作战方案。特别在如何使用兵力的问题上，李德强调所谓"正规军"打"阵地战"，用红军的"多路分兵"对付敌人的"多路进击"。周恩来同志主张集中兵力于一个方向，其他方向则部署牵制力量，使红军保持相对优势和机动兵力，以粉碎敌人的进攻。但是，李德拒不接受周恩来同志的正确建议，使分兵把口〔守〕的红军被敌人的强大兵力各个击破。进行这些争论时，我经常在场，有时由我从中翻译，有时周恩来同志直接用英语对李德讲。他对李德的错误最了解，只是由于当时中央的主要领导坚持"左"倾错误，支持李德的独断专行，周恩来同志只能在自己的工作范围内，采取某些具体措施，进行适当的补救，尽量减少红军的损失。周恩来对毛泽东同志的主张本来就是了解和赞佩的，所以他当然是支持毛泽东同志的。

毛泽东同志在长征途中，也利用一切可能的机会，向有关干部和红军指战员进行说服教育工作，用事实启发同志们的觉悟，使大家分清什么是正确的，什么是错误的。这一切都为遵义会议的召开创造了必要的条件，打下了思想基础。此外客观形势也促成了遵义会议的召开。

在进遵义以前，王稼祥同志最早提出了召开中央政治局扩大会议（即遵义会议）的倡议。他首先找张闻天同志，谈了毛泽东同志的主张和自己的看法。他认为，应该撤换博古和李德，改由毛泽东同志来领导。张闻天同志也在考虑这些问题，当即支持了他的意见。接着，王稼祥同志又利用各种机会，找了其他一些负责同志，一一交换了意见，并取得了这些同志的支持。聂荣臻同志因脚伤坐担架，在行军途中听取并赞同了王稼祥同志的意见。周恩来和朱德等同志历来就尊重毛泽东同志，在临时中央打击排斥毛泽东同志时，他们也未改变对他的态度，这次也毫不犹豫地支持了王稼祥同志的意见。正是在此大势所趋、人心所向的形势下，再加上毛泽东、王稼祥同志做了大量的工作，召开遵义会议的条件已经成熟。

遵义会议的胜利召开

1935年1月上旬，红军胜利攻占黔北的重镇遵义。不久，中共中央在遵义旧城一个军阀柏辉章的公馆二层楼上，开了中央政治局扩大会议，这就是具有伟大历史意义的遵义会议。参加这次会议的有中央政治局委员博古、周恩来、毛泽东、朱德、张闻天、陈云和刘少奇同志[①]，政治局候补委员王稼祥、邓发和凯丰（即何克全），总参谋长刘伯承，总政治部代主任李富春。会议扩大到军团一级干部，有一军团长林彪、政委聂荣臻；三军团长彭德怀、政委杨尚昆；五军团政委李卓然因为战事在会议开始后才赶到；邓小平同志以党中央秘书长身份参加了会议。李德也被通知出席，我作为翻译，也列席了会议。会议中途彭德怀和李卓然同志因为部队又发生了战斗，提前离开了。九军团长罗炳辉、政委蔡树藩因为部队没有渡过乌江，未能参加会议。

会议一般都是晚饭后开始开会，一直开到深夜。因为中央政治局和军委白天要处理战事和日常事务。会场设在公馆楼上一个不大的房间里，靠里面有一个带镜子的橱柜，朝外是两扇嵌着当时很时兴的彩色花玻璃的窗户，天花板中央吊着一盏旧式煤油灯，房间中间放着一张长条桌子，四周围着一些木椅、藤

---

① 刘少奇当时是中央政治局候补委员。

椅和长凳子，因为天冷夜寒，还生了炭火盆。会场是很简陋狭小的，然而正是在这里决定了党和红军的命运。

会议开始还是由博古主持。他坐在长条桌子中间的位置上，别的参加者也不像现在开会，有个名单座次，那时随便找个凳子坐下就是了。会议开了多次，各人的位置也就经常变动。开会以后，首先由博古做了总结第五次反"围剿"的主要报告。他也看出了当时的形势，对军事错误做了一定的检讨，但是也强调了许多客观原因，为临时中央和自己的错误做了辩护和解释。接着，由周恩来做了关于第五次反"围剿"军事问题的副报告。第三个发言的是张闻天同志，他做了一个反对"左"倾军事错误路线的报告，是批评博古的，因此被后人称为"反报告"。

之后，毛泽东同志做了重要发言。像通常一样，他总是慢慢地先听听人家的意见怎么样，等他一发言就几乎是带结论性的了。他讲了大约有一个多小时，同别人的发言比起来，算是长篇大论了。他发言的主要内容是说当前首先要解决军事问题，批判了"左"倾冒险主义的"消极防御"方针和它在各个方面的表现，如防御时的保守主义、进攻时的冒险主义和转移时的逃跑主义。他还尖锐地批评了李德的错误军事指挥，只知道纸上谈兵，不考虑战士要走路，也要吃饭，也要睡觉，也不问走的是山地、平原还是河道，只知道在略〔地〕图上一划，限定时间打，当然打不好。〔他〕又用〔第〕一、二、三、四次反"围剿"胜利的事实，批驳了用敌强我弱的客观原因为第五次反"围剿"失败做辩护的观点。他指出，正是在军事上执行了"左"倾冒险主义的错误主张，才导致了第五次反"围剿"的失败，造成了红军在长征中的重大牺牲。毛泽东同志的发言反映了大家的共同想法和正确意见，受到与会绝大多数同志的热烈拥护。

紧接着发言的是王稼祥同志。他旗帜鲜明地支持毛泽东同志的意见，严厉地批判了李德和博古在军事上的错误，拥护由毛泽东同志来指挥红军。朱德同志接着也表示了明确态度，支持毛泽东同志的意见。朱德同志历来谦逊稳重，这次发言时，却声色俱厉地追究临时中央领导的错误，谴责他们排斥了毛泽东同志，依靠外国人李德弄得丢掉根据地，牺牲了多少人命！他说："如果继续这样的领导，我们就不能再跟着走下去！"周恩来同志在发言中也支持毛泽东同志对"左"倾军事错误的批判，全力推举毛泽东同志参加中央领导核心。他指出，只有改变错误的领导，红军才有希望，革命才能成功。他的发言和倡议得到了与会绝大多数同志的积极支持。

会上的其他发言，我印象中比较深的是李富春和聂荣臻同志。他们对李德那一套很不满，对"左"倾军事错误的批判很严厉。彭德怀同志的发言也很激烈，他们都是支持毛泽东同志的正确意见的。其他同志也大都支持毛泽东同志的意见。

会上被直接批判的是博古，批判博古实际上就是批判李德。因此，会议一开始，李德的处境就很狼狈。当时，别人大都是围着长桌子坐，他却坐在会议室的门口，完全是处在"被告"的地位上，我也坐在他旁边。别人发言时，我一边听一边翻译给李德听。他一边听一边不断地抽烟，垂头丧气，神情十分沮丧。由于每天会议的时间都很长，前半段会〔议〕我精神还好，发言的内容就翻译得详细些，后半段会议时精力不济了，时间也紧迫，翻译就简单些。会议过程中，李德也曾为自己及王明在军事上的"左"倾教条主义错误辩护，不承认自己的错误，把责任推到客观原因和临时中央身上，不过这时他已经理不直、气不壮了。事后有人说他在会上发脾气，把烤火盆都踢翻了，把桌子也推翻了。这我没见到。当时会议的气氛虽然很严肃，斗争很激烈，但是发言还是说理的。李德本人也意识到已是"无可奈何花落去"，只得硬着头皮听取大家对他的批判发言。

会议共开了三四次，开会的具体日期，我印象是在1月15日左右。遵义会议决议上印的日期是1月8日，我看不准确，可能是1月18日之误。因为1月8日部队刚进遵义，还没来得及召开会议，决议不会那么早就做出来。

会议的后期，委托张闻天同志起草了《〔中共〕中央关于反对敌人五次"围剿"的总结决议》，即遵义会议决议。决议指出，博古和李德（用华夫代名）等人"在反对五次'围剿'战争中，却以单纯防御路线（或专守防御）代替了决战防御，以阵地战堡垒战代替了运动战，并以所谓'短促突击'的战术原则来支持这种单纯防御的战略路线。这就使敌人持久战与堡垒主义的战略战术，达到了他的目的，使我们的主力红军受到一部分损失，并离开了中央苏区根据地。应该指出，这一路线，同我们红军取得胜利的战略战术的基本原则，是完全相反的"。《决议》还就博古、李德等在组织路线、领导作风上及利用敌人内部冲突等等问题，一一做了结论。这个决议由中央正式通过了。

遵义会议集中全力解决当时具有决定意义的军事问题和组织问题，改组了党和军队的领导，推举毛泽东同志为政治局常委。会后解除了博古同志的总书记职务和李德的军事顾问职务，选举张闻天同志为总书记。接着，又在随后的战斗行军中，成立了以毛泽东同志为首，有周恩来、王稼祥同志参加的三人军事指挥小组，作为最高统帅部，负责指挥全军行动。全党信服毛泽东同志，把当时最有决定意义的、关系到我党我军生死存亡的军事指挥大权托付给他，从而开始确立了毛泽东同志在红军和党中央的领导地位。这是遵义会议的最大成就，是中国〔共〕党内最有历史意义的伟大转折。

"群龙得首自腾翔"

遵义会议的成功，表现出了毛泽东同志杰出的领导才能与政治智慧。他在会议上只批判临时中央在军事问题上的错误，没有提政治问题上的错误，相反还在决议中对这个时期的政治路线说了几句肯定的话。这是毛泽东同志的一个英明的决策。在会议上，曾经有人提出批判和纠正六届四中全会以来的政治错误，毛泽东同志明智地制止了这种做法。正是这样，才团结了更多的同志，全力以赴地解决了当时最为紧迫的军事问题。会后，曾有同志问毛泽东同志，你早就看到王明那一套是错误的，也早在反对他，为什么当时不竖起旗帜同他们干，反而让王明的"左"倾错误统治了四年之久呢？毛泽东同志说，那时王明的危害尚未充分暴露，又打着共产国际的旗号，使人一时不易识破他们，在这种情况下，过早地发动斗争，就会造成党和军队的分裂，反而不利于对敌斗争。只有等到瓜熟蒂落、水到渠成时，才能提出和解决这个问题。毛泽东同志还注意把推行"左"倾错误的头头同仅仅执行过这一错误的人严格区别对待。在遵义会议上，他只集中批判博古和李德，对别的同志则采取耐心的说服帮助，争取他们转变立场。毛泽东同志这种对党内斗争的正确态度和处理方法，也是促成遵义会议成功的重要原因。

正由于这样，原来曾经支持过王明"左"倾错误的王稼祥、张闻天等同志在遵义会议这一历史转折关头，都转而支持了毛泽东同志。这里特别值得一提的是王稼祥同志。毛泽东同志曾说，在遵义会议上，王稼祥同志投的是"关键的一票"。又说，他是第一个从王明的教条小宗派中脱离出来的。周恩来同志也说，王稼祥同志在遵义会议上是有功的。张闻天同志也起了很好的作用。博古同志虽然是会上主要批判对象之一，但是他的态度也是比较端正的。他主持会议，却不利用职权压制不同意见，表现了一定的民主作风和磊落态度。会后，他又坚决服从和执行中央的决定，并严正地拒绝了别人的挑拨性意见。直到十年以后党的第七次全国代表大会上，他还做了认真的自我批评。这些都体现了一个共产党人的应有品质。

遵义会议以后，毛泽东同志亲自指挥了四渡赤水战役，巧妙地甩开了敌人，跳出了重围，赢得了战略转移中具有决定意义的胜利，写下了长征史上最为光彩神奇的篇章。我们许多参加过这个战役的同志，至今谈起来还眉飞色舞，赞叹不绝。

朱德同志有首纪念遵义会议的诗写道："群龙得首自腾翔，路线精通走一行。左右高低能纠正，天空无限任飞扬。"确确实实如此。遵义会议后，正是由于党中央和毛泽东同志的英明领导，我们在极端艰险的条件下，保存并锻炼了党和红军的基本骨干，并且克服了张国焘的退却逃跑和分裂党的阴谋，胜利地到达陕北，结束了长征，促成了抗日民族统一战线，推动了抗日高潮的到来。这一切事实，随着时间的推移，使人越来越深刻地认识到遵义会议的深远意义。

遵义会议已经过去半个多世纪了，党的十一届六中全会通过的《关于建国以来党的若干历史问题的决议》中指出，遵义会议是我党历史上"一个生死攸关的转折点"。作为亲身经历这一转折的老战士，每当回忆起这次会议，总是自然地深深怀念毛泽东同志。遵义会议以前，王明等人脱离群众，脱离实际，只会搬用书本和外国的经验，甚至倚仗外［国］人来领导中国革命。李德根本不懂中国的国情和斗争特点，却以"太上皇"自居，凭着洋本本、死框框瞎指挥，推行王明的"左"倾教条主义，结果把我国的革命几乎引入绝境。正是毛泽东同志把马列主义普遍原理与本国革命实践相结合，才使我国革命走上了胜利的道路。因此，直到今天，我们还在享受着遵义会议胜利的成果。我们回忆遵义会议，正是要铭记毛泽东同志根据我党血的经验教训告诉我们的这一伟大真理。尽管毛泽东同志晚年有过错误，但他的光辉革命实践和他在中国革命危难时的伟大历史功勋，是永垂史册的。

（选自伍修权著：《回忆与怀念》，中共中央党校出版社1991年版）

长征中两种不同的军事指导

⊙王稼祥 [①]

中央苏区第五次反"围剿"失败后，1934年10月，党中央和中央红军被迫撤离江西革命根据地，开始了史无前例的艰难的长征。由于博古同志坚持"左"倾机会主义路线，加之战略指导上的错误，使红军长期处于极为不利的被动境地。蒋介石调集重兵沿湘粤桂边设置几道封锁线，企图阻止我军与二、六军团会合，达到聚歼我军的目的。红军经过浴血奋战，突破了敌人四道封锁线，在突破敌湘江第四道封锁线时，部队损失惨重，由江西出发时的八万余人减至不足四万人。红军面临着前有堵截之敌，后有围追之兵，形势严峻，处境十分艰险。

我在第四次反"围剿"胜利结束时，腹部受重伤，长征开始，伤口尚未痊愈，只得坐担架随军委纵队行进。一路上我有充裕的时间来思考问题。第五次反"围剿"时，我曾为作战指挥上的问题和李德发生过多次争论。我认为"御敌于国门之外"，"短促突击"是打不破敌人"围剿"的，还是要采取诱敌深入、隐蔽部队、突然袭击、先打弱敌、后打强敌、各个击破等战法。但是，李德不听我的意见，结果是使苏区和红军遭受重大损失，不得不进行战略转移。当前情况又万分危急，我对局势非常焦虑，想来想去只有向毛泽东同志表白自己［的］看法。毛泽东同志自1932年10月宁都会议上，被第三次"左"倾错误领导［者］剥夺了红军的指挥权，第五次反"围剿"中又拒绝采纳他的正确主张。长征前他正在养病，长征时也乘担架同行，我们在休息和宿营时经常一起交谈对当前局势的看法。我向毛泽东同志表示：目前形势已非常危急，如果再让李德这样

---

① 作者在长征时任红军总政治部主任。

瞎指挥下去，红军就不行了！要挽救这种局面，必须纠正军事指挥上的错误，采取果断措施，把博古和李德"轰"下台。毛泽东同志听后十分赞同。他考虑了当时情况，又担心地说："你看能行吗？支持我们看法的人有多少？"

我说："必须在最近时间召开一次中央会议，讨论和总结当前军事路线问题，把李德等人'轰'下台去。"毛泽东同志高兴地说："好啊，我很赞成。"并要我多找几位同志商量商量。

我先找张闻天同志，向他谈了自己对博古、李德军事路线的看法，以及召开中央会议的意见。张闻天同志正巧也考虑这个问题，他对李德在军事指挥上的错误也有同感，表示同意我的看法。接着，一向支持毛泽东同志正确意见的周恩来同志，也赞成这一建议。随后，我还找几位军队的负责同志，谈了我的看法。正好一军团政委聂荣臻同志因腿伤感染化脓也坐担架随军委纵队行动，我们有机会在一起交谈。我把上述看法和聂荣臻同志谈了，得到他的支持和赞同。

1935年1月上旬，红军攻占了遵义城，具有深远历史意义的党中央政治局扩大会议就在此处召开了。由于白天要集中精力指挥部队作战，所以会议都是晚上召开。会址是一个地方军阀的公馆。参加会议的政治局委员有张闻天（洛甫）、毛泽东、周恩来、秦邦宪（博古）、朱德、陈云，政治局候补委员有王稼祥、邓发、刘少奇、何克全（凯丰），以及红军指挥机关和军团的主要领导同志。共产国际派来的军事顾问李德（华夫）也列席参加了会议，伍修权同志担任翻译。

会议由博古同志主持，他首先做了报告，主要内容是强调未能粉碎第五次"围剿"的原因，完全是客观上的不利因素，党的军事路线没有错误。博古同志做完报告之后，周恩来同志做了补充报告。

会上，毛泽东同志对博古、李德等人在中央根据地提出的"御敌于国门之外""不放弃苏区一寸土地""短促突击"等口号，和军事上造成的绝大错误，进行了针锋相对的有力批判。

毛泽东同志鲜明的态度，会上顿时出现了两种不同的观点，形成了两条军事路线的斗争。

我是带着伤发着烧参加会议的。毛泽东同志发言完后，我紧接着发言。我首先表示拥护毛泽东同志的观点，并指出了博古、李德等在军事指挥上的一系列严重错误，尖锐地批判了他们的单纯防御的指导思想，为了扭转当前不利局势，提议请毛泽东同志出来指挥红军部队。

张闻天同志随即表了态，支持毛泽东同志和我的意见，对博古、李德等人错误进行了批判。

周恩来同志紧接着表示赞成，态度诚恳，一面自己承担了责任，一面请毛泽东同志重新指挥红军。

其他几位主要领导同志也都表了态，会场上的意见就基本统一了。但是也有个别同志不仅仍坚持错误意见，而且情绪对立，不愿将"印把子"交出来。

会上，李德独自坐在会场的门旁，一言不发，一个劲地吸烟，情绪十分低落。

会议开了三天，委托张闻天同志执笔写出会议的决议案。

最后一天，会议讨论了中央领导机关的改组，增选毛泽东同志为政治局常委，补选我为政治局委员。撤销了博古、李德的军事指挥权，仍由朱德、周恩来同志继续指挥军事。会后，常委分工，决定张闻天同志代替博古负总的责任。随后，又成立了毛泽东、周恩来和我三人组成的军事指挥小组，实际上是当时最高军事领导小组指挥部。这次会议，确立了毛泽东同志在党内的领导地位，从而在中国革命的危急关头挽救了红军，挽救了党。它的巨大意义，已经在斗争实践中得到了证实。

（此文系王稼祥同志的夫人朱仲丽同志根据王稼祥生前所谈遵义会议情况整理。选自中国人民解放军历史资料丛书编审委员会编：《红军长征·回忆史料》第1卷，解放军出版社1990年版。本文标题为选入时本书编者所加）

关于红军长征和遵义会议情况的报告（节录）

（1935 年 10 月 15 日）

⊙陈　云[①]

同志们，今天我要向共产国际的领导人报告的不是中国红军与苏维埃的发展问题。我只讲一讲红军离开中央苏区后西征的情况。

我在讲西征之前，先要讲一讲我们党为何决定西征。

我们党对苏维埃革命根据地问题的认识是正确的。巩固的根据地对红军来说是必需的，没有这样的根据地会给今后的国内战争带来很大的困难。还在 1930 年，共产国际的指示就已经指出：建立根据地是中国党头等重要的任务。共产党过去执行这一任务，在今天它仍然是十分重要的任务之一。当敌人包围了我们以前的苏区，把我们挤到一小块地区里时，我党为保存红军的有生力量，把主力从过去的苏区撤出，目的是要在中国西部的广阔地区建立新的根据地。为此目的，中国党组织了红军著名的英勇的西征，自江西向中国西部挺进。

为这次西征，我们做了哪些准备呢？

首先，在我军主力纵队撤出中央苏区向西部进发之前，党先派一部分部队打出苏区，深入敌后。尤其是我们派了抗日先遣队红七军团向福建方向和赣闽边界地区挺进，于是我们的部队便插到了东北方向敌人的后方。

第二个行动：派部队从湘赣边区打到福建[②]去。这一行动由与贺龙部会合

---

① 作者在长征初期任红五军团中央代表，1934 年 12 月任军委纵队政治委员。
② 福建，应为"湖南"。

的萧克的红六军团 ① 完成。于是我们在西北方向敌人的后方也部署了部队。

此外，我们做了保障红军主力此后西征所必需的准备工作，即为红军主力部队补充了青年战士。我们吸收了三万名志愿者参军。

第二，我们培养了一批基本干部和部队的骨干。这些干部都经过三所军校的培训，这三所军校是红军大学、公略步兵学校以及专门学习防空和防毒知识的特科学校。我军大多数干部都毕业于这三所学校。

第三，我们筹集了六十万担粮食，供红军西征开始阶段食用。还加紧生产弹药，弹药生产增加了六倍到三十倍。还给战士置备了特制的军服，筹集了必需的通信器材。

西征的准备工作按计划应在三个月内完成。但是由于局势变得严峻，我们不得不把期限缩短到两个月。这一工作完成得很出色。

西征时红军的主力为：第一、第三、第五、第八、第九军团，教导师，总政治部直属部队，后备团。

从红军主力离开江西中央苏区到与红四方面军会合，一共花了八个半月的时间，行程一万一千至一万二千里，即五千多公里 ②。我们共跨越十二个省份：福建、江西、广东、湖南、广西、贵州、四川、云南、西康、甘肃、青海和陕西。③ 中国的十八个省 ④ 中我们走过了十二个。

我们走的都是些什么路呢？当然不是柏油马路或石板路。我们走过的大多是难以通行的羊肠小路。我们翻越了中国最高的山脉，跨过了二十多条著名的大江大河，如长江、乌江、湘江、金沙江、大渡河。

我们有什么渡河工具呢？什么也没有。

川康交界处的山脉高达一万六千多英尺。5 月，中国正酷暑难耐，但是山上却白雪皑皑。我们受到四面八方的攻击，确切地说，受到来自南、西、北、东、天上和水里六面的夹击。我们就是在这样的条件下行军。如果仅仅是和追击我

---

① 红六军团的最高领导机关为军政委员会，主席任弼时，军团长萧克，政治委员王震。

② 若如文中所说红军长征走过了从福建到陕西十多个省份的路程，那应当是通常认定的二万五千里。由此也说明，在陈云做这个报告时，还没有红军二万五千里长征的提法。

③ 据资料，红一方面军（中央红军）的长征纵横十一个省，即福建、江西、湖南、广东、广西、贵州、云南、四川、西康、甘肃、陕西省。陈云在大渡河边离开红军到上海市时，中央红军还没有到达甘肃、陕西省。红一方面军长征没有经过青海省。红一、四方面军会师时还没有到达陕西省。这里应为十个省份。

④ 根据 1934 年 4 月上海申报馆出版的《中华民国新地图》，全国当时共有三十个省份。

们的敌人比赛谁跑得快，那倒不太可怕，而我们在行军路上还进行了大小一百多次战斗。

（曼努伊尔斯基[①]：粮食问题怎样解决呢？）

基本上靠各地人民自愿供给我们。后来红军采取没收敌人和土豪劣绅、地主粮食的办法。

西征达到了以下目的：

一、我们确实保存了红军的有生力量。

二、我们与红四方面军会师了。

三、两军会师后，建立了新的、实力更强大、资源更富足的苏维埃根据地。

西征的第一个阶段，是从江西到贵州。我们认为，这个阶段取得了胜利，因为我们突破了敌人的四道封锁线。封锁线上有许多用钢骨水泥筑起的工事，埋伏了机关枪。这些地带敌人认为是攻不破的，他们本想以此来把我们困死在苏区里。我们击溃了工事里的敌军，冲过了四道堡垒封锁线。

第一道封锁线沿着江西的赣江构筑。第二道封锁线修在粤北的仁化至赣南一线[②]。第三道封锁线沿粤汉铁路修筑（这条铁路当时尚未建成，但公路已通，水泥工事就沿公路修建）。第四道封锁线建在湘南至桂北一线。

这四道封锁线上都埋伏了机关枪，构成了密密层层的弹幕。我们尽管两翼受到敌人夹攻，后面又有大军追击，仍很快越过三条交通线，渡过赣江，占领了城口，也就是说我们突破了第二道封锁线。随后我们攻占了宜章，也就是说突破了第三道封锁线。第三道与第四道封锁线之间，全是崇山峻岭，蒋介石正是打算将我们消灭在这里。

我们攻占宜章之后，又一连攻克了六个县：临武、嘉禾、蓝山、江华、道州、永明。于是，第四道封锁线也被我们迅速冲破了。这实际上意味着蒋介石把我们围而歼之的计划完全落空。我们出乎敌人的预料，走出了这一地区。

但是，应该指出我们的一些不足和错误。

第一个错误，就是部队出发西征之前，在党内、军内和群众中间没有进行足够的解释工作。政治局也没有对这一问题进行讨论。由于没有进行解释工作，

---

① 即曼努伊尔斯基·德米特里·扎哈罗维奇（1883—1959），苏联著名政治活动家。1928—1943 年，任共产国际执委会书记处书记。

② 赣南，应为湘南"汝城"。

一部分青年战士和个别人开了小差。这种情况发生在湘南。这些青年战士不明了我们转移的目的与前途。这给苏区的工作造成了很大的困难。

我们怎么会犯这种错误呢？这是因为我们对保守军事秘密问题理解得过于机械了。当时我们以为，西征这件事，不能告诉党员、战士和群众。

第二个错误，就是我们上路时所带的辎重太多，带了许多笨重的机器和大量物件。我们把兵工厂、印刷厂、造币厂等工厂的机器，统统都抬走了。专门运输这些设备的，就有五千人。

（曼努伊尔斯基：有没有马匹和骡子？）

经验证明，马匹、骡子和毛驴反而给我们带来麻烦，因为道路太窄了。总之，由于这些笨重的辎重，我们的军事行动困难重重。后卫部队往往落后先头部队达十天的距离。我本人是后卫部队的政委①，亲身经历了这些困难。有一次，我们顶着倾盆大雨，跋涉在泥泞之中，花了十二个小时，才走了四公里。

我们基本上以三路纵队的形式行军：左路，右路，主力部队居中。除此之外，还有先头部队和后卫部队。但是，由于道路状况并非总是一样，我们不能始终按照这一部署行军。有时候，我们不得不编成两路纵队行进。但我们从来不合成一个纵队前进。

我们占领宜章之后，本应立即攻克全州并马上渡江。这个地方十分重要。但是我们由于辎重太多而没能及时攻下全州，结果敌人抢先占领了全州。如果不是带的辎重太多，我们的先头部队本可以走得更快一些，我们也可以少打几次仗。在湘黔②边界地区，我们为战胜敌人的阻击，大约耗费了一百天的时间。

为什么会出现这种情况呢？这是由于我们的主力部队全都变成了辎重护卫队，没有足够的自由机动的部队。先头部队往前挺进，而后卫部队还落后在二三百里之外，也就是落后一百公里到一百五十公里。因此，大大削弱了我们的战斗力，使敌人得以从侧翼攻击我们。

我们为什么要带这么多的辎重呢？这是由于一种不正确的幼稚的政治观念导致的后果。当时认为，建立新的苏维埃根据地，就是简单地从一个地方搬到另一个地方，不需要再进行一番新的艰苦的斗争和极大的努力。

---

① 长征初期，陈云担任红五军团（后卫部队）中央代表，红五军团政委是李卓然。
② 湘黔，应为"湘桂"。

西征第一阶段所犯的第三个错误，就是纯军事性质的错误。我们仿佛总是沿着一条用铅笔在纸上画好的路线，朝着一个方向直线前进。这个错误很大。结果，我们无论走到哪里，到处都遇着敌人迎击，因为他们早已从地图上料到我们将出现在哪里，将往哪里前进。于是我们变成了毫无主动权、不能进攻敌人，反而被敌人袭击的对象。既然这样，我们本应加快行进速度、迅速占领据点，可是敌人拥有汽车和其他交通工具，在这种情况下，我们只能通过战斗来夺取这些据点。我们的行军从不改变方向。由于军用地图上的位置常常标错，我们常常走进死路而被迫走回头路。有一个地方，我们打了三天，才走了四公里。为了寻找尽可能走快些的近路，司令部的同志们和几个军长，一连三天三夜没有睡觉，没有吃饭。我作为后卫部队的政委，有责任设法保障后卫部队不落后，有时六天六夜不能睡觉。

在湘南，敌人对我们两面夹攻，切断了第三十四师与大部队的联系。这个师便留在了当地，变成了一支游击队①。不能跟我们一起继续行军的伤病员也留在了当地。在第一阶段西征中，军事上的错误使我们付出了很大的代价。

（曼努伊尔斯基：在这种条件下，你们是如何安置伤员的？）

我们把带不走的伤员安置在老百姓家里。我们有时为了掩护伤员，组建了一些游击队。老百姓对待我们的伤员很好，当他们的伤养好后便把他们送回部队。

在黎平，领导人内部发生了争论，结果我们终于纠正了所犯的错误。我们对此前"靠铅笔指挥"的领导人表示不信任。在湘黔②边界，敌人集结了四五倍于我军的兵力严阵以待，以为我们会沿着红六军团从前进军的路线行进。桂军则从南面进攻我们的后卫部队。此外，后面还有大部队追击。

原来的领导人坚持直线前进的做法，认为此后也必须照此办理。我们坚决加以反对，指出这一计划只能有助于敌人，不会给红军和中国革命带来任何好处。原来的领导人竟要将持此种意见的人送上军事法庭。我们回答说：应该交付法庭审判的是你们这些领导人，而不是我们。

全体红军将士都主张应该突破薄弱环节，朝着敌方较弱而红军可获得新的兵员补充的地方前进。这场争论以决定改变原来的方针而告结束。至此，西征

---

① 第三十四师完成掩护任务后，官兵在突围中大部分壮烈牺牲。
② 湘黔，应为"湘桂"。

的第一阶段完成。这一阶段大体上持续了一百天。当我们到达贵州时，红军已不再是经常不断地被敌人攻击、四处流窜的部队，而变成了一支能战能攻的有生力量。

西征的第二阶段，是从进入贵州开始，到占领遵义城结束。

在第二阶段，红军战士已经清楚了西征的前途和目的。我们告诉他们说，我们要打到贵州去，"活捉王家烈"。这成了我们战士们奋斗的目标。

我们抛弃了过去的"直线行军"的做法，转而采取比较灵活机动的行进方式。由于策略改变了，我们前进比较顺利，打进了贵州，攻占了遵义城。我们在这里击溃了侯之担的两个师。在这次战斗中，我们已比较容易得手。我们占领了乌江南岸的九个县，随后渡过了乌江。乌江在军事上历来是战略天险之一，指挥渡江者为毕业于莫斯科军事学院的刘伯承。他指挥一个师外加一个团，不断向前推进，十分迅速地占领了敌人的桥头据点。当敌人还没来得及把桥炸掉时，他已指挥部队过了江。我们过桥后，占领重镇遵义城和湄潭城。

我们的又一个大胜利是在当地招募新兵，扩充了我们的队伍。部队在遵义休整了十二天，政工干部在这里招募了新兵。我们一共招了三千名年轻的新战士。从这一阶段起，我们已不再携带笨重的辎重。战士们洗了澡，换了衣服，容光焕发地继续行军。精神面貌改变了，战士们个个斗志昂扬。

我们在这里组织当地的力量成立了革命委员会。在革命委员会领导之下，建立了地方武装游击队。我们发动群众没收地主豪绅、军阀的财产，并把没收的财产分给了群众。我们的这些做法使当地老百姓拥护红军的热情高涨。

我们认为，在遵义城成立革命委员会、建立地方革命政权是我们取得的第三个胜利。

第二阶段西征取得的第四个胜利，就是在遵义举行了扩大的政治局会议。参加会议的不仅有政治局委员，还有全体军事领导人、各军团的军团长和政委。

这次政治局会议决定进军四川。此外，我们在这次会上纠正了第六次[①]反"围剿"最后阶段与西征第一阶段中军事领导人的错误。大家知道，军事领导人在这一阶段犯了一系列错误。现在，这些错误得到了彻底纠正，建立了坚

---

① 第六次，应为"第五次"。

强的领导班子来取代过去的领导人。党对军队的领导加强了。我们撤换了"靠铅笔指挥的战略家",推选毛泽东同志担任领导。至此,结束了我们西征的第二个阶段。

[本文是陈云在共产国际执行委员会书记处会议上的报告。原标题为《共产国际执行委员会书记处会议(1935年10月15日)史平同志的报告》。"史平"是当时陈云在莫斯科的化名。选自《陈云文集》第一卷,中央文献出版社2005年版]

教条主义使革命受到严重损失

（1944 年）

⊙朱 德[①]

　　［第］一、二、三次反"围剿"，是中国很好的革命战争经验。主要一点是在于依靠群众。三次反"围剿"，我们都是为了群众，又很好地依靠了群众。当时我们只有五万人，三万支枪，粉碎了几十万敌人的三次"围剿"。蒋介石、外国人，都不知道我们究竟有多少人，连党中央也不相信我们只有那么多人。

　　这一胜利以后，党中央就冲昏了头脑。根据苏区胜利与"九一八"事变的新的情况，做出了《由于工农红军冲破第三次"围剿"及革命危机逐渐成熟而产生的党的紧急任务》的决议，提出要"争取革命在一省或数省首先胜利的前途"，取消游击战争的方针，要打大城市。1932 年 1 月 10 日，中央命令红军打赣州，结果打不开，这又是不应打大城市的一个证明。在这以前，毛主席主张向东北发展，分散以争取群众，一直把网撒到浙江去，打到蒋介石的老家。如若实行，我看红军发展可能上十万人，同时也会更扩大苏区。但可惜这一主张当时被否定了。不久，军事上由教条主义［者］出来负责，方向从此又搞错了。红军三大任务，改作只剩下了一个打仗，不做群众工作，不筹款，因此就脱离了群众，又保障不了供给。以后红一军团虽也打了很多好仗，但今天看来，很多都是空打的。第四次反"围剿"时，因为有前三次反"围剿"经验，所以还打了一些胜仗，但教条主义已经把红军削弱，把游击队吃掉。在军队组成上，只盲目地强调"成分"，对于工人干部，不问其能力、经验如何，把他们提到师、军级的领导岗位上，而全不知我们在农村绝没有许多工人参加红军的实际事实。

[①] 作者在长征时任中国工农红军总司令、第一方面军总司令，中央革命军事委员会主席。

教条主义的特点，就是不从实际出发，不从中国情况出发，而是从苏联情况出发，从主观愿望出发。不晓得要把我们这样一支军队，完完全全变成一支像苏联红军一模一样的军队，是绝对不可能的。

第五次反"围剿"，就更坏了，完全是洋教条，把过去苏区反"围剿"的经验抛得干干净净。硬搬世界大战的一套，打堡垒战，搞"短促突击"，不了解自己家务有多大，硬干硬拼。军事上的教条主义，伴随着其他方面的教条主义，使革命受到严重损失。直到遵义会议，在毛主席领导下，才结束了错误路线的领导。长征后，红一、三军团一共只剩下了七千人，这都是教条主义拒绝毛主席的正确思想，把方向搞错了的结果。

（节选自《在编写红军一军团史座谈会上的讲话》，载朱德著：《朱德军事文选》，解放军出版社1997年版。本文标题为选入时本书编者所加）

党的历史教训（节录）

⊙周恩来[①]

　　毛主席说，1935年1月遵义会议纠正了王明的路线错误，王明倒台了。这是简单的总结的话。事实经过是：在长征中，毛主席先取得了稼祥、洛甫的支持。那时在中央局工作的主要成员，经过不断斗争，在遵义会议前夜，就排除了李德，不让李德指挥作战。这样就开好了遵义会议。中央的很多同志都站在毛主席方面。由于毛主席拨转了航向，使中国革命在惊涛骇浪中得以转危为安，转败为胜。这是中国革命历史中的伟大转折点。毛主席的正确路线在党中央取得了领导地位，真正取得了领导地位。遵义会议一传达，就得到全党全军的欢呼。

　　中央红军1934年10月10日从于都出发，出发时八万多人，号称十万人，辗转三个月到达了遵义地区。三个月中间，坛坛罐罐都带着，连机器都抬着，那简直是不堪设想的。哪有那种大转移呢？那是大搬家！当然那些东西都纷纷丢掉了。大概没有出江西，机器就丢掉了。经过广东、江西，然后又转到湖南［和广西］。在湖南多次转移，然后才进到贵州。在进入贵州前后，就争论起来了，开始酝酿召集政治局会议了。从黎平往西北，经过黄平，然后渡乌江，到达遵义，沿途争论更烈。在争论过程中间，毛主席说服了中央许多同志，首先是得到王稼祥同志的支持，还有其他中央同志，当时林彪并不是积极的，是同别人说牢骚话的。在遵义会议上，毛主席做了讲话，扭转了航向。

　　遵义会议的主旨是纠正军事路线错误，因为当时是在惊涛骇浪中作战，军事路线最紧迫。长征是辗转战斗，蒋介石以大军围追我们，截击我们，侧击我们。

[①] 作者在长征初期任中央政治局常委，中央革命军事委员会副主席，中国工农红军总政治委员兼红一方面军总政治委员。

我们在广西那个地方受了很大的损失。白崇禧用很厉害的办法对付我们，他把我们走的路上的老百姓都赶掉，甚至把房子烧掉，使我们没有法子得到粮食和住房。他在背后截击我们，我们一个师被截断了，得不到消息，牺牲了。经过多次挫折，到了遵义只有三万多人。这么大的损失！这个严重的错误是血的教训，毛主席取得领导地位，是水到渠成。事实证明，在千军万马中毛主席的领导是正确的。

毛主席的办法是采取逐步的改正，先从军事路线解决，批判了反［第］五次"围剿"以来的作战的错误：开始是冒险主义，然后是保守主义，最后是逃跑主义。这样就容易说服人。其他问题暂时不争论。比如"左"倾的土地政策和经济政策、肃反扩大化、攻打大城市。那些都不说，先解决军事路线，这就容易通，很多人一下子就接受了。如果当时说整个都是路线问题，有很多人暂时会要保留，反而阻碍党的前进。这是毛主席的辩证唯物主义，解决矛盾首先解决主要矛盾，其次的放后一点嘛。

实际上次要矛盾跟着解决了，组织路线也是勉强解决了。当时博古再继续领导是困难的，再领导没有人服了。本来理所当然归毛主席领导，没有问题。洛甫那个时候提出要变换领导，他说博古不行。我记得很清楚，毛主席把我找去说，洛甫现在要变换领导。我们当时说，当然是毛主席，听毛主席的话。毛主席说，不对，应该让洛甫做一个时期。毛主席硬是让洛甫做一做看。人总要帮嘛。［这就］说服了大家，当时就让洛甫做了。撤销博古的那个声明也没有用"总书记"。那个时候名称也不是那么固定的，不那么严格的，这个"总"字好像没有加上，反正他是书记就是了，因为其他的人做常委嘛。那个时候没有书记处。毛主席总是采取这样的办法来教育人，使大家逐步地觉悟起来。所以，组织路线并没有完全解决。但是，这样比较自然，便于集中力量取得胜利，减少阻力。至于政治路线，暂时不提。

遵义会议开了以后，要继续前进，这个时候争论又起来了，打仗如何打法也引起了争论。那个时候困难啰，八万人剩下三万多人。每一个部队里都减员，伤员病号都不少，的确有困难。在那种关头，只有坚定不移地跟毛主席走。这时问题就出来了，一个比较小的问题，但是一个关键性的问题，就是从遵义一出发，遇到敌人一个师守在打鼓新场^①那个地方，大家开会都说要打，硬要去

---

① 打鼓新场，今贵州省金沙县城。

攻那个堡垒。只毛主席一个人说不能打，打又是啃硬的，损失了更不应该，我们应该在运动中去消灭敌人嘛。但别人一致通过要打，毛主席那样高的威信还是不听，他也只好服从。但毛主席回去一想，还是不放心，觉得这样不对，半夜里提马灯又到我那里去，叫我把命令暂时晚一点发，还是想一想。我接受了毛主席的意见，一早再开会议，把大家说服了。这样，毛主席才说，既然如此，不能像过去那么多人集体指挥，还是成立一个几人的小组，由毛主席、稼祥和我，三人小组指挥作战。从那个时候一直到渡金沙江，从1月、2月出发，到了5月，这是相当艰难困苦的一个时期。走"之"字路，四渡赤水河。从土城战斗渡了赤水河。我们赶快转到三省交界即四川、贵州、云南交界［的］地方，有个庄子名字很特别，叫"鸡鸣三省"——鸡一叫三省都听到。就在那个地方，洛甫才做了书记，换下了博古。

（本文是周恩来同志在1972年6月10日在党中央召集的一次会议上讲话的一部分。选自中共中央文献研究室二部编：《周恩来自述》，解放军文艺出版社2002年版）

长征是宣言书、是宣传队、是播种机

（1935 年 12 月 27 日）

⊙毛泽东[①]

　　同志们，你们看，差不多一年半以来，中国的三支主力红军都在做阵地的大转移。从去年 8 月任弼时同志等率领第六军团向贺龙同志的地方开始转移起，接着就是 10 月开始的我们的转移。今年 3 月，川陕边区的红军也开始转移。这三支红军，都放弃了原有阵地，转移到新地区去。这个大转移，使得旧区域变为游击区。在转移中，红军本身又有很大的削弱。如果我们拿着整个局面中的这一方面来看，敌人是得到了暂时的部分的胜利，我们是遭遇了暂时的部分的失败。这种说法对不对呢？我以为是对的，因为这是事实。但是有人说（例如张国焘）：中央红军失败了。这话对不对呢？不对，因为这不是事实。马克思主义者看问题，不但要看到部分，而且要看到全体。一个虾蟆坐在井里说："天有一个井大。"这是不对的，因为天不止一个井大，如果它说："天的某一部分有一个井大。"这是对的，因为合乎事实。我们说，红军在一个方面（保持原有阵地的方面）说来是失败了，在另一个方面（完成长征计划的方面）说来是胜利了。敌人在一个方面（占领我军原有阵地的方面）说来是胜利了，在另一个方面（实现"围剿""追剿"计划的方面）说来是失败了。这样说才是恰当的，因为我们完成了长征。

　　讲到长征，请问有什么意义呢？我们说，长征是历史纪录上的第一次，长征是宣言书，长征是宣传队，长征是播种机。自从盘古开天地，三皇五帝到于今，

[①] 作者在长征初期任中央革命军事委员会委员；遵义会议召开后，增补为中央政治局常委，任红军前敌司令部政治委员。

历史上曾经有过我们这样的长征么？十二个月光阴中间，天上每日几十架飞机侦察轰炸，地下几十万大军围追堵截，路上遇着了说不尽的艰难险阻，我们却开动了每人的两只脚，长驱二万余里，纵横十一个省，请问历史上曾有过我们这样的长征么？没有，从来没有的。长征又是宣言书。它向全世界宣告，红军是英雄好汉，帝国主义者和他们的走狗蒋介石等辈则是完全无用的，长征宣告了帝国主义和蒋介石围追堵截的破产。长征又是宣传队。它向十一个省内大约两万万人民宣布，只有红军的道路，才是解放他们的道路。不因此一举，那么广大的民众怎会如此迅速地知道世界上还有红军这样一篇大道理呢？长征又是播种机。它散布了许多种子在十一个省内，发芽、长叶、开花、结果，将来是会有收获的。总而言之，长征是以我们胜利、敌人失败的结果而告结束。谁使长征胜利的呢？是共产党。没有共产党，这样的长征是不可能设想的。中国共产党，它的领导机关，它的干部，它的党员，是不怕任何艰难困苦的。谁怀疑我们领导革命战争的能力，谁就会陷进机会主义的泥坑里去。长征一完结，新局面就开始。直罗镇一仗，中央红军同西北红军兄弟般的团结，粉碎了卖国贼蒋介石向着陕甘边区的"围剿"，给党中央把全国革命大本营放在西北的任务，举行了一个奠基礼。

［节选自毛泽东《论反对日本帝国主义的策略》，原载中共中央文献研究室、中央档案馆编：《建党以来重要文献选编（1921—1949）》第12册，中央文献出版社2011年版。本文标题为选入时本书编者所加］